国家社科基金
GUOJIA SHEKE JIJIN HOUQI ZIZHU XIANGMU
后期资助项目

新民主主义革命时期道德重建与当代价值研究

Morality Reconstruction During the New Democratic Revolution Period and its Contemporary Value

孙 芳 著

学习出版社

图书在版编目（CIP）数据

新民主主义革命时期道德重建与当代价值研究 / 孙芳著．-- 北京：学习出版社，2024.4

国家社科基金后期资助项目

ISBN 978-7-5147-1226-1

Ⅰ．①新…　Ⅱ．①孙…　Ⅲ．①中国共产党－党史－道德建设－研究－1919－1949　Ⅳ．①D231

中国国家版本馆 CIP 数据核字（2023）第 173600 号

新民主主义革命时期道德重建与当代价值研究

XINMINZHU ZHUYI GEMING SHIQI DAODE CHONGJIAN YU DANGDAI JIAZHI YANJIU

孙　芳　著

责任编辑：夏　静
技术编辑：贾　茹
封面设计：杨　洪

出版发行：学习出版社
北京市崇外大街11号新成文化大厦B座11层（100062）
010-66063020　010-66061634　010-66061646
网　　址：http://www.xuexiph.cn
经　　销：新华书店
印　　刷：北京市密东印刷有限公司

开　　本：710毫米×1000毫米　1/16
印　　张：20.25
字　　数：343千字
版次印次：2024年4月第1版　2024年4月第1次印刷

书　　号：ISBN 978-7-5147-1226-1
定　　价：45.00元

国家社科基金后期资助项目

出版说明

后期资助项目是国家社科基金设立的一类重要项目，旨在鼓励广大社科研究者潜心治学，支持基础研究多出优秀成果。它是经过严格评审，从接近完成的科研成果中遴选立项的。为扩大后期资助项目的影响，更好地推动学术发展，促进成果转化，全国哲学社会科学工作办公室按照“统一设计、统一标识、统一版式、形成系列”的总体要求，组织出版国家社科基金后期资助项目成果。

全国哲学社会科学工作办公室

序

孙芳的专著《新民主主义革命时期道德重建与当代价值研究》终于出版，我特表由衷的祝贺!

为什么这样说呢？这里有三层关系。

第一层，这部专著的基础，是孙芳的博士论文，我作为她的导师，曾经指导过这篇论文。十年磨一剑，如今与之相关的专著出版，我自然从内心为她高兴，为她喝彩。

第二层，记得我对孙芳的博士论文做过这样的评价:“在一定意义和一定程度上带有填补研究空白的作用。”时光荏苒，10年过去了，此类研究仍不能算多，庆幸的是，孙芳这部学术专著依然有它的价值。

第三层，继党的十八大提出培育和践行社会主义核心价值观后，习近平总书记在文化传承发展座谈会上强调要担负起新的文化使命，努力建设中华民族现代文明。在这一新的背景下，孙芳的专著《新民主主义革命时期道德重建与当代价值研究》出版恰逢其时。

1840年鸦片战争后，中国逐渐沦为半殖民地半封建社会，国家蒙辱、人民蒙难、文明蒙尘，中华民族面临亡国灭种的威胁。与此同时，也第一次出现了中国传统道德危机。

为什么这样说呢？因为中国传统道德建立在农耕文明的基础上，建立在农耕社会以血缘为纽带的传统社会基础上，它的思想基础是以“仁义礼智信”为核心的儒家学说。中国传统道德，与中国古代社会的经济基础和上层建筑相适应，与当时的经济结构、社会结构、政治制度、民风民俗相协调，既是维护中国封建社会长期发展稳定不可或缺的社会道德支撑，也是中华民族传统美德的体现。然而到了1840年以后，随着封建社会统治危机、社会危机的出现，中国传统道德危机也日渐显现。中华民族第一次面对着从科技水平、生产力水平、军事实力到国家制度、文明程度都更为先进的资本主义列强的侵略。“资产阶级，由于一切生产工具的迅速改进，由于交通的极其便利，把一切民族甚至最野蛮的民族都卷到文明中来了。它的商品的低廉价格，是它用来摧毁一切万里长城、征服野蛮人最顽强的仇外心理的重炮。它迫使一切民族——如果它们不想灭亡的话——采用资产阶级的生产方式；它迫使它们在自己那里推行所谓的文明，即变成资产者。一句话，它按照自己的面貌为自己创造出一个世界。”①

中国传统道德危机是由西方资本主义列强入侵造成的，并直接受到西方文明、西方思潮特别是西方价值观念的强烈冲击。但是，摆脱危机的出路，不能效法西方。这就是问题的深刻性与复杂性。先进的中国人也曾幻想从西方文明中寻找避免亡国灭种危险的济世良方。从“师夷之长技以制夷”的洋务运动到“君主立宪”“改良变法”的维新运动，再到辛亥革命的推翻帝制、创建中华民国，但都不能挽救中华民族的民族危机，更不要说道德危机了。

摆脱中国传统道德危机的出路在哪里？五四新文化运动开始有了答案。五四新文化运动从“科学”“民主”两大口号开始，以弘扬爱国主义贯穿始终，最终以促成马克思主义在中国广泛传播、促成马克思主义同中国工人运动相结合，这才有了中国共产党的应运而生。

这以后，随着中国新民主主义革命的深入发展，对中国道德重建的探索也有了新的建树。无数事实说明，像中国这样一个具有五千多年从未中断的文明发展史的古老国家，既不能走日本“脱亚入欧”之路，也不能走抱残守缺的“国粹主义”之路，只有在马克思主义指导下，将中华民族传统美德（即传统道德的精华）同新民主主义社会道德建设有机结合。这是中国道德重建的征途，也是解决近代以来道德危机的根本出路。

对此，孙芳的专著《新民主主义革命时期道德重建与当代价值研究》作了详细的研究和论述，提出了很好的见解。我在这里不再赘述。

这里需要补充的是，以马克思主义为指导，同样也有一个以什么样的马克思主义为指导的问题。毛泽东在反对教条主义过程中开创的马克思主义中国化。马克思主义中国化不仅从根本上解决了马克思主义同中国实际相结合、同中华优秀传统文化相结合的问题，而且也为近代中国的道德重建指明了正确道路。无数事实同样证明，中国道德重建不仅离不开中国化的马克思主义，也离不开中华民族传统美德的当代传承与弘扬，离不开社

① 《马克思恩格斯文集》第2卷，北京，人民出版社2009年版，第35~36页。

会主义核心价值观的涵养与创新。我们相信，这个历史与当代的责任，一定会随着中华民族伟大复兴的中国梦的实现，随着中国式现代化成功与中华民族现代文明建设的成就，稳步地得以实现。

我之所以说，孙芳的研究成果在一定意义和一定程度上带有填补研究空白的作用，道理也在于此。

李 捷

2023年8月19日于北京

目 录

Contents

第一章 绪 论

对新民主主义革命时期道德重建问题的关注缘起于教学与科研的探讨与思考。作为思政课教师，笔者主讲本科生必修课《思想道德修养与法律基础》(2021 年修订为《思想道德与法治》)，教材的第四章专门有两节内容去讲述中华传统美德与社会主义道德①，但在消化推敲这段内容的时候，总感觉有一个道德建设的重要时期各种研究似乎观照太少，那就是新民主主义革命时期。难道在新民主主义革命时期，就只有政治革命吗？我们对群众的动员和宣传，与人民鱼水深情的形成，在当时的时代背景下，绝不会是仅仅依靠革命这样的一个维度促成的，这里面一定有关乎人内心信仰世界的构建，与当时的社会革命交织在一起……顺着这个思路，翻阅关乎那段历史的各类文献，发现关乎伦理关系秩序的论说以及理想信念的启迪不仅存在，而且在那个风起云涌的时代有着非常大的张力作用。虽然是比较零散地分布于各个时期党的主要领导人的讲话或者著作中，但这并不影响它在今天的价值。于是笔者便开始有意识地收集整理，并将其充实到课堂讲授过程中。也恰恰是通过这样的讲授，那个时期的历史和人物在学生的心里变得立体和丰满了起来。读博期间，在老师的提点与引领下，越发感到“为什么要道德重建？”“如何重建？”“重建什么？”这些问题愈加需要研究和挖掘。这不仅是一个政党的理论自觉，也是一个民族的文化自信。于是，日积月累，就有了今天书稿的呈现。真诚地希望您透过散着墨香的纸稿，感受到一份漫漫求索逐真知的情怀。

① 《思想道德修养与法律基础》(2015 年修订版）第四章共有四节内容，除了文中所述传统道德和社会主义道德，还有一节是关于革命道德的。笔者在关注这个问题的时候，甚至在 2011~2015 年在清华大学马克思主义学院以此为方向攻读博士学位的时候，教材尚未改版，没有“革命道德”这一节。2021 年教材修订并更名为《思想道德与法治》，在第五章第二节增设了“发扬中国革命道德”一目。

第一节 问题缘起与意义

中华民族具有注重以伦理为核心进行社会道德规约的传统。在中国古代社会长期发展过程中，形成了以儒家“三纲五常”为核心的价值观和道德规范体系。

1840年后中国出现了“数千年未有之变局”，儒家价值观和传统道德，这一长期以来作为维系中国古代社会和谐稳定的文化纽带遭遇了西方文明的严峻挑战，也受到从儒家士人中分化出来的一批最先接受西方思想的知识分子的严厉批判。从洋务运动到康有为、梁启超的维新变法再到孙中山的辛亥革命，近现代社会的每一次重大历史事件，没有使传统道德危机得到缓解，反而一步步地加深，最终在五四运动时期达到顶峰。传统道德危机峰值的到来也意味着一个民族面临解体的危险，因为先秦以来形成的传统文化的价值观和伦理精神是中华民族生命体的根脉与灵魂，中国古代的历史反复证明，中华民族几经磨难，但因为有这个精神之魂，中华民族不但没有分崩离析，反而不断发展壮大，始终屹立于世界民族之林。近现代社会的道德危机，使中华民族面临前所未有的考验，一个民族的发展不能出现价值观信仰和道德的撕裂、折叠，甚至是真空。要使中华民族走出危难，实现民族的复兴，必须进行道德重建。伴随着近现代社会的转型，道德重建成为中华民族亟待解决的历史课题。

西方殖民势力的步步加剧、西方文化的高歌猛进，使近现代社会的一些思想家意识到民主革命与道德重建的内在联系。梁启超提出了“道德革命”的口号[①]，中国共产党的创始人之一和新文化运动主要领导人陈独秀则高呼：“伦理的觉悟，为吾人最后觉悟之最后觉悟。”[②]自此，中国共产党领导的新民主主义革命具有双重意义，它不仅仅是制度上的革命，与之同步的还有“以德易德”的道德革命。然而后一种革命至今尚未引起学界足够的重视，对它缺乏系统的研究，亦没有充分认识两种革命的内在关联性。本书意在这一领域做一些抛砖引玉的工作，力图对中国共产党主导的中华民族在近现代社会道德重建的过程和内容进行系统研究，并尝试总

① 梁启超：《饮冰室合集·专集之四》，北京，中华书局2003年版，第15页。

② 陈独秀：《吾人最后之觉悟》，《陈独秀文章选编》上，北京，生活·读书·新知三联书店1984年版，第108页。

结、提炼一些规律性的认识为当代的道德建设提供些许裨益。

本书的立意其学术价值体现在有助于深化新民主主义历史和马克思主义伦理思想史的研究。从新民主主义历史研究看，本书将新民主主义革命与道德重建看成是有机的统一，认为道德重建是新民主主义革命的应有之义。资产阶级领导的旧民主主义革命，既无法完成民主革命的任务，又无法实现道德的重建。在近现代社会的转型期，一些资产阶级革命家和思想家，力图用西方的伦理思潮来重构中国的道德体系，但他们的努力最后都失败了。中国共产党既领导了新民主主义革命，又主导了近现代社会中华民族的道德重建，取得了制度革命和道德重建的双重胜利。从新民主主义革命与道德重建有机统一的角度审视新民主主义历史，有助于科学地看待新民主主义革命的全貌，深化对新民主主义革命历程中的一系列具体问题的认识，如对党的建设、军队建设、统一战线等问题的认识。从马克思主义伦理思想史看，本书力图以近现代社会的道德危机、解构和重建为中心线索，梳理近现代社会的各种道德现象和道德问题，把道德重建放置在社会转型的方位中去考察，认为马克思主义在中国的传播，虽然为中国化的马克思主义伦理思想的产生提供了思想前提，但要由可能性转化为现实性，还不能离开新民主主义革命的实践。中国化的马克思主义伦理思想是新民主主义革命的产物，它反过来又对这一实践具有能动作用，它为解决新民主主义革命时期的道德问题提供了理论武器，它通过转化为现实的道德规范构建了一种新型的伦理关系，并通过内化为人们的信仰而产生了凝聚力和战斗力。从道德重建的视域看待中国化的马克思主义伦理思想的形成与发展，可以避免把近现代社会的马克思主义伦理思想史看成是单纯的观念演进的历史，还原了马克思主义伦理思想史的真实图景。

其现实意义在于，从 1919 年至 1956 年，新民主主义革命时期的道德重建前后经历了 37 年的历史。它既是新民主主义革命的重要组成部分，又为新民主主义革命奠定了价值观的基础，同时又对社会主义建设初期中国社会产生了深远的影响。改革开放是中国社会的又一次转型，如何正确地看待中国共产党在新民主主义革命时期建构的道德体系的时代价值，如何继承和发展这一道德体系，这是目前我们进行道德建设，培育和践行社会主义核心价值观亟待解决的问题。价值观是民族文化的内核，对于中华民族在近现代社会道德重建及其历史作用和时代价值的研究，有助于厘清当今中国应该坚持什么样的价值观，提倡什么样的道德的问题。而弄清这些问题，对于弘扬三大文化，增强主流价值观的认同、坚定文化的自信，进而实现中华民族伟大复兴具有重要意义。

正是基于以上思考，本书把写作重点放在了全景展示中国共产党在中华民族产生道德危机的紧要关头，重建核心价值观和道德伦理秩序这一伟大历史任务和历史阶段。本书认为中国新旧民主革命转型期在中国近现代历史上乃至亚洲所发挥的作用并不亚于法国大革命对于欧洲和世界的影响，把西方社会转型期的价值重塑与我们的新旧革命转型期的道德建设进行比较也将是本书尝试的一个角度。本书在写作过程中，会力图避免陷入以平面的视角看待伦理思想史，把伦理思想史看成是单纯伦理观念演进的历史的误区，厘清伦理观念与现实道德的关系，从中国化的马克思主义伦理思想与新民主主义革命道德体系的相互作用中把握这一历史时期的道德现象和道德问题。

第二节　相关概念的阐释与辨析

伦理、道德、中国传统道德、道德革命以及道德重建是本书研究所涉及的核心概念，在进行写作之前，有必要对这些概念作出适用于本研究范畴的解释。

一、伦理与道德

伦理学是一门研究道德的学问，由此定义不能看出，“伦理”与“道德”两个概念有相通之处。“无论在中国还是外国，‘伦理’和‘道德’这两个概念，在一定的词源含义上，可以视为同义异词，指的都是社会道德现象”[①]。“因此道德现象也可叫作伦理现象，道德行为也可叫作伦理行为，道德判断也可叫作伦理判断，道德学又可称为伦理学。”[②]但是随着理论研究的不断深入，我们发现伦理与道德各有不同的意蕴，是有区别的两个概念。

从古汉语的维度，“伦理”一词是“伦”和“理”的组合。《说文解字》曰：“伦，辈也”，即意为秩序、排序。东汉经学家郑玄注《孟子》又曰：“伦，序……识人事之序”，认为伦即人伦秩序。“理”原意为事物本

① 罗国杰等：《伦理学教程》，北京，中国人民大学出版社1986年版，第4页。

② 魏英歌、金可澳：《伦理学简明教程》，北京，北京大学出版社1984年版，第4页。

身的纹路，引申为规则。“伦理”二字连用最早见于《礼记·乐记》：“凡音者，生于人心者也，乐者，通伦理者也”，指“事物之伦类各有其理也”。由此可见，“伦理”概念在中国传统文化中的核心含义在于伦常秩序。在中国的语境中，“所谓伦理，是指一定社会的人们所认识和理解的人与自然、人与人、人与自身之间的应然性关系。”①

“道”和“德”在古汉语中最初也是分开使用的。就“道”而言，主要指道路，《说文解字》卷二中注解为：“道，所行道也。”“道”也有宇宙的本体及其规律之意，如《广韵》：“理也，众妙皆道也，合三才万物共由者也。”老子曰：“有物混成，先天地生，可以为天下母。吾不知其名，字之曰‘道’”。韩非子在《解老》中作：“道者，万物之所然也，万理之所稽也。”又引“道”做“法则”之意，即宇宙万物存在的“最高法则”。就“德”字而言，是与“得”相通的，如“德者，得也”②。许慎在《说文解字》中也做出“德”即“外得于人，内得于己，从直从心”的解释。朱熹在《四书集注·学而篇》中也承袭此义：“德者，得也，行道而有得于心者也”。《康熙字典》中将“德”字赋予“德行、美德、德性”之意：“凡言德者，善美，正大，光明，纯懿之称也。”将“道”与“德”连用最早见于春秋战国《荀子》《庄子》诸书。如：《荀子·劝学》“故学至乎礼而至矣，夫是之谓道德之极”，《庄子·刻意》“恬淡寂寞，虚无无为，此天地之平而道德之质也”。“道德”的核心概念在中国传统文化中是人们对“道”的认识与在实践基础上形成的品行，是人对应然关系认识基础上的自由和自觉的实践。所以道德，“是一定社会的人们对人与自然、人与人、人与自身应然关系的反思、认同和实践，以及在此基础上形成的关于应当如何的观念、品格、规范和行为。”③

从词源分析中不难看出，伦理和道德有很密切的关系，如同黑格尔所述：“moral（道德——引者注）是指个体品性，是个人的主观修养与操守，是主观法；ethics（伦理——引者注）是指客观的伦理关系，是客观法。ethics 一旦化为个人的自觉行为，变为一个人的内在操守，即为 moral，moral 以 ethics 为内容。”④“伦理”与“道德”两个概念的联系几乎是由“伦”生“理”，“理”成“道”，“道”又化“德”，但两者的区别也是显而

① 李建华、刘仁贵：《伦理与道德关系再认识》，《江苏行政学院学报》2012 年第 6 期。
② 《管子·心术上》。
③ 李建华、刘仁贵：《伦理与道德关系再认识》，《江苏行政学院学报》2012 年第 6 期。
④ ［德］黑格尔著：《法哲学原理》，范扬译，北京，商务印书馆 1961 年版，第 42~43 页。

易见的。伦理偏重客观的社会人伦关系、社会秩序，是对人的应然性关系的描述，对人行为的应当理由的说明；道德更注重个体的内在品性要求，是人对伦理精神的实践，是对人行为的应当境界的表达。“人的意义生活世界是以应然性为轴，以伦理为根基，通过道德、政治、法律、宗教、艺术等而展开和实现的。在人的这种意义生活中，伦理与道德既相通相依，又相互牵制和限定，围绕应然之轴共相波动，共同将人的生活推向‘善的’、理想的、有意义的世界。”①

二、传统道德与革命道德

中国传统道德是本书研究的一个核心概念，它一般是指“从先秦到辛亥革命时期，以儒墨道法各家伦理道德传统为内容的伦理思想和道德实践活动的行为规范的总和。”②但由于中国历史的特殊原因，自汉武帝“罢黜百家，独尊儒术”，儒家思想便成为中国传统思想文化中占主导地位的显学。儒学的独尊，不仅是政治上的独尊，更是伦理上的独尊，政治与伦理的一体化本是儒学的一大特色，也是历代王朝推崇儒学并将其作为治国指导思想的根由。所以，在某种程度上，中国传统道德的主干基本是儒家伦理思想的显现。

究其内容来说，以儒家伦理思想为核心的中国传统道德主要是指“三纲五常”的封建道德体系。“三纲”即君为臣纲、父为子纲、夫为妻纲。三纲思想萌芽于先秦时期，孔子言：“君君臣臣、父父子子。”此时，调控君臣父子关系的道德准则是双向的。汉代董仲舒等人用神学目的论和阴阳理论来说明三纲的尊卑、主从关系。南宋以后，三纲思想向神圣化、单向化发展，固化为维护君权、父权和夫权的伦理纲常。于是，三纲中的“君为臣纲”意为以君统臣，以此来调节统治者与被统治者的关系，要求被统治者服从统治者，任何人要绝对服从皇帝。“父为子纲、夫为妻纲”就是要以父统子、以夫统妻，以此来协调家庭内部的关系，维护封建家长宗法制，维护家庭内男性家长的绝对统治地位。“三纲是封建时代社会控制系统的核心和枢纽，……三纲的神圣化与绝对化，正是君主专制制度的保证”③。“五常”，此概念早期常与“五品”“五性”“五德”“五行”“五

① 李建华、刘仁贵：《伦理与道德关系再认识》，《江苏行政学院学报》2012年第6期。

② 罗国杰主编：《中国传统道德·理论卷》，北京，中国人民大学出版社1995年版，第1页。

③ 刘泽华：《中国政治思想史（秦汉魏晋南北朝卷）》，杭州，浙江人民出版社1996年版，第312页。

气”“五伦”等混用，自董仲舒始明确将“五常”确定为仁、义、礼、智、信五德。“五常”是由“三纲”派生出来又依附于“三纲”，是维护“三纲”的手段。“仁”是儒学的核心概念，“仁者，爱人”，它强调的是君王对臣子、长辈对晚辈、强者对弱者的仁爱、怜悯与宽恕；“义”就是“当为”，即从道义上看应该去做的。强调在处理个人与他人、个人与社会的关系时，应从道义出发，不顾及自身的利害，面对利益，要见利思义，以义为上；“礼”代表的是社会秩序规范体系，是上至皇亲国戚，下至普罗百姓的一切行为的标准和要求，在当时社会秩序的核心就是等级，所以礼的重要基本职能是辨别亲疏、贵贱、尊卑、长幼、亲疏，要求每个人的生活方式和行为符合他们在家族内的身份和社会、政治地位。“礼”的任务就在于使人“明分”，其效应则是使人“安分”；“智”是传统道德最基本、最重要的德目之一，儒家将其列为“三达德”“四德”及“五常”之一。孟子曰：“是非之心，智也。”[①] 荀子云：“是是、非非谓之知（智），非是、是非谓之愚”[②]。所以，“明是非，别善恶”是“智”德的最基本内容和要求；“信”其基本含义是诚实不欺、遵守诺言，古人重信，“信”是处理人际关系最基本的道德规范之一，先秦《吕氏春秋》有《贵信》篇系统论信，足见古人对“信”的重视。

恩格斯说过：“一切以往的道德论归根到底都是当时的社会经济状况的产物。”[③] 儒家所倡导的伦理道德因其适应了中国自给自足的经济状况、以血缘关系为纽带和内容的统治网和各种不同形式的宗法等级制度，从而成为中国传统道德的主流、主体，所以本书所涉及的中国传统道德也以儒家的学说、主张为主。

中国革命道德就是无产阶级领导广大人民在风云变幻的20世纪谋求国家独立和富强的过程中所倡导的新道德。诚如后文学术回顾中所述，中国革命道德是学者们在回顾和总结20世纪中国伦理发展的过程中，对中国共产党所领导的新民主主义革命、社会主义革命和建设体现出来的精神风貌和道德风尚的总结。所以，中国革命道德是指中国共产党人、人民军队、一切先进分子和人民群众在新民主主义革命和社会主义建设中所形成的优良道德。它萌芽于1919年五四运动前后，发端于中国共产党成立以

① 《孟子·告子上》。

② 《荀子·修身》。

③ 《马克思恩格斯选集》第3卷，北京，人民出版社1995年版，第435页。

后的蓬蓬勃勃的伟大的工人运动和农民运动，经过土地革命战争、抗日战争、解放战争，以及社会主义革命与建设的长期发展，逐渐形成并不断发扬光大。[①] 中国革命道德是对中国传统美德的批判继承和发展。

三、道德革命与道德重建

"道德革命"是反对旧道德形成新道德的社会文化运动及其社会伦理范式的转换。本书所论及的道德革命则是指近代社会转型时期，新道德体系取代旧道德体系的过程与现实。"道德革命"的口号最早由梁启超提出，"凡社会一切事物莫不有革命，政治有政治之革命，道德有道德之革命"[②]。随着帝国主义列强的入侵和民族危难的加深，先进知识分子逐渐意识到仅仅学习西方科学技术和制度革命是不够的，还须进行文化革命，而价值观和伦理观的根本性改变则是文化革命的关键，于是，他们发起了对传统道德体系的激烈批判。道德革命是中国资产阶级反封建斗争的一面旗帜，也是近代资产阶级思想启蒙的重要内容，更是整个近代社会转型、大变革中的重要组成部分。自鸦片战争以来，洋务派、资产阶级改良派和革命派对近代中国的转型所作出的路径反应是器物—制度—观念，即便是到了观念这一层面，提出了"道德革命"，但各个派别对于道德的建树更多的是停留在观念层面，未在实践层面建立起新的道德运作方式。中国资产阶级由于自身的软弱性，无法完成资产阶级民主革命的任务，同样也注定无法完成道德革命的任务。资产阶级道德革命的口号对于封建伦理纲常给予了冲击和批判，但是由于中国资产阶级的软弱性，这一触及近代社会转型转向的重要命题显现了强烈的"过渡性"特点，资产阶级无力完成整个道德革命的任务。新文化运动时期直至五四运动的爆发，资产阶级道德革命的任务和整个资产阶级民主革命的任务，一并由无产阶级及其政党——中国共产党承接。自此，中国的"道德革命"愈演愈烈，其深度、广度都早已超过资产阶级最初之预想。

"道德重建"是与"道德革命"相关联的一个概念，"道德革命"包括"破"和"立"两个方面，因此"道德革命"包含了"道德重建"，如果两者有区别的话，那么"道德重建"侧重于"立"的方面，即新的道德体系的建构。本书所讨论的"道德重建"是指近代社会转型期，由无产阶级及

① 罗国杰主编:《中国革命道德》，北京，中共中央党校出版社 1999 年版，第 1 页。

② 梁启超:《新民说 · 论进步》，《饮冰室合集 · 专集之四》，北京，中华书局 1989 年版，第 15 页。

其政党——中国共产党主导的新道德体系的建构。道德重建这个问题实质上一直伴随着近代中国社会转型的整个历程，如影随形。鸦片战争叩开了古老中国封闭的大门，中国古代传统道德赖以存在的经济基础开始产生动摇，资本主义经济在外力的牵引下开始萌动。按照马克思和恩格斯的观点，经济的发展与道德的生发是一个相互依存、相互促进的过程，“人们自觉地或不自觉地，归根到底总是从他们阶级地位所依据的实际关系中——从他们进行生产和交换的经济关系中,获得自己的伦理观念”[①]。随着变化了的经济关系的进展，就必须有适应这一变化了的经济关系的新的道德理念的产生。因为“人们按照自己的物质生产率建立相应的社会关系，正是这些人又按照自己的社会关系创造了相应的原理、观念和范畴……这些观念、范畴也同它们所表现的关系一样，不是永恒的。它们是历史的、暂时的产物。”[②] 经济发展需要道德的认同和支持，道德的生发需要经济的依托和推动。但是自鸦片战争以来，洋务派、资产阶级改良派和革命派虽然都对中国传统道德展开了激烈的批判，并对未来社会的道德体系提出了各种构想，但各种批判和构想始终停留在观念层面，并未形成现实的道德。五四运动以来，传统道德体系危机愈烈，社会道德失范，人们的价值观信仰和道德信仰出现了折叠与撕裂，中国共产党要担当起领导新民主主义革命的任务，必须建构新的价值观体系、道德信念和道德规范来团结全国人民和铸就革命队伍。于是，道德重建的任务历史地落到中国共产党头上。“必然只有在它没有被了解的时候才是盲目的。”[③] 中国共产党在革命的实践中认识到了政治变革和包括道德革命在内的思想解放是贯穿民主主义革命的两大主题，在新民主主义革命的过程中，建构了新的价值观体系，并在全国人民中形成了一定的共识，成为团结全国人民的精神力量，同时，在革命队伍和革命根据地中，形成了新的道德规范体系和道德风貌，新的道德体系的初步形成为新民主主义革命的胜利奠定了伦理基础。在社会主义革命和建设过程中，这一道德体系趋于成熟和完善。

① 《马克思恩格斯选集》第3卷，北京，人民出版社1995年版，第434页。

② 《马克思恩格斯文集》第1卷，北京，人民出版社2009年版，第603页。

③ 黑格尔《哲学全书》第147节附释，《马克思恩格斯选集》第3卷，北京，人民出版社1995年版，第455页。

第三节　学术回顾与评析

如前所述，关于新民主主义革命时期的道德重建问题是比较缺乏系统性研究的。当然，这不意味着这一领域的研究处于空白状态，事实上学界有关这一论题的相关性研究论著，为本书的研究和写作提供了极其宝贵的资料。这些相关性研究成果主要包括以下几个方面。

一、近现代社会中传统道德危机的相关性研究

中国古代诸子百家都具有丰富的伦理思想，但由于中国历史的特殊原因，儒家文化成为主流的文化形态，中国古代社会调节社会关系和维持社会秩序的道德规范体系也主要建基于儒家伦理思想之上。因此，中国传统道德通常是指儒家伦理思想和道德实践活动的行为规范的总和。近代社会以来，随着中国资本主义生产关系的兴起，中国古代传统道德赖以存在的经济基础开始产生动摇，西方帝国主义列强的侵略和西方文化的传入使传统道德规范日益丧失社会的约束力和激励机制，中国古代的传统道德遇到前所未有的危机。一批先进知识分子开始对传统道德进行反思和批判。他们将君主专制与纲常礼教看成是国人救亡图存、民族振兴必须打破的两个主要牢笼。政治变革和包括道德革命在内的思想解放始终是贯穿民主主义革命的两个主题。新中国成立后学界有关近现代社会先进知识分子思想和各种社会思潮的研究，有助于我们了解近现代社会的道德危机的萌发、深化和深陷。

国内学者有关近现代社会伦理思想史和价值观变化的研究涉及近现代社会的道德危机的问题。1995 年出版的 5 卷本《中国传统道德》[①] 丛书是一套大型的中国传统伦理道德思想的文献资料库。丛书收录了从孔子到孙中山关于传统美德的有代表性的经典规范、事迹和言论，从中我们可以捕捉到中国伦理思想演进的脉络。张岂之、陈国庆《近代伦理思想的变

---

① 罗国杰主编:《中国传统道德 · 理论卷》，北京，中国人民大学出版社 1995 年版。丛书里中国传统伦理道德主要是指从先秦到辛亥革命时期，以儒法道墨各家伦理道德传统为内容的伦理思想以及道德实践活动的行为规范的总和。其中，由于中国历史的特殊原因，儒家的伦理道德思想占有重要的地位，具有重要的影响。

迁》[①] 一书对中国近代伦理思想进行了系统、深入的研究，阐述了康有为、梁启超、严复、孙中山、章炳麟等人的伦理思想。该书对近代伦理思想变迁的勾画为我们了解近代社会道德危机发生、发展提供了一些启发。赵剑英在《哲学的力量——社会转型时期的中国哲学》[②] 中阐释了 21 世纪初西方哲学的涌入与冲击对中国哲学的影响，为我们梳理近代社会道德危机的发展过程提供了一条明晰的哲学思路。胡成在《困窘的年代：近代中国的政治变革和道德重建》[③] 一书中指出近代中国经历着历史上 3000 年未有之大变局，其普遍存在着的政治、经济、文化等层面的种种困窘，都无不源于其身后更为深刻的道德危机。该书还用独特的视角和鲜活的语句再现了陈独秀对传统道德的深刻批判。陈文著《近代社会变革中的伦理探索——从戊戌到五四》[④] 探究了社会变革与伦理道德变革的互动关系。吴根友在《中国现代价值观的初生历程》[⑤] 一书中对中国早期现代价值观念诸形态作了系统的论述，并从价值观变动的角度，深化了明清思想研究，凸显了中国现代文化的内在精神动力和固有的问题意识，是我们认识和研究价值观演进的重要参考资料。

在近现代社会伦理思想史研究中，值得重视的还有学者对这一历史时期的思想家、政治人物的个案研究，这些思想家和政治人物属于最先对儒家道德信仰产生动摇的群体。在社会转型期和民族处于危难的阶段，他们对传统道德进行反思和批判，因此他们的伦理思想从一个侧面反映了传统道德危机的产生和发展，学者的个案研究有助于了解近现代社会传统道德危机的历史脉络。康有为作为近代资产阶级改良派代表人物，是最早思考儒家思想与西方文化关系的思想家。有关康有为思想的研究成果颇为丰厚。臧世俊研究了康有为大同思想形成的理论来源、现实条件和形成过程，尤其在探讨大同思想形成的现实条件时，已经涉猎清末民初的道德危机。[⑥] 邝柏林在其《康有为的哲学思想》[⑦] 一书中，详细叙述了康有为的生平及其所处的时代，为我们考察近代社会的危机和康有为道德救国思想的思想根源提供了资料。龚郭清在《近代中国政治文明的构建：戊戌维新时

① 张岂之、陈国庆:《近代伦理思想的变迁》，北京，中华书局 1993 年版。
② 赵剑英:《哲学的力量——社会转型时期的中国哲学》，北京，中国社会科学出版社 1997 年版。
③ 胡成:《困窘的年代：近代中国的政治变革和道德重建》，上海，上海三联书店 1997 年版。
④ 陈文:《近代社会变革中的伦理探索——从戊戌到五四》，北京，中央编译出版社 2011 年版。
⑤ 吴根友:《中国现代价值观的初生历程》，武汉，武汉大学出版社 2004 年版。
⑥ 臧世俊:《康有为大同思想研究》，广州，广东高等教育出版社 1997 年版。
⑦ 邝柏林:《康有为的哲学思想》，北京，中国社会科学出版社 1980 年版。

期康有为政治改革思想研究》[①]一书中描述了康有为倡导“变法”的思想史背景。美国学者张灏在其所著的《危机中的中国知识分子：寻求秩序与意义》[②]中，研究了在19世纪90年代初至1911年期间，康有为、谭嗣同、章炳麟、刘师培四位早期中国知识分子领袖人物的思想发展，并以此作为探索“转变时期”（1890~1911年）思想变迁的门径。此外，一些以康有为思想为研究对象的博硕士论文也或多或少涉及清末民初的道德危机。[③]

梁启超是继康有为之后在近代中国历史上向西方寻找真理的另一位先进人物，学界历来重视对他的伦理思想的研究，了解这方面的研究成果对于本书的研究大有裨益。吕滨《新民伦理与新国家：梁启超伦理思想研究》[④]一书对梁启超伦理思想进行梳理和剖析，比较系统地勾勒出了梁启超伦理思想的逻辑结构和思想体系，揭示出在西方文化冲击下中国近代伦理思想发展变化的历史进程和一般规律。由清华大学国学研究院主编的《梁启超文存》[⑤]选编了梁启超在《欧游心影录》（1919年）之后有关传统文化的著述和讲演。所选著述，全面反映了他此时在诸子哲学、史学经籍、文学艺术等方面的精深研究；所收讲演，多为梁启超后期的精彩演讲和谈话（特别是清华国学院期间），展现了他对国学之道的独特理解和感悟；为全面了解后期梁启超的境界与视野甚至当时的政治、经济和文化，提供了最凝练、便捷的资料。李茂民的《在激进与保守之间：梁启超五四时期的新文化思想》[⑥]显示了不同的研究视野，该书在五四时期的科学观、民主观和现代人生存意义的建构上有诸多新的发现。各种版本的《梁启超传》《梁启超选集》《梁启超文集》以及博硕士论文也涉及清末民初道德危

① 龚郭清：《近代中国政治文明的构建：戊戌维新时期康有为政治改革思想研究》，北京，社会科学文献出版社2007年版。

② ［美］张灏著：《危机中的中国知识分子：寻求秩序与意义》，高力克、王跃译，北京，新星出版社2006年版。

③ 主要研究成果有：崔善锋：《康有为的变革思想》，山东大学2005年硕士学位论文；林云：《康有为的伦理思想》，湖南师范大学2008年硕士学位论文；余英：《试论康有为的外交思想》，湖南师范大学2005年硕士学位论文；刘月玲：《试论康有为孔教思想与实践》，陕西师范大学2009年硕士学位论文；胡珍贵：《论康有为的早期文化思想》，安徽大学2002年硕士学位论文；冷嘉：《家庭、革命与伦理重建》，华东师范大学2009年博士学位论文；陈艳霞：《康有为社会进化思想研究》，西北大学2012年硕士学位论文；彭春凌：《儒教转型与文化新命》，北京大学2011年博士学位论文。

④ 吕滨：《新民伦理与新国家：梁启超伦理思想研究》，南昌，江西教育出版社2001年版。

⑤ 清华大学国学研究院：《梁启超文存》，南京，江苏人民出版社2012年版。

⑥ 李茂民：《在激进与保守之间：梁启超五四时期的新文化思想》，北京，社会科学文献出版社2006年版。

机的议题。[①]2013年对于梁启超的研究又有新的发展，如张锡勤的《梁启超思想平议》[②]一书自始至终结合着中华民族危机日益深重的时代背景去评议梁启超的思想。中国台湾学者张朋园出版的《梁启超与清季革命》与《梁启超与民国政治》，叙述了梁启超早期的思想及政治运动，分析了梁启超的政治理论基础。[③]国外学者对于梁启超的研究也有很多值得我们借鉴的地方。如美国学者勒文森的《梁启超与中国近代思想》[④]一书，比较详细地分析了梁启超的内在经历和思想演变。

孙中山作为中国近代民主革命的先行者、革命家、思想家，领导了辛亥革命，推翻了封建帝制，提出了三民主义，他的思想变化历程和革命生涯在某种程度上是近现代社会传统道德危机深化的缩影。学界有关孙中山伦理思想的研究向我们展示了儒家道德困境及其社会历史原因和新的价值观、伦理思想的形成。朱春晖在《从传统伦理向现代伦理的转化与跨越——孙中山伦理思想研究》[⑤]一书中从现代性、现代化的视角研究孙中山伦理思想的渊源，阐述了孙中山对传统伦理的改造及对当今道德价值观念转变的启迪。周宇的《世界大同：孙中山伦理思想研究》[⑥]从道德动机论、道德作用论、道德进化论、人生价值论四个方面概括了孙中山的伦理思想。马忠的《变革时代的思想重建——孙中山国民心理变革论研究》[⑦]

① 主要研究成果有：解玺璋：《梁启超传》，上海，上海文化出版社2012年版；李喜所、元青：《梁启超传》，北京，人民出版社2010年版；吴其昌：《梁启超传》，北京，东方出版社2009年版；徐刚：《梁启超传》，广州，广东旅游出版社2006年版；张琼：《梁启超传》，北京，京华出版社2002年版；王勋敏、申一辛：《梁启超传》，北京，团结出版社1998年版；朱传誉：《梁启超传记资料》（1—19），台北，天一出版社1985年版；杨天宏：《新民之梦——梁启超传》，成都，四川人民出版社1995年版；易鑫鼎：《梁启超选集》，北京，中国文联出版社2006年版；王蘧常：《梁启超选集》，北京，人民文学出版社2004年版；李华兴、吴嘉勋：《梁启超选集》，上海，上海人民出版社1984年版；梁任公：《梁启超文集》，台南，综合出版社1986年版；梁启超：《梁启超文集》，北京，北京燕山出版社1997年版；王德峰选编：《梁启超文选》，上海，上海远东出版社2011年版；林文光选编：《梁启超文选》，成都，四川文艺出版社2009年版；薛刚：《梁启超与五四运动》，清华大学2005年硕士学位论文；马凤莲：《梁启超新民思想及其意义》，黑龙江大学2009年硕士学位论文；闫伟杰：《梁启超民族主义思想研究》，厦门大学2009年博士学位论文；郭刚：《梁启超与清末的西学东渐》，武汉大学2006年博士学位论文。

② 张锡勤：《梁启超思想平议》，北京，人民出版社2013年版。

③ 张朋园：《梁启超与清季革命》《梁启超与民国政治》，长春，吉林出版集团有限责任公司2007年版。

④ ［美］勒文森著：《梁启超与近代中国思想》，刘伟译，成都，四川人民出版社1986年版。

⑤ 朱春晖：《从传统伦理向现代伦理的转化与跨越——孙中山伦理思想研究》，北京，当代中国出版社2007年版。

⑥ 周宇：《世界大同：孙中山伦理思想研究》，长沙，湖南教育出版社2003年版。

⑦ 马忠：《变革时代的思想重建——孙中山国民心理变革论研究》，北京，人民出版社2010年版。

一书向我们展示了近代社会的政治结构的转型、生产方式的进步、中西文化的冲突、生活风俗的变迁以及社会群体的重构。另外以孙中山伦理思想为研究对象的文章和博硕士学位论文虽研究方法和角度各不相同，但都涉猎近现代中国社会伦理思想的转型。①

严复是中国近代著名启蒙思想家、翻译家。面对国家积贫积弱、国土被列强瓜分、民族尊严丧失殆尽、灾难纷至沓来的危急局面，他坚决反对顽固保守思想，积极倡导变法维新，大声疾呼"今日中国，不变法则必亡"。他的译著特别是《天演论》在20世纪初的思想学术界产生了巨大的影响。他猛烈抨击封建伦理纲常，大力提倡西方资产阶级道德思想，他所提倡的"鼓民力""开民智""新民德"，以及"民之自由，天所畀""开明自营""明两利为利，独利必不利""大利所存，必其两益""己轻群重"等伦理主张，表明他试图通过吸纳西方道德改造传统道德，以建立适应中国资本主义发展的近代新道德。②学界有关严复思想的研究，有助于我们了解严复启蒙思想对儒家道德危机形成与发展的促进作用，了解西学东渐与中国传统道德危机的内在关系。张广敏主编的《严复与中国近代文化》③一书着重论述了严复引进"物竞天择，适者生存"的进化论对中国社会体系的冲击和对中国传统思想的影响。董小燕的《严复思想研究》④一书认为严复在唤醒民众树立现代观念的思想启蒙过程中，对清末民初的社会危机有敏锐的洞察力和深切的责任感。

鲁迅是近代中国百科全书式的人物，但他没有专门论述伦理思想的论著，也或许因为如此，现代学者鲜有专门论述鲁迅道德思想的论著。然而在鲁迅著作的字里行间都能体会到对中国传统道德的批判。学界有关鲁迅思想的研究，有助于我们了解儒家道德的局限性及其先进知识分子在推动传统道德解体中的作用。闫玉刚的《改造国民性：走近鲁迅》⑤一书，从改造国民性这个角度切入阐述了鲁迅深厚而又博大的道德建树。近年来也

---

① 主要研究成果有：周宇：《天下为公——孙中山伦理思想研究》，湖南师范大学2002年博士学位论文；皮庆侯：《孙中山民生主义伦理思想研究》，湖南师范大学2006年博士学位论文；席长城：《孙中山新三民主义伦理思想研究》，西南大学2010年硕士学位论文。郭良婧：《康有为孙中山伦理思想比较研究》，《江海学刊》2010年第5期；张锡勤：《孙中山伦理思想简论》，《道德与文明》2011年第5期；戴宗芬：《孙中山伦理思想特点探析》，《江汉论坛》2000年第8期；刘光彩：《试论孙中山伦理思想之精义》，《广西大学学报（哲学社会科学版）》2000年第4期。

② 温克勤：《中国近现代道德转型的历史轨迹》，《中共天津市委党校学报》2000年第2期。

③ 张广敏：《严复与中国近代文化》，福州，海风出版社2003年版。

④ 董小燕：《严复思想研究》，杭州，浙江大学出版社2006年版。

⑤ 闫玉刚：《改造国民性：走近鲁迅》，北京，中国社会出版社2005年版。

开始有一些博硕士论文尝试论及鲁迅的道德思想，并涉及清末民初的道德危机，如李生滨的博士学位论文《晚清思想文化与鲁迅》、苏懿博士学位论文《鲁迅现代伦理思想研究》[①]。

陈独秀是五四运动的精神领袖、新文化运动的倡导者之一。他在探讨救国之道时提出"伦理觉悟"为"吾人最后觉悟之最后觉悟"的思想。他创办的著名白话文刊物《新青年》是新文化运动的舆论阵地，他的许多作品把矛头直接对准传统道德。因此，陈独秀传记的编辑出版、陈独秀著作选编的修订为本论文选题的研究提供了宝贵的资料。[②] 金焕玲《陈独秀伦理思想研究》[③] 一书为我们提供了一种陈独秀伦理思想的系统解释框架。胡明的《正误交织陈独秀——思想的诠释与文化的评判》[④],以"传"为纲，其扎实严谨的考证和稳健公允的分析，为我们展现了当时的历史境貌。贾立臣在《陈独秀思想发展轨迹》一书中，用翔实的第一手材料逐一对陈独秀的思想进行梳理和总结。[⑤] 任浩明考察了五四前期陈独秀对中国传统伦理文化的批判，通过对陈独秀与胡适在批判和否定传统伦理、文化的异同，论述了陈独秀伦理批判思想的特色及其形成的原因。[⑥] 张超从陈独秀对中国传统伦理道德、儒家、古代教育、古代文学的态度客观地评析了陈独秀的传统文化观。[⑦] 肖家脉通过对陈独秀文本的解读，认为陈独秀思想与中国传统文化资源有着割不断的联系。[⑧] 吴先伍则认为陈独秀对于传统的伦理道德采取全盘否定的态度[⑨]，但实际上，陈独秀如此行事不过是一种斗争的策略，在其理论之中还是包含着深厚的传统意蕴[⑩]。朱效梅认为

① 李生滨:《晚清思想文化与鲁迅》，复旦大学2005年博士学位论文；苏懿:《鲁迅现代伦理思想研究》，山东师范大学2009年博士学位论文。

② 主要研究成果：任建树:《陈独秀著作选编》(1—6)，上海，上海人民出版社2009年版；林文光选编:《陈独秀文选》，成都，四川文艺出版社2009年版；陈利明:《陈独秀传》，北京，团结出版社2011年版；任建树:《陈独秀大传》，上海，上海人民出版社2012年版。

③ 金焕玲:《陈独秀伦理思想研究》，北京，中国社会科学出版社2009年版。

④ 胡明:《正误交织陈独秀——思想的诠释与文化的评判》，北京，人民文学出版社2004年版。

⑤ 贾立臣:《陈独秀思想发展轨迹》，北京，中国档案出版社2003年版。

⑥ 任浩明:《陈独秀对中国传统伦理文化批判的特色及其成因》，《广西社会科学》2001年第4期。

⑦ 张超:《新文化运动时期陈独秀的传统文化观》，《山东省农业管理干部学院学报》2009年第5期。

⑧ 肖家脉:《陈独秀思想与中国传统文化》，安徽师范大学2007年硕士学位论文。

⑨ 吴先伍:《陈独秀伦理革命的传统内涵——兼论传统与现代的辩证法》，《安徽教育学院学报》2006年第2期。

⑩ 魏晓东:《陈独秀的道德观浅论——兼论传统道德的批判继承问题》，《兰州学刊》1991年第4期。

严复的“新民德”思想与陈独秀“伦理的觉悟是最后之觉悟”思想有着惊人的相似与不可避免的差异，探讨二者之间的异同，可以勾勒出近代中国在伦理道德问题上的认识轨迹。[①] 从国外对陈独秀思想的研究来看，美国学者舒衡哲的《中国的启蒙运动：知识分子和五四运动的遗产》[②] 集中描写了北京大学一批深受陈独秀等人影响的五四运动的参加者。美国学者林毓生的《中国意识的危机：“五四”时期激烈的反传统主义》[③] 一书，从传统的社会—政治和文化—道德秩序的解体来分析五四时期全盘性反传统主义的根源，分析了陈独秀的全盘性反传统主义的来龙去脉。

另有一部分国内外学者虽然没有专门研究近现代社会伦理思想史，但他们对近现代史的研究以及对这一时期文献的整理涉及近现代文化的发展变化，这也为近现代社会道德危机的研究提供了一些很有价值的信息。中国书店 2012 年出版了《新青年》的精编版，选取其中的名篇，用简体字整理，一应内容全仍其旧，为学术界和文化界提供了一部专业的近代思想史、文化史的研究典籍，具有重要的学术价值。[④] 张静庐先生的《中国近代出版史料》（二编）、中国社会科学院近代史研究所近代史资料编辑组编写的《近代史资料》、彭明的《五四运动史》等著作都是我们认识和研究近现代政治、经济、文化情况的权威资料。张勇、蔡乐苏主编的《中国思想史参考资料集·晚清至民国卷》[⑤] 收录清末至民国时期有关思想史的重要文献。海外史学家、胡适先生的高足唐德刚教授撰写的《晚清七十年》[⑥] 一书几乎每一章都涉及了清末民初的政治、经济、文化。费正清的《美国与中国》[⑦] 是一部美国中国学的经典著作，该书从西方学者的视角看待中国近现代历史与文化。另外费正清等还主编了《剑桥中国晚清史：1800—1911》[⑧] 一书，此书由西方研究清代历史的专家执笔，吸收和参考中国和

① 朱效梅：《严复与陈独秀道德观比较》，《中国近代启蒙思想家——严复诞辰 150 周年纪念论文集》，2004 年版。

② ［美］舒衡哲：《中国的启蒙运动：知识分子和五四运动的遗产》，李国英等译，太原，山西人民出版社 1989 年版。

③ ［美］林毓生著：《中国意识的危机：“五四”时期激烈的反传统主义》，穆善培译，贵阳，贵州人民出版社 1988 年版。

④ 陈独秀、李大钊、瞿秋白主撰：《新青年》，北京，中国书店 2012 年版。

⑤ 张勇、蔡乐苏：《中国思想史参考资料集·晚清至民国卷》，北京，清华大学出版社 2005 年版。

⑥ 唐德刚：《晚清七十年》，长沙，岳麓书社 1999 年版。

⑦ ［美］费正清著：《美国与中国》，张理京译，北京，世界知识出版社 2023 年版。

⑧ ［美］费正清、刘广京编：《剑桥中国晚清史：1800—1911》，中国社会科学院历史研究所编译室译，北京，中国社会科学出版社 1985 年版。

日本学者的研究成果，对一些重大问题进行了创造性的探索。该书涉及清代晚期的政治、经济、外交、文化、社会等各个领域。

在近现代史研究著作中，一些论著专门以近现代文化史为研究对象，这些论著往往直接涉及近现代社会的道德危机。如杨奎松、董士伟著《海市蜃楼与大漠绿洲：中国近代社会主义思潮研究》①、马勇的《近代中国文化诸问题》②、陈旭麓先生的《近代中国社会的新陈代谢》③等书，分析了欧风美雨影响下政治思想、哲学、文学等方面的变革。

二、新民主主义革命时期价值观、道德规范重建的相关性研究

以五四运动为标志，中国告别了旧民主主义革命的时代，转入新民主主义革命阶段。中国共产党领导了反对帝国主义、封建主义和官僚资本主义的革命，同时也主导了旧民主主义革命未能完成也无法完成的道德重建的历程。学界从不同视角对这一段历史进行研究，其相关成果程度不一地涉及道德重建的问题。

民国中后期著名学者潘朗著《新民主主义的道德》④是目前所见到的唯一一部将新民主主义革命时期道德作为直接研究对象进行研究的专著。此书发表于1949年底，由"卷头语"和六章组成，共78页。尽管其认识水平有着时代的印记，具有一定的历史局限性，但却是今天我们认识新民主主义道德不应也不能忽视的理论成果。除此之外，有关新民主主义道德建设的研究散见于新民主主义革命通史性和专题性研究以及伦理学界对中国革命道德的研究之中。

学界有关中国革命道德的研究与本论文选题具有直接的相关性，这一领域的研究成果涉及新民主主义革命时期价值观、道德规范、理想人格、伦理关系等方面的丰富内容。这一领域最具权威和代表性的著作就是1999年由教育部组织罗国杰等专家学者编写的《中国革命道德》⑤丛书，收录了自五四运动到1999年，有关中国革命道德基本理论、重要规范、先进楷模、名言佳句和教育修养等方面的内容，是中国革命道德的一个大型的思

---

① 杨奎松、董士伟：《海市蜃楼与大漠绿洲：中国近代社会主义思潮研究》，上海，上海人民出版社1991年版。

② 马勇：《近代中国文化诸问题》，上海，上海人民出版社1992年版。

③ 陈旭麓：《近代中国社会的新陈代谢》，上海，上海人民出版社1992年版。

④ 潘朗：《新民主主义的道德》，香港，智源书局出版社1949年版。

⑤ 罗国杰主编：《中国革命道德》，北京，中共中央党校出版社1999年版。

想库和资料库。同该丛书一样，乔法容、朱金瑞于 2000 年主编的《中国革命道德》[①] 也叙述了共产主义信念、为人民服务、集体主义、爱国主义等内容。夏伟东主编的《中国共产党思想道德建设史略》[②] 介绍了中国共产党成立后 80 多年的道德建设概况。

国外学者对于中国革命的研究虽然从未间断，但较少涉及中国共产党思想道德建设方面内容。美国学者威廉・H. 布兰察德的《革命道德——关于革命者的精神分析》[③] 一书谈到了孙中山，但没有提及中国共产党人，其重点仍是关注于西方革命者的研究。埃德加・斯诺在《西行漫记》[④] 第四篇“一个共产党员的由来”和第五篇“长征”中谈到中国共产党的理想信念,但资料仍零碎不全。美国学者周策纵的《五四运动史》[⑤] 描述了新文化运动的扩展以及所造成的“妇女解放”“教育改革”和“政治经济组织的重新定向”等社会政治后果，着力分析了新思想及其对传统的价值重估。

新中国成立以来有关新民主主义革命道德的研究可以追溯到新民主主义通史的研究专著，例如胡华的《中国新民主主义革命史》《中国新民主主义革命史参考资料》已经涉及这一方面的内容。[⑥] 李新等主编的《中国新民主主义革命时期通史》[⑦] 阐述了这一历史时期全国的政治、经济、文化和思想的面貌。胡绳在其主编的《中国共产党的七十年》[⑧] 一书中全景展示了中国共产党从初创到夺取民主革命的全国性胜利的伟大征程，为论文的研究提供了翔实的史料基础。10 年后,《胡绳论“从五四运动到人民共和国成立”》[⑨] 一书出版，又将五四运动后中国的政治、经济、文化、思想的新格局进行了梳理。中国台湾学者陈永发《中国共产革命七十年》[⑩] 一书作者以治史的态度写书，力图追求客观叙史、客观分析，但在史料的

① 乔法容、朱金瑞主编:《中国革命道德》，郑州，大象出版社 2000 年版。

② 夏伟东主编:《中国共产党思想道德建设史略》，济南，山东人民出版社 2006 年版。

③ [美] 威廉・H. 布兰察德著:《革命道德——关于革命者的精神分析》，戴长征译，北京，中央编译出版社 2004 年版。

④ [美] 埃德加・斯诺著:《西行漫记》，胡仲持、冯宾符等译，北京，东方出版社 2005 年版。

⑤ [美] 周策纵:《五四运动史》，陈永明等译，长沙，岳麓书社 1999 年版。

⑥ 胡华:《中国新民主主义革命史》《中国新民主主义革命史参考资料》，上海，商务印书馆 1951 年版。

⑦ 李新等主编:《中国新民主主义革命时期通史》，北京，人民出版社 1962 年版（1980 年重印）。

⑧ 胡绳:《中国共产党的七十年》，北京，中共党史出版社 1991 年版。

⑨ “从五四运动到人民共和国成立”课题组:《胡绳论“从五四运动到人民共和国成立”》，北京，社会科学文献出版社 2001 年版。

⑩ 陈永发:《中国共产革命七十年》，台北，联经出版事业公司 1998 年版。

引用和处理中也有失实之处，这是我们在分析材料过程中需要关注的。

从新民主主义历史研究中发掘有关这一历史时期道德重建的资料，不能忽视近现代思想史尤其是民国思想史的研究。[①] 民国思想史是中国思想史的一个重要而特殊的阶段，郑大华《民国思想史》[②]、李龙牧《五四时期思想史论》[③] 为我们厘清了各种思潮的发展脉络。费正清编著的《剑桥中华民国史（1912—1949）》[④] 专门论及了思想史方面的论题，并且追溯了1895年至1920年从改良运动到五四运动的思想转变。

在近现代思想史研究领域，伦理思想史研究成果为本书研究提供了近现代社会从道德危机到道德重建发展的历史线索。罗国杰《中国伦理思想史》梳理了马克思主义伦理思想在中国的传播与发展以及毛泽东伦理思想形成与发展，是众多“中国伦理思想史”版本中最具权威的著述。[⑤] 张锡勤的《中国近现代伦理思想史》[⑥] 则把目光投注在中国近现代伦理思想史上。樊浩的《中国伦理精神的历史建构》[⑦] 以“伦理精神”作为透视层面，力求对传统伦理有一个整体的把握与贯通的疏解。

关于新民主主义革命时期道德重建的史料还散见于新民主主义教育、新民主主义文化等的专题研究成果中。首先是新民主主义教育研究，新民主主义革命的过程在某种程度上也是一个教育过程。常春元《新民主主义教育教程》[⑧] 一书阐述了新民主主义教育的特征和作用还附有我党在各个

---

① 多数学者以1840~1919年、1919~1949年作为中国近代思想史、中国现代思想史的断限：如李泽厚：《中国近代思想史论》《中国现代思想史论》，北京，生活·读书·新知三联书店2008年版；李华兴：《中国近代思想史》，杭州，浙江人民出版社1988年版；张锡勤：《中国近代思想史》，哈尔滨，黑龙江人民出版社1988年版；等等。有一部分学者以1840~1949年作为中国近代思想史的断限，如彭明、程啸主编：《近代中国的思想历程（1840—1949）》，北京，中国人民大学出版社1999年版；吴雁南主编：《中国近代社会思潮（1840—1949）》，长沙，湖南教育出版社1998年版；陈少明、单世联、张永义编著：《近代中国思想史略论》，广州，广东人民出版社1999年版。

② 郑大华：《民国思想史》，北京，社会科学文献出版社2006年版。

③ 李龙牧：《五四时期思想史论》，上海，复旦大学出版社1990年版。

④ ［美］费正清编：《剑桥中华民国史（1912—1949）》，杨品泉等译，北京，中国社会科学出版社1994年版。

⑤ 主要研究成果有：沈善洪、王凤贤：《中国伦理思想史》，北京，人民出版社2005年版；徐建良：《中国伦理思想史（先秦儒家道德论）》，南京，东南大学出版社2010年版；陈瑛：《中国伦理思想史》，长沙，湖南教育出版社2004年版；朱贻庭：《中国传统伦理思想史》，上海，华东师范大学出版社2009年版；张岱年：《中国伦理思想研究》，北京，中国人民大学出版社2011年版；沈善洪：《中国伦理思想史》，北京，人民出版社2005年版。

⑥ 张锡勤：《中国近现代伦理思想史》，哈尔滨，黑龙江人民出版社1984年版。

⑦ 樊浩：《中国伦理精神的历史建构》，台北，文史哲出版社1992年版。

⑧ 常春元：《新民主主义教育教程》，上海，上海杂志公司1950年版。

历史时期颁布的教育法律法规。河南大学教育学系教学研究组编写的《新民主主义教育学资料选辑》[①],在最重要的新民主主义内容一章专门讲到了思想政治教育（包括道德教育——编者注）。北京师范大学教育系编辑整理的《新民主主义教育大事记（初稿）》[②]，收录了一些没有正式发表过的资料。其次是新民主主义文化研究。辛文斌的《〈新民主主义论〉与中国文化现代化》[③]充分吸收了近年来毛泽东文化思想研究的最新成果，以大量第一手资料和理性的分析，翔实地论述了毛泽东在《新民主主义论》中包含的文化观。文化同道德一样是具有历史演进性的，要弄清新民主主义文化，必先搞清中国文化的源流。龚书铎的《中国近代文化探索》[④]潜心于中国近代文化的探索，对中国近代文化结构、传统观念的变化，中国近代文化的历史地位以及中西文化关系等，都做了宏观的探讨。

三、新民主主义革命时期道德理论重建的相关性研究

马克思主义伦理思想在中国的传播以及中国马克思主义伦理思想的形成，是在中国封建道德已经解体、资本主义道德无力解救中国，而中国人民又迫切需要一种既能反帝又能反封建的伦理思想武器的历史文化条件下开始的。[⑤]中国化的马克思主义伦理理论是以毛泽东同志为主要代表的中国共产党人在领导新民主主义革命斗争中，运用唯物史观研究现实道德现象，进行道德建设的理论产物，这一理论体系的形成为新民主主义革命时期道德重建奠定了理论基础。学界对马克思主义伦理思想的形成与发展作了初步的梳理，同时对无产阶级革命家和思想家的伦理思想进行个案研究，这些研究成果为我们了解新民主主义革命时期道德理论的重建提供了许多很有价值的材料。

唐凯麟在《从旧道德到新道德》[⑥]一书中，揭示了新旧道德历史演进

① 河南大学教育学系教学研究组编:《新民主主义教育学资料选辑》，郑州，河南大学出版社1951年版。

② 北京师范大学教育系:《新民主主义教育大事记（初稿）》，北京，北京师范大学教育系1978年版。

③ 辛文斌:《〈新民主主义论〉与中国文化现代化》，北京，中央编译出版社2007年版。

④ 龚书铎:《中国近代文化探索》，北京，北京师范大学出版社1988年版。

⑤ 王泽应:《20世纪中国马克思主义伦理思想发展研究》,《毛泽东邓小平理论研究》2005年第7期。

⑥ 本书中新道德意指共产主义道德。唐凯麟:《从旧道德到新道德》，武汉，湖北人民出版社1987年版。

的必然性，阐述了新旧道德转变的历史过程及其转变路径。他还在与王泽应合著的《20世纪中国伦理思潮》[①] 一书中研究了20世纪中国的伦理思潮。王泽应的《20世纪中国马克思主义伦理思想研究》[②] 一书着重探讨了20世纪中国马克思主义伦理思想发展的三大杰出成果即毛泽东伦理思想、邓小平伦理思想和江泽民伦理思想。章海山的《马克思主义伦理思想发展的历程》[③] 将马克思主义伦理思想发展历程分为马克思恩格斯的伦理思想，列宁斯大林的伦理思想，毛泽东的伦理思想，并逐一进行了总结。安启念的《马克思恩格斯伦理思想研究》[④] 专门研究了马克思恩格斯的伦理思想，为我们理解马克思伦理思想史的传播历程起到了正本清源的作用。

马克思主义思想家和中国共产党的领袖人物对于新民主主义革命时期道德理论的重建作出了不可磨灭的贡献，他们运用马克思主义伦理观批判传统道德，研究近现代社会的道德现象，探索新民主主义革命的道德重建，初步形成了中国化的马克思主义伦理思想。有关他们的伦理思想的个案研究成果对于了解新民主主义革命时期道德重建具有重要意义。

李大钊是中国最早而且比较全面地传播马克思主义伦理思想的无产阶级革命家。在中国伦理学史上，他第一个用马克思主义哲学的基本原理对道德现象作了科学的分析，对封建主义的伦理道德作了深刻的揭露和批判，提出了无产阶级的新道德观，在我国伦理学史上占有十分重要的地位。[⑤] 李大钊在1919年至1920年发表了《我的马克思主义观》《物质变动与道德变动》《由经济上解释中国近代思想变动的原因》等文章，开始运用马克思主义的理论和方法研究道德的形成、本质和发展规律等问题。这些文章都收录在李大钊传记、文集或者选集中，是我们研究清末民初道德危机的第一手材料。[⑥] 学界对李大钊思想的研究涉及他的马克思主义

① 唐凯麟、王泽应:《20世纪中国伦理思潮》，北京，高等教育出版社2003年版。

② 王泽应:《20世纪中国马克思主义伦理思想研究》，北京，人民出版社2008年版。

③ 章海山:《马克思主义伦理思想发展的历程》，上海，上海人民出版社1991年版。

④ 安启念:《马克思恩格斯伦理思想研究》，武汉，武汉大学出版社2010年版。

⑤ 马振国:《李大钊伦理思想研究》，《中州学刊》1984年第4期。

⑥ 主要研究成果有：李大钊:《李大钊选集》，北京，人民出版社1959年版；张静如编:《李大钊生平史料编年》，上海，上海人民出版社1984年版；吕明灼:《李大钊思想研究》，石家庄，河北人民出版社1983年版；韩一德、王树棣编:《李大钊研究论文集（上、下）》，石家庄，河北人民出版社1984年版；中国李大钊研究会编注:《李大钊全集》，北京，人民出版社2006年版；杜全忠编著:《李大钊研读》，北京，中央编译出版社2006年版；朱文通主编:《李大钊年谱长编》，北京，中国社会科学出版社2009年版；朱成甲:《李大钊传》，北京，中国社会科学出版社2009年版；李维华:《新版〈李大钊全集〉疏证》，北京，社会科学文献出版社2011年版；覃艺、张倔:《李大钊》，北京，中国工人出版社2012年版。

伦理思想及其对于传统道德文化批判。[①] 许全兴认为李大钊在前期的哲学思想中对尊孔复古逆流进行了严厉且彻底的批判。[②] 郭继承将对李大钊思想的研究，放置在民族性与现代性互动的历史脉络之中。[③] 刘建军的《李大钊思想评传》[④] 一书剖析了其政治思想特色。邵云瑞、颜杰峰在《五四时期李大钊伦理思想的演变》一文详细分析了李大钊伦理思想的演变历程。[⑤] 金焕玲等的《李大钊伦理思想刍议》[⑥] 一文分析了李大钊对道德本质的认识、政治伦理的核心。还有一些学者着力研究了李大钊道德观的变动及其思想基础。[⑦] 在国外文献方面，美国学者莫里斯·迈斯纳的《李大钊与中国马克思主义的起源》[⑧] 研究了李大钊的哲学思想、政治思想。

在无产阶级革命家中，恽代英运用唯物史观探讨当时社会的诸多道德问题，形成了较为丰富的马克思主义伦理思想，对于恽代英伦理思想的研究，有助于我们把握马克思主义伦理思想的丰富内容。在《中国伦理学百科全书》中的"马克思主义论理思想史卷"和"婚姻家庭伦理学卷"分别谈及了恽代英的伦理思想和他的婚姻家庭伦理思想。陈锡敏在《恽代英伦理思想研究》[⑨] 一文中，认为恽代英在形成马克思主义的唯物史观后，形成了以倡导为无产阶级利益而奋斗的道德原则。李宗远通过分析恽代英的《义务论》《社会性之修养》《怎样创造少年中国》等文章，认为恽代英的伦理思想一开始就与深厚的爱国主义情感、强烈的反帝意识紧密相连，萌发着纯朴的唯物主义的道德观念。[⑩] 孔祥枫在《五四运动前期恽代英的伦理道德观》[⑪] 一文中提出恽代英常以伦理的思维来进行对人类社会的探

---

① 朱成甲：《李大钊早期思想与近代中国》，北京，人民出版社 1999 年版。

② 许全兴：《李大钊哲学思想研究》，北京，北京大学出版社 1989 年版。

③ 郭继承：《中国近代民族危机下的现代性选择与建构：李大钊思想新解》，北京，中国政法大学出版社 2011 年版。

④ 刘建军：《李大钊思想评传》，福州，福建人民出版社 2011 年版。

⑤ 邵云瑞、颜杰峰：《五四时期李大钊伦理思想的演变》，《道德与文明》2004 年第 5 期。

⑥ 金焕玲、崔子秀：《李大钊伦理思想刍议》，《高校理论战线》2004 年第 4 期。

⑦ 主要有：李军：《李大钊道德观刍议》，《道德与文明》1986 年第 6 期；周吉平：《李大钊道德观的变动及其思想基础》，《李大钊研究论文集》，北京，人民出版社 1999 年版；吴家林：《略论李大钊的共产主义道德观》，《东岳论丛》1989 年第 12 期。

⑧ ［美］莫里斯·迈斯纳著：《李大钊与中国马克思主义的起源》，中共北京市委党史研究室编译组译，北京，中共党史资料出版社 1989 年版。

⑨ 陈锡敏：《恽代英伦理思想研究》，《河北学刊》2001 年第 5 期。

⑩ 李宗远：《浅析恽代英伦理思想》，《青海社会科学》1990 年第 6 期。

⑪ 孔祥枫：《五四运动前期恽代英的伦理道德观》，《青海师范大学学报（社会科学版）》1991 年第 4 期。

索和研究。王翔、曾长秋从道德作用、道德标准、道德修养三个方面将毛泽东和恽代英的早期伦理思想进行了比较研究。① 钟碧惠、魏天祥编注了《恽代英论青年修养》② 一书，书中辑录了恽代英早年的日记、书信和文章中关乎人生、理想、学习、爱情等方面的精辟论述。还有一些学者研究了恽代英的教育思想，这其中也或多或少地涉及他的道德教育思想。③

在早期的无产阶级革命家中，瞿秋白对马克思主义道德理论的创立也作出了卓越的贡献。新中国成立后出版的《瞿秋白文集》《瞿秋白作品精选》④ 是了解瞿秋白的马克思主义伦理观的第一手资料。近一二十年，一些学者开始关注瞿秋白伦理思想的研究。如汪成国《李大钊、瞿秋白伦理思想比较》⑤、余玉花《瞿秋白伦理思想探微》⑥ 等文章。

毛泽东作为中国共产党和人民军队的主要缔造者及新民主主义革命的领导者，他的伦理思想为新民主主义革命时期的道德奠定了思想基础，学界对毛泽东伦理思想的思想渊源、发展过程、主要内容、根本特征等方面进行深入研究，其成果为本论文研究提供了宝贵资料。

一是毛泽东伦理思想渊源的研究。在毛泽东道德思想渊源上，学者们普遍认为中国的传统文化是其主要的思想来源。刘广东以爱国主义为主线，研究了毛泽东早期伦理思想以及由民主主义者转变为坚定的共产主义者后的伦理思想。⑦ 杜振吉分析了毛泽东伦理思想的理论来源与实践来源。⑧ 李洪奎认为早年毛泽东伦理思想实际由两层次四部分构成。⑨ 其他学者如赵丽华和许启贤分别在论文《毛泽东伦理思想与中国传统文化》《中国传统文化孕育了毛泽东伦理思想》中阐释了中国传统文化对毛泽东

---

① 王翔、曾长秋:《毛泽东和恽代英早期伦理思想比较研究》,《经济研究导刊》2009 年第 1 期。

② 钟碧惠、魏天祥编注:《恽代英论青年修养》, 郑州, 河南人民出版社 1985 年版。

③ 主要研究成果有：中央教育科学研究所编:《恽代英教育文选》, 武汉, 湖北教育出版社 1991 年版；金立人:《恽代英教育思想研究》, 沈阳, 辽宁教育出版社 1993 年版；李良明等:《恽代英思想研究》, 北京, 人民出版社 2011 年版。

④ 主要研究成果有：瞿秋白文集编辑委员会:《瞿秋白文集》(1~4), 北京, 人民文学出版社 1953~1954 年版；凡尼、郁苇选编:《瞿秋白作品精选》, 桂林, 漓江出版社 2004 年版。

⑤ 汪成国:《李大钊、瞿秋白伦理思想比较》,《瞿秋白研究论丛》2005 年第 1 期。

⑥ 余玉花:《瞿秋白伦理思想探微》,《瞿秋白研究新探——纪念瞿秋白同志诞辰一百周年座谈会论文集》, 南京, 南京大学出版社 1999 年版。

⑦ 刘广东:《毛泽东伦理思想简论》, 济南, 山东人民出版社 1987 年版。

⑧ 杜振吉:《毛泽东伦理思想来源探析》,《云南师范大学学报(哲学社会科学版)》1994 年第 3 期。

⑨ 李洪奎:《毛泽东伦理思想溯源》,《毛泽东思想论坛》1997 年第 1 期。

伦理思想的重大影响。这些研究为我们厘清毛泽东伦理思想的来源提供了有力的支持。

二是毛泽东伦理思想的发展过程研究。杜振吉将毛泽东伦理思想的形成和发展划分为萌芽、初步形成、系统化、丰富和发展、曲折和发展、继承和发展六个阶段。[①] 温善策认为毛泽东的伦理思想与他的哲学思想有着密切的联系。[②] 周海燕重点探讨了毛泽东伦理思想形成的基础和框架。[③] 程东阳和夏高发则从嬗变这个角度研究了毛泽东伦理思想的发展。[④]

三是毛泽东伦理思想内容的研究。魏英敏研究了毛泽东伦理思想形成的时代背景、哲学基础、道德评价等理论。[⑤] 杜振吉、凌大志、曹景田在各自的著作中论述了毛泽东"全心全意为人民服务"的道德核心，"集体主义"的道德原则等内容。[⑥] 唐能赋《毛泽东的伦理思想》一书[⑦]，对于毛泽东伦理思想的整体性和系统性进行了研究和概括。王彩玲《毛泽东早期伦理思想研究》[⑧] 一书则把研究视角放在了毛泽东早期伦理思想。随着对毛泽东伦理思想研究的不断深入，研究范围上出现了一些分类研究，如《为政治立"法"：毛泽东政治伦理思想研究》[⑨]。在毛泽东关于理想人格的思想研究方面，韩望喜从实现自我、超越自我和追寻至善三个方面对毛泽东的理想人格进行了论说；[⑩] 冒君刚研究了毛泽东青年时期到中华人民共和国成立后的道德思想和实践，突出表现了毛泽东光明磊落、乐观豪放、清廉超脱的高尚人格；[⑪] 江华详细论述了毛泽东从"新民说"到"新

① 杜振吉：《毛泽东伦理思想的形成和发展》，《北方论丛》1994 年第 6 期。

② 温善策：《毛泽东伦理思想的形成与发展》，《河南大学学报（哲学社会科学版）》1987 年第 6 期。

③ 周海燕：《试论毛泽东伦理思想之形成》，《舟山学刊》2006 年第 2 期。

④ 程东阳：《论毛泽东伦理思想嬗变的合理机制》，《毛泽东思想研究》2006 年第 1 期；夏高发：《毛泽东早期伦理思想嬗变的合理性与局限性》，《毛泽东思想研究》2007 年第 6 期。

⑤ 魏英敏：《毛泽东伦理思想新论》，北京，北京大学出版社 1993 年版。

⑥ 杜振吉：《毛泽东伦理思想研究》，贵阳，贵州人民出版社 1992 年版；凌大志：《毛泽东伦理思想概论》，北京，中共中央党校出版社 1993 年版；曹景田：《毛泽东思想通论》，沈阳，辽宁大学出版社 1993 年版。

⑦ 唐能赋：《毛泽东的伦理思想》，重庆，西南师范大学出版社 1993 年版。

⑧ 王彩玲：《毛泽东早期伦理思想研究》，北京，中国社会科学出版社 2006 年版。

⑨ 王秀华、程瑞山：《为政治立"法"：毛泽东政治伦理思想研究》，北京，人民出版社 2008 年版。

⑩ 韩望喜：《理想人格的追求——毛泽东的伦理观》，西安，陕西师范大学出版总社 1993 年版。

⑪ 冒君刚：《毛泽东的道德思想和伟大人格》，西安，陕西人民出版社 1993 年版。

人说”的理想人格由不成熟到成熟，由激烈多变到理智坚定的转变历程；[①]在关于道德评价方面，任立新等学者认为，毛泽东运用马克思主义辩证法总结了历史和现实中的经验教训，提出了动机和效果相统一的思想，从而对道德评价中这一长期争论的问题作出了科学的回答；[②]还有一些学者就毛泽东伦理思想的核心进行讨论，虽然看法不尽相同，但大多数人都认同“全心全意为人民服务”是毛泽东伦理思想的核心。[③]

四是毛泽东伦理思想的特性研究。刘广东在《试论毛泽东伦理思想的特点》[④]一文中指出毛泽东伦理思想的根本特点是具有中国化和民族化，即具有中国作风和中国气派。林径一则认为实践性是毛泽东伦理思想的显著特点。[⑤]建和、燕弓指出强调共产主义道德同中国人民的道德实践相结合，是毛泽东伦理思想的基本特点。[⑥]唐能赋将毛泽东伦理特性总结为道德政治性、道德实践性、道德民族性、道德自省性、道德典范性五个方面。[⑦]

国外学者关于毛泽东思想的研究也或多或少涉及毛泽东伦理思想。魏斐德的《历史与意志——毛泽东思想的哲学透视》一书从康德与王阳明之间，在中西文化思想史中，探寻滋养毛泽东思想的源泉。[⑧]日本学者竹内实的《竹内实文集》第四卷《毛泽东传记三种》收录了竹内实研究毛泽东的三部论著：《毛泽东传》《毛泽东的生涯——调动八亿人民的魅力源泉》和《毛泽东》，不仅介绍了毛泽东生活的时代背景，家庭与亲友，还评述了毛泽东人格和思想的形成过程，特别是其在中国革命实践中的作用与地位。[⑨]

---

① 江华：《从“新民说”到“新人说”——毛泽东理想人格的演变》，《毛泽东思想研究》1994年第3期。

② 任立新、王志红、吕力：《浅论毛泽东的道德评价观》，《探索与求是》1997年第5期。

③ 主要研究成果有：蔡志敏：《试论“为人民服务”在毛泽东伦理思想中的核心地位》，《东北师大学学报（哲学社会科学版）》1993年第3期；汪应峯：《试论毛泽东伦理思想的核心》，《合肥工业大学学报（社会科学版）》1985年第1期；杨铮铮：《以民为本是毛泽东伦理思想的核心》，《船山学刊》2006年第2期；张涛、王海：《论三代领导人伦理思想的核心》，《求实》2004年第6期。

④ 刘广东：《试论毛泽东伦理思想的特点》，《东岳论丛》1987年第1期。

⑤ 林径一：《实践性是毛泽东伦理思想的显著特点》，《甘肃理论学刊》1999年第5期。

⑥ 建和、燕弓：《毛泽东伦理思想的基本特点和结构》，《伦理学与精神文明》1983年第6期。

⑦ 唐能赋：《毛泽东的伦理思想特性探析》，《道德与文明》1994年第1期。

⑧ ［美］魏斐德著：《历史与意志——毛泽东思想的哲学透视》，李君如等译，北京，中国人民大学出版社2005年版。

⑨ ［日］竹内实著：《竹内实文集·毛泽东传记三种》，韩凤琴、张会才译，北京，中国文联出版社2002年版。

通过文献梳理，我们不难看出上述研究成果已经涉及新民主主义革命时期道德重建的一些具体问题，其中某些问题的研究还比较深入。但总体上看，这一领域的研究存在一些不足之处：一是缺乏系统性研究，尚未有以道德重建为研究对象的专著；二是即使涉及新民主主义革命时期道德重建具体问题的研究尚有待深化。道德重建是“破”与“立”的统一，即传统道德的危机和新型道德构建的统一。从这个视角去看待近现代社会的道德现象和道德问题，不难发现近现代社会的道德发展遵循一定的发展规律。但由于缺乏这样的视角，我们未能充分认识近现代社会的社会转型与道德重建的内在关联性，导致我们对近现代社会的道德问题及其他方面问题的研究往往存在着局限性。例如，我们对革命道德的研究，往往囿于革命道德本身，未能从中华民族在近现代社会的道德转型的视域去看待它，因而也就无法看到革命道德的构建对于中国伦理思想史和民族文化转型来说是一件具有里程碑意义的事件。又如，我们对近现代社会马克思主义伦理思想的研究往往只停留在道德观念的层面，未能弄清道德观念与现实道德的区别与联系，因而也就无法看到新民主主义革命时期形成的中国化马克思主义伦理思想与其他伦理思潮不同，它不是仅仅停留在少数知识分子头脑中的思想观念，而是在一定程度上转化为现实道德的东西，进而也就无法全面地把握中国化的马克思主义伦理思想发展史的真实图景。同样，由于没有看到新民主主义革命与道德重建的内在联系，因此对这一段历史某些问题的认识很难到位。设想一下，如果没有道德重建，何以能够在一个农民人口占大多数的国家里建设具有先锋队性质的党和人民的军队，如果没有价值观信仰的重建，那么统一战线的价值观基础也就不复存在，统一战线又何以能够建立？而具有先锋队性质的党、人民军队和统一战线又是新民主主义革命胜利的基本保证。这些问题不搞清楚，我们的当代道德建设以及核心价值体系的构建就缺乏一个长程式的整体视角。

第二章　近现代中国传统道德危机的现实原因与思想根源

19 世纪中叶之前的中国，凭借着自给自足的小农经济、强大而又稳定的东方宗法专制制度、以儒家“三纲五常”为核心的文化价值观念，成为西方思想家和探险家钦羡的富饶而又神秘的东方大国。明末清初，当“资本主义”还在中国社会母体中艰难蛹动之际，业已通过资本原始积累和长足科学技术发展而掌握先机的西方新兴资本主义国家不断觊觎着古老中国，但几经涉足都未有结果。终于在 1840 年，西方新兴工业国用重炮轰开了中国的大门。自此，清王朝开始经受前所未有的变局，它所要面对的已经不是历朝历代所经历的贫苦农民的啸聚山林、揭竿而起，而是由工业革命所激活的巨大生产力、创造力，以及与之紧密相连的政经制度、价值观念融汇成的一股气势磅礴、无坚不摧的“西潮”的叩击！这股强劲的“西潮”对古老民族的基本生存方式和社会组织框架，当然也包括其千百年来所形成的农业文明的价值观念体系形成剧烈的冲击。鸦片战争的炮声震破的不仅是天朝上国不可战胜的神话，在炮舰侵略和近代价值观念冲击下，古老帝国随即被迫自觉不自觉地开始了调整其经济、政治、文化和社会结构，从而拉开了近代中国转型的大幕。

第一节　“千年变局”——晚清社会发生历史巨变

鸦片战争使清王朝出现了“三千年未有之巨变”，这种变局，其实质是社会转型的变动。确切地讲，在中国古代也曾发生过一次转型，即始于东周之末，终于秦皇汉武之世，以废封建、立郡县；废井田、开阡陌；罢百家、尊儒术为特征的古代转型。经过这次转型，中国变为大一统的帝国制度。自此，两千年来，古老中国一直按照自己的节奏，一步一步地发展，虽然更姓易代数十次，但政治上的基本架构与设置，只是较之于秦更加周详与严密，在性质上并无二致。即便偶有大的动荡和灾荒，但也波澜不惊，一直按照自己形成的价值体系运转着。在这样的帝制框架中，古老中国创造了辉煌灿烂的文明，在17世纪之前的很长一段时间里，中华文明引领世界。甚至在某种程度上，正是这样璀璨的中华文明启发并激励了西方，诱发了工业革命、文艺复兴乃至启蒙运动。但是，在工业革命之后，一个全新的时代开启了。很显然，我们对此是没有什么思想准备的。

一、炮口下的震撼

1840年之所以成为中国人难以释怀的一个年份，成为中国历史发展具有标识性的一个年代，就是因为1839年中国水师与英国兵舰在九龙尖沙咀和穿鼻洋的两度炮战，及随后从1840年到1842年为时两年多的鸦片战争，彻底推开了古老中国紧闭的大门，这个东方文明古国开始蹒跚迈出从封闭走向开放、从传统走向近代的最初一步。

鸦片战争前，清王朝曾经创造过中国传统社会一道亮丽的风景线——“康乾盛世”。那时的清王朝是一个独立自主、统一的国度，无论在辽阔的疆域、还是经济的繁荣、社会的稳定上都被世人所羡。与西方在15、16世纪开始出现工业文明不同，中国的农业文明与政治上的帝制、大一统相匹配，发展至康乾时期已经达到了极致状态。1840年以前，中国传统的贸易形式主要是国内贸易，贸易的主要内容“是一种以粮食为基础，以布（以及盐）为主要对象的小生产者之间交换的市场结构”[①]，所占不多的海外贸易还是以“朝贡贸易”为主要形式的官方贸易。所以，中国传统的经济结构是以自然经济为基础的，对海外市场缺乏内在的发展诉求。很长一段时间，中国老百姓缺乏购买力和消费习惯，西方工业产品在清王朝的作用与地位，无非是商人以及士阶层，尤其是贵族阶层的玩意，成了奇技淫巧。与之相左，中国的产品，如瓷器、丝绸还有茶叶，却成为西方社会的大爱，中英之间的贸易不平衡是以“罪恶的鸦片贸易”为拐点的，这种不道德的手段削减了贸易的不平衡。

鸦片战争表面是因为鸦片而战，但战争结束后，鸦片贸易并没有禁止，鸦片依然是英国平衡对华贸易的重要手段。除此之外，西方资本主

① 吴承明:《中国资本主义与国内市场》，北京，中国社会科学出版社1985年版，第264页。

义国家在战后还持续不断地向中国倾销商品，掠夺原料，中外经济贸易关系也随之发生了根本性变化。“在1830年以前，中国人在对外贸易上经常是出超，白银不断地从印度、英国和美国向中国输出。可是从1833年，特别是1840年以来，由中国向印度输出的白银，几乎使天朝帝国的银源有枯竭的危险。”[①]《南京条约》签订后，西方资产阶级异常兴奋，他们把大量棉纺织品和其他商品运到中国来销售。“中国过去几乎不输入英国棉织品，英国毛织品的输入也微不足道，……从1840年其他国家特别是我国（美国——引者注）也开始参加和中国的通商后，这两项输入增加得更多了。”[②]19世纪40年代，外国商品虽然尚未在中国获得广泛普遍的销路，但在遭受外国商品冲击严重的五口通商地区，小农业与家庭手工业密切结合的传统自然经济开始被侵蚀并逐渐改组。这个过程虽然并不是以激烈的方式进行的，并且受到了来自传统自然经济下几亿小农求生挣扎而发出的抵抗，自然经济终究因此而逐渐走向分解。时代在抛弃什么的时候，连一声“再见”都不会说。即便有百般不愿，还是有很多生产者被抛出自然经济之外，自然不自然地成了资本主义因素发生和发展的参与者。“中国工人伙多，有用之不竭之势。所得区区工价，实非美国工人所能自给。上海如此，他处尤为便宜，盖该口工价已较内地丰厚。致远方男女来谋食者日繁有徒，虽离家不计也”[③]。新的生产方式在逐渐取代旧的生产方式，而城乡社会生活也因此而发生了万千变化。“以第一次鸦片战争为开端，来自西方的工业文明作为一种整体水平已经超前的文明形态，以入侵者的姿态首先从军事上，既而从经济上、政治上和文化上给中国人以当头棒喝，宣布东方农耕文明优势地位及封闭状态的历史性终结。”[④]当然，这种经济上的新旧代谢是建立在外在重压之下的，正如后世历史所显现，从中获得最大利益的并非中国，而是一直施压欺凌的西方列强。

炮口下发生震撼的不仅是清王朝的自然经济，还有政治上的主权。西方列强凭借鸦片战争的胜利获得了近代中国与西方之间的第一组条约。随后的百余年，强加于中国的不平等条约多达1000多项。自此，西方列强开启了通过条约“合法”管束控制中国的先河。《南京条约》中：“英国驻

① 《马克思恩格斯选集》第1卷，北京，人民出版社1995年版，第691页。

② 《马克思恩格斯选集》第1卷，北京，人民出版社1995年版，第691~692页。

③ 李文治:《中国近代农业史资料》第1辑，北京，生活·读书·新知三联书店1957年版，第921页。

④ 冯天瑜等:《中华开放史》，武汉，湖北人民出版社1996年版，第48页。

中国之总管大员，与大清大臣无论京内、京外者，有文书来往，用照会字样；英国属员，用申陈字样；大臣批复用劄行字样；两国属员往来，必当平行照会。”① 外国领事获得了与中国官吏的平等权，这对清政府传统的政治制度造成了极大的压力。因为中国传统的帝制大一统政治格局，“等级”是一个绝对不容挑战的概念与范畴。但西方列强撕裂了这道帷幔，他们提出的平等无疑是蕴含着深层次的不平等，但清政府无力拒绝。这种沉重的负压又势必会映射至社会生活的方方面面。条约使英国割取香港、五口通商，这不仅使列强获得了经营中国的绝佳基地，而且把触角得以从沿海向内地延伸，严重侵蚀了中国的主权。英属香港和口岸租界，实际上成为国中之国，“人间何地无沧桑，平填黄浦成夷场。高高下下嘘蜃气，十十五五罗蜂房。青红黄绿辨旗色，归制略似棋枰方。门前轮铁车硠硠，人来辟户摇银铛。倒映窗牖颇黎光，左出右入迷中央。”② 这样的国中之国，一方面是西方殖民的标记，另一方面也使得国人得以见所未见，闻所未闻，获得了传统之外世界的直观印象。由直观生比较，由比较生羡慕，由羡慕生学习，由学习生追求，这也给传统道德危机的产生埋下了伏笔。

二、“华夷”观念的尴尬

古老大地延续千年之久的自给自足的自然经济与等级政治制度的被迫松动，也使以儒家礼乐教化和纲常伦理为判断尺度的“华夷”秩序观念出现了转变，而这也成为中国传统道德危机产生的前奏。“华夷之防”是封建伦理道德的重要内容。中国为天下之中，天下最大的观念在国人心中根深蒂固，“在中国人的眼里，中国的文明不是一种文明，而是唯一的文明，而中国的生活方式也不是一种生活方式，而是唯一的生活方式，是人类心力所及的唯一的文明和生活方式。”③ 石介在《中国论》写道：“天处乎上，地处乎下，居天地之中者曰中国，居天地之偏者曰四夷。四夷外也，中国内也。天地为之乎内外，所以限也。”许慎在《说文解字》中这样解释“夷”字：“夷，平也。从大，从弓，东方之人也。”④ 后来蔑指中原以外的各族。“方千里曰王畿，其外方五百里曰侯服……又其外方五百里曰夷服（《周礼·夏官·职方氏》）。以“夷”泛称华夏以外一切外族的人

① 王铁崖:《中外旧约章汇编》第1册，北京，生活·读书·新知三联书店1957年版，第32页。
② 张应昌:《清诗铎》，北京，中华书局1960年版，第421~422页。
③ 林语堂:《中国人》，杭州，浙江人民出版社1988年版，第30页。
④ 许慎:《说文解字》，北京，中华书局1963年版，第213页。

和事，“华夷对峙”的文化分界与“用夏变夷”的文化传播在漫长的中国文明发展史中始终具有普遍和永恒的意义。在两千年的封建历史中，儒家正统的纲常观念与现实的政治、经济等多种因素促和形成了特殊的华夷等级秩序，“在中国皇帝一方，看到他的世界之主的地位被确认，并知道这些周边国家愿意充当‘外藩’，以拱卫中国免受蛮夷侵袭，令他无比心满意足。总的来说，维持封贡体系主要是因为昭示儒家的礼仪观念，并确认一个等级制的世界秩序，中国在其中享有优越地位，安如磐石且不可侵犯。”[①] 所以，当西方人笔下的世界地图上已经出现了五大洲，中国只偏居一隅时，我们刻印的天下总图却只有中国的十几个道或省，中国以外只有海洋，海洋中只有些许小岛被标注为我们所知道的国名。但“即便将中国周围一总的小岛都算在一起，所有的总面积，还不及中国一个最小的行省的面积大。及至他们将伟大的中国，和世界各处渺小的国相比，便觉得万分自豪，随想全世界上，除去中国之外，都是野蛮的，没有受过教育的国家”[②] 中国向来自视为世界的中心，中国的士大夫不知道除华夏之外，还有世界。鸦片战争是西方人自 1514 年到中国起，积 300 余年窥探之后的一逞。300 年间，在西方人面前，中国常居被动一方，进而由被动至抵制，由抵制又至闭关。这个过程虽有效地阻止了西人入窥堂奥，但也使国人丧失了看到更远世界的机会。“内夏外夷”的观念与“三纲五常”的礼仪等级制度相结合，凝固为一种独特且稳定的社会文化秩序，乃至英国人大炮打响之后，黎民百姓、官场士林，乃至朝野上下，似乎都被一个信念所系：“天朝物产丰盈，无所不有，原不藉外夷货物以通有无。”[③] 不管国人是否能觉知，外域的炮火已经撕裂了中国大地上固有的政治、经济、文化帷幕。“满族王朝的声威一遇到英国的枪炮就扫地以尽，天朝帝国万世长存的迷信破了产，野蛮的、闭关自守的、与文明世界隔绝的状态被打破，开始同外界发生联系……”“与外界完全隔绝曾是保存旧中国的首要条件，而当这种隔绝状态通过英国而为暴力所打破的时候，接踵而来的必然是解体的过程，正如小心保存在密闭棺材里的木乃伊一接触新鲜空气便必然要

---

① Wang Gungwu, *Early Ming Relations with Southeast Asia: A Background Essay*, in Fairbank (ed.), The Chinese World Order, 61. See also 110–111, 160.

② ［法］裴化行著：《天主教十六世纪在华传教志》，萧浚华译，北京，商务印书馆 1964 年版，第 278 页。

③ 《清高宗圣训》卷 26，第 13 页。

解体一样。”[①]

自此，中国社会发展的道路受到外力的强制牵引而亦步亦趋，清王朝被迫纳入世界政治经济体系，晚清社会从此也发生了深远的变化。这种经济、政治格局的变化也使得几千年来维系古老中国的伦理纲常发生裂隙，自汉以来的大一统的“中央帝国”的光环和尊严丧失了，人们不得不对传统的“夷夏关系”及其价值作出新的解释和定位，儒家学说中的道德主义和礼仪规范整合社会各个阶层的特殊功能遭遇到了前所未有的挑战。古老中国伴随着民族危机出现了伦理道德的危机，这对国人本已脆弱的心灵无疑又是一记重击！

第二节　“悉夷情”——挑战传统价值观念

鸦片战争前夕，“天朝上国”无所不有、“中国即华夏”的自满自傲观念是深入人心的，无论最高统治者还是知识精英，皆对此深信不疑。“历史好像是首先要麻醉这个国家的人民，然后才能把他们从世代相传的愚昧状态中唤醒似的。”[②] 西方坚船利炮的到来，使得“欲制外夷者，必先悉夷情始”[③] 的论断成为一些开明人士的共识，古老大地“开眼看世界”的举措开始萌动。在这个层面上，鸦片战争对于未曾接触过先进科学技术的中国而言，不仅是一场政治上的遭遇战，更是一场文化上的遭遇战。当中国人开始将目光投注于世界，佐以嘉道间重振的经世致用思潮，古老中国内心秉持的传统价值观念也被激起了涟漪。

一、开眼看世界

鸦片战争前中国自身的传统文化受制于清朝统治者的文化专制主义与文化排外主义两大文化政策影响显得平静而沉闷。嘉庆朝边疆多事，灾祸连年，吏治腐败，百姓起义，沉困下僚的饱学之士和失意文人发议论、办时务，使“经世致用”之风再兴。经世思潮注重的是致用，也就是所做之学皆要真正解决社会实际问题，即“必有验于事”“必有资于法”“必有验

① 《马克思恩格斯选集》第1卷，北京，人民出版社1995年版，第691~692页。

② 《马克思恩格斯选集》第1卷，北京，人民出版社1995年版，第691~692页。

③ 魏源：《武事余记·掌故考证》,《圣武记》附录卷12，北京，中华书局1984年版，第499页。

于今”“必有乘于物”[①]，以起到济世之效。这种重视现实的学风，不仅解放了八股帖括、训诂名物、典章考据的拘禁，倡导了改图更法的精神，实际上也为中国迎接社会巨变提供了思想方法和学识见地的必要准备。试想一下，如果没有这种思想上的解放，在一个长期封闭的大国，面对突如其来的侵袭与变局，又怎会有以研究西学为治学宗旨的有识之士发出“开眼看世界”的呐喊呢？

最早认识到“悉夷情”并身体力行的当属林则徐。作为抗英主帅，他最初也信奉乾隆皇帝的那句老话：“天朝物产丰盈，无所不有，原不藉外夷货物以通有无。”[②]认为以断绝贸易相告诫外国，鸦片贸易必定可停止。但经历了英国坚船的迅速和利炮的声势，他对中西武器与士兵做了这样的对比：

> 彼之大炮，远及十里内外，若我炮不能及彼，彼炮先已及我，是器不良也。彼之放炮，若内地之放排枪，连声不断，我放一炮后，须转展移时，再放一炮，是技不熟也……内地将弁兵丁，虽不乏久列戎行之人，而皆觌面接仗，似此相距十里八里，彼此不见面而接仗者，未之前闻，故所谋往往相左。[③]

林则徐敢于面对现实，注重对真实情况做仔细的考察，他尽一切可能搜寻有关外国的知识，摒弃传统的“夜郎自大”观念，虚心考察国外情形。这个过程是异常艰难的，一方面要顶住来自顽固守旧势力的巨大压力，另一方面还要不断克服和纠正自身认识上的肤浅甚至无知。从“遍访鸦片由来”到新闻动态、对华评论、地理历史、经济律例、军事技术、科学文化……无一不在他的搜求编译之列。林则徐也在时代浪潮的鼓荡下成为“开眼看世界的第一人”。他主持编译了《四洲志》《华夏夷言》《在中国做鸦片贸易罪过论》《各国律例》，记录了中华民族最初所了解到的外面的世界。其中《四洲志》重点介绍了英、美、法、俄等国家，初步勾勒出整个世界的轮廓，梁启超将之称为“新地志之嚆矢”[④]。就连西方人也

① 魏源：《皇朝经世文编叙》，《魏源集》（上），北京，中华书局1976年版，第156~157页。

② 《清高祖圣训》卷26，第13页。

③ 中国史学会主编：《中国近代史资料丛刊〈第二次鸦片战争〉（2）》，上海，上海人民出版社1957年版，第568~569页。

④ 梁启超：《饮冰室合集》，北京，中华书局1989年版，第323页。

说："中国官府，全不知外国之政事，又不询问考求，故至今中国仍不知西洋。""惟林总督行事全与之相反，署中养有善译之人，又指点洋商通事引水二三十位，官府四处探听，按日呈递。"①林则徐所表现出来的抵御外侮的民族气节和吐故纳新的开明，也引领了有识之士从传统的华夷观念探出头来眺望世界。

二、悉夷情

魏源在《四洲志》的基础上，增补辑录编定《海国图志》。应该说，《海国图志》对世界史地的介绍在内容上比《四洲志》增加了数倍，且涵盖天文、地理、火炮，甚至是时下各种人士对于夷务的论说，大大超越了世界史地的介绍范围。在《海国图志》的《原叙》中便开宗明义："是书何以作？曰为以夷攻夷而作，为以夷款夷而作，为师夷长技以制夷而作"。②并重申"筹夷势必先知夷情，知夷情必先知夷形""不悉敌势，不可以行军；不悉夷情，不可以筹远。""同一御敌，而知其形不知其行，利害相百焉；同一款敌，而知其情不知其情，利害相百焉。"③魏源积极主张"悉夷情"，富国强民，以振国威，同时，他还提出要改变官吏的恶习，整肃人心，造就人才，祛除"人心之寐患"。

> 此凡有血气者所宜愤悱，凡有耳目心知者所宜讲画也。去伪，去饰，去畏难，去养痈，去营窟，则人心之寐患祛，其一。以实事程实功，以实功程实事，艾三年而蓄之，网临渊而结之，毋冯河，毋画饼，则人材之虚患祛，其二。寐患去而天日昌，虚患去而风雷行。④

魏源所说的整肃人心，基本用意还是要加强封建道德礼、义、廉、耻教育，"使人不暇顾廉耻，则国必衰"⑤，以强调封建道德的影响，整顿封建秩序。此时魏源对封建道德的态度显然还没有到自觉批判的程度，但是他把民众的道德境界与国运兴衰联系在一起，重视道德风尚重要意义的见

① 魏源：《海国图志》卷81，同治丁卯郴州陈氏重刊足本，第6页。

② 魏源：《海国图志叙》，《魏源集》（上），北京，中华书局1976年版，第207页。

③ 魏源：《海国图志·筹海篇》，《魏源集》（下），北京，中华书局1976年版，第865~866页；《海国图志叙》，《魏源集》（上），北京，中华书局1976年版，第207页。

④ 魏源：《海国图志叙》，《魏源集》（上），北京，中华书局1976年版，第208页。

⑤ 魏源：《默觚下·治篇十四》，《魏源集》（上），北京，中华书局1976年版，第72页。

解，已经开始突破传统儒家道德理论的界限了。在魏源的思想深处，又体现出完全服膺实事、功效的价值标准和思维趋向。“以匡居之虚理，验诸实事其效者十不三四。”①“以实事程实功，以实功程实事”②，这种重视功效的价值标准、验之实事的思维方式，使魏源的思想从传统儒家伦理道德向着近代跨越了一大步。

此后又有梁廷枏著《海国四说》（1846年）、姚莹著《康輶纪行》（1847年）、徐继畬著《瀛环志略》（1848年），这些可以说是当时最具影响力的几部著作。梁廷枏和徐继畬在史地知识的基础上又分别介绍了英国的议院制度、美国的民主制度。姚莹甚至大胆地将“悉夷情”与爱国的情愫紧密结合起来，多次强调爱国就要“悉夷情”，以此呼唤国人的觉醒。

> 自古兵法，先审敌情，未有知己知彼而不胜，瞶瞶从事而不败者也。英吉利、佛兰西、米利坚皆在西洋之极，去中国五万里。中国地利人事，彼日夕探习者已数十年，无不知之。而吾中国曾无一人焉留心海外事者，不待兵革之交，而胜负之数已较然矣。澳门夷人，至于著书笑中国无人留心海外，宜其轻中国而敢肆猖獗也。莹实痛心，故自嘉庆年间，购求异域之书，究其情事，近岁始得其全，于海外诸洋有名大国，与夫天主教、回教、佛教，一一考其事实，作为图说，著之于书，正告天下，欲吾中国童叟皆习见习闻，知彼虚实然后徐筹制夷之策，是诚喋血饮恨而为此书，借雪中国之耻，重边海之防，免胥沦于鬼蜮，岂得已哉？③

以林则徐、魏源为代表的先进人士此时的目光更多的是集中在西方的坚船利炮上，对西方的思想文化，包括伦理学说并未关注太多，当然也不可能介绍新的西方伦理观。但是在鸦片战争后，清王朝上下关于有无必要了解外国还是一个存在争议的敏感问题，“悉夷情”还在为合法存在而挣扎，这几部著作改变了传统的“儒者著书唯识九州以内”的风习，投射出富强御侮的爱国主义思想。更为重要的是，几千年来以“忠君”为第一要务的儒家价值观和“君权神授”的封建宗法制度被撕去了神秘的、无所不能的外衣。虽然这些先觉之士的开创性工作仅仅是初步的，甚至在某些方

---

① 魏源:《海国图志叙》,《魏源集》(上)，北京，中华书局1976年版，第208页。
② 魏源:《海国图志叙》,《魏源集》(上)，北京，中华书局1976年版，第207页。
③ 姚莹:《复光律原书》,《东溟文后集》卷8，台北，文海出版社1974年版，第10~11页。

面的认识还是粗浅的；虽然大多数国人仍旧是昏睡如故，整个社会只是微澜初起；然而在中国近代历史上，他们的惊醒之作仍不失为破冰之举！随着大家对于“悉夷情”认识的不断深化，西学开始大规模地进入中国。

第三节　西学强势传入——中西文化开始正面遭遇

如前文所述，为了维护自身统治，清朝统治者奉行文化专制主义和文化排外主义两大政策。前者是以高压手段钳制思想，防止和镇压不利于其统治的言论，建立文化控制的牢笼，在这样的高压遏制下，中国文化固有的学术本性和创新精神逐渐丧失，走进了越来越狭窄的胡同。文化排外政策较之于文化专制成型稍晚，这是伴随着清朝统治者根基稳固，君临天下的自信树立以后产生的。清朝统治者产生于北方的游牧民族，是经济文化落后的少数民族凭借军事强力取得统驭华夏的最高权力。在他们的内心有着深深的自卑与不安，入主中原以后他们一方面学习汉学，另一方面利用权力控制汉学的发展，因为清朝的历代统治者越学习越能感受到汉族传统文化中蕴含着的兼容并蓄的巨大潜力以及不利于其统治的危险。为此，清朝统治者在江山稳固之后，对于外国势力与外在的文化样态逐渐防戒起来，随着贸易上和政治上的闭关锁国政策的确立及推行，文化排外更甚。民间胆敢与外国私自进行交流，便被视为里通外国的不赦之罪。在这样顽固而又不肯变通的文化政策下，清朝早已埋下了文化病态发展的隐忧；看似平静如水的传统价值观念还在惯性地运转，但这格外的沉静又似乎酝酿着什么……

门户洞开之后，鸦片战争的隆隆炮声“一石激起千层浪”，这不仅是一个新的政治时代，也是一个新的文化时代，更是一个新的价值时代。西学进入中国的通道一方面来自从儒家士人中分化出来并最先接受西方思想的知识分子；另一方面来自外国人在通商口岸传播宗教、开设学堂、创办报刊、兴办医院。

近代以来传教士可谓西学东传进程中最积极的倡导者和实践者，国人初识西学即肇始于明末清初耶稣会士来华传教。鸦片战争后，传教士络绎来华，集中在通商口岸。“基督福音”的宣传自然是他们的最终旨归，但由于意识到基督教文化和以信仰佛教为主的中国传统宗教文化实有差距，为了改变直接传教、抵触较大的状况，传教士言宗教亦言科学，并随着科学的发展不断调整宗教宣传的路径。这一做法，使宗教捆绑着科学，一并涌入国人视野。

一、“福音”书籍的大量涌入

宗教类书籍自然是出版的大宗，被割占的香港以及广州、福州、厦门、宁波、上海五个开埠通商口岸，从1843年至1860年，传教士共出版中文书刊434种，其中纯属宗教宣传品的有329种。[①]如《圣经》《复活要旨》《创世传注释》《受洗礼之约》《新约全书注释》等都是当时热译之作。除此之外，还有自然科学类书籍，主要集中在数学、物理学、天文学、医学等领域。比较具有代表性的译作在数学方面有《算法全书》《数学启蒙》《续〈几何原本〉》《代数学》和《代微积拾级》。《算法全书》是第一部完全援引西方数学体系的教科书；《数学启蒙》在当时被认为是“极便初学”[②]的入门教材；《续〈几何原本〉》与在明末由利玛窦、徐光启译出的该书前6卷合体为全译本，在当时具有很高的学术价值，实为“算学家不可少之书”[③]；《代数学》较之前者则难度加大，不仅有对数、函数还有虚数。《代微积拾级》则更上一个梯度，常数、变数、微分、积分等名词俯拾皆是，堪称“近代输入中国的第一部高等数学著作”。[④]物理方面的代表译著主要有《重学浅说》《重学》两部力作，内容涉及流体力学、气体力学、动力和运动学等，较为全面地展现了西方力学的面貌和发展历程，且言简意赅、极易遍览，如：

> 重由地心而发，凡体皆含摄力，体大而质密者则摄力大而重，体小而质松者则摄力小而轻。……凡行星之绕日及自转，水与风之动法，皆合重学力之理，而人之造作，亦归重学。凡以力加于实体，乃重学力也。日用之器皆然。人当尽心考察重学之理，此理日明则日精日神妙。若不明重学理，则器必不能精，且用之多危险。[⑤]

---

① 熊月之：《晚清西学东渐史概论》，《上海社会科学院学术季刊》1995年第1期，第156页。

② 梁启超：《西学书目表》，北京，朝华出版社2018年版，第13页。

③ 张文虎：《新译〈几何原本〉序》（代曾文正公），见葛士濬《皇朝经世文新增续编》卷6，1897年扫叶山房重校本。

④ 熊月之：《西学东渐与晚清社会》（修订版），北京，中国人民大学出版社2011年版，第150页。

⑤ ［英］伟烈亚力、王韬等撰：《重学浅说》，光绪庚寅1890年，第19页。

天文类的书籍主要有《天文略论》《天文问答》《谈天》。《天文略论》是鸦片战争以后最早进入国人视野的西方近代天文学著作，较为系统、全面地介绍了当时西方天文学的成果；《天文问答》取普罗百姓熟悉的问答体描述宇宙结构、万有引力、风雨雷电、日食月食等天文知识。语言和用词皆浅近易懂，在整个社会层面的传播和影响也比较大，极大地冲击了中国自古以来的“天人”观念，具有一定的启蒙作用。被梁启超称为“最精善”的《谈天》是晚清天文译著中最具学术价值的著述，不仅从学术角度详细论说了太阳系和行星运动，而且从史的维度，将西方天文学说从古至今的发展、变化轨迹一一展现，传统中国的宇宙、世界观念无疑受到了挑战。此外还有医学类书籍的翻译，主要集中在伦敦会传教医师合信所著的《全体新论》《西医略论》《妇婴新说》与《内科新说》，这是晚清第一批西医著作。西医的强势进入不仅是对古老中医传统的冲击，恐怕更为重要的是对“人”的认知的重新审视。

长期以来，在漫长的中国封建社会，科学技术被视为“末学”，斥之为“奇技淫巧”“雕虫小技”。西书的刊译和传播，特别是大批科学技术书籍的传播，动摇了崇尚义理、轻视“末技”、重义轻利、“巫医乐师百工之人，君子不齿”等传统价值观念，对于危难中的中华民族起到了一定的警醒作用，也成为近代先进知识分子学习西方的知识来源，康有为、梁启超、谭嗣同等资产阶级知识分子都受过传教士译著的影响。

二、西式书馆和学校的建立

墨海书馆——中国近代意义上的第一家印刷机构，1843 年伦敦会传教士麦都思于上海创办。墨海书馆是最早的集翻译、印刷、出版于一体的机构，上文所述的西书译著绝大部分发源于此，它的建立与发展为门户洞开后国人“开眼看世界”“悉夷情”提供了蓝本，其独具特色的“西译中述”的翻译方法，不仅为中国培养了一批翻译人才，也为以后各色书馆和学堂的建立起到了示范作用。1845 年，美国长老会传教士在宁波兴建了华花圣经书房（上海美华书馆的前身）。华花圣经书房在宁波存续的 14 年间，出版了大量有关基督教和西方天文史地知识的读物，共印刷 51762283 页，出书 1217767 册，名副其实地成为外国教会印刷出版中文书刊的一个中心。其印刷数量确切可考的有 106 种[①]，难能可贵的是书房

① 熊月之：《西学东渐与晚清社会》（修订版），北京，中国人民大学出版社 2011 年版，第 137 页。

还出版了关于道德、风俗方面的书籍，如《鸦片六戒》《清明祭扫坟墓论》《赌博明论略讲》《论说谎》等。虽多为旧籍重印，但对于当地的移风易俗也起到了一定推动作用。不能回避的是，鸦片战争后书馆对于西学的传播仅局限于部分知识分子群体，在知识结构方面也明显地偏重自然科学而轻社会科学。

西方传教士在中国开办学堂开始于19世纪30年代。鸦片战争后，随着西方势力的深入，传教士开始在东南沿海的通商口岸办学传教。成立于1818年由伦敦会传教士米怜创办的英华学院（书院最初设在马六甲）于1843年迁到香港；成立于1839年的马礼逊学堂也于1842年迁往香港；1844年，宁波、香港都建立了女子学堂，即宁波女塾、香港女子寄宿学校；1848年福州设立福州男塾、1850年厦门和广州也建立了男塾和男子学校；1851年法国天主教传教士在上海设立石室小学、美国传教士琼司在上海创办文纪女塾（圣玛利亚女校前身）；1853年美国公理会传教士在福州创办男童寄宿学塾，后发展为格致书院。自《南京条约》签订之后，教会学校在通商口岸如雨后春笋竞相设立。这一时期传教士的办学活动"仅仅作为诱导学生前来的一种手段而已，其真正的目的不在教育"[①]，而是培养传教帮手和信徒。此时的教会学校，规模都比较小，授课程度也较为浅显，相当于小学的水准。但是，教会学校的出现仍旧带给古老中国所不曾有的新鲜气息。那些浅显的、平常的知识在当时的中国却是十分新颖奇巧、闻所未闻的东西，通过日复一日、年复一年的讲授，对于改变中国"墨守成规"的教育制度、影响年青一代的观念，进而接受西方先进的科学技术和文化观念起到了潜移默化的作用。至于女学的开设，更可谓空前之举，具有划时代的意义。自此，中国的女性终于可以有机会走出家门、走进社会，不再囿于传统的"妇德、妇言、妇容、妇功"道德规范的束缚。

三、报刊的创办与发行

西方传教士在华的文化活动，除了翻译和出版西书、创办学校以外，还特别重视创办报刊。在他们看来，只要控制了一个国家的报纸杂志，"就是控制了这个国家的头和背脊骨"[②]。我国境内出版的近代报刊首先是

① 容闳:《西学东渐记》，长沙，湖南人民出版社1981年版，第6页。
② 方汉奇:《中国近代报刊史》（上册），太原，山西人民出版社1981年版，第19页。

由传教士创办起来的。这一时期，较有代表性的刊物有《中西通书》《遐迩贯珍》《六合丛谈》。《中西通书》创办于1852年，年出一册，内容包含科学与宗教等多种内容，因为是历书，很受知识分子群体的重视。《遐迩贯珍》是由马礼逊教育会资助出版的月刊，自1853年8月创刊，前后共出32期。此刊与鸦片战争前的刊物最大的不同，就是不再用刻意讨好中国人的方式来取悦、争取读者；出刊的目的也不必包裹在中国传统的主流意识形态之中，而是坦然无遗地展露出来。除此之外，以消息为主的新闻的分量也极大地增加了。于1857年创刊的《六合丛谈》是近代上海第一份综合性杂志，共出15期。占据其中的并非宗教内容，而是大量的科学知识。尤其值得一提的是，《六合丛谈》是墨海书馆传教士与“秉笔华士”（即“西译中述”中的知识分子）通力合作的成果。与上文所述的书籍相比对，报刊有自己的优势：出版周期短，传播内容一般比较具有连续性和完整性，能够最大限度地满足人们对信息的需求。而它也日益成为近代中国历史发展的助推器，开启了自由思想在中国的传播之门。

虽然这一时期传入中国的知识除了宗教知识以外，大部分集中于近代世界地理、近代西方科技，以及近代资本主义制度的了解和介绍，对于西方的伦理学说并未专门论说。但从中国人认识世界和西方近代资本主义文明、促进思想开放这个意义上来讲，鸦片战争后的西学传入，对近代中国人的影响是至关重要的，儒家独尊的文化一统格局受到西学的冲击。

一口割让、五口通商，传教士大批地进入，新式书馆和学堂的建立，各种译著的出现，都为这个古老社会注入了新的力量。以通商口岸为传播基地、以传教士和第一批走向世界的知识分子为主体，西学的传播速度与广度已经远非先前通过南洋漂浮而来所能比拟的了。由此可见，鸦片战争后，一方面是西方凭借坚船利炮裹挟着文化强势进入，另一方面是来自内部的先觉之士为“制夷”而“悉夷”，内外两股力量交相辉映，使得传统社会赖以生存的伦理秩序产生了裂隙，百年的社会转型就此开始。

第三章　近现代中国传统道德危机迭起的历史脉络

鸦片战争在经济、政治、文化包括国人的心理层面都给近代中国以极大冲击与碰撞。以后的种种过往，我们的民族一方面以自身的价值体系抵御着这强大的冲击波，另一方面又自然不自然地随着这种波浪摇摆调整。伴随着近现代社会的重大历史事件，中国传统的价值体系因一次次的抵御失败而诟病加身，又因一次次的适应调整而步步后退，最终在五四运动时期出现了一个大的陷落。这一历史脉络的梳理，将那分挣扎、那分无奈、那分不甘，淋漓尽致地展现。当然，历史也印证了这样一个事实：信仰的天空若非统治阶级由内而外、依时依势、自发自觉的构建，终有一天，你将会被时代所抛弃。套用现在的一句流行语：时代在抛弃你的时候，连声“再见”都不会说。

第一节　传统道德危机的萌发（1860~1890 年）

侵略者不会因为一次的胜利就停下贪婪的脚步。胜利对于西方列强来说更像一针兴奋剂，以前这片土地被赋予了太多神秘的色彩和外衣，大门的打开，所有的好奇、贪婪和欲望也一并涌进，他们迫切地要深入这片土地，迫切地要攫取所有奇珍异玩，迫切地要在这片土地上构筑起自己的财富大厦……于是，第二次鸦片战争打响了。鸦片战争以后建立起来的条约体系被继续巩固，中国门户被进一步开放，清政府的主权再次沦丧，再加上巨额的战争赔款，九州上下，民怨沸腾。备受欺压的农民们揭竿而起，风雨飘摇的清王朝面临内外困局。这一阶段不管是来自以洪秀全为代表的底层民众，还是以洋务派为代表的士大夫都自觉或者不自觉地对传统道德进行了批判。随着民族危机的进一步加深，自下而上的农民起义和自上而下的洋务运动，最终促成了传统道德危机的形成。

一、太平天国对传统的背离与批判

两次鸦片战争给中国人民带来了巨大的灾难和屈辱。清政府军事衰弱、政治腐败、治理不力，再加上连年的自然灾害，19 世纪五六十年代中国大地上爆发了席卷 16 个省份、从 1850 年一直持续到 1864 年的太平天国运动。这个过程持续十数年，起伏兴衰难以磨灭，既有胜利的欢欣鼓舞，亦有失败的辛酸苦涩，悲喜交加中都包含了深刻又丰富的社会内容。

其实，翻阅那段历史，我们会注意到，从 19 世纪初期开始，伴随着社会矛盾逐渐尖锐，民怨困苦在快速的积累中已经开始转化为躁动变革的力量。在这些力量中，当时最具影响力的大概有四支：白莲教支派，天地会，1843 年初创的拜上帝会，以及以西南、西北回族起义为主干的各边远地区少数民族起义。这四支农民起义力量在时间上共存，空间上并列，但最后成为最具影响力并威胁到清王朝统治根基的，既不是延续了几百年的白莲教势力，也不是以“反清复明”为立基开局宗旨的天地会，更不是偏居一隅的少数民族起义，而最终是起步较晚但却后来居上的拜上帝会，这是一个值得思考的问题。历史现象应当在历史叙述中得到说明与展现，我们暂且回到那个苦难压抑而又激烈奔突的年代。

在历史的洪流中，洪秀全的拜上帝会较之于同时期存在的三支农民起义力量，最大的亮点在于他对传统的批判和背离，在于他提出的“新”意创行和“新”朝目标。“每一种新的进步必然表现为对某一神圣事物的亵渎，表现为对陈旧的、日渐衰亡的、但为习惯多崇奉的秩序的叛逆。”[①] 用这句话来形容这个历史现象或许是再贴切不过的了。

洪秀全借西方新宗教实现改朝换代的老目标，外来观念和宗教教规借拜天地会的民间力量推动，使近代民间信仰的大厦发生了新旧代谢。乾嘉之际，白莲教曾经纵横于湘、鄂、川、陕、甘五省。“教匪之役，首尾十年，《国史·忠义传》所载副参以下战殁至四百余员，其专阃提镇及羽林宿卫阶列一二品者，且二十余人”“当日岩疆悍寇，军事艰难，盖可见云”。[②] 这是统治者对它狂飙期的形象描述。但白莲教最大的问题在于缺

① 《马克思恩格斯选集》第 4 卷，北京，人民出版社 1995 年版，第 237 页。

② 赵尔巽:《清史稿》，卷 349，列传 136，北京，中华书局 1977 年版，第 11251 页。

乏鼓舞士气与牵引人心向背的现实政治目标，太平之世的预言与描绘显得缥缈而不可触摸。所以，波峰过后，余波终难为继。天地会是有政治目标的，就是"反清复明"。但光阴流逝，岁月的打磨使天地会的承袭者已无法全面准确深刻地理解并体现一代遗民追念故朝的愤懑与希冀。洪秀全的拜上帝会则明显高于他们，他借来了西方的宗教，还要建立一个推翻清王朝但又不"复明"的新朝。老百姓听到和看到的《原道救世歌》《原道醒世训》《原道觉世训》《太平天日》，以及《奉天讨胡檄》中拜上帝会的教义和种种规制，自然而然地激起了他们内心天然的对正义的同情和对天命的笃信，当正义与神明合二为一的时候，这种揭竿而起就有了比以往任何一次都具有感召力。再加之拜上帝会不同于白莲教和天地会的多神主义，它只有唯一的真神——天父皇上帝：

> 考天地未启之初，其相昏冥，一无所有。仰蒙天父上主皇上帝大开天恩，大展权能，六日造成天地山海人物，于是乾坤定焉，日月生焉，星辰布焉。光明为昼，昏黑为业，昼夜循环，万古相继，以成其生生不已于地者，万物俱备，皆所以济人生之用，则天父上主皇上帝之有恩德于世人者既深且厚，报答难尽矣。[①]

信仰上的一元论，就避免了组织上的白莲教式的支流遍布和天地会式的山堂林立。因此，洪秀全的拜上帝会既能造成声势，也能汇聚成力量。

太平天国还对封建宗法制度发起了猛烈的攻击。从这一点出发，太平天国可以算作历史上头一次大规模的反孔群众运动。封建宗法制度的核心为宗族家长制，宗族家长制在家庭生活中体现为父权和夫权；在社会政治生活中，为君权。儒家把这三种权利理论化，称为三纲，即君为臣纲，父为子纲，夫为妻纲。[②] 为了动员更多的农民摆脱家族的牵绊、投身革命，就要打破作为封建伦理纲常精神支柱的宗法家族观念。洪秀全在《原道醒世训》中指出："世道乖漓，人心浇薄，所爱所憎，一出于私。故以此国而憎彼国，以彼国而憎此国者有之。甚至同国以此省此府此县而憎彼省彼府彼县，以彼省彼府彼县而憎此省此府此县者有之。更甚至同省府县以此乡此里此姓而憎彼乡彼里彼姓，以彼乡彼里彼姓而憎此乡此里此姓者有

① 中国史学会主编:《中国近代史资料丛刊〈太平天国〉(1)》，上海，上海人民出版社1957年版，第239页。

② 许庆朴、张福记主编:《近现代中国社会》，济南，齐鲁书社2002年版，第81页。

之。”[①] 产生这种私心的根源就是封建宗法制度，而事实上这种封建宗法制度是不合理也不合情的，这是因为：

> 自人肉身论，各有父母姓氏，似有此疆彼界之分，而万姓同出一姓，一姓同出一祖，其原亦未始不同。若自人灵魂，其各灵魂从何以生？从何以出？皆禀皇上帝一元之气以生以出，所谓一本散为万殊，万殊总归一本。[②]

既然“天下总一家，凡间皆兄弟”，整个社会都“同出一祖”，那么就没有理由以宗族分之。

> 遐想唐虞三代之世，天下有无相恤，患难相救，门不闭户，道不拾遗，男女别途，举选尚德，尧舜病博施，何分此土彼土？禹稷忧溺饥，何分此民彼民？汤武伐暴除残，何分此国彼国？孔孟殆车烦马，何分此邦彼邦？盖实见夫天下凡间，分言之则有万国，统言之则实一家。皇上帝天下凡间大共之父也，近而中国是皇上帝主宰化理，远而番国亦然；远而番国是皇上帝生养保佑，近而中国亦然。天下多男子，尽是兄弟之辈；天下多女子，尽是姊妹之群。何得存此疆彼界之私，何可起尔吞我并之念？[③]

洪秀全以犀利的笔锋完成了对儒家宗法家族观念在理论上的批判，在革命初期，他也确实付诸实施。甚至在行动上反孔举措更甚，太平天国进入金陵以后，曾经大规模地搜书、烧书：“搜得藏书论担挑，行过厕溷随手抛，抛之不及以火烧，烧之不及以水浇。读者斩，收着斩，买者卖者一同斩，书苟满家法必犯，昔用撑肠今破胆。”[④] 曾国藩说太平天国之举“举

---

① 南京太平天国历史博物馆编：《太平天国印书》第1册，南京，江苏人民出版社1961年版，第7页。

② 南京太平天国历史博物馆编：《太平天国印书》第1册，南京，江苏人民出版社1961年版，第10页。

③ 南京太平天国历史博物馆编：《太平天国印书》第1册，南京，江苏人民出版社1961年版，第8页。

④ 中国史学会主编：《中国近代史资料丛刊〈太平天国〉(4)》，上海，上海人民出版社1957年版，第735页。

中国数千年礼仪、人伦、诗书、典则，一旦扫地荡尽”[①]。太平天国的反孔并非意识到了儒家思想是封建王朝的价值体系与精神旨归，推翻打倒儒学就撼动了清王朝的根基，他们还没有达到这样的理论自觉。他们反孔的最真实意图是要确立天父皇上帝的唯一神圣地位，这种唯一性的初衷决定了具有排他性的举措。更何况太平天国中，不管是领导者还是参加者，都是深受孔孟思想影响的传统农民，这种千年之久的浸润，如果不是一个代表生产力发展方向的崭新阶级，绝难做到与之完全的脱钩。这也是为什么太平天国在定都南京后，最终又陷入了“分排总在天”和“长幼天排定”的封建宗法等级关系和宗教禁欲主义藩篱的原因。但他们最初对于儒家宗法价值观念的破除，对于封建道德的批判，还是可圈可点的。

太平天国还提出男女平等的口号，以破除传统的男尊女卑观念。在几千年的封建社会中，女性都是从属于男性，只是男性的附属品。在家庭生活中，“她的劳动被并入整个家务，并不给她带来什么收入。农村妇女普遍是文盲。她们很少有，甚或没有产权”“她们的屈从地位还由缠足的陋习变现出来，……这意味着成亿青年妇女的灾难，却被认为能给予男人以美感和性感”。[②]在社会活动中，女性更没有机会，因为“大门不出、二门不迈”是女人的美德，从来都是迫于生计的女性才会抛头露面。“太平天国却给予女性政治上的平等地位，在军队中有女兵、女将，在地方政权中有女官，在科举考试中有女状元，等等。”[③]太平天国更大胆的是倡导女性放足，以此来鼓励女人走出家庭的束缚，参与到社会生活中。《天朝田亩制度》还明确规定：“凡天下婚姻不论财”这实际上是废除封建社会买卖婚姻的恶习。也正因为如此，太平天国运动期间，有不少女性涌入革命队伍，无论在战场上、还是在政权建设中，都发挥了重要作用。正如英人呤唎所述：“太平天国的妇女可以自由交际，她们的地位被大大提高，这是标志太平天国超越清政府的无数革命新措施之一。”[④]

太平天国还在信众中革除旧习、倡导新风尚。鸦片战争后，封建社会日益腐朽，其伦理道德也江河日下，吸食鸦片、饮酒、相命等恶习颓风败俗，比比皆是。一些农民也或多或少地沾染，加之在自然经济下，自由散

① 曾国藩：《讨粤匪檄》，《曾国藩全集·文集》卷3，光绪二年传忠书局刻本，第2~3页。

② ［美］费正清著：《美国与中国》，张理京译，北京，世界知识出版社2023年版，第23页。

③ 罗国杰：《中国伦理思想史》（下卷），北京，中国人民大学出版社2008年版，第781页。

④ ［英］呤唎：《太平天国革命亲历记》，王维周、王元化译，上海，上海人民出版社1997年版，第186页。

漫的弱点充斥在社会生活中。太平天国组织和动员广大农民群众积极投入反清斗争的行列，为了保证行之有效的军事行动，进行了一系列的移风易俗活动。早期的有《百正歌》，虽仅有500字却泛引中国历史典故，宣传“正”的道德观念；《原道救世歌》中除了力劝众人拜上帝而不拜邪神外，还特别着重和明确提出了反对“六不正”的要求，即反对“淫为首，忤父母，行杀害，为盗贼，为巫觋，为赌博”。[①] 后又有《十款天条》，既有宗教戒律，如“崇拜皇上帝”等；又有朴素的道德规范，如“不好讲谎话”“不好偷窃抢劫”“不好起贪心”。再加上洪秀全以诏谕的形式颁布的“行营规矩”“定营规条十要”“行军总要”等军事纪律，在太平天国内的确起到了革恶习、树风尚的作用。太平天国后期《资政新篇》中，又专辟“风风类”，目的也是移风易俗，并提出统治者要作表率，上行下效，以达到转变社会风气的作用。

> 夫所谓以风风之者，谓革之而民不愿，兴之而民不从，其事多属人心蒙昧，习俗所弊，难以急移者，不得已以风风之，自上化之也。如男子长指甲，女子喜缠脚，吉凶军宾琐屑仪文，养鸟门蟀打鹌赛胜，戒箍手镯金玉粉饰之类，皆小人骄奢之习，诸如此类，不胜枚举。禁之不成广大之体，民亦未必凛遵，不禁又为败风之渐，惟有在上者以为可耻之行，见则鄙之忽之，遇则怒之挞之，民自厌而去之，是不刑而自化，不禁而自弭亦。[②]

太平天国运动时期还出现了向西方资产阶级新道德探索的趋势。《资政新篇》是太平天国学习西方的政治、经济以建设国家的新方案，里面有一些观点反映出了西方伦理道德的追求。比如，借助舆论力量改造社会风气；废除酷刑；实行基督教式的殡葬仪式等，虽然这种探索是非常初步甚至并非出于自觉，但是它已经和传统道德隔河而望，迈向中国历史潮流发展的正途了。

太平天国运动在很多方面对于打破传统的伦理道德做了很多有益的尝试，猛烈冲击了封建伦理道德，为此后的伦理思想的进一步发展和转化奠

---

① 南京太平天国历史博物馆编:《太平天国印书》第1册，南京，江苏人民出版社1961年版，第1~6页。

② 南京太平天国历史博物馆编:《太平天国印书》第16册，南京，江苏人民出版社1961年版，第3页。

定了一定的思想基础和群众基础。但是，我们不能说太平天国运动是传统道德危机形成的历史节点，因为，最终在实践上，他们又株守封建礼教，皇权思想越发蔓延，在宗法关系上、在家庭关系中仍囿于封建的伦理纲常，没有脱离开“君君臣臣、父父子子”，许多好的法令制度也没有实施，最终没有跳出封建时代农民起义的格局。

二、洋务运动对纲常名教的碰撞

内有农民起义的动荡，外有西方殖民的苦难，内外交困的严峻危局，使统治集团中一些比较清醒的人士开始思考剿内御外的良策。伴随着对太平天国的镇压，魏源在《海国图志》中所表达的“师夷长技以制夷”的经世思想正式进入统治集团的视野。第一次鸦片战争后，虽然有传教士办书馆、印报刊，也有以林、魏为代表的开眼看世界之举，但就整个思想界而言，西方以及西学对中国的影响还是有限的。第二次鸦片战争《天津条约》和《北京条约》的签订，使得帝国主义列强势力侵入中国内陆，进一步打开了中国的大门，使国人痛切感到灭亡的危险。主张向西方学习的人大为增多，既有冯桂芬、郑观应、马建忠、薛福成等著书明诏，又有恭亲王奕䜣、大学士文祥、曾国藩、李鸿章、张之洞等高级官吏向朝廷上表力陈。1860 年，在经历了两次鸦片战争打击后，清政府终于从华夏中心主义的梦境中苏醒过来，开始了向西方学习的艰难历程。洋务运动也成为“近代中国正式走向西方、认识西方、学习西方并尝试近代化的重要历史时期”①。

从“悉夷情”到“采西学”的转变、由“夷务”到“洋务”的转换，进一步突破了“以夏变夷”的华夷等级秩序。冯桂芬直言“我中华幅员八倍于俄，十倍于米，百倍于法，二百倍于英，地之大如是。五洲之内，日用百须，无求于他国而自足”，现在却“屈于四国之下”，②这是因为当日中国与西方相比“人无弃材不如夷；地无遗利不如夷；君民不隔不如夷；名实必符不如夷。”③公开进行中西多层面的比较并承认中国不如西方，这已脱离了传统华夏文化中心观的轨迹。这一比较赫然昭告天下我们在人才、生产、政治制度及法制、军事技术、国民精神风貌等多方面都存在“不如夷”，如果我们再不迎头赶上，“亦不独俄、英、法、米之为虑也，

① 马克锋:《中国近代文化思与辨》，北京，人民出版社 2014 年版，第 2 页。

② 冯桂芬:《校邠庐抗议 · 制洋器议》，上海，上海书店出版社 2002 年版，第 48 页。

③ 冯桂芬:《校邠庐抗议 · 制洋器议》，上海，上海书店出版社 2002 年版，第 49 页。

我中华且将为天下万国所鱼肉”，[①] 要想改变这样的危局，冯桂芬提出“采西学”，并以俄国等国家学习西方为例，“近事俄夷有比达王者，微服佣于英局三年，尽得其巧技，国遂勃兴。安南、暹罗等国，近来皆能仿造西洋船炮。”[②] 来说明学习西方已然成为谋求国家发展的一个趋势。冯桂芬明确提出全面改革清政府的内政、外交、军事、文化，他对于以“攘夷”为由主张排外的观点予以坚决的驳斥：“夫所以攘者，必实有以攘之，非虚骄之气也。居今日而言攘夷，试问何具以攘之？所谓不用者，亦实见不足用，非迂阔之论也”。[③] 并大胆提出“采西学”的标准：“法苟不善，虽古先吾斥之。法苟善，虽蛮貊吾师之”。[④] 自此，冯桂芬不仅将“师夷长技”的思想做实，而且大大突破了前人仅限于船炮的“技”，随着对西学认识的加深，其关注点已经推进到自然科学层面。与第一次鸦片战争掀起的“悉夷情”思潮相比，其深度广度都更进一步，在对待西方国家上，我们显然已经少了一些真实的无知和强装的俯视。一个“师”字、一个“采”字，标志着中国士大夫中的有识之士已然放下千年文明古国的自尊与骄傲，不仅从观念上，而且从实践层面开始重视和学习西方以及西方文明。从清政府官方层面，在剿灭太平天国运动中，逐渐认识到西器的力量，“采西学”得到了恭亲王奕䜣和曾国藩、李鸿章等重臣的支持。而自明代以来凡称外国皆以“夷”字代替的惯例，到咸丰年间也发生了变化。第二次鸦片战争后签订的《天津条约》第 51 款明文规定：嗣后各式公文，无论京外，内叙大英国官民，自不得提书夷字。”[⑤] 即便清政府心里有一百个不情愿，但碍于西方列强的炮口威逼，还是无奈地接受了这一事实。自此，在对西方的称谓中，清王朝实现了由“夷”到“洋”的被动转换。“严华夷之大防”的传统世界观念在一个新的参照系下进一步被突破，“四夷宾服”“万方来朝”的历史幻境已然破灭。

“如耻之，莫如自强”的观念丰富和充实了传统耻感思想。“耻感是指持有一定是非善恶观念的行为主体，在进行自我评价或接受社会评价时所产生的内疚、自责、惭愧等心理体验。”[⑥] 耻感思想作为自殷商萌芽而源远

① 冯桂芬：《校邠庐抗议·制洋器议》，上海，上海书店出版社 2002 年版，第 51 页。
② 冯桂芬：《校邠庐抗议·制洋器议》，上海，上海书店出版社 2002 年版，第 50 页。
③ 冯桂芬：《校邠庐抗议·制洋器议》，上海，上海书店出版社 2002 年版，第 50 页。
④ 冯桂芬：《校邠庐抗议·收贫民议》，上海，上海书店出版社 2002 年版，第 75 页。
⑤ 王铁崖：《中外旧约章汇编》第 1 册，北京，生活·读书·新知三联书店 1957 年版，第 102 页。
⑥ 吴潜涛：《中国传统耻感思想及其启示》，《思想教育研究》2010 年第 7 期，第 45 页。

流长的道德精神财富，在其发展历程中更多的是强调耻感对于个体德性修行的重要性。两次鸦片战争以后的前所未有的大变局，使贤士达人们更深刻认识到了耻感与国家发展和民族存亡的密切联系，赋予了传统耻感更深刻的社会责任和价值。庚申之役的奇耻大辱，带给有识之士的是“有天地开辟以来未有之奇愤，凡有心知血气莫不冲冠发上指者”，但更让他们去思考是什么原因造成“今日之以广运万里、地球中第一大国而受制于小夷也。”[①] 冯桂芬在对比了古今中外后，发现：

> 而今顾靦然屈于四国之下者，则非天时、地利、物产之不如也，人实不如耳。彼人非傎首重瞳之奇，我人非僬侥三尺之弱，人奚不如？且中华扶舆灵秀，磅礴而淤积，巢、燧、羲、轩数神圣，前民利用所创始，诸夷晚出，何尝不窃我绪余，人又奚不如？则非天赋人以不如也，人自不如耳。天赋人以不如，可耻也，可耻而无可为也；人自不如，尤可耻也，然可耻而有可为也。如耻之，莫如自强。[②]

他认为中国落后于西方，就是我们国人不知耻不自强，他甚至不留情面地指出作为精英人群的学者们若抱守礼乐教化的传统思维定式，对西方、西学熟视无睹，是应该感到羞耻的。

> 今则地球九万里，莫非舟车所通，人力所到，《周髀》、《礼》疏、驺衍所称，一一实其地，据西人舆图所列，不下百国。此百国中经译之书，惟明末意大里亚及今英吉利两国书，凡数十种。其述耶稣教者率猥鄙无足道，此外如算学、重学、视学、光学、化学等，皆格物至理。舆地书备列百国山川厄塞，风土物产，多中人所不及。昔郑公孙挥能知四国之为，子产能举晋国实沈、台骀之故，列国犹有其人，可以中华大一统之邦而无之乎？亦学士之羞也。[③]

这是一个有忧患意识与国家责任的学者所发出的呐喊，国人在内心若无耻感的萌动，就不会有自强自立之举，国家也就不会有强盛的明天。就连恭亲王奕䜣也以日本为例，批判传统士大夫中以“师夷为耻”的传统耻

① 冯桂芬:《校邠庐抗议·制洋器议》，上海，上海书店出版社2002年版，第48页。
② 冯桂芬:《校邠庐抗议·制洋器议》，上海，上海书店出版社2002年版，第48页。
③ 冯桂芬:《校邠庐抗议·制洋器议》，上海，上海书店出版社2002年版，第55页。

观，并明确提出在内外交困的变局下，知耻即自强：

> 如日本蕞尔小国，也知发愤为难，中国狃于因循积习，不思振作……今不以不如人为耻，而独以学其人为耻，将安于不如，而终于不学，遂能雪其耻乎？夫天下耻莫耻于不如人，查西洋各国，数十年来讲求轮船之利，互相师法，制作日新，东洋日本也遣人赴英国学其文字，习其象数，为仿造船炮张本，不数年后，亦必有成。①

“自强”“求富”是洋务运动时期的两大主题，如果说“自强”充实了中国传统的耻观，那么“求富”又再一次冲击了传统伦理道德的义利观。中国传统的“义利观”一向是以“重义轻利”作为自己的价值追求，所谓“君子喻于义，小人喻于利”（《论语·里仁》）。“不义而富且贵，于我如浮云”（《论语》）。传统“义利观”充分肯定了精神、道德的价值，认为其高于物质价值，但却出现了“君子不言利”“君子耻言利”的偏说，对道德和精神建立于物质之上缺乏应有的重视。这种义利观的出现是由“以农为本，工商为末”的传统本末观所决定的。在延续了千百年的封建社会中，历朝统治者都奉行“重本抑末”的基本国策。长期以来读书人讳言利、耻谈利，社会生活中轻买卖、贬商贾，整个社会普遍以求利的商务为贱业，在士、农、工、商四民之中，商为最末。在这样的观念背景下，洋务论者公开打出了“求富”的旗号，所谓“求富”，就是求功利，就是要赚钱、逐利。“求富”的提出源于同光之际的“海防议”，奕䜣曾言：

> 人人有自强之心，亦人人为自强之言。而迄今仍并无自强之实，从前情事，几于日久相忘。臣等承办各国事物，于练兵、裕饷、习机器、制轮船等议，屡经奏陈筹办，而歧于意见，致多阻格者有之；绌于经费，未能扩充者有之；初基已立，而无以继起久持者有之。②

“无自强之实”的重要原因就是“绌于经费”，正是在如何“筹饷”这场洋务派与顽固派的大讨论中，洋务派提出了发展近代工业的“求富”主张。面对顽固派对开矿山、办企业所持的“以逐彼奇技淫巧之小慧，而失

① 奕䜣：《酌议同文馆章程疏》，《同治中兴京外奏议约编》卷5。

② 《筹办夷务始末》（同治朝）卷98，第19~20页。

我尊君亲上之民心也”的反对之声，洋务派据理力争，湖广总督李瀚章认为：“目前裕饷之道，惟有先就利之出于自然者，设法导之。直省现试办开挖煤矿，若有成效，其利实非浅鲜。各省之有煤矿及铜铁矿者，均可仿照开挖，以广利源。”[①]两江总督李宗羲也认为铁矿、煤矿“若一一开采，不独造船、造炮取之裕如，且可以致富，可以自强。”[②]李鸿章更是在《筹议海防折》中提出了一个全景化的发展近代工商业的方案：

> 丁日昌拟设厂造耕织机器，曾国藩与臣迭奏开煤铁各矿，试办招商轮船，皆为内地开拓生计起见。盖既不能禁洋货之不来，又不能禁华民之不用。英国呢布运至中国，每岁售银三千余万，又铜铁铅锡售银数百万，于中国女红、匠作之利妨夺不少。曷若亦设机器自为制造，轮船、铁路自为转运？但使货物精华与彼相埒，彼物来自重洋，势不能与内地自产者比较，我力日兴，则彼利日薄，不独有益厘饷也。各省诸山，多产五金及丹砂、水银、煤之处，中国数千年未尝大开，偶开之又不得其器与法，而常忧国用匮竭，此何异家有宝库封锢不启而坐愁饥寒！……臣近于直之南境磁州山中议开煤铁，饬津、沪机器局委员购洋器，雇洋匠，以资倡导，固为铸造军器要需，亦欲渐开风气以利民用也。……若南省滨江近海等处，皆能设法开办，船械制造所用煤铁，无庸向外洋购运，榷其余利，并可养船、练兵，此军国之大利也。[③]

工商业不再是传统观念中的贱业，“利”也并非君子所不能涉的恶道，而是“开风气”“利民用”的求富自强之道。随着洋务派在最终的论战中取胜，近代工商业在官方的推动下渐次兴起，重农轻商、崇本抑末的传统经济观念也随着近代工商业的发展而转变，这一变化又推动着传统义利观的近代转型，重义轻利的道德观念随着经济的发展而发生变革是顺应时代的潮流，非顽固派叫嚣“以忠信为甲胄，礼义为干橹”所能阻挡得了。

---

① 中国史学会主编：《中国近代史资料丛刊〈洋务运动〉（1）》，上海，上海人民出版社 1957 年版，第 68 页。

② 中国史学会主编：《中国近代史资料丛刊〈洋务运动〉（1）》，上海，上海人民出版社 1957 年版，第 74 页。

③ 中国史学会主编：《中国近代史资料丛刊〈洋务运动〉（1）》，上海，上海人民出版社 1957 年版，第 50~51 页。

洋务运动30年，在洋务派和顽固派论争的过程中，诞生了独特的“中体西用”论。“体的意思是指本体、存在，用的意思是指功用、能力。但本体存在与功用能力正是不可分的东西，前者是后者的依据，后者是前者的表现，没有用的体不能存在，没有体的用只能是空虚。”[①]“中体西用”论是一种调适、整合中学与西学两种不同文化因素的文化模式。它的出现，一方面是受了社会转型牵引，一方面又因传统文化价值观念的巨大震撼和冲突，推动着近代社会的进一步转型。其实，在中国这样一个文化大一统国家的背景下，任何提倡学西方的创举都要妥善处理好与中国传统文化的关系问题。中国的历史太悠久了，悠久的似乎成为一种历史沉淀物，牢牢地禁锢着国民的心智，紧紧地束缚着古老民族前行的脚步。在正统的士大夫心中，“天理人情终古不变”“数穷理极必返其本”，这个“理”和“本”就是“先王之制”“圣贤之道”。不管是开设同文馆还是筹议海防、建立近代工商业，他们都会把这套理论拿出来，在他们看来关乎治国平天下的普遍原则都已被圣贤们所揭示，我们按照去做就好了，不需要再有什么新的发现与创新。“立国之道，尚礼义不尚权谋，根本之图，在人心不在技艺。”把以伦理纲常为华夏文明的精髓丢弃，就是离经叛道、用夷变夏，就是失体丧国。洋务派本身就是孔孟之道的信徒，本来也决计不想改变旧有的等级秩序，在顽固派不断地以圣学传承的伦理纲常作为攻击点的情势下，洋务派在中学、西学二者的相容性上做起了论证，首先提出的是“西学中源”论。此论也是以其人之道还治其人之身，顽固派常常否定西方科学技术的价值，攻击洋务派西方的技艺均为剽窃中国的古学，洋务派就此反倒把这个观点坐实，承认西学本就是中学，进而得出“采西学”就等于“学中学”。就连有过旅欧经历的王韬也认为：“中国，天下之宗邦也。不独为文字之始祖，即礼乐制度、天算器艺，无不由中国而流传及外。”[②]“西学中源”论的确给洋务派带来了一种威力，但是守旧派又依此说振振有词地反对采西学，既然西学出自中学，又何必多此一举“采西学”呢？论战的逐渐深入，也使得洋务派再次思索中、西学的关系。冯桂芬在《校邠庐抗议·采西学议》中首倡“中体西用”文化观：“以中国之伦常名教为原本，辅以诸国富强之术。”[③]此说最大的亮点就是以“中体西用”的论式倡导和实施西学。“中体”只是形式上的重点，“西用”才是

① 李绍哲：《中体西用与中国本位辨异》，《晨报》1935年4月30日。

② 王韬：《原学》，《弢园文录外编》卷1，光绪九年版，第13页。

③ 冯桂芬：《校邠庐抗议·采西学》，上海，上海书店出版社2002年版，第57页。

事实上的重点，这样既能说服朝廷又能回击顽固派的进攻。李鸿章也认为“中国文物制度”是根本：

> 中国文物制度，迥异外洋獉狉之俗，所以郅治保邦、固丕基于勿坏者，固自有在。必谓转危为安、转弱为强之道，全由于仿习机器，臣亦不存此方隅之见，顾经国之略，有全体，有偏端，有本有末，如病方亟，不得不治标，非谓培补修养之方即在是也。[①]

不管是“本末”“道器”还是“形上形下”，都不出于“中体西用”的大格局，“中体西用”最终成为推动洋务运动的核心思想。从最初的“西学中源”到“中体西用”，虽说都以“中学”为根本，但是清政府对西学的采纳和肯定已经使中国传统封闭体系中的那道裂隙越发加深，传统的纲纪伦理被进一步突破，根深蒂固的文化心理惰性和麻木愚钝的精神状态也为之改变。更不要说洋务运动后期，郑观应、王韬、钟天纬所提倡的不仅要学习西学之“用”还要学习其“论政于议院，君民一体，上下同心”的“体”，这更是对被奉为“大本大原”的伦常名教的有力攻击。当然在官方为主导的洋务运动中，后期的变“体”思想是不能被采纳的，所以洋务派最大的缺憾在于，他们并未真正触到旧伦理赖以立身的根基，“只是在洋务及商战层次把中国与西方区分为对峙的不同实体，却没有把西方与中国置于相对等的文化实体地位。”[②]洋务运动打开了“中学”壁垒的缺口，但又堵塞了进一步转化的途径，陷自己于进退维谷的窘境，最终的失败就在所难免了。

三、资产阶级伦理思想的初现

洋务派只想自强求富，绝无撼动清王朝江山社稷之念，这是毫无疑问的。可是为什么他们一方面谋富强，一方面却和“祖宗之法”渐行渐远、无力阻止社会上新的思想观念的出现呢？“自强运动的领袖们……只知道国防近代化的需要。但是他们在这条路上前进一步以后，就发现必须再进一步；再进一步后，又必须更进一步。其实必须走到尽头然后能生效。近代化的国防不但需要近代化的交通、教育、经济，并且需要近代化的政

---

① 李鸿章:《李文忠公全集》(奏稿·卷九)，北京，商务印书馆1912年版，第35页。

② 许纪霖、陈达凯:《中国现代化史1800—1949》，上海，上海三联书店1995年版，第126页。

治和国民。半新半旧是不中用的。”[①] 洋务派站在统治阶级的理论制高点上，使他们永远都看不懂或者是不愿正视近世社会已然发生并正在逐渐加深的社会转型。1860年以后，较之于第一次鸦片战争，中外贸易量急剧扩大，进出口商品构成发生了明显的变化，中国社会逐渐沦为西方资本主义的工业品销售市场和原料供应地。各国列强为了满足商品输出的目的，在通商口岸设厂制造，将中国纳入其经济体系中以进行经济掠夺。而这一举措，也产生了西方殖民者想象不到的另一重作用：西方近代生产设备、技术和管理方法被引入中国，这为中国近代经济的转型提供了一种历史条件。

西方殖民势力的强力输入只是近代中国经济转型的外力，最重要的是以“富国强兵”为目标的洋务运动。洋务运动创办了以“自强”为目的的军事工业和以“求富”为旨归的民用工业，虽然带有浓厚的封建性质，但是其最大的贡献就在于通过引进西方先进的机器和技术给近代中国带来了西方资本主义先进的生产力，并在通商口岸形成了有利于资本主义进一步发展的大气候。“如同西方由传统社会向近代社会转变是一个有效率的市场发育开始一样，中国近代经济发展也首先是从商业的资本主义化开始，即从统一的国内市场及与之相关的一系列近代经济制度建立开始”[②]“在19世纪60年代到90年代之间，中国先后出现过300余家新式的工业企业。截止1894年，还存在的约有260家”[③]，新式的工业企业、新式的生产方式，产生了中国早期的民族资产阶级。“财产的任何一种社会形式都有各自的‘道德’与之相适应”[④]，这一新兴的、进步的社会力量尽管发展缓慢，力量薄弱，但也成为资产阶级伦理观念萌动的载体。

如上文所述，洋务运动后期随着与顽固派论辩和对西方认识的不断深化，西方的政治制度也开始进入先进中国人的视野：

> 统观欧洲各国，无不政教修明，民生熙皞，国事日臻富强，而究其本源，不外乎通民情、参民政而已。盖泰西通例，国之律法最尊，而君次之；君亦受辖于律法之下，但能奉法而行，不能权威自恣。而国之律法，则集亿兆公议而定；君之威权亦本亿兆公助而成，是以君权虽有所限制，反能常保其尊荣。民情得以自伸，不致受困于虐政，

---

① 蒋廷黻：《中国近代史》，长沙，岳麓书社1987年版，第52~53页。

② 王玉茹：《制度变迁与中国近代工业化》，西安，陕西人民出版社2000年版，第164页。

③ 陈旭麓：《近代中国社会的新陈代谢》，北京，中国人民大学出版社2012年版，第129页。

④ 《马克思恩格斯全集》第17卷，北京，人民出版社1957年版，第610页。

> 则不必袭揖让之虚名，而阴已得官天下之实际。此则国事强弱、民生休戚之大关键也。①

此说认为西方“通民情、参民政”的政治制度，才是欧洲各国“政教修明、民生熙皞、日臻富强”的本源所在。而此时的中国又是一番什么境况呢?

> 乃中国事事与之相反，由于堂帘太隔，大阿独操，所以易治者以此，所以易乱者亦以此。望君门如万里，则壅闭日深，操政柄于一人，则民心日涣，虽有九州十八省，实则家自为政，人各有心，不啻瓜分为百千万国。如此则国势安得不削弱，君民安能关痛痒乎？②

两相对比,使得越来越多的人开始把目光投向了民权思想。③“通民情、参民政”就是要给老百姓以民主的权利，改变专制制度下的贫民、愚民和弱民之弊。所以，“故欲行公法，莫要于张国势；欲张国势，莫要于得民心；欲得民心，莫要于通下情；欲通下情，莫要于设议院。中国而终自安卑弱，不欲富国强兵，为天下之望国也，则亦已耳；苟欲安内攘外，君国子民，持公法以保太平之局，其必自设立议院始矣。”唯有如此，才可“集众思，广众议，用人行政一秉至公，法诚良、意诚美矣”④。正是这些具有资产阶级性质的宣传内容，促使了中国知识分子的觉醒。旧式中国知识分子毕生奔走忙碌于科举功名，除此之外“不知魏晋”。民权思想给封建社会以“君为臣纲、父为子纲、夫为妻纲”建立起来的政治伦理道德带来极大的震撼，同时也拓宽了国人封闭的视野，激发了新兴的资产阶级政治人

① 钟天纬:《综论时务》,《刖足集·内篇》，光绪本，第 34 页。

② 钟天玮:《综论时务》,《刖足集·内篇》，光绪本，第 35 页。

③ 中国近代“民权”一词同“民主”一词一样，都是舶来品。在中文中最早使用“民权”的是郭嵩焘，他在 1878 年 5 月 19 日（光绪四年四月十八日）的日记中写道:“西洋政教以民为重，故一切取顺民意，即诸君主之国，大政一出之议绅，民权常重于君”。“民主”一词在中文中可以追溯很早,《尚书》《左传》等经籍中多次出现，如“简代夏作民主”“天惟时求民主”，但这个“民主”是指“民之主”，完全没有近代意义上民主的含义。在近代，“民权”被理解为“人民的权利”，“民主”被理解为“人民作主”。民主因之与君权对立起来。而“民权”既可以解释为“人民的全部权利”，也可以解释为“人民的部分权利”，作为前一种解释时，与民主同义。作为后一种解释时，就可以理解为在不推翻君权的前提下，给人民以部分权利。参见熊月之《中国近代民主思想史》，上海，上海社会科学院出版社 2002 年版，第 8~10 页。此时的洋务派和以后的维新派对“民权”一词的理解主要是在不与君权对立的“部分权利”层面。

④ 郑观应:《议院》,《盛世危言》卷 1，光绪丙申上海书局石印，第 20~21 页。

物参政意识、民主意识，虽然此时还没有形成一种新的伦理思想体系，但新伦理和新道德的因素却自此逐渐萌发，已经开始了近代新伦理的孕育。

第二节　中国传统道德危机的形成（1890~1900 年）

洋务运动经过近 30 年的发展，到了 19 世纪 90 年代的时候，清政府的实力不仅有所恢复而且得到了发展，就连当时的一些外国人也认为中国现在是世界上几个大强国之一，至少在亚洲尚无其他国家可以取代中国的强国地位。[①] 但是经过 1894 年的甲午战争，中国人陡然发觉，所谓独一无二、亚洲强国，无非是自己的一厢情愿而已，这个世界已经开始重新分配，重新定局。每个民族几乎都有自己痛苦的历史，关键是历经苦难之后，是就此沉沦还是奋力一搏！中国在经历了空前的屈辱之后重新起步，于是，新学崛起—公车上书—强学会—康有为历次上皇帝书—保国会—百日维新，这一系列历史事件，环环相扣，人们把目光从学习西方的船炮等器物层面转而投向制度文化层面，迈出了近代化转型的关键一步。大量介绍西方政治制度和文化的书籍被刊印，伦理道德领域也随之掀起了新的波澜。

一、华夷秩序的崩溃与民族精神的觉醒

甲午战争使清政府经营了近 30 年的洋务运动惨淡收场，这场失败带给中国人民的不仅仅是割让台湾及几千万两黄金的战争赔款，更重要的是一种精神上的创痛和迷茫。

日本大约从公元 3 世纪开始，就从中国摄取儒家文化，从晋朝、隋朝、唐朝、宋朝、明朝先后直接或者间接地传入汉字、佛教、政治制度等。[②] 所以，在中国人的心目中，近邻日本更像是一个“万国来朝”之中的小学生。即便是有 1874 年的《中日台事专条》将琉球拱手相送，以及 1884 年朝鲜“甲申政变”后日本拥有与中国对朝鲜的对等派兵权。但是在当时的中国，对于日本的崛起，愤恨中又掺杂着鄙夷，真正重视并愿意效法日本的人实在是太少了。对于一个民族来讲，最可悲的是身处复杂而又艰险之境，自身却丧失了对周围世界的正确判断能力，长期以来固有的华夏观使

① 丁名楠等:《帝国主义侵华史》第 1 卷，北京，人民出版社 1987 年版，第 319 页。
② 萧功秦:《儒家文化的困境》，桂林，广西师范大学出版社 2006 年版，第 7 页。

古老民族付出了沉重代价。《中日马关条约》正约共11款，其中一条为承认朝鲜为独立自主的国家，不再是中国的藩属。以前战败给西方诸强的某一个国家，我们虽然在事实上也承认西方器物的先进，但是在内心深处还是会自欺欺人地认为华夏文明无法比拟。对日本的失败，让我们在心里的这份骄虚也彻底地被击垮了。"弹丸小国"用一场迅速得有些出乎意料的胜利，毫不留情地击碎了中国本已脆弱不堪的华夷防线，自尧舜时代就形成的以华夏文明为中心的"以夏变夷"的华夷秩序从外部已经瓦解。

1840年以来，中国每一次遭受创伤都有先贤站出来摇旗呐喊、振臂高呼，无奈，每次都无法形成真正意义上的群体支持，这是因为：

> 国家视其民为奴隶，积之既久，民之自视亦如奴隶焉。彼奴隶者苟抗颜而干预主人之家事，主人必艴然而怒，非摈斥则谴责耳，故奴隶于主人之事，罕有关心者，非其性然也，势使之然也。吾国之人视国事若于己无与焉，虽经国耻、历过难，而漠然不以动其心者，非其性然也，势使然也。且其地太辽阔，而道路不通，彼此隔绝，异省之民，罕有交通之事，其相视若异国焉。各不相知，各不相关，诚有如小说家所记巨鲸之体，广袤数里，渔人其背而穴焉，寝处于是，炊于是，而巨鲸渺然不之知也。故非受巨创负深痛，固不足以震动之。[①]

"没有哪一次巨大的历史灾难不是以历史的进步为补偿。"[②]甲午战争是中国近代历史上的一次巨大灾难，条约制定得如此苛刻，造成了中华民族的空前耻辱，但也最终促成了中华民族群体意识的觉醒。正如梁启超所说："吾国四千余年大梦之唤醒，实自甲午战败割台湾偿二百兆以后始也。"[③]这种觉醒由1300名举人在"公车上书"的呐喊中拉开了帷幕：

> 既而合十八省之举人聚议于北京之松筠庵（庵者，明代烈士杨继盛氏之故宅也），为大连署以上书，与斯会者凡千三百余人，时康有为尚未通籍，实领袖之。其书之大意凡三事：一曰拒和，二曰迁都，三曰变法。而其宗旨则以变法为归。盖谓使前此而能变法，则可以无今日之祸，使今日而能变法，犹可以免将来之祸；若今犹不变，则他

① 梁启超：《戊戌政变记》，《附录一：改革起原》，北京，中华书局1954年版，第113页。

② 《马克思恩格斯全集》第39卷，北京，人民出版社1974年版，第149页。

③ 梁启超：《戊戌政变记》，《饮冰室合集·饮冰室专集之一》，北京，中华书局1989年版，第1页。

日之患，更有甚于今者。言甚激切，大臣恶之，不为代奏。然自是执政者渐渐引病去，公车之人散而归乡里者，亦渐知天下大局之事，各省蒙昧启辟，实起点于斯举。[①]

公车上书之后，与之前的漠然处之形成对比，“变局”观念成为一种普遍的全民族的危机意识，“人心愤激久亦。每言及中东一役，愚父老莫不怆然泣下”[②]，“慷慨爱国之士渐起”，关心国事和时局者大有“遍地皆是”的情势[③]，救国之思成为人心所共，恩格斯曾经说过：“当一个富有生命力的民族受外国侵略者压迫的时候，它就必须把自己的全部力量、自己的全部心血、自己的全部精力用来反对外来的敌人”[④]。民族精神的觉醒带来的巨大推动力使中国迈出了自我改革的艰难一步。

二、“中体西用”的反思与“新学”的崛起

以“中体西用”作为核心思想的洋务派，把中国固有的礼乐教化的儒家文明视为天下文明的最好形态，西方文明在他们看来并非需要全面学习的对象。

甲午战争的失败，让人不由得把目光放在了近邻日本身上，是什么原因使这个昔日被我们称为蕞尔岛国的小学生变得如此强大？我们或许可以从日本明治维新时期的思想先驱福泽谕吉的论说中管窥一二。当中国还陶醉在以圣人大经大法为本的中体时，福泽谕吉已经按照“文明开化的相对性”准确地判断出：“稍识事理的人，对事理懂得越透彻，越能洞悉本国的情况，……也就越觉得自己国家远不如西洋，而感到忧虑不安。于是有的就想仿效西洋，有的就想发奋图强以与西洋并驾齐驱。”[⑤]这种思维方法和评判标准，使日本成功地规避了以本民族的传统文化价值尺度作为标尺去评判异域文化的思维惯性。也使得福泽谕吉顺利地传递给日本民众这样一个结论：“现在世界各国，即使处于野蛮状态还是处于半开化地位，如果想使本国文明进步，就必须要以欧洲文明为目标。确定它为一切议论

① 梁启超：《戊戌政变记》，《附录一：改革起原》，北京，中华书局1954年版，第113~114页。

② 故宫博物院明清档案部编：《义和团档案史料》上册，北京，中华书局1959年版，第178页。

③ 《戊戌变法》第1册，上海，上海人民出版社1957年版，第303页。

④ 《马克思恩格斯全集》第18卷，北京，人民出版社1964年版，第630页。

⑤ ［日］福泽谕吉：《文明论概略》，北京编译社译，北京，商务印书馆1982年版，第9页。

的标准。而以这个标准来衡量事物的利害得失。”①

日本全面学习西方的经验使国人认识到，中国之所以衰败，并非器物上的优劣巧拙，而在于“根本大法”。经营了近30年的洋务运动之所以不见成效，就是因为“中国向于西学，仅袭皮毛，震其技艺之片长，忽其政本之大法。”②“然数千年之旧说，易为所牵；数百年之积习，易为所滞。”要克服危机，就要实施“扫除更张，再立堂构”的全变之法③。一场旨在为维新变法提供理论支持的“新学”勃然而起。

之所以将这种学说称为“新学”，是因为它具有反叛旧学精神的特点，是对旧学的批判、反省和超越，并援西学改造中学，突破了“中体西用”的框架。④与传统“天不变，道亦不变”的观点相左，“新学”倡导变易的思想。康有为认为，天、地、人无一不处于变化之中：

> 夫天，不变者也，然朝夕之晷，无刻不变亦。况昼夜之显有明晦，冬夏之显有寒暑乎？如使天有昼而无夜，有夏而无冬，万物何以而生？故天惟能变通而后万物成焉。……地，不变者也，然沧海可以成田，平陆可以为湖，火山忽流，川水忽涸，故至变者莫如地。夫地久而不弊者，为能变也。夫以天地，不变而不能久，而况人乎？且人欲不变，安可得哉？自少至老，颜貌万变；自不学而学，心智万变。积微成智，闳若无端，而流变之微，无须臾之停也。⑤

既然天、地、人皆处于不断的变化之中，那国家的治理也在此理，“治国何独不然？故千年一大变，百年一中变，十年一小变。……若泥守不变，非独久而生弊，亦且滞而难行。”所以“当变不变，鲜不为害。法《易》之变通，观《春秋》之改制，百王之变法，日日为新，治道其在是矣。”⑥梁启超也反复强调不变法，国家只能走向灭亡：

---

① ［日］福泽谕吉:《文明论概略》，北京编译社译，北京，商务印书馆1982年版，第9页。

② 梁启超:《上南皮张尚书书》,《饮冰室合集·文集之一》，北京，中华书局1989年版，第105页。

③ 中国史学会主编:《中国近代史资料丛刊〈戊戌变法〉(2)》，上海，上海人民出版社1957年版，第216页。

④ 丁伟志、陈菘著:《中国近代文化思潮》上卷，北京，社会科学文献出版社2011年版，第165页。

⑤ 康有为:《康有为全集》第2集，上海，上海古籍出版社1990年版，第161~163页。

⑥ 康有为:《康有为全集》第2集，上海，上海古籍出版社1990年版，第163页。

法者，天下之公器也；变者，天下之公理也。大地既通，万国蒸蒸，日趋于上，大势相迫，非可阏制。变亦变，不变亦变！变而变者，变之权操诸己，可以保国，可以保种，可以保教；不变而变者，变之权让诸人，束缚之，驰骤之。呜呼，则非吾之所敢言矣！①

针对士大夫们留恋的周公之法，谭嗣同抽丝剥茧，分析了周公之法已然被历朝历代的情势而不断更新替换，“器”变换了，“道”自然要随之变换。

后世人主，未尝不慕古之良法美意，鳃鳃然效之。……效之诚是也，而终于涂饰附会，故事奉行，牛非牛，马非马，泥虚文而无实际。……周公之法，在秦时已荡然无存；况秦以来二千余年，日朘月削，以迄今日，虽汉唐之法，尚远不逮，岂复有周公之法一毫哉？……以积乱二千余年暴秦之弊法，且几于无法，而欲尽取周公之法几经历代圣君贤相创述因革，衷诸至善，而后有此郁郁乎文之治，为两汉所可复而不复，而使一旦复于积重难返之时，则势有万万不能者。井田可复乎？封建可复乎？世禄可复乎？宗法可复乎？此数着，周公借以立法之质地也。数者无可复，其余无所依附，自阂窒而难施，故曰：无其器，则无其道。……古法废绝，无以为因也。无以为因，则虽周、孔复作，亦必不能用今日之法邀在昔之效明矣。②

“新学”的变易思想还和达尔文的进化论相结合，严复指出世间万物都不是万古不变的，天在变，地在变，一切都受到天演规律的支配：

自递嬗之变迁，而得当境之适遇，其来无始，其去无终，曼衍连延，层见迭代，此之谓世变，此之谓运会。运者以明其迁流，会者以指所遭值，此其理古人已发之矣。但古以谓天运循环，周而复始，今兹所见，于古为重规：后此复来，于今为叠矩。此则甚不然者也。自吾党观之，物变所趋，皆由简入繁，由微生著，运常然也，会乃大

---

① 梁启超：《变法通议·论不变法之害》，《饮冰室合集·文集之一》，北京，中华书局1989年版，第8页。

② 谭嗣同著，蔡尚思、方行编：《报贝元征书》，《谭嗣同全集》（增订本）上册，北京，中华书局1981年版，第196~199页。

> 异。假由当前一动物，远迹始初，将见逐代变体，虽至微眇，皆有可寻。迨至最初一形，乃莫定其为动为植。凡兹运行之理，乃化机所以不息之精，苟能静观，随在可察。小之极于跂行倒生，大之放乎日星天地；隐之则神思智识之所以圣狂，显之则政俗文章之所以沿革，言其要道，皆可一言蔽之，曰天演是已。……天演之事，不独见于动植二品中也，实则一切民物之事，与大宇之内日局诸体，远至于不可计数之恒星，本之未始有始以前，极之莫终有终以往，乃无一焉非天之所演也。①

而这个天演规律又是什么呢？“以天演为体，而其用有二：曰物竞，曰天择。此万物莫不然，而于有生之类为尤著。物竞者，物争自存也。以一物以与物物争，或存或亡，而其效则归于天择。天择者，物争焉而独存。……斯宾塞尔曰：‘天择者，存其最宜者也。’”② 也就是说“天演”是事物发展的根本法则，“物竞”万事万物存在的方式和手段，“天择”是“物竞”的结果。“一争一择，而变化之事出矣。”③ 所以变法是不以人的意志为转移的历史必然，“夫世之变也，莫知其所由然，强而名之曰运会。运会既成，虽圣人无所为力。盖圣人亦运会中之一物。既为其中之一物，谓能取运会而转移之，是无理也。”④ 面对“世变之亟”的严峻形势，听之任之，无所作为，只能被淘汰，唯有变法图强，迎“物竞”而奋起，才可转危为安。“救亡之道在此，自强之谋亦在此。早一日变计，早一日转机，若尚因循，行将无及。”⑤

“新学”应维新变法的情势而兴，如果说“变”是其核心理念的话，那么“学西方”就是其主要内容。戊戌新学之前，西学的输入仍然集中在“西技”层面，物质文化占据优势，制度文化、精神文化鲜有人谈及。以康、梁为首的维新派在洋务运动的经验教训中，进一步加深了对于西学的认识，认为仅引入“西技”——西方的科技知识，而忽略西方社会政治文化的引入，无异于舍本逐末。梁启超认为：“变法之本，在育人才；人才之兴，在开学校；学校之立，在变科举；而一切要其大成，在变官

---

① 严复:《天演论》,《严复集》第5册，北京，中华书局1986年版，第1326~1327页。
② 严复:《天演论》,《严复集》第5册，北京，中华书局1986年版，第1324页。
③ 严复:《天演论》,《严复集》第5册，北京，中华书局1986年版，第1324页。
④ 严复:《论世变之亟》,《严复集》第1册，北京，中华书局1986年版，第1页。
⑤ 严复:《救亡决论》,《严复集》第1册，北京，中华书局1986年版，第49页。

制。”[①]这种观点也成为维新派学习西方的共识。严复认为育人乃救国之要政，提出治国“至于其本，则亦于民智、民力、民德三者加之意而已。果使民智日开，民力日奋，民德日和，则上虽不治其标，而标将自立。”[②]在严复看来，民力、民智、民德乃自强之本，“是故国之强弱贫富治乱者，其民力、民智、民德三者之征验也，必三者既立而后其政治从之。于是，一政之举，一令之施，合于其智、德、力者存，违于其智、德、力者废。”[③]开民智的关键在于兴教育、办学校。故“今之识时务者，其策中国也，必曰兴学校”。[④]“变法则独先学校，学校则首重政治，采欧洲之法，而行之以日本之道，是以不三十年而崛起于东瀛。”[⑤]学校教育又和科举制度有着密切的联系，没有变设学校而不变科举的道理。再加上科举以八股取士，着实有“锢智慧”“坏心术”“滋游手”之弊端，[⑥]“故欲兴学校，养人才，以强中国，惟变科举为第一义。大变则大效，小变则小效。”[⑦]最好的办法就是“远法三代，近采泰西，合科举于学校。自京师以迄州县，以次立大学、小学，聚天下之才，教而后用之。入小学者比诸生，如大学者比举人，大学学成比进士，选其尤异者出洋学习比庶吉士，其余归内、外、户、刑、工、商各部任用比部曹。……则天下之士，靡然向风，八年之后，人才盈廷矣。”[⑧]学习西方，最核心的还是西方政治制度。康有为在《上清帝第四书》中，明确提出设立议院的主张，认为议院最大的好处就是可以通下情，“人皆来自四方，故疾苦无不上闻；政皆出于一堂，故德意无不下达。事皆本于众议故权奸无所容其私；动皆溢于众听，故中饱无所容其弊。……故百度并举，以致富强。”[⑨]梁启超认为议院是西方国家富强的本原，“泰西各国何以强？曰：议院哉！议院哉！问：议院之立，其意何在？曰：君权与民权合，则情易通；议法与行法分，则事易就。二

① 梁启超：《变法通议·论变法不知本原之害》，《饮冰室文集》之一，北京，中华书局1989年版，第10页。

② 严复：《原强》，《严复集》第1册，北京，中华书局1986年版，第14页。

③ 严复：《原强修订稿》，《严复集》第1册，北京，中华书局1986年版，第25页。

④ 梁启超：《变法通议·论师范》，《饮冰室文集》之一，北京，中华书局1989年版，第34页。

⑤ 梁启超：《变法通议·学校余论》，《饮冰室文集》之一，北京，中华书局1989年版，第61页。

⑥ 严复：《救亡决论》，《严复集》第1册，北京，中华书局1986年版，第43页。

⑦ 梁启超：《变法通议·论科举》，《饮冰室文集》之一，北京，中华书局1986年版，第23页。

⑧ 梁启超：《变法通议·论科举》，《饮冰室文集》之一，北京，中华书局1986年版，第27~28页。

⑨ 康有为：《上清帝第四书》，《康有为全集》第2集，北京，中国人民大学出版社2007年版，第170页。

者斯强矣。”①

“新学”的崛起为晚清一系列社会变革和政治变革打下了学理基础，也为近代社会、文化的深层变革与转型提供了必备的条件。虽然它还是不成熟的过渡性的学术文化体系，但它反映了中国社会由传统农耕文明向近代工业文明转型的文化变迁，它的出现意味着传承数千年的旧学体系的衰落。

三、戊戌新政与“三纲”的动摇

以康有为、梁启超、谭嗣同、严复为主要代表人物的维新派通过向皇帝上书、著书立说、办学会、设学堂、办报纸等各种方式宣传变法主张。通过与守旧派的“要不要变法”“要不要兴民权、设议院，实行君主立宪”“要不要废八股、改科举和兴西学”的论战不仅使新学得到了更广泛的传播，也使西方资产阶级社会政治学说为更多的知识分子所熟知。社会上逐渐形成了一种共识：要救国，就要维新，要维新，就要学习西方，戊戌变法的帷幕随之拉开。

1898 年 6 月 11 日，光绪皇帝颁布了“明定国是”御旨，宣布开始变法，在以后的 103 天中，又接连发布了一系列推行新政的政令，内容涉及政治、经济、军事、文化教育等内容，除了没有采纳维新派多次提出的开国会、设议院等政治主张，各项政令大多接受了维新派的建议而颁布。“儒家信条要求皇帝修德行善，关切臣民的需要；并且约束他在典礼场合谨守礼仪及遵奉古制，为芸芸众生树立榜样。……作为皇室的一员，皇帝不能违背帝式宗法或不遵祖训，这些东西被认为是神圣不可侵犯的。”②皇帝身先士卒率先尝试变法，对于纲常名教的挑战可想而知。“中体西用”是近 30 年洋务运动的指导思想，但它在多大程度上是清政府的指导思想呢？甲午战争虽然从外部瓦解了华夷秩序，事实上，“君尊臣卑”“华夷之辨”的思想，直到戊戌变法时才在清政府的思维方式中真正作了调整。从此之后“夷夏之辨”“华夷大防”之类，不再是一种权威的、国家的思想观念。戊戌变法对新学的肯定，使西方文化终于在传统纲常名教的名分下获得了存在的合法性。也正因为如此，此举迎来了顽固势力的猛烈批判和守旧势力的反击镇压。

---

① 梁启超：《论君政民政相嬗之理》，《饮冰室合集》之二，北京，中华书局 1989 年版，第 7 页。

② ［美］徐中约著：《中国近代史：1600—2000，中国的奋斗》，许秋枫、朱庆葆译，北京，世界图书出版社 2008 年版，第 36 页。

戊戌新政恍若昙花绽放只存续百日，但是在维新运动期间，维新派宣传自由平等、批判封建君权和纲常伦理，对封建传统道德壁垒予以重击。在近代，正是维新派思想家剥掉了封建统治者加持在封建纲常上的神圣外衣，从正面对其实质和危害展开批判。

维新思想家针对三纲之首——“君为臣纲”，从“君权神授”“君尊臣卑”等传统观念入手，重新解释君臣、君民之间的伦理关系，对封建专制制度予以猛烈的抨击。谭嗣同认为，君权并非上天授予：

> 生民之初，本无所谓君臣，则皆民也。民不能相治，亦不暇治，于是共举一民为君。夫曰共举之，则非君择民，而民择君也。夫曰共举之，则其分际又非甚远于民，而不下侪于民。夫曰共举之，则因有民而后有君。君，末也；民，本也。天下无有因末而累及本者，亦岂可因君而累及民哉？夫曰共举之，则且必可共废之。君也者，为民办事者也；臣也者，助办民事者也。赋税取于民，所以为民办事之资也。如此而事犹不办，事不办而易其人，亦天下之通义也。……何独于君而不然？岂谓举之戴之，乃以竭天下之身命膏血，供其盘乐怠傲，骄奢而淫杀乎？供一身之不足，又滥纵其百官，又欲传之世世万代子孙。一切酷毒不可思议之法，由此而繁兴矣。①

君，本是大家“共举之”的产物，立君的目的是“为民办事”，如果君主的言行不能让人满意，“可共废之”。严复在《辟韩》中反驳韩愈《原道》的封建专制思想也持此论：

> 韩子胡不云：民者，出粟米麻丝，作器皿，通货财，以相为生养者也，有其相欺相夺而不能自治也，故出什一之赋，而置其君，使之作为刑政、甲兵、以锄其强梗，备其患害。然而，君不能独治也，于是为之臣，使之行其令，事其事。是故民不出什一之赋，则莫能为之君；君不能为民锄其强梗，防其患害，则废；臣不能行其锄强梗，防患害之令，则诛乎？②

① 谭嗣同:《仁学》,《谭嗣同全集》下册，北京，中华书局1981年版，第339页。
② 严复:《辟韩》,《严复集》第1册，北京，中华书局1986年版，第33页。

严复还从人民在国家中的地位角度批判君主专制制度，认为这是民族危亡的症结所在：

西洋之民，其尊且贵也，过于王侯将相，而我中国之民，其卑且贱，皆奴产子也。设有战斗之事，彼其民为公产公利自为斗也，而中国则奴为其主斗耳。夫驱奴虏以斗贵人，固何所往而不败？[①]

维新思想家都断然否认君权神授，认为君王的权利来自民众，君与臣都是为民办事者。这就把皇帝从高高在上的“天间”赶到了普罗百姓的“凡尘”，并立于与臣民平等的位置上。这种对君、臣、民关系的分析固然可以从孟子“民为贵，社稷次之，君为轻”的古代“民本”思想中管窥一二，但是维新思想家已经超越了古老的民本主义，为这种新型的君臣伦理关系赋予了“民权”思想。

对于“父为子纲”，维新思想家从天赋人权的角度予以猛烈的批判。康有为认为：“人皆天所生，同为天之子，同此圆首方足之形，同在一种族之中，至平等也。”[②]既然“子为天之子，父亦为天之子”[③]所以“无人能间制之”。[④]这种思想的提出在当时社会无疑是震撼的。千百年来，子女皆以父名而受压制，维新派却敢于公开主张父子人格平等，冒天下之大不韪，这对于封建纲常的打击是巨大的，这种思想激励了一批有志青年脱离家的藩篱投入救亡图存的运动中。

“夫为妻纲”也是维新思想家的矛头所向。封建社会中女子的地位不外乎两大类：“一曰充服役，二曰供好玩”[⑤]“夫既自命为纲，则所以遇其妇者，将不以人类齿”[⑥]。在家庭生活中，她们在家从父，出嫁从夫，夫死从子，自始至终，没有丝毫的自由与权利。即便是婚姻大事，也是父母之命，媒妁之言。维新思想家深刻揭露了女性在“夫为妻纲”束缚下的苦难：

同为人之形体，同为人之聪明，且人人皆有至亲至爱之人，而忍

① 严复：《辟韩》，《严复集》第1册，北京，中华书局1986年版，第36页。
② 康有为：《大同书》，上海，上海古籍出版社2009年版，第65页。
③ 谭嗣同，《仁学》，《谭嗣同全集》下册，北京，中华书局1981年版，第348页。
④ 康有为：《大同书》，上海，上海古籍出版社2009年版，第66页。
⑤ 中国史学会主编：《中国近代史资料丛刊〈戊戌变法〉(4)》，上海，上海人民出版社1957年版，第431页。
⑥ 谭嗣同：《仁学》，《谭嗣同全集》下册，北京，中华书局1981年版，第349页。

> 心害理，抑之、制之、愚之、闭之、囚之、系之，使不得自立，不得任公事，不得为仕宦，不得为国民，不得预议会。甚且不得事学问，不得发言论，不得达名字，不得通交接，不得预享宴，不得出观游，不得出室门。甚且斫束其腰，蒙盖其面，刖削其足，雕刻其身，遍屈无辜，遍刑无罪，斯尤无道之至甚者矣！[①]

女性被封建礼教剥夺了一切政治、经济、文化乃至正常生活的权利，“毕生之事，不过敷粉缠足，坐食待毙而已。”[②]维新思想家将平等和人权思想作用于对“夫为妻纲”的批判上，梁启超指出：“男女中分，人数之半，受生于天，受爱于父母，匪有异议矣？”[③]既然男女皆为天地所生，父母所爱，那么“人之男身，既知天与人权所在而求与闻国政，亦何抑女子攘其权哉，女子亦何得听男子擅其权而不任其天职哉！……以公共平等论，则君与民且当平，况男子之与女子乎！”[④]，整个世界应呈现这样一种景象：“男女平权，男女齐等，同事学问，同充师长，同得名誉，同操事权。”[⑤]这不仅仅是维新思想家对“夫为妻纲”的深刻揭露和批判，更是对千千万万处于封建礼教压迫下的妇女的呼唤，呼唤女性发现自我，认识自我！

维新思想家不仅对“三纲”分而击之，还把“三纲”作为一个整体，分析三个纲目之间的内在联系。“君臣之祸亟，而父子、夫妇之伦遂各以名势相制为当然矣。”[⑥]“君为臣纲”是核心，“父为子纲”“夫为妻纲”实则“君为臣纲”在家庭生活领域的显现和延伸。然而这看上去很美并已然渗透到中国方方面面的三纲伦常实际上却是虚伪而残暴的：

> 中国动以伦常自矜异，而疾视外人；而为之君者，乃真无复伦常，天下转相习不知怪，独何欤？尤可愤者，已则渎乱夫妇之伦，妃御多至不可计，而偏喜绝人之夫妇，如所谓割势之阉寺与幽闭之宫人，其残暴无人理，虽禽兽不逮焉。而工于献媚者，又曲为广嗣续之

① 康有为：《大同书》，上海，上海古籍出版社 2009 年版，第 99 页。

② 严复：《论沪上创兴女学堂事》，《严复集》第 2 册，北京，中华书局 1986 年版，第 468 页。

③ 中国史学会主编：《中国近代史资料丛刊〈戊戌变法〉（4）》，上海，上海人民出版社 1957 年版，第 431 页。

④ 康有为：《大同书》，上海，上海古籍出版社 2009 年版，第 102~103 页。

⑤ 康有为：《大同书》，上海，上海古籍出版社 2009 年版，第 204 页。

⑥ 谭嗣同：《仁学》，《谭嗣同全集》（增订本）下册，北京，中华书局 1981 年版，第 348 页。

> 说，以文其恶。然则阉寺、官人之嗣续固当殄绝之耶？且广嗣续之说，施于常人，且犹不可矣；中国百务不讲，无以养，无以教，独于嗣续，自长老以至弱幼，自都邑以至村僻，莫不视为绝重大之事，急急以图之，何其惑也？徒泥于体魄，而不知有灵魂，其愚而惑，势必至此。向使伊古以来，人人皆有嗣续，地球上早无容人之地矣，而何以为存耶？又况天下者，天下之天下，徒广独夫民贼之嗣续，复奚为也？①

历代帝王之所以偏爱推崇“三纲”并非因为其理论的真理价值，实在是因为：“独夫民贼，固甚乐三纲之名，一切刑律制度皆依此为率，取便己故也。”②这也一语道破了封建社会以“三纲”为核心的伦理道德的欺骗性。越来越多的人认识到，作为封建社会立国之本的三纲“不唯关其口，使不敢昌言，乃并锢其心，使不敢涉想。……三纲之慑人，足以破其胆，而杀其灵魂”③。鉴于“三纲”对社会、对民众的至深毒害，谭嗣同喊出了“冲决封建伦常之网罗”的时代最强音，号召四万万同胞：“初当冲决利禄之网罗，次冲决俗学若考据、若词章之网罗，次冲决全球群学之网罗，次冲决君主之网罗，次冲决伦常之网罗，次冲决天之网罗，次冲决全球群教之网罗，终将冲决佛法之网罗！”④一系列的冲决，成为震撼封建纲常名教的有力口号，极大地激发了青年群体改变自己，改变世界的信心，也撼动了封建王朝赖以维系的根基。

四、孔子的重新定义与资产阶级伦理思想的传播

在“新学”初步形成思想基础的大好形势下，康有为又接连写出《新学伪经考》《孔子改制考》两篇足以震撼世人的文章，惊世骇俗地重新定义了孔子，并在和顽固派的论辩中，大量介绍和传播了资产阶级的伦理思想。

> 夫“古学”所以得名者，以诸经之出于孔壁，写以古文也。夫孔

① 谭嗣同：《仁学》，《谭嗣同全集》（增订本）下册，北京，中华书局1981年版，第349页。
② 谭嗣同：《仁学》，《谭嗣同全集》（增订本）下册，北京，中华书局1981年版，第349页。
③ 谭嗣同：《仁学》，《谭嗣同全集》（增订本）下册，北京，中华书局1981年版，第348页。
④ 谭嗣同：《仁学·自叙》，《谭嗣同全集》（增订本）下册，北京，中华书局1981年版，第290页。

> 壁既虚，古文亦赝，伪而已矣，何“古”之云？后汉之时，学分今古，既托于孔壁，自以古为尊，此新歆所以售其欺伪者也。今罪人斯得，旧案肃清，必也正名，无使乱实。歆既饰经佐篡，身为新臣，则经为“新学”，名义之正，复何辞焉？①

康有为在《新学伪经考》开篇便阐释了何为“新学”与“伪经”，他断言所谓古文经籍乃刘歆伪造，故为“伪经”；而古文经学又是王莽新朝的官学，故称“新学”。② 这就指出了一个非常关键的问题：“西汉经学，并无所谓古文者，凡古文皆刘歆伪作”，而刘歆之所以作伪经，是因为“欲佐莽篡汉，先谋湮乱孔子微言大义。”③ 所以，所谓汉古文经的真实面貌是：

> 王莽以伪经行篡汉国，刘歆以伪经篡孔学，二者同伪，二者同篡。伪君、伪师，篡君、篡师，当其时，一大伪之天下，何君臣之相似也！……篡汉，则莽为君，歆为臣，莽善用歆；篡孔，则歆为师，莽为弟，歆实善用莽。歆、莽交相为也。至于后世，则亡新之亡久矣，而歆经大行，其祚二千年，则歆之篡过于莽矣。④

在康有为的论说中，古文经学是刘歆、王莽的篡汉之举，假借声势地流传千年，实在是不足为据，不足为训。这一观点的横空出世，给反对变法的守旧派以致命一击，既然顽固派所据以为正统的汉学都是伪经，那么维新变法也就谈不上是“离经叛道”。正如梁启超所述：“此说一出，而所生影响有二：第一，清正统派之立脚点根本动摇；第二，一切古书，皆须重新检查评估。此实思想界之一大飓风也。”⑤ 康有为著《新学伪经考》的

---

① 康有为：《新学伪经考》，《康有为全集》第1集，北京，中国人民大学出版社2007年版，第572页。

② 因秦始皇焚书坑儒，遂至西汉时期，儒家经书的传授，除《易经》外，皆无先秦古文旧本，老儒生凭记忆写成定本，称之为“今文经”。汉武帝罢黜百家独尊儒术，就是树立今文经学的权威地位。后鲁共王刘余从孔子旧宅夹壁得先秦古文经书数十篇，河间献王刘德也发现一批先秦古文经书，称之为“古文经”。古文经的真实性一直被今文经学家所怀疑和否定。西汉末年，刘歆欲立古文经学为官学，王莽也为篡汉寻求理论支持，古文经学逐渐成为官学。

③ 梁启超：《梁启超论清学史二种》，上海，复旦大学出版社1985年版，第64~65页。

④ 康有为：《新学伪经考》，《康有为全集》第1集，北京，中国人民大学出版社2007年版，第723页。

⑤ 梁启超：《梁启超论清学史二种》，上海，复旦大学出版社1985年版，第64页。

真正意图并非在于今古经学的学术研究，而在于借学术反驳“恪守祖训”的顽固派，为维新变法进行宣传和造势，这在书中序言一览无遗：

阅二千年岁月日时之绵暖，聚百千万亿衿缨之问学，统二十朝王者礼乐制度之崇严，咸奉伪经为圣法，诵读尊信，奉持施行，违者以非圣无法论，亦无一人敢违者，亦无一人敢疑者；于是夺孔子之经以与周公，而抑孔子为传；于是扫孔子改制之圣法，而目为断烂朝报。六经颠倒，乱于非种，圣制埋瘗，沦于雺雾，天地反常，日月变色。以孔子天命大圣，岁载四百，地犹中夏，蒙难遘闵，乃至此极，岂不异哉！……刘歆之伪不黜，孔子之道不著，吾虽孤微，乌可以已！……不量绵薄，傕廓伪说，犁庭扫穴，魑魅奔逸，雾散阴豁，日燺星呀，冀以起亡经，翼圣制，其于孔氏之道，庶几御侮云尔。①

康有为对古文经学的弊端以及历代儒生的漠然，进行了猛烈的批判。这些言论在当时既惊世骇俗，又振聋发聩！既然被奉之经典的古文经学都是伪作，那从中引发的伦理纲常、道德规范又怎能让人信服呢？

这场飓风在戊戌变法高潮时又化身成为喷火，这源于《孔子改制考》的问世。如果说《新学伪经考》是重新发现孔子的话，那么《孔子改制考》就是重新塑造孔子，孔子在此书中被定义为托古改制的宗师。书中认为上古茫昧，六经之前，无从稽考，古文经学“以《诗》、《书》、《礼》、《乐》、《易》为先王周公旧典，《春秋》为赴告策书”，皆因刘歆创立“伪经”之后的说辞。事实上，“歆欲夺孔子之圣而改其圣法，故以周公易孔子也，汉以前无是说也。汉以前咸知孔子为改制教主，知孔子为神明圣王。庄生曰：‘《春秋》经世先王之志。’荀子曰；‘孔子明智且不蔽，故其术足以为先王也。’故宰我以为贤于尧、舜，子贡以为生民未有也。孔子之为教主，为神明圣王，何也？曰：在六经。六经皆为孔子所作也，汉以前之说莫不然也。……孔子所作谓之经，弟子所述谓之传，又谓之记，弟子后学展转所口传谓之说，凡汉前传经者无异论。故惟《诗》、《书》、《礼》、《乐》、《易》、《春秋》六艺为孔子所手作，故得谓之经。”② 这样就

① 康有为：《新学伪经考》，《康有为全集》第1集，北京，中国人民大学出版社2007年版，第572页。

② 康有为：《六经皆孔子改制所作考》，《孔子改制考》，北京，中华书局1958年版，第243~244页。

否定了先前儒生认为孔子“述而不作”的说法，为“孔子改制”找到了论据。康有为还借公羊家“通三统”的学说，来说明夏、殷、周原是随时因革，绝非沿袭旧制，一成不变。又用“张三世”来说明据乱世、升平世、太平世是逐渐改良、逐渐进步的结果。[①] 从而为维新变法张目，为孔子的托古改制找到理论根据。这样，在康有为的笔下，孔子从一位思想家华丽转身，完成了到托古改制宗师的蜕变。康有为重新定义孔子，目的是为他的变法改制取得神圣的“道统”，但却在士大夫中引起了如“火山大喷火”般的剧烈震动。究其根本，就在于康有为把资本主义的学说和制度，附会孔子之身，用资本主义的伦理文化观念改造孔子。《新学伪经考》《孔子改制考》的刊印，在中国近代思想文化史上起到了破除迷信、解放思想的作用。已然被质疑的传统伦理纲常再次受挫，资本主义的人权、民主、平等、自由等伦理观念得以大范围的传入。

“伪经”“改制”的问世引发了顽固派针对维新派的“卫圣教”“辟异端”的论战。顽固派罗列了维新思想家的罪状：“伪六经，灭圣经也；托改制，乱成宪也；倡平等，堕纲常也；伸民权，无君上也；孔子纪年，欲人不知有本朝也。”[②] 其中心思想就是要保护纲常名教，守旧派花了大气力去论证对孔子的重新定义是造伪和叛逆，最后的结论是：“五伦之要，百行之原，相传数千年，更无异义，圣人之所以为圣人，中国之所以为中国，实在于此。”“舍纲常名教别无立足之地，除忠孝节义岂有教人之方”。[③] 守旧派在这场论战中，仍旧是了无新意，徒托陈词，然而这种陈旧的理论根本无法阻挡维新思潮的狂涛激浪。康梁所倡导的民权、平等、自由等理念是在19世纪末中国社会面临严重民族危机和社会危机的历史条件下产生的，它适应了中国近代社会的政治和经济状况，守旧派的谩骂和围攻无法逆转它对传统道德的冲击。

在近代欧美资产阶级民主革命的过程中，自由、平等、博爱不仅是资产阶级所普遍提倡的政治口号和立法原则，也是其伦理道德的集中体现。维新思想家在与顽固派论争的过程中引入了自由、平等、博爱的道德原则

---

① 康有为认为“若学孔子，而不学《春秋》，是欲其入而闭之门也。”而“《春秋》微言大义，多在《公羊》”所以，通《公羊》，亦可通《春秋》。公羊家喜言“通三统”“张三世”，“夏、殷、周为三统，皆孔子所托”；“始于据乱世，中而升平世，进而太平世”谓之“三世”。

② 苏舆：《翼教丛编·序》，上海，上海书店出版社2002年版，第1页。

③ 苏舆：《宾凤阳等上王益吾院长书》，《翼教丛编》卷5，上海，上海书店出版社2002年版，第144页。

和天赋人权的政治伦理观，并运用西方近代伦理思想分析中国近代的道德体系和道德现象，极大地促进了资产阶级伦理思想的传播。

关于自由。卢梭曾经说过："一切立法体系的最终目的，可以归纳为两大目标：自由和平等。"① 卢梭认为"人是生而自由的"，这种权利是天赋的，不可剥夺的，自由是人类头等重要的事情。"放弃自己的自由，就是放弃自己做人的资格，就是放弃人类的权利，甚至就是放弃自己的义务。"② 维新思想家深受卢梭的影响。严复提出"身贵自由，国贵自由"的原则，认为自由与国家的独立和民族的解放密切相连。他认为千百年来，正是以"三纲"为核心的封建伦理道德禁锢了人们的自由，剥夺了人民的权利。维新思想家严复曾将中国的伦理纲常与西方做过这样的比对：

> 中国最重三纲，西人首明平等；中国亲亲，而西人尚贤；中国以孝治天下，而西人以公治天下；中国尊主，而西人隆民；中国贵一道而同风，而西人喜党居而州处；中国多忌讳，而西人重讥评。其于财用也，中国重节流，而西人重开源；中国追淳朴，而西人求欢虞。其接物也，中国美谦屈，而西人务发舒；中国尚节文，而西人乐简易。其于为学也，中国夸多识，而西人尊新知。其于祸灾也，中国委天数，而西人恃人力。③

所以，要实现国家的独立与富强，必须还权于民，"夫所谓富强云者，质而言之，不外利民云尔，然政欲利民，必自民各能自利始；民各能自利，又必皆得自由始。"④ 人们只有得到了自由和权利，才能成为真正意义上的人，才有可能自存图强，"毁民权者，天下之至愚也"⑤。这种自由思想的倡导自然受到顽固守旧势力的强烈反对，康有为面对顽固派的攻击，用西方的自由观诠释儒家对自由的理解，借诠释孔道之名行传播自由思想之实：

> 子贡不欲人之加诸我，自立自由也；无加诸人，不侵犯人之自立自由也。人为天之生，人人直隶于天，人人自立自由。不能自立，为

---

① ［法］卢梭：《社会契约论》，何兆武译，北京，商务印书馆 1963 年版，第 62 页。
② ［法］卢梭：《社会契约论》，何兆武译，北京，商务印书馆 1963 年版，第 62 页。
③ 严复：《论世变之亟》，《严复集》第 1 册，北京，中华书局 1986 年版，第 3 页。
④ 严复：《原强修订稿》，《严复集》第 1 册，北京，中华书局 1986 年版，第 27 页。
⑤ 严复：《〈原富〉按语》，《严复集》第 4 册，北京，中华书局 1986 年版，第 918 页。

> 人所加，是六极之弱而无刚德，天演听之，人理则不可。人各有界，若侵犯人之界，是压人之自立自由。悖天定之公理，尤不可也。子贡尝闻天道自立自由之学，以定人道之公理，急欲推行于天下。[①]

与守旧派的论战，推动维新思想家对自由进行更深刻的理解，自由必须以“无加诸人”为前提，否则就是对自由的偏离。而“三纲”最大的禁锢性和欺骗性也在“无加诸人”这一点上充分暴露出来。康有为进而提出人民应有“自主自力”之权，“一画贯三才谓之王，天下归往谓之王，天下不归往，民皆散而去之，谓之匹夫。以势力把持其民谓之霸……。夫王不王，专视民之聚散与向背名之，非谓其黄屋左，威权无上也。”[②]所以康有为大胆地提出：“秦王无道，人人得而诛之，而陈涉、项羽首先亡秦，……是亦一汤武也”[③]，把历朝历代被统治者所不齿的农民起义比作汤武伐纣之举，[④]实在像一枚炸弹抛向了封建专制君主制度。严复接过“自由”的接力棒，提出了戊戌期间维新思想家关于自由的最高原则：“自由为体，民主为用。”[⑤]即民主的实现以自由权利的实现为基础。这就从根本上破坏了封建王朝的等级制度、伦常关系以及道德规范，更具有资产阶级伦理思想的实质。

关于平等。几乎所有的维新思想家在批判“三纲”时都涉及平等的理念，对“平等”的论说也相对更加广泛。所不同的是，他们或者是采用中西会通的方法，或者是以西方理论释源“平等”，但无一例外地都促进了“平等”这一资产阶级伦理思想的传播和发展。康有为认为儒家经典中就有“平等”的伦理观。如“性相近，习相远”“不患寡而患不均”等，都透射出了“人人皆独立而平等”思想。他说：“孔子以群生同出于天，一切平等，民为同胞，物为同气，故常怀大同之治，制太平之法。”（《礼运注》）很显然这里的“平等”与西方“法律面前和伦理关系的平等”并非一致，康有为也有用西学注解孔说之嫌，但这丝毫不影响“平等”思想的传播，亦如以孔子“改制”推变法之实。康有为的大同思想也充满了人人

---

① 康有为：《论语注》卷5。此段话是康有为阐释子贡所说：“我不欲人之加诸我也，吾亦欲无加诸人”。

② 康有为：《孔子改制考》，北京，中华书局1958年版，第195页。

③ 康有为：《孔子改制考》，北京，中华书局1958年版，第410页。

④ “夫民贼者，人人得而诛之”，所以孟子、孔子都认为桀、纣非君，汤、武之举也非弑君。

⑤ 严复：《原强修订稿》，《严复集》第1册，北京，中华书局1986年版，第27页。

平等的意蕴。他认为“人人独立，人人平等，人人自主，人人不相侵犯，人人交相亲爱，此为人类之公理”(《孟子微》)。由此谴责“三纲五常”有违人道、天理，根本不是什么天经地义、万世不易的神圣准则。谭嗣同在《仁学》中这样诠释“平等”:“通之象为平等”，即要从“有等级通之无等级”。“平等者，致之谓也”“一则通矣，通则仁矣。”“仁一而已，凡对待之词,皆当破之。”“无对待,然后平等。”[①] 谭嗣同将“平等”与“通”和“仁”联系起来论说，认为这是一个整体，即“仁—通—平等”，这也是谭嗣同的最高道德标准。他认为只有贯彻这一法则，才能冲破“君与臣隔，大臣与小臣隔，官与绅隔，绅与士隔，士与民隔”[②] 的重重网罗，实现真正意义上的平等。这一伦理框架比较贴切地反映了西方自由、平等、博爱的伦理精神。谭嗣同认为五伦中唯朋友一伦有平等之意，主张用朋友之伦改造君臣、父子、夫妇、兄弟四伦，并勾勒了人人平等的未来社会图景：

> 无国则畛域化，战争息，猜忌绝，权谋弃，彼我亡，平等出；且虽有天下，若无天下矣。君主废，则贵贱平；公理明，则贫富均。千家万里，一家一人。视其家，逆旅也；视其人，同胞也。父无所用其慈，子无所用其孝，兄弟忘其友恭，夫妇忘其倡随。[③]

维新阵营的樊锥鲜明地提出了“人人平等、权权平等”，认为皇帝并非受命于天的“天子”，因为“无人非天之所生，则无人非天之子也。进之则无物非天之所生、天之子也……汝以为正人，更有正于汝者；汝以为精人，更有精于汝者；汝以为大人，更有大于汝者，吾一以平等视之，则任其正、其精、其大，不出吾平也。此所谓无等等者也，所谓以元统之者也，所谓大同也，太平也。”[④] 这种否定一切等级的平等思想，在当时是有进步意义的。皮嘉祐则把平等思想扩至世界上一切人、洲、种、职业，认为在当日中国“平等尤为要义”，以平等治之，则“乡必安”“家必

① 谭嗣同:《仁学》,《谭嗣同全集》(增订本下册)，北京，中华书局 1981 年版，第 291 页。此书中，“仁以通为第一要义”，而通的哲学含义就是事物之间的相互联系、相互沟通、相互渗透、相互感应。“通”是“仁”的根本属性，“通”者为“仁”，“塞”者为“不仁”。

② 谭嗣同:《仁学》,《谭嗣同全集》(增订本下册)，北京，中华书局 1981 年版，第 321 页。

③ 谭嗣同:《仁学》,《谭嗣同全集》(增订本下册)，北京，中华书局 1981 年版，第 367 页。

④ 樊锥:《开诚篇》三,《湘报类纂》，论著甲上，北京，中华书局 1965 年影印本，第 37~38 页。

倡”“国必强”“天下必治”。

关于博爱。“博爱”从字面上去理解是广泛地爱一切人。作为一种伦理精神和政治口号，出现于18世纪法国资产阶级革命时期。法国启蒙思想家霍尔巴赫曾经说过：“人为了自己的利益，应当爱其他的人，因为他们是他的存在、他的保存、他的快乐所必需的。”这或许是对资产阶级“博爱”思想的最佳诠释。在中国传统学术语境中，“博爱”一词出于唐朝韩愈《原道》中多“博爱之为仁”。康有为接触到西方近代的博爱思想后，重新审视儒家传统道德体系，提出“仁者，在天为生生之理，在人为博爱之德”的观点，认为：“仁从二人，人道相偶，有吸引之意，即爱力也……然爱者力甚大，无所不爱，从何而起？孔子之道分三等，亲亲、仁民、爱物。而道本于身，施由亲始，故爱亲最大焉，……盖仁者无所不爱，而行之不能无断限”(《中庸注》)，在承认“爱有差等”的同时，主张不分男女老幼,人人相亲相爱。梁启超评价这种观点为“博爱派之哲学也”[①]。“博爱”的伦理精神在维新思想家中更多是伴随着“天赋人权”和“人生而平等”的思想，在批判封建“三纲五常”中透射出来的。

戊戌期间除了自由、平等、博爱的资产阶级伦理思想的传播，也有代表西方近代功利主义的“开明自营”“崇奢黜俭”的伦理观念的宣传。“理论在一个国家实现的程度，总是决定于理论满足这个国家的需要的程度。”[②]中国社会当时的经济状况和资产阶级的发展状况，决定了维新思想家无法提供成熟的具有完整体系的近代伦理思想和道德规范，甚至在引进西方的伦理学说的过程中，也无法摆脱传统伦理思想根深蒂固的影响。但是他们对于封建伦理纲常的批判，显示出了中国近代历史伦理思想随社会的大变动而变化的历史趋势，也最终成就了传统道德危机的形成。

“道德始终是阶级的道德，它或者为统治阶级的统治和利益辩护，或者当被压迫阶级变得足够强大时，代表被压迫者对这个统治的反抗和他们的未来利益。”[③]戊戌期间传统道德危机也成为随后资产阶级革命的有力先声！

---

① 中国史学会主编：《中国近代史资料丛刊〈戊戌变法〉(4)》，上海，上海人民出版社1957年版，第19页。

② 《马克思恩格斯选集》第1卷，北京，人民出版社1995年版，第11页。

③ 《马克思恩格斯选集》第3卷，北京，人民出版社1995年版，第435页。

第三节 中国传统道德危机的深化（1900~1917年）

1898年自上而下的维新变法在顽固守旧势力的屠刀下失败，1900年自下而上的义和团运动在八国联军的枪炮中失败。回首20世纪的开端，中国似乎就是在竭力抗争但又看不到希望的悲愤中迈入新的千年。先进的中国人面对民族危亡再次启程，改良与革命的论争，尊孔与反孔的交替，一直到“道德革命”的耀世登场，这一切都说明，中国救亡图存的路径选择已经从器物、制度层面，转至观念层面。从形而下到形而上的转变，标志着中国人对近代化认识的进一步深入，也标志着社会转型的广度的加深。辛亥革命在革命大势所趋的情况下，以摧枯拉朽之势结束了两千多年的封建帝制，也宣告了“君为臣纲”的坍塌，资产阶级伦理思想终于可以登堂入室了。

一、改良和革命的论争与尊孔和反孔的交替

戊戌变法的失败以及随之加剧的民族危机让时人陷入了更深的社会焦虑，古老中国该向何处去成为有识之士共同思考的问题。经历了甲午和维新，学西方、倡民权、设议院已经在士人中有了一定的思想基础，八国联军的侵扰，又激发了民众的觉醒。此时的中国，已然形成了一种地动山摇、遍地喷火的社会局势。20世纪初，各阶层人民的斗争风起云涌，“从1902年至1911年，各地较大规模的民变多达1300余起，其中包括各阶层人民的反洋教斗争，农民、手工业者的抗捐、抗税、抗租斗争，工人的罢工斗争、商人的罢市斗争，少数民族与会党的起事等”[①]。特别是经过了1903年拒法拒俄运动，以及1905年发起的抵制美货运动，国内要求变革的呼声日益高涨，大有排山倒海之势，清政府的统治似乎到了气若游丝的弥留之际。为了挽救自己统治，1901年，逃于西安、尚未回銮的慈禧宣布实行“新政”。是用流血的方式实现民主共和，还是用和平改良的方式实行君主立宪，成为当时在政治、思想领域中的一场重大的争论。在戊戌维新中站在最前沿的康有为、梁启超等人在看到资本主义各国存在弊端、社会革命此起彼伏的状况之后，重申中国应走君主立宪的道路，反对

① 本书编写组:《中国近现代史纲要》，北京，高等教育出版社2010年版，第57页。

实行激烈的政治革命，并与革命派展开了论争。

1902年春，康有为发出《答南北美洲诸华侨论中国只可行立宪不可行革命书》和《与同学梁启超等论印度亡国由于各省自立书》两封公开信，提出革命不适合于中国国情：

> 统计欧洲十六国，除法国一国为大革命，实与俄之一国为专制者同，皆欧洲特别之情……法国之地与民，不得中国什分之一，而革命一倡，乱八十年……中国什倍其地，什倍其民，万倍于巴黎，而又语言不通，山川隔绝，以二十余省之大，二百余府之多，二千余县之众，必不能合一矣。若有大乱，以法乱之例推之，必将数百年而后定，否亦须过百年而后定。①

针对康有为"只可立宪，不能革命"的主题，以及国情特殊、革命残酷的论点，章太炎一针见血地指出：

> 长素以为革命之惨，流血成河，死人如麻，而其事卒不可就。然则立宪可不以兵刃得之耶？既知英、奥、德、意诸国，数经民变，始得自由议政之权。民变者，其徒以口舌成之乎？抑将以长戟劲弩飞丸发旍变也？近观日本，立宪之始，虽徒以口舌成之，而攘夷覆幕之师在其前矣。使前日无此血战，则后之立宪亦不能成。故知流血成河，死人如麻，为立宪所无可幸免者。②

既然立宪也无法避免流血伤亡，又为何以此来指责革命呢？"革命并非天雄大黄之猛剂，而实补泻兼备之良药亦。"③邹容在《革命军》中则大声疾呼革命乃历史的必然：

> 革命者，天演之公例也。革命者，世界之公理也。革命者，争存

---

① 康有为：《答南北美洲诸华侨论中国只可行立宪不可行革命书》，《康有为全集》第6卷，北京，中国人民大学出版社2007年版，第312~349页。

② 章太炎：《驳康有为论革命书》，《章太炎政论选集》上册，北京，中华书局1977年版，第201页。

③ 章太炎：《驳康有为论革命书》，《章太炎政论选集》上册，北京，中华书局1977年版，第204页。

争亡过渡时代之要义也。革命者，顺乎天，而应乎人者也。革命者，去腐败而存良善者也。革命者，由野蛮而进文明者也。革命者，除奴隶而为主人者也。……呜呼，我中国今日不可不革命。我中国今日欲托满洲人之羁缚，不可不革命；我中国欲独立，不可不革命；我中国欲与世界列强并雄，不可不革命；我中国欲为地球之强国，地球上之主人翁，不可不革命。……革命！革命！得之则生，不得则死。[①]

章太炎的《驳康有为论革命书》、邹容的《革命军》以及陈天华充满反帝精神的《猛回头》和《警世钟》，具有强烈的感染力和鼓动力。在海外的舆论战场上，孙中山以《檀山新报》为阵地与保皇会的《新中国报》展开了笔战。1903 年 12 月和 1904 年 1 月接连发表《敬告同乡书》《驳保皇报书》两篇文章，反驳康有为的“不可行革命，不可谈革命，不可思革命”的观点。孙中山在论战中身先士卒，对民主革命思潮起到了推动作用，在思想上掀起了一轮革命的高潮，进入“革命风潮初盛时代”。[②]

1905 年 7 月，清政府发布谕旨，决定派载泽“分赴东西洋各国，考求一切政治，以期择善而从”。[③]立宪派的热情随之点燃，接连发表《中国历史上革命之研究》《读新译甄克思〈社会通诠〉有感》《论朝廷欲图存必先定国是》《俄罗斯革命之影响》四篇文章，双方新一轮的论战也随之展开。革命派从清政府能否真正实行立宪以及如何认识革命与立宪的难易问题，对保皇派进行了批驳。革命派认为“满政府必不能实行立宪也明矣，即能行之，亦必非真正立宪，不过如朝鲜之宪法，俄罗斯之宪法；或不然，而英人对于印度之宪法，日本对于台湾之宪法也明矣。吾汉人切勿为那拉氏之言所愚焉可也”[④]。“诸君不信，请读康、雍、乾三朝之史，观光绪戊戌、庚子之事，可以知往而测来矣。”[⑤]针对保皇派“立宪易，革命难”之说，革命派认为：“论立宪之难易，当先其能不能，而后其欲不

---

① 邹容：《革命军》，《辛亥革命》第 1 册，上海，上海人民出版社 1957 年版，第 333~335 页。

② 孙中山：《建国方略》，《孙中山全集》第 6 卷，北京，中华书局 1985 年版，第 236 页。

③ 故宫博物院明清档案部编：《清末筹备立宪档案史料》上册，北京，中华书局 1979 年版，第 1 页。

④ 宋教仁：《清太后之宪政谈》，《辛亥革命前十年间时论选集》（第 2 卷上册），北京，生活·读书·新知三联书店 1963 年版，第 70~71 页。

⑤ 陈天华：《论中国宜改创民主政体》，《辛亥革命前十年间时论选集》（第 2 卷上册），北京，生活·读书·新知三联书店 1963 年版，第 125 页。

欲。”[①] 当下之中国是否有立宪的可能呢？革命派指出“夫今日之中国，其敝坏固已达于极点，而毁屋而重构，轮换一新，未尝无及焉，则革命之谓也；弥缝补漏，跼蹐以处，立宪之谓也。”[②] 革命派深信，经过“甲午一创，庚子再仆”的清政府已经积重难返，只实行“去其废坏”的改革是行不通的，必须“毁屋而重构”。只有推翻封建君主专制主义的统治，才能迎来新世界。

1906 年 9 月 1 日，清廷宣布“预备仿行宪政”，并于 1908 年颁布了《钦定宪法大纲》，宣布学习日本建立君主立宪制。新的斗争形势促生了新的理论，保皇派和革命派又以《新民丛报》《民报》为阵地展开了新一轮的较量。这次论战主要是围绕孙中山的三民主义政治纲领。

关于要不要民族主义，即是否要实行民族革命。保皇派的回答当然是否定的，并认为中国 2000 多年的封建社会“人人平等”“民主自由”“儒教成俗，人知忠信礼义”，而清军入关之后，“圣祖薄税之制，尤为中国数千年所无，亦为地球万国古今所未有”。所以，倡种族革命实在是“安平无忧尚服鸩自毒，强健无病而引刀自割，在已则为丧心病狂，从人是庸医杀人”。[③] 针对这种不符合历史和现实的论据，革命派发出反问：数千年封建社会有过自由和平等吗？“以贵族分治，则为压制，一人专擅，便谓平等，于是觇明夷之昵于君主也，深矣。……满清入关，厘然定满汉之界，非惟秉钧握节务占高位，降至台隶，不耕不织，坐享厚禄，横行一方，鱼肉我黔首。……是满人明明以奴视我也。”[④] 要平等自由，就必须革命！对于梁启超的“革命召瓜分”一说，革命派更指为荒谬之谈。从鸦片战争到时下，瓜分没有一刻停止过，这并非因为革命，相反恰恰是因为腐败无能的清政府的存在。所以，“革命者，可以杜瓜分之祸，而决非可以致瓜分者也。”[⑤] 再加上中国存在着“种族倾轧”“政府恣肆”“外人觊觎”

---

① 朱执信：《论满洲虽欲立宪而不能》，《辛亥革命前十年间时论选集》（第 2 卷上册），北京，生活·读书·新知三联书店 1963 年版，第 119 页。

② 汪东：《论支那立宪必先以革命》，《辛亥革命前十年间时论选集》（第 2 卷上册），北京，生活·读书·新知三联书店 1963 年版，第 131 页。

③ 明夷：《法国革命史论》，《辛亥革命前十年间时论选集》（第 2 卷上册），北京，生活·读书·新知三联书店 1963 年版，第 305~327 页。

④ 汪东：《正明夷法国革命史论》，《辛亥革命前十年间时论选集》（第 2 卷上册），北京，生活·读书·新知三联书店 1963 年版，第 642~644 页。

⑤ 汪精卫：《驳革命可以召瓜分说》，《辛亥革命前十年间时论选集》（第 2 卷上册），北京，生活·读书·新知三联书店 1963 年版，第 468 页。

等现实情况，所以，非革命不能救亡也。

关于要不要民权主义，即实行政治革命建立民主共和国。保皇派认为“未有共和资格之国民，万不能实行立宪”。[①] 所以，目前只能实行开明专制。如何实现开明专制呢,“一曰劝告,二曰要求。”[②]“要求”须符合法度，“要索必当量彼所能以予我者，夫然后所要索为不虚。”[③] 只有这样，才能打动统治者，寻思改制。革命派首先认为不能一概而论地说中国国民没有共和的资格，只适合接受专制。并以满族入关、入主中原为例来说明“资格”或者说“能力”需要看当时所处的具体情况去具体分析。至于清政府能否听从人民的“劝告”和“要求”去改革，革命派指出:“今日之政府，岂惟已绝无可望，直国民之仇雠而已。……故吾不以改革之事望诸政府，而专望之国民。”[④] 所以,一个国家如果能由君主专制政体,变为立宪政体,原因不在君，而在于民。“欲得立宪，必民权发达，有革命之力，然后乃得达其目的也”[⑤]。兴民权，正当时。

关于要不要民生主义，即废除封建土地制度。如上文所述，保皇派一直不认为中国有压迫，认为“中国人在地球万国先获平等自由二千岁”[⑥]，中国与发生革命的欧洲在经济社会组织上有很大不同，自秦以来，贵族即灭；历代帝王，蠲租减税。所以，“中国今日有不必行社会革命之理由，有不可行社会革命之理由,有不能行社会革命之理由。”[⑦] 面对保皇派的攻击，革命派首先阐明了民生主义的主旨：以纠正贫富不均，而图最大多数之幸福故[⑧]。而且社会革命也不像保皇派宣传的那样“是要杀四万万人之

① 梁启超:《答某报第四号对于本报之驳论》,《辛亥革命前十年间时论选集》(第2卷上册),北京，生活·读书·新知三联书店1963年版，第240页。

② 梁启超:《答某报第四号对于本报之驳论》,《辛亥革命前十年间时论选集》(第2卷上册),北京，生活·读书·新知三联书店1963年版，第268页。

③ 梁启超:《开明专制论》,《新民丛报》第75、第77号。《辛亥革命前十年间时论选集》(第2卷上册),北京，生活·读书·新知三联书店1963年版，第190页。

④ 汪精卫:《驳〈新民丛报〉最近之非革命论》,《辛亥革命前十年间时论选集》(第2卷上册),北京，生活·读书·新知三联书店1963年版，第412页。

⑤ 汪精卫:《驳〈新民丛报〉最近之非革命论》,《辛亥革命前十年间时论选集》(第2卷上册),北京，生活·读书·新知三联书店1963年版，第402页。

⑥ 康有为:《法国革命史》,《新民丛报》第85、第87号。《辛亥革命前十年间时论选集》(第2卷上册),北京，生活·读书·新知三联书店1963年版，第330页。

⑦ 梁启超:《社会革命果为今日中国所必要乎》,《辛亥革命前十年间时论选集》(第2卷上册),北京，生活·读书·新知三联书店1963年版，第332页。

⑧ 冯自由:《民生主义与中国政治革命之前途》,《辛亥革命前十年间时论选集》(第2卷上册),北京，生活·读书·新知三联书店1963年版，第419页。

半，夺富人之田为己有”，是革命者“取其致不平之制而变之，更对于已不平者，以法驯使复于平，此其真义也。故假其不平之形未见，而已有可致不平之制存，则革去其制，不能无谓之社会革命也。”①朱执信又从主体、客体的角度出发，认为政治革命与社会革命的主体都是人民，得出政治革命与社会革命应并行。

经过这样反反复复的争论，革命的理论更加昌明，人心向背的趋向业已明朗。1907 年《新民丛报》停刊，梁启超在东京创办《中国新报》，双方又围绕着国家主义、立宪等问题继续论战了一年，以 1908 年 10 月日本政府封禁《民报》，这场旷日持久的改良与革命之争才落下帷幕。

改良与革命的论战浩浩汤汤，几乎覆盖了辛亥革命前 10 年的历史，看似是政治斗争，却又蕴含着伦理价值。从汉武帝独尊儒术以后，孔学和孔子的地位，从未因封建王朝的更替而动摇过，皇帝与孔子似乎成为封建社会在政治和思想上的象征。改良所要变的只是“治法”，而不是“万祀不易之常经”，其实质就是要继续维护三纲五常，要尊孔。革命就是要破除君君、臣臣、父父、子子的纲常桎梏，采用西方的政治制度和伦理精神，实则反孔。改良与革命的此消彼长，反映在伦理思想层面就呈现出尊孔与反孔的交替出现。

清廷新政缓解了对思想文化的统制，掀起了一股兴办学堂、译书办报，出国留学的热潮，引起了西方近代文化和思想的大举涌入。清廷对于这种舆情、世情，能做的就是搬来孔子，搬来祖宗之法：“不易者三纲五常，昭然如日月之照世；而可变者令甲令乙，不妨如琴瑟之改弦。”②“新政”主张办学堂，而学堂的办学宗旨却是：“中小学堂宜注重读经以存圣教。外国学堂有宗教一门，中国之经书即是中国之宗教。若学堂不读经书，则是尧舜禹汤文武周公孔子之道，所谓三纲五常，尽行废绝，中国必不能立国矣。”③清政府还要求在各种规模的集会仪式中要向皇帝牌位、孔子牌位行三跪九叩之礼。从这些尊孔、尊古法的做法可以看出，清廷新政走的还是“中体西用”的老路线，并未有新的变化。革命军中的马前

① 朱执信：《论社会革命当与政治革命并行》，《辛亥革命前十年间时论选集》（第 2 卷上册），北京，生活·读书·新知三联书店 1963 年版，第 437 页。

② 国家档案局明清档案馆编：《光绪二十六年十二月初十日上谕》，《义和团档案史料》，北京，中华书局 1959 年版，第 914 页。

③ 韩君玲：《学务纲要》，《大清新法令（1901—1911）》第 3 卷，北京，商务印书馆 2011 年版，第 95 页。

卒——邹容，列举了大量的事实，揭示封建社会统治者的残暴、三纲的虚伪，人民无权，处于被宰割的地位，“四万万同胞今日何为革命？”就是因为“不平哉”。要平等，就不能要封建君主专制制度，就不能恪守“三纲五常”，就要冲绝孔学网络。

> 君主无圣人，则其压制臣民较难，惟有圣人而君主乃得操纵自如，以济其奸。以沛公之马上得天下，犹亲祀圣庙。武帝雄才大略，竟令士人非圣人之书不得进。中国腐儒，且美武帝之崇儒，不知武帝用暗杀手段，民气之消磨殆尽亦。……圣人与君主，互相为因，互相为果。①

资产阶级革命派的思想家们已经认识到，要进行反封建的政治革命，必须要批判维护封建专制统治的纲常名教，而要驳斥纲常礼教就要批孔，所以革命派倡导的主张几乎都伴随着冲破孔学牢笼的努力。如《童子世界》中《法古》一文从进化论的角度说明对于古人，即使是历代推崇的圣贤，也不能在今日事事尊其法。不仅革命派主张排孔，其他派别也在不同程度上表达着批判孔子思想。1908 年，《新世纪》刊载《排孔征言》，第一次提出了“孔丘之革命”的口号。就连改良阵营里的梁启超也曾经委婉而又抒情地表达过排孔之意：

> 吾爱孔子，吾尤爱真理；吾爱先辈，吾尤爱国家；吾爱故人，吾尤爱自由。吾又知孔子之爱真理，先辈、故人之爱国家、爱自由，更有甚于吾者也。吾以是自信，吾以是忏悔。为二千年来翻案，吾所不惜；与四万万人挑战，吾所不惧。②

改良和革命的论战，引发了尊孔与反孔思想的交替出现。较之于以前思想家不触及孔子和儒家学说，甚至以孔子为旗帜进行道德批判的思维定式，革命派冲绝孔学网罗的革新之举激发着热血青年追求真理、勇于思辨的解放激情。近代传统道德的危机就在这一次次的交替中，一层层的思想解放中更加难以解缚！

---

① 吴魂：《中国尊君之谬想》，《辛亥革命前十年间时论选集》（第 2 卷下册），北京，生活·读书·新知三联书店 1963 年版。

② 梁启超：《饮冰室合集·文集之九》，北京，中华书局 1989 年版，第 59 页。

二、民权思想的勃兴与道德革命的提出

戊戌变法的失败以及清政府的高压钳制政策，促使了20世纪初民权思想的广泛传播。世纪之交的中国，是带着“戊戌六君子”的鲜血和《辛丑条约》的签订这种红与黑交织的悲愤刺目之感跨入新千年的。爱国的仁人志士无不带着“国亡种灭”的忧虑审视着21世纪的前景。剧烈震荡的政治局势，风起云涌的革命思潮，使中国知识界兴起了介绍民主学说的热潮。一批关于西方民主政治的学说、各国资产阶级民主革命的历史和文献以及西方民主革命家、思想家的生平和学术被介绍到中国。西方近代民主学说的广泛介绍，给中国的思想界带来了巨大的影响。曾经只会跪拜于圣人脚下读史注经的儒家士人知道了孔孟朱程、诗云子曰以外的知识世界。在20世纪初的中国，无论是改良派、立宪派还是革命派，都曾宣传民权思想，只是程度范围不同罢了。[①]

民权思想勃兴的一个很大亮点就是思想家们对中国民众根深蒂固奴性的剖析。戊戌时期，维新思想家对民权的理解和宣传主要在于批驳君权神授，关注点在于“君”。到了20世纪初，先进的思想家们已经把着眼点转至“民”。甲午觉醒，戊戌维新，更多的是知识分子领域的呐喊与搏杀，中国民众并没有被“运动”起来。广大民众因思想被禁锢而带来的无知，又由无知化为漠然处之的现实，使先进的思想家们认识到民权的昌明首要的是独立自由国民之塑造，而阻挡独立自由国民塑造的最大障碍就是民众身上的奴隶性。所谓奴隶性，就是一种顺民性格和安于奴隶地位的奴才意识。

> 奴隶云者，既无自治之力，亦无独立之心。……依赖之外无思想，服从之外无性质，谄媚之外无笑语，奔走之外无事业，伺侯之外无精神。呼之不敢不来，麾之不敢不去，命之生不敢不生，命之死亦不敢不死。得主人一盼、博主人一笑，则如获异宝，如膺九锡，如登天堂，嚣然夸耀侪辈以为荣宠。及撄主人之怒，则俯首屈膝，气下股慄，虽极其凌蹴践踏，不敢有分毫抵忤之色，不敢生分毫愤奋

① 前文已经分析过，近代民权（即人民的权利）在两个层面的理解：与君权对立的“人民全部权利”之意和与君权并存的“人民部分权利”之意，改良派和立宪派显然在后者，革命派民权之意为“人民的全部权利”。各派所指并非完全相同，但对于封建专制的批判是没有异议的。

之心。[1]

国民奴性的存在，在当时的中国是一个普遍现象，配合着中国古老的宗法制度，在权力金字塔中，民对官、小官对大官、大官对君王，“举国之大，竟无一人不被人视为奴隶者，亦无一人不自居奴隶者。”[2]邹容在《革命军》中指出“中国之所谓二十四朝之史，实一部大奴隶史也。”根深蒂固的奴隶性，既泯灭了人之为人的自我意识，也泯灭了个人对国家、群体的观念，这是近代中国之所以衰弱不振的重要原因。近代资产阶级思想家还进一步指出，造成这种奴性的根源就在于中国几千年来的封建君主专制制度：

> 我国蚩蚩四亿之众，数千年受制于民贼政体之下，如盲鱼生长黑壑，出诸海而犹不能视；妇人缠足十载，解其缚而犹不能行，故步自封，少见多怪。曾不知天地间有所谓民权二字。有语之曰：尔固有尔所自有之权，则且瞿然若惊，蹴然不安，掩耳而行走，是直吾向者所谓有奴隶性、有奴隶行者。又不惟自居奴隶而已，见他人之不奴隶者，反从而非笑之。呜呼，以如此之民，而与欧西人种并立于生存竞争、优胜劣败之世界，宁有幸耶！宁有幸耶！[3]

封建专制下人民的奴隶地位自然产生奴隶性格，再加上封建君主的“驯”“餂”“役”“监”四种专制政术，[4]四种政术配合使用，形成一个环环相扣的体系，“能驯则驯，不能驯者从而餂之；能役则役，不受役者从而监之。”[5]封建君王还将这套术数饰之以微言大义，这样，举国上下，就无人能幸免了。革命派一些思想家认为，孔学和儒家思想就是这种“微言大义”的代表者，“三纲”就是培养奴性的罪魁祸首。君臣父子之义，夫妇儿女之情，这些套在人们身上的枷锁，使得臣、子、妻、卑、幼成为

---

① 梁启超:《中国积弱溯源论》,《饮冰室合集·专集之二》，北京，中华书局1989年版，第20页。

② 梁启超:《中国积弱溯源论》,《饮冰室合集·文集之五》，北京，中华书局1989年版，第18~19页。

③ 梁启超:《爱国论》,《饮冰室合集·文集之三》，北京，中华书局1989年版，第76页。

④ 梁启超在《中国积弱溯源论》中将封建君主的专制政术概括为四个字：驯、餂、役、监。“驯”指戕贼本性，培育奴性；“餂”指官阶诱惑、俸禄笼络；“役”指窒其智慧，磨其英气；“监”指监视人民。

⑤ 熊月之:《中国近代民主思想史》，上海，上海社会科学院出版社2002年版，第362页。

君、父、夫、尊、长的附属品，没有独立人格，所以“忠于君，孝于亲”的封建伦理道德就是制造奴隶的教科书。

先进的思想家不仅指出了奴性产生的根源，而且分析了奴性存在的危害。奴性使人丧失判断是非对错的主动性，使人麻木，无责任、义务感，使人对国家、群体事物没有热情，形成一种可怕的消极性。更可怕的是“驯伏数千年来专制政体下，相率而不敢动”，不管是改良还是革命，奴性都是横亘在前方的拦路石。

如何去除这根深蒂固的奴隶性呢，这就涉及20世纪初民权思想勃兴的第二个亮点——国民道德的涵育。辛亥革命前十年间，“国民”这个词的出现频率很高，梁启超认为：“国民者，以国为人民之公产之称也。国者积民而成，舍民之外则无有国。以一国之民，治一国之事，定一国之法，谋一国之利，捍一国之患，其民不可得而侮，其国不可得而亡，是之谓国民”[①]。邹容把国民与奴隶进行了对比界定：“国民者，有自治之才力，有独立之性质，有参政之公权，有自由之幸福，无论所执何业而皆得为完全无缺之人。曰奴隶也，则既无自治之力，亦无独立之心，举凡饮食男女、衣服居处，莫不待命于主人，而天赋之人权、应享之幸福，亦莫不奉之主人之手。”[②] 由此可以判定，“国民”是一个标注资本主义社会关系的概念，而国民道德的涵育也就有了“破”封建奴隶道德、“立”资本主义新型国民之意。

戊戌时期，严复曾敏锐洞察到国民道德与国力盛衰之间的关系，提出塑造国民新道德的“三民”主张，即鼓民力、开民智、新民德。在变法失败，清廷新政准备立宪之后，严复进一步论证了这个观点：

> 今幡然而议立宪，思有以挽国运于颓废，此岂非黄人之幸福！故欲为立宪之国，必先有立宪之君，又必先有立宪之民而后可。立宪之君者，知其身为天下公仆，眼光心计，动及千年，而不计一姓一人之私利；立宪之民者，各有国家思想，知爱国为天职之最隆，又济之以普通之知识，凡此皆非不学未受文明教育者之所能辨明矣。[③]

---

① 梁启超：《论近世国民竞争之大势及中国前途》，《饮冰室合集·文集之四》，北京，中华书局1989年版，第56页。

② 周永林编：《邹容文集》，重庆，重庆出版社1983年版，第67页。

③ 严复：《宪法大义》，《严复集》第2册，北京，中华书局1986年版，第245~246页。

严复认为中国的民众是需要教育开化的，只有“从教育入手”，才能解决“民品劣”“民智卑”的现状。从1898年到1911年，严复翻译了8种西方资产阶级思想家的学术著作，这些译著成为此后几十年间青年学生的精神食粮。梁启超受严复“三民”主张的影响，对国民道德也极为关注。东渡日本之后，梁启超在横滨创办《清议报》，并主张大力宣传西方近代社会思想，借“万国之新思想”，以廓清本国“谬误思想”，充实改造国民道德观念。为了培育国民道德，梁启超还细致地分析了民众道德的特性，总结出奴性、愚昧、为我、好伪、怯懦、无动六大需要革除的特性。为了更好地进行道德教育，还着手进行了一些道德理论上的研究工作，比如在《十种德性相反相成义》中较为深入地分析了“独立与合群”“自由与制裁”“自信与虚心”“利己与爱他”“破坏与成立”五组德性，认为它们:“形质相反，其精神相成，而为凡人类所当具有，缺一不可者”，这在当时是很难的思想。

在维新改良思想家把目光关注于国民道德的同时，革命派的思想家们也在思索国民道德培育的问题。民族危亡在即，爱国主义精神自然成为新型国民道德的首要内容，“国家之兴亡存废，不在疆土之大小，人民之多寡，主权之强弱，而相为在爱国心之有无”[①]，民众有无爱国心对于国家存亡至关重要。革命派从艰苦的斗争实践中体会到，只有当人们把一份爱融入祖国之中，带着一份赤子之情，才能“牺牲其身以钻研科学，输入智识焉；或牺牲其身以诛杀盗贼，炮弹自焚焉；或牺牲其身以尽瘁教育，作成人焉。”[②] 革命派认为新型国民道德还要有自由、平等、博爱的精神。戊戌期间，已有自由、平等、博爱精神的启蒙，20世纪初，改良与革命的论争以及革命斗争形式的需要，革命派更加积极倡导自由、平等思想，喊出了“政治之革命，由国民之不自由而起；家庭之革命，由个人之不自由而发”[③] 的口号，号召大家行动起来，进行政治革命和家庭革命。相对于戊戌时期，革命派这时对自由、平等理解的范围更加广泛一些：“今之所谓自由，所谓平等者，以其独立不羁完全无缺也。于一国之内，言论自由、

① 愚菴:《日本归化民刘雨田之从军》，转自丁守和《辛亥革命时期期刊介绍》(1)，北京，人民出版社1982年版，第68页。

② 无畏:《醒后之中国》，转自丁守和《辛亥革命时期期刊介绍》(1)，北京，人民出版社1982年版呢，第368~369页。

③ 家庭立宪者:《家庭革命说》,《辛亥革命前十年间时论选集》(第1卷上册)，北京，生活·读书·新知三联书店1960年版，第834页。

出版自由、迁徙自由、集会自由、本身自主、家宅自主、下及诉求请愿、秘密书函、干涉行政之得失、选举议员之资格，无不有焉，此自由也。若夫上对君主，下对细民，均处一律之地位，无稍差异，此平等也。”[①] 博爱的思想也同样被关注，甚至有人把博爱提升至关乎救亡图存的高度，“吾爱十百千万人，人之爱我者亦必十百千万。我爱同族之人，同族之人亦必爱我。人人如此，则同族人之爱，磅礴错综无不至。于是合群，于是保种，于是救国，一举手一投足之劳耳”。虽然这有过度夸大博爱作用之嫌，但这种号召同胞之爱的思想对于民众的团结有一定的历史作用。革命派认为新型国民道德还要有权利和义务的边界。他们认为：“人因保其体肉精神之本分，即有物之权利；人因继续其子孙之本分，即有婚姻之权利；人因干预国政之本分，即有参政权；人因不受他人制缚之本分，即有自由权”，所以权利思想的主旨就是：“我不侵害人之权利，人亦不侵害我之权利，设有来侵害我者，防御之，恢复之，不容少许假借，不准推诿揖让”。[②] 权利观念也是剔除国民奴性，发现自我的助推器。权利和义务二者是不可分离的，只念权利，不行义务之实，也就没有真正权利的实现。

国民道德涵育的提出，表明近代先进思想家们已经意识到促进国民觉悟、让民众投身于改革和革命洪流中的重要作用。20世纪初民权思想的勃兴，以及由此带来的剖析国民奴性、涵育国民道德的举措，对于整个中国的文化思想史有着重要的意义。它实现了一种近代以来未曾有过的文化反省。洋务运动倡导学习西方之器物，戊戌变法主张学习西方之制度，思想家们虽然隐约认识到要调整中国文化大体，但最终都未能进行更深一层的文化上的自我解剖，20世纪初的文化反省让先进的知识分子开始从观念层面，从“道”这个角度，思考中国的救亡图存。

此时此刻，我们必须要再次提到梁启超，虽然从1903年以后，梁启超的思想越发趋于保守甚至反动，但我们不能因此否定他思考中国道路时曾经睿智绽放的火花。1901~1902年，尤其是梁启超在东京主持《新民丛报》时期，是他一生中思想最为激进的时期。在政治上，他日趋革命，曾坦言若非彻底地破坏中国万不能新生，既然破坏终将不可避免，“早一

---

① 张枬、王忍之编：《为外人之奴隶与为满洲政府之奴隶无别》，《辛亥革命前十年间时论选集》（第1卷下册），北京，生活·读书·新知三联书店1960年版，第526页。

② 张枬、王忍之编：《权利篇》，《辛亥革命前十年间时论选集》（第1卷上册），北京，生活·读书·新知三联书店1960年版，第479页。

日则受一日之福，迟一日则重一日之害”。[①] 在文化观念上，他也达到了一个新的境界。他不仅发展了戊戌时期提出的“开民智”思想，而且更注重将近代科学文化知识转变为近代化的内心信念、行为规范，即“新民德”。此后梁启超陆续在《新民丛报》上发表《新民说》，倡导新民思想。《新民说》开宗明义：“欲其国之安富尊荣，则新民之道不可不讲”，“苟有新民，何患无新制度，无新政府，新国家？非尔者，则虽今日变一法，明日易一人，东涂西抹，学步效颦，吾未见其能济也。”梁启超的“新民说”就是要从传统社会意识的核心——道德观念上，除旧布新，实现国民道德的根本转变。为此，他发出了“道德革命”的呐喊：“凡社会一切事物莫不有革命，政治有政治之革命，道德有道德之革命”。[②] “道德革命”的口号剑指以“三纲五常”为中心的封建礼教，这是近代伦理思想史上颇具开创性的主张。从鸦片战争开始，历经洋务和戊戌，国人对于思想道德层面的反思总是作为副题伴随器物和制度的演变顺带提及，“道德革命”的提出为国人又提供了一种救亡图存的路径范式。

在梁启超的道德革命谱系中，“淬厉所固有、采补所本无而新之”是其宗旨。他说：“新民云者，非欲吾民尽弃其旧以从人也。新之义有二：一曰淬厉其所本有而新之；二曰采补其所本无而新之。二者缺一，时乃无功。”[③] 革命并非要“尽弃其旧”，因为“凡一国之能立于世界，必有其国民独具之特质。上自道德、法律，下至风俗、习惯、文学、美术，皆有一种独立之精神。祖父传之，子孙继之，然后群乃结，国乃成；斯实民族主义之根柢源泉也。”[④] 我们对于这种具有“独立精神”的传统文化，要“淬厉其固有而新之”，也就是要用创新的态度继承和发展固有的道德文化，要“濯之拭之”“锻之炼之”“培之浚之”，[⑤] 使其发展，促其新生。那么仅有“淬厉固有”是不是就完备了呢？梁启超认为这还不够。因为“今之

① 梁启超：《新民说·论进步》，《饮冰室合集·专集之四》，北京，中华书局1989年版，第60页。

② 梁启超：《新民说·释新民之义》，《饮冰室合集·专集之四》，北京，中华书局1989年版，第15页。

③ 梁启超：《新民说·释新民之义》，《饮冰室合集·专集之四》，北京，中华书局1989年版，第5页。

④ 梁启超：《新民说·释新民之义》，《饮冰室合集·专集之四》，北京，中华书局1989年版，第5页。

⑤ 梁启超：《新民说·释新民之义》，《饮冰室合集·专集之四》，北京，中华书局1989年版，第6页。

世非昔之世，今之人非昔之人。”① 世界大势已经发生变化，时代已经不同于昨日，所以还要“采补其所本无而新之”，即以开放的心理对待和学习外国的先进文明成果。“欲强吾国，则不可不博考各国民族所以自立之道，汇择其长者而取之，以补我之所未及。”② 只有立足本国，放眼世界，才可以使中国自立于新时代。难能可贵的是，梁启超还提出了道德革命要注意“保守”和“进取”之度，避免两种错误倾向：“吾所谓新民者，必非如心醉西风者流，蔑弃吾数千年之道德、学术、风俗，以求伍于他人；亦非墨守故纸者流，谓仅抱此数千年之道德学术风俗，遂足以立于大地也。”③ “心醉西风”与“墨守故纸”都是偏取其一，唯有调和适度，才能实现道德革命，造就新国民。

道德革命谱系中的重要内容是倡明“公德”意识。所谓“公德”，梁启超把它称为“泰西新伦理”，“人人相善其群者谓之公德”④，基本意指西方的资产阶级国民社会公德，强调的是个人与社会、群体、国家之间的关系。所谓“私德”，梁启超把它称为“中国旧伦理”，“人人独善其身谓之私德”⑤ 基本意指中国传统的道德修养以及处理人与人之间关系的伦理准则。梁启超受西方伦理道德学说的影响，认为“公德”对于一个群体、一个社会、一个国家的生存至关重要：“人者，动物之能群者也。置身物竞之场，独立必不足以自立，则必互相提携、互相防卫、互相救恤、互相联结、分劳协力、联为团体之保治安”，⑥ 群体生存、维系，有赖于“公德”；群体壮大、发展，更需要“公德”。公德有牺牲私利，保全群体之义。但是，几千年来的封建旧道德教育，几乎全部集中于宗法性的纲常伦理说教，中国人“知有私德，不知有公德”。中国社会的封建道德关系不外是“一私人对于一私人之事”，完全没有西方道德精神中的个人对于群体、社会和国家的道德责任与义务。所以，梁启超不遗余力地倡导中国社会和国

① 梁启超：《新民说·释新民之义》，《饮冰室合集·专集之四》，北京，中华书局1989年版，第6页。

② 梁启超：《新民说·释新民之义》，《饮冰室合集·专集之四》，北京，中华书局1989年版，第6页。

③ 梁启超：《新民说·释新民之义》，《饮冰室合集·专集之四》，北京，中华书局1989年版，第7页。

④ 梁启超：《新民说·论公德》，《饮冰室合集·专集之四》，北京，中华书局1989年版。

⑤ 梁启超：《论中国国民之品格》，《饮冰室合集·文集之十四》，北京，中华书局1989年版，第3页。

⑥ 梁启超：《论中国国民之品格》，《饮冰室合集·文集之十四》，北京，中华书局1989年版，第3页。

民的公德意识。

“利群”是道德革命谱系中的价值标准。“公德之大目的，既在利群，而万千条理即由是生焉。本论以后各子目，殆皆可以‘利群’二字为纲以一贯之者也”。[①]“利群”即有益于群体、社会和国家。“群”是梁启超特别强调的一个概念，在他看来“群”是历史进化论的主体；“欲求进化之迹，必于人群。使人人析而独立，则进化终不可期，而历史终不可起。盖人类进化者，一群之进也，非一人之进也”。[②]但是中国却没有形成一个“大且固之群”，因倡私德而以血缘、地域形成一些小群，在弱肉强食的时代中，缺乏群力而被奴役。所以，要培育国民公德，把“利群”作为衡量道德革命的价值标准。

“道德革命”思想的提出，在当时救亡危局中，犹如一道耀光，起到了唤醒民众、启发民智及推动传统伦理现代化的作用。但是，这道光芒转瞬即逝。1903年以后，革命思潮大兴，而梁启超却转向去提倡个人道德修养的“私德”，将自己倡导的新道德束之高阁。“筚路蓝缕，以启山林”，“道德革命”在中国近代思想、文化史启蒙作用并不因梁启超的转变而消弭。这本来就是一个新旧嬗变的时代，这本来就是一个启发探索的时代，峰回路转、百转千回都是应有之义。“道德革命”——这个任重而道远的伦理工程只能由那些站在时代前沿的斗士们最终完成！

三、封建政体的覆亡与资产阶级伦理思想的进一步发展

如前文所述，庚子之变后的中国已是处处民变。抗捐抗税、会党和农民起义以及兵变，虽规模大小不等、没有统一的目标和组织，但这种民变和革命的风潮相结合，交互激荡。至1905年8月20日，中国同盟会在日本东京成立，革命的风潮已经成为任何力量也无可撼动的自然趋势。清政府在政治上已无任何可以利用的资本，人心浮动，心向革命；在文化上，“祖宗之法”这棵可以抓住的救命稻草本身已岌岌可危，政权的坍塌只是一个迟早的问题。1911年5月，长沙海关税务司伟克非在信中写道：“我看在不久的将来，一场革命是免不了的。”[③]

曾被清王朝寄予厚望的“新政”，因开学堂而造就了反封建的斗士，因淘汰绿营却铸就了枪口朝向自己的新军。历史在明示：“在一种腐败的

---

① 梁启超：《新民说·论公德》，《饮冰室合集·专集之四》，北京，中华书局1989年版。

② 梁启超：《新史学·史学之界说》，《饮冰室合集·文集之九》，北京，中华书局1989年版。

③ 本书编写组：《中国近现代史纲要》，北京，高等教育出版社2010年版，第58页。

制度下移植一部分新事物，并不会使腐败的东西新生，而只会使新鲜的东西腐败。”[①]庚子以来数十年的改良、革命、清廷的自我救赎，万般曲折终于在1911年尘埃落定。1911年10月10日，武昌首义取得胜利，并迅速形成燎原之势。在一个月内，陆续有13个省及上海和许多州县宣布改旗易帜，脱离清王朝的统治。1912年2月12日，清帝被迫退位，统治中国267年的清王朝归于历史，在中国延续了两千多年的封建帝制就此覆亡，以“君为臣纲”为核心的封建伦理道德不但丢失了作为理想或信仰的精神感召力，而且失去了世俗世界固有的物质承载和支撑。

封建政体的覆亡是从实践层面对“君为臣纲”的有力辩驳。注重理论上的批判与革命的实际行动相结合，这是资产阶级革命派与戊戌维新思想家在批判封建道德上的最大不同。革命派在批判和号召大家推翻封建君主专制时，以进化论和契约论为立论基点，以国家的历史形成来论证废除君主专制的必要性：

> 讲起上古时候，一个部落里面，没有什么皇帝，没有什么官号，人人都是百姓，后来因为事情很多，或者内部的争执，或者外部的劫掠，没有一个总机关，一定和乱丝一般，无从下手，所以从百姓中间，公举几个有德行有才干的人出来，教他代全体办事。……谁知到了后来，那几个办事人弄起权来，……办事人也不要你们公举了，靠着拳头大，臂膀粗，强占了第一把交椅，就世世代代传下来，碰到了子孙昏庸，又有人来抢劫，抢到手的就是帝王，抢不到手的就是盗贼。你想这帝王既不是大家公举的，他还肯来顾恋百姓么？自然作威作福，无所不为，摆出这豪奴欺主的样儿来。[②]

这种理论宣传裹挟着当时的社会情势，破除了一些先进知识分子在推翻帝制上面的最后一丝心理纠缠和牵绊。武昌首义后，各省得以迅速改旗易帜，也从一个侧面说明了“君为臣纲”的道德观念的确是发生了转变。

专制制度的崩坍，中华民国的成立，为资产阶级思想家对自由、平等、博爱思想的进一步理解与传播创造了有利条件。

---

① 陈旭麓：《近代中国社会的新陈代谢》，北京，中国人民大学出版社2012年版，第308页。

② 弃疾：《民权主义！民族主义！》，《辛亥革命前十年间时论选集》（第2卷下册），北京，生活·读书·新知三联书店1963年版，第813页。

孙中山认为“自由”首先是一个政治概念，而非简单的伦理范畴：“政治里头有两个力量，一个是自由的力量，一个是维持秩序的力量。……正如物理学里头有离心力和向心力一样。……政治里头的自由太过，便成了无政府，束缚太过，便成了专制。中外数千年的政治变化，总不外乎这两个力量之往来冲动。”[①] 所以，他主张不要把自由当作绝对的、抽象的“一个神圣不可侵犯之物”，对自由要有一定的限制。[②] 蔡元培认为不加节制的“自由”就是放纵，放纵是对别人自由的侵害，是不道德的：

> 自由，美德也。若思想，若身体，若言论，若居处，若职业，若集会，无不有一自由之程度。若受外界之压制，而不及其度，则尽力以争之，虽流血亦所不顾，所谓“不自由毋宁死”是也。然若过于其度，而有愧于己，有害于人，则不复为自由，而谓之放纵。放纵者，自由之敌也。[③]

对于“平等”的理解，资产阶级思想家也有了进一步的认识。孙中山把自己的“三民主义”思想定义为“一律平等的主义”：民族主义，即世界人类各族平等；民权主义，即人人平等；民生主义，即贫富均等。[④] 这种对于平等的阐释，不仅反映出他反封建的革命要求，也透射出反对帝国主义的意识。在维新思想家针对专制、倡导民权、阐发平等的基础上，孙中山进一步分析了封建专制制度下的社会不平等是一种人为的不平等现象，这与人在聪明才智上的不平等不同。革命就是要打破封建专制下的人为不平等，达到“始初起点的地位平等”，[⑤] 也就是政治上的平等。为了达到这种真正的平等，孙中山倡导国民“公仆道德”。辛亥革命后，孙中山多次强调：“夫中华民国者，人民之国也。君政时代则大权独揽于一人，今则主权属于国民之全体，是四万万人民即今之皇帝也。国中之百官，上

---

① 孙中山：《孙中山选集》下卷，北京，人民出版社1956年版，第577页。

② 孙中山《在黄埔军官学校告别演说》对“自由”的理解，是基于对当时中国小资产阶级自由主义充斥的社会现状，这对于克服革命队伍中的极端个人主义是有积极意义的。但是其认识也有狭隘的一面，把“自由”与个体的任意行为等同，所以，得出了个人的自由是绝对有害的认识和“要革命党有自由，不要革命党员有自由”的结论。

③ 蔡元培：《蔡元培全集》第2卷，北京，中华书局1984年版，第131页。

④ 孙中山：《孙中山选集》上卷，北京，人民出版社1956年版，第439页。

⑤ 孙中山：《孙中山选集》下卷，北京，人民出版社1956年版，第706页。

而总统，下而巡差，皆人民之公仆也”。[①] 为此，南京临时政府革除了具有等级和轻民含义的“大人”“老爷”称谓，取而代之以具有平等内涵的“先生”“君”等称谓；还废止了跪拜礼，提倡鞠躬礼，这是用平等观念代替礼节上的尊卑贵贱等级观念，极大地冲击了传统的专制思想。蔡元培对于“平等”的理解是建立在克鲁泡特金的“互助论”基础上的，他认为人类社会不同于动物世界的弱肉强食，是互助的结果，所以，强与弱在人类社会互助理念下是可以实现平等的，“盖人类心理，以平为安，见有弱于我者，辄感天然之不平，而欲以人力平之”[②]。虽然这种平等思想因为建立在抽象的人性论基础上而空想的成分更多，但却显现出辛亥期间资产阶级思想家对于西方伦理思想的引入的多元化。这一阶段的“博爱”思想更多地体现的是一种资产阶级人道主义思想。孙中山认为人道主义可以在社会中存在源于人的本性；“物种以竞争为原则，人类以互助为原则。社会国家者，互助之体也，道德仁义者，互助之用也；人类顺此原则则昌，不顺此原则则亡。”[③] 蔡元培也把“博爱”看作“人生至高之道德”[④],认为“人之所以能为人者以此”。[⑤]

辛亥期间，资产阶级思想家们对西方伦理思想的理解和传播表现出了更多的选择性，更为重要和可贵的是，他们把“自由、平等、博爱”更多地贯彻到革命实践中，推动了封建旧礼俗的改造和婚姻家庭道德的变化。

资产阶级思想家以自由、平等、博爱为理论武器，向封建家庭制度和伦理道德进行讨伐。他们批驳专制婚姻、买卖婚姻，提倡自由婚姻。资产阶级思想家认为男尊女卑的封建道德观念是传统婚姻制度的道德信条，既然男女平等是天赋之人权，为了破除旧的婚姻方式，就要“以自由结婚为归着点，扫荡社会上种种风云，打破家庭间重重魔障”，[⑥] 自主婚姻、自由恋爱成为青年男女的追求和向往。这股自由、平等之潮也使“家庭革命”的呼声越发高涨，“欲革政治命，先革家族命”[⑦] 的口号促使人们对于“父

---

① 孙中山:《孙中山全集》第6卷，北京，中华书局1985年版，第211页。

② 蔡元培:《蔡元培全集》第2卷，北京，中华书局1984年版，第426页。

③ 孙中山:《孙中山选集》上卷，北京，人民出版社1956年版，第141~142页。

④ 蔡元培:《蔡元培全集》第2卷，北京，中华书局1984年版，第216页。

⑤ 蔡元培:《蔡元培全集》第2卷，北京，中华书局1984年版，第209页。

⑥ 陈王:《论婚礼之弊》,《辛亥革命前十年间时论选集》(第1卷下册)，北京，生活·读书·新知三联书店1960年版，第853页。

⑦ 张枬、王忍之编:《家庭之革命》,《辛亥革命前十年间时论选集》(第1卷下册)，北京，生活·读书·新知三联书店1960年版，第837页。

为子纲”“夫为妻纲”的家庭伦理道德进行更猛烈的抨击。《三纲革命》一文就认为父与子之间“有长幼之遗传，而无尊卑之义理”，大家各自拥有自由，在伦理关系上是平等的。封建家庭伦理以父亲作为中心，“父尊而子卑；就法律言之，父得杀子而无辜；就习惯言之，父得欧詈其子，而子不敢复”，这种宗法道德是极为不公平的。资产阶级思想家还着力批判了“三从四德”、恪守贞节的封建道德，认为这是对女性灌输的奴隶教育。他们宣传男女平等，呼吁妇女解放，号召女性走出家庭的牢笼，投身革命。1912年1月11日的《民立报》刊出了“天下兴亡，匹妇有责”[①]，虽一字之差，却已是天上人间。倡导女权的思想让越来越多的女性从香闺绣榻中走出来，谋求自身的解放。

家庭伦理道德的变化也使封建旧礼俗和陈腐的社会风气发生了改变。男女平等的理念，使得戒缠足、兴女学逐渐不被视为异端，全国各地出现了公办、私办女学以及女学生出国留学等新鲜事物。除此之外，辫子，这一维系着同清王朝和传统的历史联系的象征物，也在辛亥革命后以行政命令的方式被勒令剪掉。“辫子比皇帝更直接地使每个普通老百姓感受到革命浪潮的冲击”。[②]针对全民迷信的社会现状，资产阶级思想家以所接触和掌握的西方自然科学知识为武器，用科学去证明所谓的鬼火、魂魄、风水、福祸等迷信都是因为无知虚构而成，帮助人们认识自然现象的真相。为了移风易俗，南京临时政府还颁布了革除“旧染污俗”的政令，涉及三十六条，基本涵盖了日常生活中的陋习和旧俗。在政令的推动之下，缠足这一酷习被扫除，买卖人口和吸食鸦片被禁止，长袍马褂被西服所代替，这一革故鼎新的历史潮流可以在《时报》中的一篇文章中管窥一二：

> 共和政体成，专制政体灭；中华民国成，清朝灭；总统成，皇帝灭；新内阁成，旧内阁灭；新官制成，旧官制灭；新教育兴，旧教育灭；枪炮兴，弓矢灭；新礼服兴，翎顶补服灭；剪发兴，辫子灭；盘云髻兴，堕马髻灭；爱国帽兴，瓜皮帽灭；爱华兜兴，女兜灭；天足兴，纤足灭；放足鞋兴，菱鞋灭；阳历兴，阴历灭；鞠躬礼兴，拜跪礼灭；卡片兴，大名敕灭；马路兴，城垣卷栅灭；律师兴，讼师灭；枪毙兴，斩绞灭；舞台名词兴，茶园名词灭；旅馆名

---

① 上海社科院历史研究所：《中华女子共和协进会征求女子意见书广告》，《辛亥革命在上海史料选编》，上海，上海人民出版社1966年版，第917页。

② 陈旭麓：《近代中国社会的新陈代谢》，北京，中国人民大学出版社2012年版，第320页。

词兴，客栈名词灭。[1]

虽然文中所描述的社会兴革并没有立竿见影、大范围地实现，但是民国初年异乎往古的变迁之力是历史潮流所向，为五四时期的移风易俗埋下了伏笔。

资产阶级思想家批判封建道德，建立资产阶级道德的举措是认真而又努力的，但是专制主义意识形态的影响并不会因为专制制度的消亡而立刻停止。资产阶级思想家虽然对西方近代伦理进行了更深一层的思考，并因此对中国传统的伦理道德产生了强烈的拷问与质疑，但由于他们自身的知识结构就是处于新旧杂糅、以旧化新的转型阶段，再加上自身固有的阶级局限性使他们的思想更多地处于观念阶段、停留在知识分子精英群体中，无法对封建主义展开全面而又深入的批判。对政治革命的热切而又急迫的投入，使他们即便是在观念层面上的道德革命也没能真正深入到社会和人民中去。在广大的农村，人们的道德观念和社会风尚基本没有发生本质的变化，由此也就决定了资产阶级革命派也无法完成创立现代新型伦理的历史使命。

辛亥时期的尊孔与反孔、道德革命的提出以及资产阶级伦理思想的传播，在历史的发展进程中并非泾渭分明，各自为政，而是你中有我，我中有你，共同构成了19世纪末20世纪初波澜壮阔、绚丽多彩的思想启蒙，为接下来五四运动奠定了基础，造出了声势，进一步把封建的传统道德推向了无以解缚的边缘。

第四节　中国传统道德的深陷（1917~1921年）

辛亥革命推翻了封建帝制，但专制主义意识形态的影响并不会因为专制制度的消亡而立刻停止。先进的中国人意识到伦理道德的革命乃中国当务之急，发出了“伦理的觉悟，为吾人最后觉悟之最后觉悟”的呐喊，掀起了对传统道德批判的狂澜。五四运动的爆发，使这种批判发生了质的变化：在理论层面，唯物史观代替了两千余年在道德问题上的唯心史观，成为摧毁旧道德、建立新道德的有力武器，思想家们从经济关系探讨道德观

① 《时报》1912年3月5日。

念转变的必然性，对传统道德的批判触及了中国传统道德的根基；在实践层面，无产阶级登上了历史舞台，民众的力量得到了广泛的发动，古老中国的民主主义革命进入了崭新阶段。理论和实践的新发展、新变化，使本已失去物质载体的传统道德跌入万劫不复的深渊，在这场伟大的启蒙运动中传统道德彻底沦陷！

一、旧道德的卷土重来与新道德观的艰难探索

伦理思想的生发与演变是与社会历史的发展变化相适应的。辛亥革命推翻了帝制，但转瞬便被袁世凯篡夺了胜利的果实；二次革命以袁世凯宣告“终身总统”而失败，中国变成了形式上的共和，实质上的专制；两种复辟势力的较量，催生了短命的“洪宪帝制”；护国运动胜利了，但近代中国却陷入了军阀割据的局面。民国初年，各种势力山重水复、棼乱秽浊的社会现象导致了道德观念的恢复与逆转，北洋军阀政府和封建顽固势力掀起了旨在恢复封建主义纲常名教的“尊孔读经”的波澜。

康有为认为，正因为辛亥革命改变了中国的政治体制，才造成民国初年的乱局，“民习于专制太久，而不能骤变也”。[①]“今将欲救四万万之民，大拯中国，惟有举辛亥以来之新法令尽火之，而还其旧。”[②]“还其旧”就是要恢复孔子至高无上的地位，保证儒家的道统，实质上就是要维护封建的伦理道德和纲常名教，反对道德革命。他认为“礼义廉耻，是谓四维，从之则治，违之则乱，行之则存，背之则亡”[③]，也就是把封建的纲常礼教视为神圣的立国之本。因此，康有为对临时政府不读经、不祀孔的做法表示强烈的不满，斥责这是“尊器而忘道”“媚西而弃中”之举。[④]以尊孔复古为己任的康有为授意陈焕章等人，于1912年在上海成立“孔教会”，并刊行《孔教会杂志》，开始大张旗鼓地昌明孔教。在这样的尊孔复古的鼓噪声中，全国各地相继建立尊孔组织。在中国几千年的历史发展中，孔子已经和皇权紧密地结合在一起，民国本是倡民主、反专制，但袁世凯却对尊孔浪潮推波助澜。1913年6月，袁世凯向全国发布《通令尊崇孔圣文》，认为：“天生孔子为万世师表，既结皇煌帝谛之终，亦开选贤与能之

① 康有为：《中国以何方救危论》，《康有为政论集》下册，北京，中华书局1981年版，第816页。
② 康有为：《中国还魂论》，《康有为政论集》下册，北京，中华书局1981年版，第930页。
③ 康有为：《中华救国论》，《康有为政论集》下册，北京，中华书局1981年版，第729页。
④ 康有为：《复山东孔道会书》，《康有为政论集》下册，北京，中华书局1981年版，第840页。

始，所谓反之人心而安，放之四海而准者。”[①]袁世凯还发布通令，要求各大学校恢复尊孔、读经。袁世凯主张尊孔，是因为他有帝王之思，这与康有为的尊孔旨归并不相同，但这丝毫不影响二者在恢复孔教和封建纲常伦理上的路径合作。1913 年 8 月，孔教会向国会提交《请定孔教为国教》的请愿书，建议“于宪法上明定孔教为国教”，理由是：“共和国以道德为精神，而中国之道德，源本孔教，尤不容有拔本塞源之事。故中国当仍奉孔教为国教。”[②]这股尊孔读经的潮流在袁世凯、张勋等人的支持下愈演愈烈，以康有为为代表的守旧势力甚至不惜扭曲孔子以适应斗争形势的需要。袁世凯称帝、张勋复辟，皆以孔教保驾护航，所以，这场尊孔运动体现得更多的是政治色彩，而非文化本色。最根本的目的是借孔子拯救封建纲常礼教，为封建专制的复活制造声势和舆论。民国初年，伦理道德的这种倒退与回流，一方面说明了辛亥革命期间资产阶级思想家们对封建道德批判的不彻底性，另一方面也显示出中国在几千年孔学浸润之下，已经形成了一种顽固的社会心理，这种社会心理一旦遇到合适的时机与环境就会迸发，甚至可以摧毁政治革命的声势与成果。政治革命需要伦理道德的演进，先进的民主主义者依稀辨别出了这个方向。

陈独秀对当时的社会状况进行了分析，认为当前中国的乱象，就是因为盘踞在国人内心深处的伦理道德没有发生变革，仍旧是陈腐的旧思想：

> 政治界虽经三次革命，而黑暗未尝稍减。其原因之小部分，则为三次革命皆虎头蛇尾，未能充分以鲜血洗净旧污；其大部分，则为盘踞吾人精神界根深底固（应为“蒂固”——引者注）之伦理、道德、文学、艺术诸端，莫不黑幕层张，垢污深积，并此虎头蛇尾之革命而未有焉。此单独政治革命所以于吾人社会不生若何变化，不收若何效果也。推其总因，乃在吾人疾视革命，不知其为开发文明之利器故。[③]

所以，伦理道德的革命乃中国当务之急。他指出，民国的建立使我们在政治上业已跨进共和立宪制，但此时中国却大倡尊孔读经之风，妄图保存封建的伦理纲常，这种“收新旧调和之效”的举措是绝对不可能之事，

---

① 徐有朋编：《袁大总统书牍汇编》卷 2，政令，上海，上海广益书局 1920 年版，第 51 页。

② 陈焕章等：《孔教会请愿书》，《孔教会杂志》第 1 卷第 6 号。

③ 陈独秀：《文学革命论》，《陈独秀文章选编》上，北京，生活 · 读书 · 新知三联书店 1984 年版，第 172 页。

“盖共和立宪制，以独立、平等、自由为原则，与纲常阶级制为绝对不可相容之物，存其一必废其一。”[①] 吴虞也认为民主政治与封建纲常名教是势不两立的：“政治改革，而儒教、家族制度不改革，则尚余此二大部专制，安能得其共和也？”[②] 所以，若要真正的变革，“必须毅然把旧曰所谓道德一一划去，方可以图富强。”[③] 北京大学高一涵亦有同样论述，他在《非“君师主义”》一文中指出：“共和政治，不是推翻皇帝，便算了事。一切学术思想亦必同时改革；单换一块共和国招牌，而店中所卖的，还是那些皇帝‘御用’的旧货，绝不得谓为革命成功。法国当年未革命之前，就有卢梭、福录特尔、孟德斯鸠诸人，各以天赋人权平等自由之说，灌入人民脑中；所以打破帝制，共和思想，即深入一般人心。……中国革命是以种族思想争来的，不是以共和思想争来的；所以皇帝虽退位，而人人脑中的皇帝尚未退位。……这就是制度革命思想不革命的铁证。”[④] 由此，陈独秀断言当前中国需要的就是国民的伦理觉悟：

> 自西洋文明输入吾国，最初促吾人之觉悟者为学术，相形见绌，举国所知矣；其次为政治，年来政象所证明，已有不克守缺抱残之势。继今以往，国人所怀疑莫决者，当为伦理问题。此而不能觉悟，则前之所谓觉悟者，非彻底之觉悟，盖犹在惝恍迷离之境。吾敢断言：伦理的觉悟，为吾人最后觉悟之最后觉悟。[⑤]

国民滞后的道德面貌的改善，是改变社会政治状况的关键所在。梁启超在审视纷繁复杂的社会变动时也曾慨叹：“革命成功将近十年，所希望的件件都落空，渐渐有点废然思返，觉得社会文化是整套的，要拿旧心理运用新制度，决计不可能，渐渐要求全人格的觉悟。”[⑥]

既然先进的思想家们都不约而同地意识到伦理道德的革命对于政治革

---

① 陈独秀：《吾人最后之觉悟》，《陈独秀文章选编》上，北京，生活·读书·新知三联书店 1984 年版，第 108 页。

② 吴虞：《读〈荀子〉书后》，《新青年》第 3 卷第 1 号。

③ 吴虞：《吴虞文录》卷上，上海，上海亚东图书馆 1921 年版，第 35 页。

④ 高一涵：《非“君师主义”》，《新青年》第 5 卷第 6 号。

⑤ 陈独秀：《吾人最后之觉悟》，《陈独秀文章选编》上，北京，生活·读书·新知三联书店 1984 年版，第 109 页。

⑥ 梁启超：《五十年中国进化概论》，《饮冰室文集点校本》，昆明，云南教育出版社 2001 年版，第 3249~3250 页。

命的重要性，反对封建专制的以“三纲五常”为核心的旧道德，那么究竟怎样的道德才是适应刚刚从专制政体走出的中国的道德？道德革命的破旧立新，这个“新”又要在何处注脚？

激进的民主主义者以“德先生”和“赛先生”，即“民主”与“科学”作为讨伐封建专制主义、建树新道德的价值目标和理论武器。在《青年杂志》[①]具有发刊性质的《敬告青年》一文中，陈独秀就提出科学与人权“若舟车之有两轮焉”，西方列强文明进化的根本原因就在于“举一切伦理、道德、政治、法律、社会之所向往，国家之所祈求，拥护个人之自由权利与幸福而已。思想言论之自由，谋个性之发展也，法律之前，个人平等也”。[②]所以“国人而欲脱蒙昧时代，羞为浅化之民，则急起直追，当以科学与人权并重”。[③]“人权”就是新文化运动中的“民主”。激进的民主主义者所宣传的“民主”并非中国古已有之的民本思想，而是资产阶级民主主义思想和资产阶级民主主义制度；“科学”也不仅指自然科学，还包括社会科学。陈独秀在《新青年》中宣告：“我们现在认定只有这两位先生（即“德先生和赛先生”——引者注），可以救治中国政治上、道德上、学术上、思想上一切的黑暗。”[④]并指出：“要拥护那德先生，便不得不反对孔教、礼法、贞节、旧伦理、旧政治。要拥护那赛先生，便不得不反对旧艺术、旧宗教。要拥护德、赛两先生，便不得不反对国粹和旧文学。”[⑤]“若因为拥护这两位先生，一切政府的压迫，社会的攻击笑骂，就是断头流血，都不推辞。”[⑥]用民主对专制，以科学反蒙昧，将二者结合起来，作为衡量一切的价值尺度。一切不合科学理性的东西，即便是“祖宗之所遗留，圣贤之所垂教，政府之多提倡，社会之所崇尚，皆一文不值也”。[⑦]

---

① 后改名为《新青年》。

② 陈独秀：《东西民族根本思想之差异》，《陈独秀文章选编》上，北京，生活·读书·新知三联书店1984年版，第98页。

③ 陈独秀：《敬告青年》，《陈独秀文章选编》上，北京，生活·读书·新知三联书店1984年版，第78页。

④ 陈独秀：《〈新青年〉罪案之答辩书》，《陈独秀文章选编》上，北京，生活·读书·新知三联书店1984年版，第318页。

⑤ 陈独秀：《〈新青年〉罪案之答辩书》，《陈独秀文章选编》上，北京，生活·读书·新知三联书店1984年版，第317页。

⑥ 陈独秀：《〈新青年〉罪案之答辩书》，《陈独秀文章选编》上，北京，生活·读书·新知三联书店1984年版，第318页。

⑦ 陈独秀：《敬告青年》，《陈独秀文章选编》上，北京，生活·读书·新知三联书店1984年版，第77页。

一切束缚个性、扼杀人格的道德说教、金科玉律都是虚伪的偶像崇拜，要“破坏！破坏偶像！破坏虚伪的偶像”！“吾人信仰，当以真实的合理的为标准。宗教上，政治上，道德上，自古相传的虚荣，欺人不合理的信仰，都算是偶像，都应该破坏！此等虚伪的偶像倘不破坏，宇宙间实在的真理和吾人心坎儿里彻底的信仰永远不能合一”！[①] 破除偶像崇拜，破除顺从的奴隶品行，新文化运动的旗手就这样和传统的伦理纲常决然划开了界限。

辛亥革命推翻了帝制，然而“多数国民口里虽然是不反对共和，脑子里实在装满了帝制时代的旧思想”。[②] 而五四前期的这场反对旧道德、倡导伦理革命的新文化运动，却使中国人从儒家道德纲常的束缚下，从对孔子的膜拜中觉醒！在“民主”和“科学”的旗帜下，新道德的生长点也曙光微现。

二、五四运动与传统道德的深陷

正当新文化运动的旗手们以“民主”和“科学”的大旗进行伦理启蒙的同时，世界也在发生着变化。1914~1918 年的第一次世界大战，以极端残酷的形式暴露了资本主义制度固有的矛盾，这促使先进知识分子们对资本主义的反思，毛泽东提出：“西方思想亦未必尽是，几多之部分，亦应与东方思想同时改造。”[③] 李大钊也指出：“此次战争，使欧洲文明之权威大生疑念。欧人自己亦对于其文明之真价不得不加以反省。”[④] 先进的中国人在追求资本主义的同时又开始向往、找寻比资本主义更合理的社会制度。1917 年俄国爆发的十月革命，给正在找寻的先进知识分子们带来了新的希望：“我们在这黑暗的中国，死寂的北京，也仿佛分得那曙光的一线”。[⑤] 因俄国封建压迫严重、经济文化落后的国情与近代中国高度近似，使许多知识分子对社会主义表现出了极大的关注，认为“俄国式的革命，是无可如何的山穷水尽诸路皆走不通了的一个变计”[⑥]。先进的中国人开始

---

① 陈独秀：《偶像破坏论》，《陈独秀文章选编》上，北京，生活·读书·新知三联书店 1984 年版，第 277~278 页。

② 陈独秀：《旧思想与国体问题》，《陈独秀文章选编》上，北京，生活·读书·新知三联书店 1984 年版，第 205 页。

③ 《毛泽东早期文稿》，长沙，湖南人民出版社 2008 年版，第 86 页。

④ 李大钊：《东西文明根本之异点》，《李大钊文集》上，北京，人民出版社 1984 年版，第 565 页。

⑤ 李大钊：《新纪元》，《李大钊文集》上，北京，人民出版社 1984 年版，第 608 页。

⑥ 中国革命博物馆、湖南省博物馆编：《新民学会资料》，北京，人民出版社 1980 年版，第 148 页。

思考一种新的革命方法、一种新的革命路径。

1919年，西方列强在巴黎和会上对山东问题的处置，不仅使先进的知识分子对西方国家以及西方的政治制度倍感失望，而且直接引爆了在中国近代史上具有划时代意义的五四运动。五四运动是一场真正意义上的群众性的革命运动，工人阶级在这场群众性的革命运动中起到了决定性的作用，显示了伟大的力量。十月革命让先进的知识分子看到了新的革命方法，五四运动则让他们认识到了新的革命力量。越来越多的人到工人中去，到群众中去，不仅促成了一批知识分子向马克思主义者的转化，而且使他们把能捕捉到的一切关于社会主义的知识融入对旧社会的批判、对新世界的憧憬中。

“人生最有趣味的事情，就是送旧迎新，因为人类最高的欲求，是在时时创造新生活。”[①] 先进的思想家们用最深刻的笔端和最犀利的语言开启了一个送旧迎新的时代！他们对以“三纲五常”为核心的传统道德进行了全面而又深刻的反思和批判：“儒者三纲之说，为一切道德政治之大原。……缘此而生金科玉律之道德名词，曰忠，曰孝，曰节，皆非推己及人之主人道德，而为以已属人之奴隶道德也”。[②] “三纲”是维护等级尊卑，造成社会不平等的罪魁祸首，它压迫着人的精神，泯灭着人的个性：

> 看那二千余年来支配中国人精神的孔门伦理，所谓纲常，所谓名教，所谓道德，所谓礼义，那一样不是损卑下以奉尊长？那一样不是牺牲被治者的个性以时治者？那一样不是本着大家族制下子弟对于亲长的精神？……总观孔门的伦理道德，于君臣关系，只用一个“忠”字，使臣的一方完全牺牲于君；于父子关系，只用一个“孝”字，使子的一方完全牺牲于父；于夫妇关系，只用几个“顺”、“从”、“贞节”的名辞，使妻的一方完全牺牲于夫，女子的一方完全牺牲于男子。孔门的伦理是使弟子完全牺牲他自己以奉其尊上的伦理；孔门的道德是与治者以绝对的权力，责被治者以片面的义务的道德。[③]

---

① 李大钊：《新纪元》，《李大钊文集》上，北京，人民出版社1984年版，第606页。

② 陈独秀：《一九一六年》，《陈独秀文章选编》上，北京，生活·读书·新知三联书店1984年版，第318页。

③ 李大钊：《由经济上解释中国近代思想变动的原因》，《李大钊选集》，北京，人民出版社1978年版，第296~297页。

鲁迅在《狂人日记》中写道："我翻开历史一查，这历史没有年代，歪歪斜斜的每页上都写着'仁义道德'几个字。我横竖睡不着，仔细看了半天，才从字缝中看出字来，满本都写着两个字是'吃人'！"[①]吴虞则根据《史记》《左传》等历史事实的记载论证了封建礼教"吃人"的真相，呼吁国民觉醒："我们不是为君主而生的！不是为圣贤而生的！也不是为纲常礼教而生的！甚么'文节公'呀，'忠烈公'呀，都是那些吃人的人设的圈套，来诳骗我们的！我们如今，应该明白了！吃人的就是讲礼教的！讲礼教的就是吃人的呀！"[②]对于三纲衍生的"孝""忠""节"等道德观念，新文化运动的思想家们也逐一进行了剖析。他们认为"孝"在封建道德中一曰报恩，二曰侍养，三曰有后，而这却造就了死人压迫活人，老子压迫儿子，男子压迫妇女的家庭关系。所以，"孝"的实质就是扼杀人的主体意识，制造顺民！而"忠"是"孝"的最高表现形式，是终极形态的"孝"，"求忠臣必于孝子之门"，就是这个道理。孝父与忠君在封建道德中被无缝焊接，血亲家族与专制政治也就胶固不分了。如此一来，不管是处江湖之远，还是居庙堂之高，要想被世人表彰，皆逃不开一个"顺"字。关于封建道德倡导的"节烈"，思想家们认为这是"极难、极苦，不愿身受"之事，它的存在是"不利自他，无益社会国家，于人生将来又毫无意义的行为"，在社会中已经失去了"存在的生命和价值"。封建的节烈、贞操之说，完全是"男子专政的贞操论"，是"不合人情、公理的伦理"，褒扬烈妇烈女杀身殉夫，是野蛮而又残忍的。

不同于辛亥时期以天赋人权等理论批判封建道德，五四时期的思想家注重用最新的唯物主义的观点去分析道德的生发过程。关于道德起源，李大钊认为："道德这个东西不是超自然的东西，不是超物质以上的东西，不是凭空从天上掉下来的东西。他的本原不在天神的宠赐，也不在圣贤的经传，是在我们人间的动物的地上的生活之中。他的基础就是自然，就是物质，就是生活的要求。简单一句话，道德就是适应社会生活的要求之社会的本能。"[③]所以，古今社会不同，古今道德自异。关于道德的本质，他认为"道德是精神现象的一种，精神现象是物质的反映……道德的要求是适应物质上社会的要求而成的"[④]。这就从本质上说明了道德不是精神的

① 鲁迅：《狂人日记》，《新青年》第4卷第5号。

② 吴虞：《吃人与礼教》，《吴虞集》，北京，中华书局2013年版，第167页。

③ 李大钊：《物质变动与道德变动》，《李大钊选集》，北京，人民出版社1959年版，第260页。

④ 李大钊：《物质变动与道德变动》，《李大钊选集》，北京，人民出版社1959年版，第268页。

产物而是物质的产物。从而得出，道德的变迁也是物质变动的结论：

> 人类社会一切精神的构造都是表层构造，只有物质的经济的构造是这些表层构造的基础构造。在物理上物质的分量和性质虽无增减变动，而在经济上物质的结合和位置则常常变动。物质既常有变动，精神的构造也就随着变动。所以思想、主义、哲学、宗教、道德、法制等等不能限制经济变化物质变化，而物质和经济可以决定思想、主义、哲学、宗教、道德、法则等等。①

物质经济的变动必然引起道德的变化，所以圣贤的经训格言，并不是万世不变的法则，“因他是适应中国两千余年来未曾变动的农业经济组织反映出来的产物，因他是中国大家族制度上的表层构造，因为经济上有他的基础”。② 而今时代变了，“西洋动的文明打进来了！西洋的工业经济来压迫东洋的农业经济了！”随着经济基础的变化，“孔门伦理的基础就根本动摇了”。③ 这种道德的变革是一种“必然的变革”，“因为生活状态，社会要求既经变动，人类社会的本能自然也要变动。拿陈死人的经训抗拒活人类之社会的本能，是绝对不可能的事。”④ 这就从经济根源层面揭示了三纲必然退出社会生活的原因，触动了问题的实质，批驳更具理论性，更具说服力，赋予了反对封建道德斗争全新的意义。在这一理论的支撑与推动下，思想家们号召民众：“无论是古是今，是人是鬼，是《三坟》、《五典》、百宋千元，天球河图，金人玉佛，祖传丸散，秘制膏丹，全都踏倒他”。⑤

与传统道德会随着社会和经济的变动而“失了他的运命和价值”同理，新的社会、新的生活也必然要求一种新的道德的产生，“物质若是开新，道德亦必跟着开新，物质若是复旧，道德亦必跟着复旧。因为物质与精神原是一体，断无自相矛盾、自相背融的道理。”这是社会本能的变化，

---

① 李大钊:《物质变动与道德变动》,《李大钊选集》，北京，人民出版社 1959 年版，第 260~261 页。

② 李大钊:《由经济上解释中国近代思想变动的原因》,《李大钊选集》，北京，人民出版社 1959 年版，第 297 页。

③ 李大钊:《由经济上解释中国近代思想变动的原因》,《李大钊选集》，北京，人民出版社 1959 年版，第 297 页。

④ 李大钊:《物质变动与道德变动》,《李大钊选集》，北京，人民出版社 1959 年版，第 272 页。

⑤ 鲁迅:《忽然想到》,《鲁迅全集》第 3 卷，北京，人民文学出版社 1981 年版，第 229 页。

是不能遏制的变化。在这条宇宙进化的大路上“只有前进，没有反顾”。[①]五四思想家们满怀希望和热情地讴歌了新道德的图景，它是“适应人类一体的生活，世界一家的社会之道德”，它是“人的道德、美化的道德、实用的道德、大同的道德、互助的道德、创造的道德”！[②]

五四运动后，在理论层面：唯物史观代替了2000余年在道德问题上的唯心史观，成为摧毁旧道德、建立新道德的有力武器，思想家们从经济关系探讨道德观念转变的必然性，亦破亦立，对传统道德的批判既全面又更具杀伤力；在实践层面：无产阶级登上了历史舞台，民众的力量得到了广泛的发动，古老中国的民主主义革命进入了崭新阶段。理论和实践的新发展、新变化，使本已失去物质载体的传统道德彻底跌入万劫不复的深渊，在这场伟大的启蒙运动中传统道德被彻底颠覆!

黑格尔说过:“我们在现世界所具有的自觉的理性，并不是一下子得来的，也不是从现在的基础上生长起来的，而是本质上原来就具有的一种遗产，确切点说，乃是一种工作的成果，——人类所有过去各个时代工作的成果。……过去历史上走在我们前面的先驱者所创获的成果”，“每一世代对科学和精神方面的创造所产生的成绩，都是全部过去世代所积累起来的遗产。”[③]

近代中国社会的转型与道德重建的提出是一个长逾近两百年的历程，从“三千年未有之变局”至“师夷之长技以制夷”至“自强、求富”至“兴民权、倡议会”再至“德先生、赛先生”，我们似乎“被吸入一个无法抗拒的过程。在这个过程中，借用一项西方事物导致他们必须借用另一项，从引进机器而需要引进技术，从引入科学进而需要引入一切学问，从接受新思想进而要改革制度。”[④]由器而道的艰难探索，使古老中国走向世界的历程曲折且艰辛，每一次前进都伴随着对传统的审思、对传统的批判、对传统的割舍。中国传统道德也与这种时代变革互动共生，在新与旧的交锋中经历了一个由危机至解构的历史演变。中国传统道德的沦陷与道德重建问题的提出，是在近代社会转型与文化变迁的大背景下进行的，是对救亡图存时代主题的紧密回应，是历史洪流推动的必然结果，是传统社

① 李大钊:《物质变动与道德变动》,《李大钊选集》，北京，人民出版社1959年版，第273页。

② 李大钊:《物质变动与道德变动》,《李大钊选集》，北京，人民出版社1959年版，第273页。

③ 北京大学哲学系外国哲学史教研室编译:《十八世纪末——十九世纪初德国哲学》，北京，商务印书馆1975年版，第410~411页。

④ ［美］费正清:《美国与中国》，张理京译，北京，世界知识出版社2003年版，第182页。

会近代化过程中的一个重要组成部分！这是先进的中国人在经历了漫长的探索之后的深刻认识：政治革命需要伦理道德的演进。年轻的中国共产党在历史的选择中开启了一个政治革命与道德革命齐头并进的新时代！

第四章　新民主主义革命时期道德重建的历史演进

历史的接力棒传到中国共产党的手中，年轻的中国共产党深知中华民族具有注重以伦理为核心进行社会道德规约的传统，也深谙亦破亦立的道理，传统道德虽然已经沦陷，但中华大地不能出现价值观信仰和意义世界的真空。于是，中华民族在随后的历史发展中便一直有两条鲜明的线索可循：道德重建与政治革命。中国共产党以道德重建推动政治革命，以政治革命保障道德重建，二者交相辉映，共同奏响了新民主主义革命的伟大篇章。中国共产党在新民主主义革命时期的道德重建历经党的初创时期、大革命时期、土地革命时期、抗战时期、解放战争时期直至新中国成立后社会主义改造的完成。每一阶段中国共产党都会依据革命任务凝练各项道德原则的主题，使来自观念层面的道德，在自然鲜活的革命实践中生根发芽，为新民主主义革命提供滋养。

第一节　五四运动至大革命时期——酝酿与萌生

面对辛亥革命推翻了帝制但中国仍未走上复兴之路、五四运动使传统道德沦陷但中国仍未形成民众所认同的价值体系的现状，中国共产党人的首要任务就是传播马克思主义，向在近代社会转型道路上踟蹰的国人展现一条新的复兴道路，构建一个新的意义世界。有鉴于此，共产党人走进田间地头和工厂矿山，深入到各类团体和旧式军队，对民众进行了共产主义理想信念和走俄国道路的广泛动员与宣传。宣传要有效和有力，就要改善并密切与宣传对象的关系。一直被各种战乱侵扰的老百姓对于政党和军队有天然的抵制情绪，中国共产党一改视百姓如草芥的传统政党作风，和民众站在一起，激励受压迫的工农“从前做牛马，现在要做人”，引导群众发现自己，认识自我，在中国历史上第一次实现了以“人”的尺度丈量政党与民众的关系，以“人”的尺度衡量革命的价值。这使民众对共产党人有了自然的亲近和信任，也使得他们对共产党人所宣传的主义感受到了从未有过的希望和光明。党自初创至大革命时期，共产党人对革命进程的推进并非依赖民众对历史规律的宿命式的顺从或浪漫的理想化，更强调以贴近老百姓实际认知水平的共产主义理想信念培育和新型伦理关系建立促发群众对人类历史规律的应有感受。

一、中国共产党的成立与伦理思想的交锋

五四运动以后，工人阶级开始作为独立的政治力量登上历史舞台，社会主义思潮在古老大地上蓬勃兴起，一批进步的知识分子在 1920 年前后逐步划清了与资产阶级民主主义、无产阶级社会主义和其他流派的界限，陆续成为马克思主义者。此时的中国，环看四隅，虽民国已建，但社会动荡，军阀割据。五四时期，国民党站在群众运动之外，遥而望之，这一切似乎昭示着国民党已经“不能领导革命了，客观的革命势力发展已超过它的主观力量了”。[①] 理论的发展、现实的需要，一个新的政党呼之欲出了。

1920 年 5 月随着上海共产主义小组的建立[②]，北京、长沙、济南、广州也先后成立了共产主义组织。在这些早期组织的成立过程中，伴随着对各种主义和观念的论战，二者交织在一起，对马克思主义伦理思想的传播起到了重要的推动作用。

“问题与主义”的论战，深化了先进知识分子对理想以及经济与道德关系的认识。1919 年 7 月胡适在《每周评论》发表《多研究些问题，少谈些主义！》一文，认为“偏向纸上的‘主义’，是很危险的”，[③] 主张“多提出一些问题，少谈一些纸上的主义”。他反对从根本上解决中国的社会问题，主张点滴的改良。在他看来，火烧眉毛的紧急问题是：“从人力车夫的生计问题到大总统的权限问题；从卖淫问题到卖官卖国问题；从解散安福部问题到加入国际联盟问题；从女子解放问题到男子解放问题。”不去研究这些问题，而高谈社会主义，去求“根本解决”，“这是自欺欺人的梦话，这是

① 蔡和森：《中国共产党史的发展（提纲）（一九二六年）》，《蔡和森文集》，北京，人民出版社 2013 年版，第 803 页。

② 中国共产党早期组织名称并不统一，后来被习惯地称为共产主义小组。

③ 胡适：《问题与主义》，北京，北京大学出版社 2013 年版，第 2 页。

中国思想界破产的铁证，这是中国社会改良的死刑宣告”。[①] 字里行间流露出对改良的推崇和对革命的反对。李大钊旗帜鲜明地对胡适改良主义的观点进行了批驳，他首先提出，问题与主义并非针锋相对，此存彼亡：

> 因为一个社会问题的解决，必须靠着社会上多数人共同的运动。……要想使一个社会问题，成了社会上多数人共同的问题，应该使这社会上可以共同解决这个那个社会问题的多数人，先有一个共同趋向的理想、主义，作他们实验自己生活上满意与不满意的尺度（即是一种工具）。[②]

问题与主义交相为用，并行不悖。“主义”就像理想，就像旗帜，先进的中国人需要它在现实世界的力量秉持，“一个社会主义者，为使他的主义在世界上发生一些影响，必须要研究怎么可以把他的理想尽量应用于环绕着他的实境。”[③] 李大钊还根据历史唯物主义关于经济基础与上层建筑的理论提出：“必须有一个根本解决，才有把一个一个的具体问题都解决了的希望”，[④] 而这个“根本解决”就是经济问题的解决：

> 依马克思的唯物史观，社会上法律、政治、伦理等精神的构造，都是表面的构造。他的下面，有经济的构造作他们一切的基础。经济组织一有变动，他们都跟着变动。换一句话说，就是经济问题的解决，是根本解决。经济问题一旦解决，什么政治问题、法律问题、家族制度问题、女子解放问题、工人解放问题，都可以解决。[⑤]

经济问题是解决一切问题的关键，“不改造经济组织，单求改造人类精神，必致没有效果。”[⑥] 在论战中，道德根源于经济基础的观点得到了更广泛的传播，配合着先前李大钊阐述的“不改造人类精神，单求改造经济组织，也怕不能成功”的道德对于经济有一定反作用的观点，先进的知识

① 胡适：《问题与主义》，北京，北京大学出版社 2013 年版，第 4~5 页。
② 李大钊：《再论问题与主义》，《李大钊选集》，北京，人民出版社 1959 年版，第 228 页。
③ 李大钊：《再论问题与主义》，《李大钊选集》，北京，人民出版社 1959 年版，第 230 页。
④ 李大钊：《再论问题与主义》，《李大钊选集》，北京，人民出版社 1959 年版，第 233 页。
⑤ 李大钊：《再论问题与主义》，《李大钊选集》，北京，人民出版社 1959 年版，第 233 页。
⑥ 李大钊：《物质变动与道德变动》，《李大钊选集》，北京，人民出版社 1959 年版，第 194 页。

分子对于道德与经济的关系有了更加深刻和直接的感知，“物心两面的改造，灵肉一致的改造”也得到了更多的理论上的认可与支持。[①]

关于社会主义的论战，坚定了走共产主义道路的信念。1920年底，正当各地的共产主义小组在工人中加强马克思主义的宣传，为中国共产党的正式成立创造条件时，张东荪、梁启超先后在《改造》杂志上刊发了《现在与将来》《复张东荪书论社会主义运动》等文章，挑起了关于社会主义的论战。这次论战的中心问题是：中国走资本主义道路还是走社会主义道路？要不要建立无产阶级政党？张、梁认为，“中国的唯一病症就是贫乏，中国真穷到极点了”。[②]但社会主义无力解决中国的贫穷问题，这是因为“救中国只有一条路，一言以蔽之：就是增加富力。而增加富力就是开发实业”，开发实业“最能速成者莫若资本主义”。[③]他们不仅认为相对于资本主义，社会主义不能迅速增加富力，而且认为中国没有产生社会主义的阶级基础。张东荪指出在中国“工人与商人都不成为有力的阶级”，[④]梁启超进而推论“劳动阶级不存在之国家，欲社会主义之实现，其道无由”。[⑤]张东荪更是坚定地得出结论：“世界的资本主义未消灭一天，则中国一天势必顺着此轨而进”，“中国现在即实行社会主义，必没好结果。”[⑥]

针对张、梁关于中国必走资本主义道路的观点，以陈独秀、李大钊、李达为代表的早期马克思主义者予以坚决的回击。首先，他们指出不管是国际环境还是国内的现实情况，都决定了资本主义道路在中国已经走不通了：“中国是万国的商场，是各资本国经济竞争的焦点，是万国大战争的战场。各资本国在中国培植的经济势力早已根深蒂固，牢不可破。当着产业万分幼稚的时代又伏在各国政治的经济的重重势力之下的中国，要想发展资本主义和各资本国为经济战争，恐怕要糟到极点了。”[⑦]中国身陷被世界各国瓜分的半殖民地半封建社会，这是中国不能走资本主义道路的根本原因，再加上“中国人民在世界经济上的地位，已立在这劳工运动日盛一日的风潮中，想行保护资本家的制度，无论理所不可，抑且势所不能”[⑧]。

① 李大钊:《物质变动与道德变动》,《李大钊选集》，北京，人民出版社1959年版，第194页。

② 张东荪:《由内地旅行而得之又一教训》,《新青年》第8卷第4号。

③ 张东荪:《由内地旅行而得之又一教训》,《新青年》第8卷第4号。

④ 张东荪:《现在与将来》,《改造》第3卷第4号。

⑤ 梁启超:《复张东荪书论社会主义运动》,《改造》第3卷第6号。

⑥ 张东荪:《现在与将来》,《改造》第3卷第4号。

⑦ 李达:《讨论社会主义并质梁任公》,《新青年》第9卷第1号。

⑧ 李大钊:《中国的社会主义与世界的资本主义》,《评论之评论》1921，第1卷第2号。

所以，中国此时要想发展实业"非由纯粹生产者组织政府，以铲除国内的掠夺阶级，抵抗此世界的资本主义，依社会主义的组织经营实业不可"。[①]如果采用资本主义道路，最后的结局只能是"我国的实业愈发展，则人民愈沦于不幸的境遇中，举全国人为别民族的劳动奴隶"。[②]至于张、梁提出的中国没有阶级基础，不能进行社会主义革命的观点，李达认为，"就中国说，是国际资本阶级和中国劳动阶级的对峙。中国是劳动过剩，不能说没有劳动阶级，只不过没有组织罢了"。[③]虽然中国的工业不如欧美发达，但由于中国是"万国的商场"，所以"中国无产阶级所受的悲惨，比欧美、日本无产阶级所受的更甚"。[④]要想改变这种状态，"除了中国劳动者联合起来，组织革命团体，改变生产制度，是无法挽救的"。[⑤]早期的马克思主义者，从中国社会和阶级的实际状况出发，论证了中国实行社会主义的可行性与必然性。对张、梁观点的批驳有理有据，在道路选择上似是而非的疑虑被进一步消除，坚定了青年知识分子对马克思主义的信念。

与无政府主义的论战，厘清了对专政、自由等观念的理解。无政府主义思潮在 19 世纪末传入中国，辛亥革命时期因坚持反对封建专制主义，配合了资产阶级的民主主义革命。五四运动前，一些重要城市都出现了研究和宣传无政府主义的团体或刊物，这种思想不仅在一部分小资产阶级知识分子和青年学生中有影响，甚至在工人中也有一定的市场。随着马克思主义的传播，五四运动后，无政府主义思想的反动性也日益暴露。以黄凌霜、区声白为代表的无政府主义者主张不要一切国家政权，反对无产阶级专政，强调绝对的自由："我们不承认资本家的强权，我们不承认政治家的强权，我们一样的不承认劳动者的强权"[⑥]，"未来的国家，不管他是什么形式……一切都在反对之列"[⑦]。因为国家就是"以国家的权利来干涉个人""是要从物质上干涉个人到精神上"，"这样子，岂不是抹煞个人，而使社会退步吗？"[⑧]他们追求超阶级的、抽象的、绝对的自由，主张摆脱社会中一切政令法规、风俗习惯的束缚，排除一切纪律、章程的约

① 李大钊:《中国的社会主义与世界的资本主义》,《评论之评论》1921，第 1 卷第 2 号。
② 何孟雄:《曙光》第 2 卷，第二号。
③ 李达:《讨论社会主义并质梁任公》,《新青年》第 9 卷第 1 号。
④ 李达:《讨论社会主义并质梁任公》,《新青年》第 9 卷第 1 号。
⑤ 胡绳:《中国共产党七十年》，北京，中共党史出版社 1991 年版，第 24 页。
⑥ 《我们反对"布尔札维克"》,《奋斗》第 2 号，1921 年 8 月 1 日。
⑦ 《国家、政治、法律》,《新青年》第 8 卷第 3 号。
⑧ 《为什么反对布尔雪维克》,《奋斗》第 8~9 合刊，1920 年 4 月。

束。无政府主义这种看上去很革命的观点，在当时具有很大的欺骗性。早期马克思主义者批判了这种以强权否定无产阶级专政、煽动绝对自由的主张。他们认为“强权所以可恶，是因为有人拿他来拥护强者、无道者，压迫弱者与正义。若是倒转过来，拿他来救护弱者与正义，排除强者与无道，就不见得可恶了”[①]。自由从来不是绝对的、无限制的自由，强权并非一定压制自由，相反也可以保护自由，关键是“他的用法”，而“共产党主张劳农专政，是实实在在从实际方面想出来的，并不是空想，也不是想满足少数人的政治欲”，是要根本推翻“有产阶级”，保护“弱者与正义”，只有这样才能实现真正的自由。所以，在中国必须进行社会主义革命，“承认用革命手段建设劳动阶级（即生产阶级）的国家，创造那些禁止对内对外一切掠夺的政治、法律，为现代社会第一需要”，[②]因为“历史上凡是专制主义者，或帝国主义者，或军国主义者，非等到人家来推倒，决没有自己肯收场的”。[③]放弃政权及自由给资产阶级“便是杀害劳动阶级：若劳动阶级肯把政权及自由给资产阶级，便是劳动阶级自杀”。[④]在阶级没有消灭之前，应“极力主张要国家”，而且是“主张要强有力的无产阶级专政的国家”。[⑤]马克思主义者还从理论上阐述了自由与秩序的辩证关系：“我们所要求的自由，是秩序中的自由；我们所顾全的秩序，是自由间的秩序。只有从秩序中得来的是自由，只有在自由上建设的是秩序。”所以，“个人与社会、自由与秩序，原是不可分的东西。”[⑥]经过这场论战，马克思主义者驳斥了无政府主义的个人“绝对自由”观念，捍卫了无产阶级专政学说，使许多青年知识分子摆脱了无政府主义的影响，转向马克思主义，成为坚定的共产主义战士，为建立无产阶级政党提供了理论支撑，奠定了人才和组织原则方面的基础。

1921年7月23日，中国共产党第一次全国代表大会在上海召开，中国共产党正式宣告成立！无产阶级政党的成立，推动了马克思主义伦理思想的深入研究和传播。这种伦理是对传统道德“劳心者治人，劳力者治

---

① 陈独秀：《谈政治》，《陈独秀文章选编》中，北京，生活·读书·新知三联书店1984年版，第4页。

② 陈独秀：《谈政治》，《新青年》第8卷第1号。

③ 中国革命博物馆、湖南省博物馆编：《新民学会资料》，北京，人民出版社1980年版，第149页。

④ 《短言》，《共产党》第3号。

⑤ 《我们要怎样干社会革命》，《共产党》第5号。

⑥ 李大钊：《李大钊文集》下，北京，人民出版社1984年版，第438页。

于人”思想的颠覆，是应社会新要求的“劳工神圣”的新伦理、新道德！从鸦片战争一步步走来的古老中国，经过各种主义和政党的历史演绎，已经开启了政治革命需要伦理道德演进的觉悟，道德重建的任务历史地交接到年轻的中国共产党身上。“这时，也只是在这时，中国人从思想到生活，才出现了一个崭新的时期”。①

二、国民性的改造与有意识的阶级启蒙

五四运动虽然以摧枯拉朽之势加速了传统道德体系陷落，但是这种沦陷更多地体现在知识分子的认知上，在整个民众层面，这种陷落并不是彻底的，甚至还有点畸形：一方面痛恨造成世事不公与国运衰落的传统价值体系，另一方面又深受封建等级主义的文化心理的牵引。因此，尽快洗清国民封建专制主义道德观和价值观的习染，对于中国共产党实现救国救民的理想具有重要的意义。

无论是陈独秀、李大钊，还是青年毛泽东，都是这种思想的坚定支持者与践行者。国民性的改造既是启蒙的问题，也是救亡的问题。陈独秀认为："如今要巩固共和，非先将国民脑子里所有反对共和的旧思想，一一洗刷干净不可。因为民主共和的国家组织社会制度伦理观念，和君主制度的国家组织社会制度伦理观念全然相反，——一个是重在平等精神，一个是重在尊卑阶级，——万万不能调和的。”② 十月革命后，李大钊更进一步认识到民众的力量，认识到与民众打成一片的重要性，更认识到青年知识分子走向农村改造彼此人生观的重要性。他认为没有知识分子做民众的先驱，没有民众做知识分子的后盾，所有的关于未来社会的勾勒与幸福生活的谋求都是不现实的。除了工农的这种互助的认知，李大钊对“牺牲”作出了自己的价值判断。闹革命，搞运动不会不流血，不会没有牺牲，牺牲的法则实质上就是爱的法则。“实行这个‘爱’字，必须有牺牲精神。爱人道，便该为人道牺牲。爱真理，便该为真理牺牲。爱自己，便该为自由牺牲。爱平等，便该为平等牺牲。爱共和，便该为共和牺牲。爱的方法便是牺牲，牺牲的精神便是爱。”③ 这种观点是建立在他对个人与社会的关系的认知基础上的："个人与社会、自由与秩序，原是不可分的东西”。④

① 《毛泽东选集》第 4 卷，北京，人民出版社 1991 年版，第 1470 页。

② 《陈独秀著作选》第 1 卷，上海，上海人民出版社 1993 年版，第 296 页。

③ 《李大钊文集》下，北京，人民出版社 1984 年版，第 97 页。

④ 《李大钊文集》下，北京，人民出版社 1984 年版，第 438 页。

所以，“真正合理的个人主义，没有不顾社会秩序的；真正合理的社会主义，没有不顾个人自由的。个人是群合的元素，社会是众异的组织。真实的自由，不是扫除一切的关系，是在种种不同的安排整列中保有宽裕的选择机会……真正的秩序，不是压服一切个性的活动，是包蓄种种不同的机会使其中的各个份子可以自由选择的安排；不是死的状态，是活的机体”。[①] 李大钊的这种担当与牺牲精神，也深深启迪了后来的共产党人，为改造革命群众的主观世界以及群众路线的形成奠定了基础。

革除屡见不鲜的颓废习俗，培养“奋进”精神，也是国民性改造的重要内容。陈独秀认为中国社会囿于儒家的求“仁”与求“和”，道家的无为与雌退，佛家的出世与空无，造就了普通人的奴隶根性与知识分子的疾俗隐遁，国民的强梁进取之心基本被扼杀。他呼唤青年人要恢复民族的血性与抵抗力，提倡自觉的奋进精神：“自觉者何？自觉其新鲜活泼之价值与责任，而自视不可卑也。奋斗者何？奋其智能，力排陈腐朽败者以去，视之若仇敌，若洪水猛兽，而不可为邻，而不为其菌毒所传染也。”[②] 李大钊把这种不同于以往的新的生活态度和人格理想称为“青春”进取，他认为民众有了觉悟，便会以“青春”之朝气，褪去颓废与软弱的习性，就能担当起救亡图存、振国兴邦的责任与使命。青年毛泽东赋予这种“奋进”的精神为“日新”之德，他认为，文明的发展和世界的演进都在于一个生生不息的过程，事物之间作用与反作用、压迫与反压迫推动与促进了事物的发展与革新。为此，中华民族要想改变任人宰割与贫瘠落后的面貌，必须提高民族的生存能力与竞争抵抗精神。他说：“圣人者，抵抗极大之恶而成者也”[③]，为了让民众深刻体会此抵抗与竞争精神，他还形象地予以表达：“河出潼关，因有太华抵抗，而水力益增其奔猛。风回三峡，因有巫山为隔，而风力益增其怒号”[④]。青年毛泽东还提出为了从保守的、安于现状的传统国民性中解放出来，国人要野蛮其体魄，要“今日之我与昨日之我挑战，来日之我与今日之我挑战”[⑤]。唯有如此，国人才能以活泼、发展、

① 《李大钊文集》下，北京，人民出版社 1984 年版，第 437 页。

② 《陈独秀著作选》第 1 卷，上海，上海人民出版社 1993 年版，第 129 页。

③ 中共中央文献研究室、中共湖南省委《毛泽东早期文稿》编辑室编：《毛泽东早期文稿》，长沙，湖南出版社 1990 年版，第 183 页。

④ 中共中央文献研究室、中共湖南省委《毛泽东早期文稿》编辑室编：《毛泽东早期文稿》，长沙，湖南出版社 1990 年版，第 180~181 页。

⑤ 中共中央文献研究室、中共湖南省委《毛泽东早期文稿》编辑室编：《毛泽东早期文稿》，长沙，湖南出版社 1990 年版，第 87 页。

向上的奋进精神团结一致争取民族的新生。这种奋进精神的倡导与践行，为革命的启蒙做好了思想与精神的准备。青年毛泽东在国民性的塑造上还提出了公共精神的涵育，并以广泛的政治参与作为公共品德塑造的途径。为此，他发动并领导了湖南人民的“驱张运动”、湖南人民自治运动，鼓励人民当家作主。随后又领导了湖南工人运动和农民运动，唤醒了更多的民众为了自身的解放、为了国家的独立而奋起斗争。这些运动在改造国民性的同时也极大地启发了人们的阶级觉悟。

三、工人运动的组织与理想信念的涵育

作为中国无产阶级的政党，中国共产党一经成立，就全面领导了中国的工人运动，并在斗争实践中锻造工人阶级的理想信念。这些得益于以前各地共产主义小组对马克思主义与中国工人运动相结合的推动，也得益于各地共产主义小组对工人阶级使命感与责任感的培养。

党的一大闭幕后，成立了公开领导工人运动的专门机关——中国劳动组合书记部。党的二大又专门规定了工人运动的方针政策。有组织、有策略、有方向，就大大推进了工人运动高潮的到来。1922 年 1 月，香港海员工人大罢工爆发，罢工人数超过了 10 万人。尽管这次罢工只是为了经济目的，但是整个罢工过程中，得到了中国劳动组合书记部和各地工人的支援。中国共产党人因势利导地加强了工人阶级的团结合作和同仇敌忾，大大提高了中国工人阶级的自信心与爱国热忱，是一次实践中的理想信念的培育和引领。同年秋天，安源路矿工人大罢工和开滦煤矿工人大罢工相继开展。安源路矿工人大罢工在毛泽东、刘少奇和李立三的组织领导下，已经超越了经济目的的诉求，剑指工人权利，也表明了中国工人阶级的阶级意识和权利意识的觉醒。开滦煤矿工人大罢工由于准备仓促以及党组织的薄弱，最终被血腥镇压，但这也从另一个方面印证了革命与信念教育的两相契合。1923 年，中国工人运动迎来了高潮，2 月，京汉铁路工人大罢工在中国共产党的领导下轰轰烈烈地爆发了。“我们不是争工资争时间，我们是争自由争人权。”[①] 这铿锵有力的声音宣告了工人阶级运动进入了一个新的历史阶段——从增加工资与改良生活的经济斗争转变到了维护人权与争取自由的政治斗争。当然，也正因为这种政治诉求，罢工遭

① 邵维正主编:《文图并说中国共产党 80 年大事聚焦》上，北京，解放军出版社 2001 年版，第 49 页。

到了各地军警的残酷镇压。他们逮捕工人领袖，进行惨绝人寰的严刑拷打，但工人阶级自始至终挺直了脊梁，不肯低头服输。在各地共产主义小组的宣传和动员下，在历次工人阶级斗争的实践中，中国的工人阶级成长并觉醒，找寻到了并勇敢地担当起自己的阶级使命。这种觉醒与成长又有力地促进了革命的理想信念的传播，即便在“二七”惨案后，工人运动在组织上遭到了严重的破坏，在时局上也转入了低潮，但这朵在苦难中开出的雪莲花却越发晶莹璀璨，发出熠熠闪耀的光芒。

四、国共合作的实现与反帝爱国的传播

1924~1927 年，在中国历史上出现了推翻帝国主义与军阀统治的民族民主革命。在这个大背景下，国共合作的实现，工人运动由地下转为地上，这使低潮中的工人运动迅猛发展，很快迎来了新的高潮。中国的广大农村以及广大农民在这场声势浩大的运动中，随着土地关系的变革，新型的伦理关系与道德风貌也发生了很大的变化，广大共产党员也在革命实践中升华了以反帝爱国为表现的阶级觉悟。

1924 年，在广州沙面租界举行的政治大罢工成为工人运动由低潮转为高潮的起点。而这个起点也较之以往的工人运动有了更深刻的内容，即反对英法帝国主义的压迫。这次斗争在中国共产党的领导下时长为期一个月并最终取得了胜利，极大鼓舞了工人阶级的爱国热情。工人阶级政治斗争的诉求得到了升华，这不仅仅是自身的解放，也意味着中华民族的解放。反对帝国主义与天然的爱国主义情怀有了初步的结合。不到一年的光阴，1925 年 5 月，上海工人爆发了反英、反日的大罢工。这次大罢工也成为震惊中外的“五卅运动”的导火索。年轻的中国共产党人非常重视上海的工人运动，因为这里是中国最大的工业城市，拥有占全国工人 1/3 的 80 万工人，英、法、日等主要帝国主义国家都在这里开办工厂、攫取利润。所以，在上海，中国人民与各个帝国主义国家之间的民族矛盾以及资产阶级与无产阶级之间的阶级矛盾都是最尖锐最突出的。也正是共产党人通俗易懂地对帝国主义的揭发和对资本家的分析，扩大了马克思主义的传播，深化了反帝爱国的情怀，为工人运动新的高潮的到来打下了基础。五卅惨案发生后，党中央又进一步把反帝爱国斗争扩展到各个阶层中，形成了上海人民联合的反帝爱国运动，并迅速从上海扩展到全国，促成全国规模的反帝爱国风暴，形成了超过 1700 万人参加、持续 16 个月的“省港大罢工”。在这次工人运动高潮中，党的力量不仅得到了壮大，更重要的

是我们的凝聚力和向心力得到了加强，人民群众的反帝爱国热情被点燃，思想觉悟和道德信念都得到了极大的提高，沉重打击了帝国主义的气焰和势力。

这股反帝爱国的热情与觉悟也鼓舞了工人群众支援北伐战争。北伐战争是在中国共产党提出的“反对帝国主义，反对军阀”的口号下进行的。北伐过程中，中国共产党也一直依此启发工人阶级的阶级觉悟，使工人们逐步认识到维护自己的合法权益必须反对帝国主义与封建军阀，明白了自身与国家之间生死存亡的关系。有了这样的思想基础与道德情怀，北伐军所到之处得到了工人阶级的密切配合与强力支援。尤其是上海三次武装起义，这些革命实践因其以反帝爱国为表现的阶级觉悟，带有强烈的道德实践色彩，为以后中国共产党人的道德建构留下了宝贵的财富。

随着北伐的胜利进军，自 1926 年下半年起，中国共产党又领导了一场以湖南为中心的农村革命风暴。通过成立农民协会，号召农民行动起来与地主恶霸作斗争，争取自身的解放。到 1927 年 3 月，全国农民协会组织在 17 个省市建立，能够被党组织和领导起来的农民达到 800 万人。农民通过协会还建立了自己的武装，这些几千年来生活在中国最底层的备受剥削和压迫的贫苦人民在中国共产党的领导下，与土豪劣绅展开了最决绝的斗争。经过工人运动和北伐洗礼的中国共产党已经意识到土地对于农民的重要性，“中国民众欲达到打倒军阀及帝国主义的目的，基本的条件就是肃清农村中封建势力的残余及宗法社会式的政权。急剧的变更土地所有制度，是国民革命中唯一的原则，非然者，为真正民权的自由战争，将停滞而不能前进；欲消除上层的军阀和帝国主义的组织，必须破坏他的根基。”[①] 在中国共产党的领导下，广大农民进行了减租减息、废除苛捐杂税、反对押退佃以及插标分田等斗争，并通过这样的经济斗争向农民解释土地革命的方针政策以及翻身做主人的革命目标。进行这样的动员与宣传，中国共产党不靠军队与火枪，而是与农民并肩站在一起，用最浅显生动的话语和质朴无私的情怀启发广大农民的阶级自觉，“引而不发，跃如也”。[②] 让他们自己觉悟起来、团结起来、斗争到底。

从五四运动到大革命时期，道德重建的萌动以阶级的启蒙和革命觉悟的培养为主要形式已初见成效。大革命虽然最终失败了，但是，广大工农

① 中共中央研究室、中央档案馆:《建党以来重要文献选编（1921—1949）》第 3 册，北京，中央文献出版社 2011 年版，第 189 页。

② 《毛泽东选集》第 1 卷，北京，人民出版社 1991 年版，第 33 页。

在异常残酷的斗争中所形成的阶级觉悟与气节却成为革命延续的强大精神力量与支撑。

第二节 土地革命时期——初创与探索

大革命失败后，中国共产党进入了独立领导中国人民进行武装斗争的新的革命时期。当然，这也是一个异常艰难的时期。从 1927 年下半年至 1937 年七七事变，整整十年，中国共产党完成了许多难以完成的事情，创造了许多人间奇迹：领导农村土地革命，建立苏维埃政权，确立了农村包围城市的道路，胜利完成二万五千里长征。进行武装斗争，就要发展革命力量、壮大革命军队，中国共产党是广大无产阶级的政党，自身的先进性决定了共产党人不可能采取旧军队扩军基本靠强抢的路径。怎样使民众自愿加入革命队伍，跟党走呢？这是进行武装斗争的前提条件。虽然大革命时期共产党人通过理想信念的动员已经搭建了一个良好的与民众互动的平台，但是民初以来长期战乱和政党频现的乱象，仍使一些群众对年轻的共产党持观望和审视的态度。为此，中国共产党以“忠实地为群众的利益而斗争”[①] 作为土地革命时期的宗旨,解决了当时群众最大的利益问题——土地。这样不仅维护了群众的利益，而且坚定了群众对党的认识，“跟党走”成为井冈山时期群众的一个信念，这也是党由弱小到壮大的一个根本保障。革命队伍的壮大并非一定意味着战斗力的增强，对军队进行整饬，方可成为人民战争的利器。中国共产党一方面继续以共产主义的理想信念坚定人民军队的斗志，另一方面以军队内的民主实现了官兵一致，改变了旧军队的雇佣制度。又以“三大纪律、八项注意”的严明军纪和无产阶级集体主义精神，增强了军队的凝聚力和战斗力，锻造了一支与旧军队完全不同的人民军队，形成了军民鱼水情。正是从实际斗争需求提炼出来的精神旗帜和思想指引，整个革命根据地形成了良好的道德风貌，建立了新秩序，点燃了星星之火的燎原之势。

一、坚持白色恐怖中的斗争与坚定革命前途的信念

大革命失败后，国内共产主义运动跌入低潮，党员数量锐减、据不完

① 《刘少奇选集》上卷，北京，人民出版社 1981 年版，第 60 页。

全统计，从 1927 年 3 月到 1928 年上半年，被国民党反动派杀害的党员多达 2.6 万人，党组织的活动全部转入地下。在这样的时局下，一些信念不坚定的党内分子纷纷脱党，党内思想比较混乱，留下的人也对前途充满迷茫，不知怎样坚持，不知前路在何方。大革命的失败和党内的迷茫情绪也影响了人民群众对共产主义事业的信心，中国革命站在了生死存亡的十字路口。

中国共产党没有气馁，一方面开始独立领导武装斗争，与白色恐怖作斗争，另一方面锲而不舍地对党员和人民群众进行理想信念的教育与宣传。1927 年 8 月 1 日，中国共产党打响了武装反抗国民党反动派的第一枪。南昌起义，是中国共产党在极端艰难的条件下奋力反抗的无畏之举，这极大地鼓舞了人民的斗志，在关键时刻提振了在低谷徘徊的共产主义运动。随后进行的秋收起义、广州起义，这一连串的工农武装斗争用事实回答了人民群众的疑问和党内的徘徊与迷茫。面对残酷的敌人，面对血腥的屠杀，退缩没有出路，唯有斗争，才能赢得光明的前景。中国共产党人在浴火重生中，用血与火向世人发出了震撼的宣言：只要信仰仍在，信念永存，中国共产党不会被反动派的枪炮所吓倒，武装斗争的大旗将在血雨腥风中猎猎作响！各地的群众和党员又看到了希望，再次拿起刀枪，勇敢地走上了与国民党反动派作斗争的洪流中。从 1927 年秋天到 1929 年冬天，各地爆发了大大小小 100 多次武装斗争，虽然大部分都失败了，但却有力地打击了国民党反动派的气焰，提振了人民群众的斗志，在革命实践中升华了理想信念的宣传和教育。

二、三湾改编的推行与井冈山精神的形成

1929 年 9 月 29 日，毛泽东带领秋收起义的余部辗转到了江西永新县的三湾村。此时的部队一方面思想比较混乱，旧军队的习气和农民的小农意识都广泛存在；另一方面组织上比较复杂，编制也不全，既有正规军又有农民军，既有坚定的革命者，又有散兵游民，甚至土匪。部队经过秋收起义的失利以及转入农村的举措，士气低落、立场动摇。针对这种情况，为了坚定理想信念、凝聚人心、鼓舞斗志，毛泽东进行了著名的三湾改编。这不仅仅是军事上的整改举措，也是中国共产党政治伦理原则规范的确立。

三湾改编的举措主要有三点：一是进行组织规制，部队缩编为一个团，下辖一、三两个营。改编秉承自愿的原则，去留自便。虽然部队改编

后只剩下了 700 人左右，但是消极失望的情绪不那么突出了，留下来的都是有信念的人，部队也就更具战斗力。二是确定了“支部建在连上”的制度。改编改变了之前一个团一个支部的组织状况，实现了班有党小组，连有党支部，营团有党委，连以上设党代表，全军由前委统一领导，一切重大问题都经过党组织集体讨论决定。这就在组织上保证了党对军队的绝对领导，也保证了党可以更广泛地开展组织教育活动，坚定信念、树立信仰。三是废除军阀作风，实现官兵平等的民主制度。自此，官兵平等成为中国共产党领导的人民军队区别于一切旧军队的根本原则，也是中国共产党建军的一项基本政治原则。官兵平等的制度，是从人的内在需求出发，从而在最深层面增强了部队的凝聚力。三湾改编，使得中国共产党从基层开展思想教育的工作得到制度上的保障。毛泽东多次动员教育全体官兵鼓舞革命信心，“我们好比一块小石头，蒋介石好比一口大水缸。我们这块小石头总有一天会要打烂蒋介石那口大水缸的。中国有句古话：‘万事开头难’。要革命嘛，就不能怕困难。只要我们咬咬牙，挺过这一关，革命总有出头的一天”。[①] 这些生动活泼而又接地气的宣传教育让士兵看到了革命的力量与前景，情绪也高涨起来，为随后部队在井冈山建立革命根据地奠定了思想基础。

1928 年 4 月，朱德、陈毅率领南昌起义部队余部在井冈山同毛泽东会师。中国共产党在井冈山开始了敌我力量对比悬殊的艰难斗争。在险恶的斗争环境中，中国共产党从没有松懈过对党员和军民的共产主义世界观、人生观教育。毛泽东还写了《中国的红色政权为什么能够存在》《星星之火，可以燎原》等文章，从理论和实践上指明中国革命的前景，增强军民革命的信心。在国民党反动派接连不断的“进剿”“会剿”中，党领导井冈山军民自力更生、艰苦奋斗，度过了一道又一道的难关。那段艰苦岁月的精神与道德构建，穿透历史的帷幕，直到今天都投射着光芒。

坚定不移的信念。在井冈山的斗争中，军民携手并肩战斗，涌现了许多可歌可泣的事迹。其中，有龙源口战役中，身负重伤仍旧率部坚持作战、最后英勇牺牲的 28 团 3 营营长肖劲；有 9 次负伤，最后用身体堵住敌人机枪口的班长马奕福；有被捕后不为高官厚禄所动，用脚趾蘸着自己鲜血书写“革命成功万岁”的中共莲花县委书记刘仁堪。正是他们用自己的赤胆忠心谱写了井冈山精神中的信念赞歌。

① 朱成甲编:《中共党史研究论文选》中册，长沙，湖南人民出版社 1983 年版，第 77~79 页。

一切从实际出发的思想路线。井冈山的斗争是实事求是，追求真理精神的引领。面对革命的曲折和逆境，毛泽东面对各方面的误解和压力，实事求是地分析国内外形势，提出“工农武装割据”思想，在实践中摸索出一条以农村包围城市，武装夺取政权的革命道路。这种探索既有压力又充满了不确定性，这表现出了中国共产党坚持以革命事业为重，置个人安危荣辱于不顾，敢为真理而奋斗的伟大理想人格。

密切联系人民群众的思想作风。井冈山斗争期间，中国共产党既不主观主义又不官僚形式主义，而是踏实地了解群众的呼声和需求。毛泽东脚穿草鞋，头戴斗笠，身披蓑衣，走遍了罗霄山脉，先后写出了《永新调查》《宁冈调查》，这也是为什么人民跟着红军走的根本原因。为了维护群众利益，中国共产党在山上伊始就制定了“三项纪律”“六项注意”，把人民的冷暖时刻挂在心间，即便自己三餐无保、夜半无眠。深深扎根于群众、服务于群众，是红色政权发展壮大的根本保障，也是这个阶段中国共产党道德重建的硕果。

三、苏维埃政府的建立与民主意识的扎根

中国革命在中国共产党人井冈山精神的引领下呈星星火燎原之势，1929年初，经过艰苦卓绝的战斗，又接连开辟了赣南和闽西两块根据地。在第三次反“围剿”胜利后，形成了以瑞金为中心的将赣南、闽西连成一片的中央革命根据地。1931 年 11 月 7 日，中国共产党在瑞金召开中华苏维埃第一次全国代表大会，建立了“推动革命斗争、代表人民利益”的政权——中华苏维埃共和国临时中央政府。也是在这次会议上，确定了苏维埃共和国的性质是工人和农民的民主专政的国家，要实现“党内生活民主化，工作方式领导方式适合新条件的改造”。[①] 为此，中国共产党在苏维埃政府中开展了第一次有组织、有规模的民主选举。前前后后一共三次，为了更好地将选举落地，苏维埃政府还完善了相关的选举法规，这就从法律制度层面保障了人民的权利。

现实永远比理想更骨感，中国共产党也深刻地明晓这一道理。他们进行了大量细致入微的工作，甚至组建了选举运动训练班，以保障人民群众真正地广泛参与。人民群众从最初的“还不知道是做什么”，到后来的

① 中央档案馆编:《中共中央文件选集》第 11 册，北京，中共中央党校出版社 1991 年版，第 220 页。

“选民群众极大地认识了选举与自己生活的关系，过去不积极参加选举的民众，现在许多都积极参加起来了。1932 年两次选举，与 1933 年下半年的选举，许多地方到了百分之八十以上的选民，有些仅只害病的生育的以及担任警戒的人不曾参加选举会。”[①] 中国共产党在苏维埃政府的选举运动是他们民主实践的集中体现，如果原来我们在大革命时期的发动和宣传阶段，更多的是对未来民主平等生活的一种图景的勾勒，那么此时此地的民主选举活动，就是把这样的一种承诺兑现，是对民主这种道德价值的实践和发扬。

人民在选举运动中，民主意识、政治参与意识和参政能力都得到了大大的提升。“群众在各人名下注意见的很多，注两个字的、五个字的、十多个字的，儿童们也在注。注‘好’、‘不好’等字的多，注‘同意’或‘消极’的也有，有一人名下注着‘官僚’二字。”[②] 在苏维埃共和国中，民主意识已经深深扎根，这为中国革命的发展以及后来陕甘宁边区的政治建设都提供了宝贵的意见和源源不断的动能。

四、遵义会议的召开与长征精神的传递

中央红军在第五次反“围剿”中，由于党内“左”倾冒险主义路线的指挥而失利，中共中央机关和中央红军被迫撤出中央革命根据地，不得已离开群众基础非常好的瑞金，踏上了二万五千里的长征之路。

遵义会议是中国革命和中国共产党的转折点，会议清算了王明“左”倾路线在各个方面的表现：经济上主张“地主不分田，富农分坏田”，这种从肉体上消灭地主，从经济上消灭富农的思想超越了中国革命的历史阶段；政治上否认中间阶级要求抗日的要求，把抗日反蒋的中坚力量推到了对立面；在组织上实行宗派主义，习惯给意见相左的同志扣帽子、无情打击。这和我们倡导和形成的一切从实际出发，密切联系群众的政治和道德风尚是完全相悖的。它虽然以“革命”的面貌出现，但实质上是有害于革命运动的资产阶级个人主义的观点。遵义会议后，党的各级组织普遍加强了集体领导和民主制度，中国共产党表现出的无所畏惧的伟大实践精神，为我们赢得长征的伟大胜利提供了思想上和组织上的保障。

① 中央档案馆编:《中共中央文件选集》第 11 册，北京，中共中央党校出版社 1991 年版，第 220 页。

② 中央档案馆编:《中共中央文件选集》第 11 册，北京，中共中央党校出版社 1991 年版，第 221 页。

1934年10月至1936年10月，两年的征程，英雄的红军击退了上百万穷凶极恶的追兵阻敌，征服了空气稀薄的冰山雪岭，穿越了渺无人烟的沼泽草地，走出了纵横十余省，长驱二万五千里的传奇征程。长征对于中国革命而言是历史记录的第一次，“自从盘古开天地，三皇五帝到于今，历史上曾经有过我们这样的长征吗？十二个月光阴中间，天上每日几十架飞机侦察轰炸，地下几十万大军围追堵截，路上遇着了说不尽的艰难险阻，我们却开动了每人的两只脚，长驱二万余里，纵横十一个省。请问历史上曾有过我们这样的长征吗？没有，从来没有的。”[①]

“革命理想高于天”的钢铁信念是长征胜利的精神支点。长征之苦，其艰巨难以想象，其艰险更是无以复加。横亘在红军官兵面前的，不仅有防卫森严的险关座座，更存在路线之争的迷雾重重。走不对，每条路都可能指向死地；走不好，每一步都可能招致灭顶之灾。但是，就是这支仅靠毡布御寒、野菜果腹的红军队伍，却“风雨侵衣骨更硬，野菜充饥志越坚。官兵一致同甘苦，革命理想高于天。”在这种理想信念的支撑下，漫漫征途，红军将士同敌人进行了600余次战役战斗，跨越近百条江河，攀越40余座高山险峰，其中海拔4000米以上的雪山就有20余座，他们用顽强的意志超越了人类生存极限。歌德曾经说过这样一句话：“奇迹是信仰最宠爱的孩子。”两个多世纪前的这句断言，被这支军衣褴褛、缺粮少弹的红色军队所印证。曾在长征中与红军官兵朝夕相处18个月的瑞士传教士薄复礼，在回忆录中这样描述道：“他们一天只能吃一顿饭，天天不分昼夜地行走……但这些身着破衣、草鞋的年轻战士还常常围绕着人的精神等哲学命题讨论”，[②]字里行间，我们不难感受到这位来自异国的神职人员，在另一种信仰面前所表露出的惊叹与感佩。究竟是什么牵引着他们从皑皑雪山爬过，是什么支撑着他们在茫茫草地跋涉。行源于心，力源于志。理想信念从来不是缥缈的空中楼阁，而是存在于现实的精神引领。张闻天曾经这样动情地说过：“没有理想，红军连一千里都走不了。”长征是一次理想信念的伟大远征，正是因为崇高理想的感召、坚定信念的支撑，在湘江战役中才有了断肠师长——陈树湘。在惨烈的湘江之战中，他率领全师与敌人殊死激战四天五夜，部队弹尽粮绝，陈树湘伤重被俘。在押送途中，他毅然用手伸入受伤的腹部，绞断肠体，壮烈牺牲，实现了

① 《毛泽东选集》第1卷，北京，人民出版社1991年版，第149~150页。

② ［瑞士］薄复礼：《一个外国传教士眼中的长征》，张国琦译，北京，昆仑出版社2006年版。

他“为苏维埃新中国流尽最后一滴血”的誓言，而那一年他刚刚 29 岁。谁不珍爱生命，哪一个不是血肉之躯，长征这条红飘带，是由无数红军的鲜血染成的。然而艰难可以摧残人的肉体，死亡可以夺走人的生命，却没有任何力量能够撼动中国共产党人的理想信念。

“心中有民不忘本”的宗旨情怀是长征胜利的价值内核。一部红军长征史，不仅是一部理想信念的历史，也是一部反映军民鱼水情深的历史。人民是历史的主人，人民大众的立场是马克思主义的基本立场。自诞生之日起，中国共产党就把为广大人民谋幸福作为宗旨，肩负起民族独立与国家富强的使命，这种情怀在长征中得到充分体现——艰苦转战之际，红军看见群众就找到了继续前进的依托；长征途经之地，群众迎来红军就得到了翻身解放的新生。在湖南汝城县沙洲村，3 名女红军借宿徐解秀老人家中，老人家中非常贫寒，甚至没有一床御寒的棉被，那一晚，4 个人挤在一张床上合盖着一床棉被。临走时，3 名女红军战士要把自己仅有的一床被子给老人留下，老人说什么也不肯，最后被子被一分为二，一半三名女战士带走，另一半给老人留下。老人说，什么是共产党？共产党就是自己有一条被子，也要剪下半条给老百姓的人。红军在毛儿盖曾经驻扎了 3 个月，其中一个重要任务是为过草地筹粮，当时正值青稞成熟的季节，可是当地群众却受到反动头人的误导宣传，全都逃进了山里，没人收割青稞，红军没有办法只能组织战士到田里收割一部分青稞。红军队伍收割了青稞之后，由前敌总政治部在田边竖一块木板，写明收割缘由，作为借据。正是红军时刻把人民放在心间，把人民的利益捧在手心，老百姓才会守望与追随这支队伍！正是军民生死相依、患难与共才汇聚出披荆斩棘、无往不胜的强大合力，而这股力量正是中国共产党不断从胜利走向胜利的一把红色钥匙。

“万水千山只等闲”的革命本色是长征胜利的使命担当。“艰难困苦，玉汝于成。”长征历时之长、规模之大、行程之远、环境之险恶、战斗之惨烈，在中国历史上是绝无仅有的，在世界战争史乃至人类文明史上也是极为罕见的。战斗频繁、路途艰险、补给困难、疫病侵袭，时刻考验着红军官兵的意志与耐力。然而，就是这支每一分钟都在与死神打交道的队伍，却有着高涨的革命乐观主义精神和万水千山只等闲的革命本色。他们一有空闲便拿起马列著作，跳起《红军舞》，唱起《马赛曲》与《国际歌》，这种在极端艰难困苦条件下，敢于藐视与战胜一切困难的精神，使他们成为斯诺笔下“最幸福的中国人”。长征的胜利，靠的是红军将士压倒一切敌人而不被任何敌人所压倒、征服一切困难而不被任何困难所征服的英雄气概和革命精神。诗史合一，是谓史诗。长征这部史诗涵盖了一个民族刻骨铭心的磨难与觉醒，一个政党矢志不移的奋斗与探索。司徒雷登在总结国民党失败原因时，曾得出过这样的结论："共产党之所以成功，在很大程度上是由于其成员对自己的事业抱有无私的献身精神。"翻开那段历史我们不难发现：在血雨腥风的战争年代，在硝烟弥漫的战场，无数先烈永不言败，为国为民披肝沥胆，这种在民族命运和国家前途面前展现出来的革命乐观主义精神，无不源自强烈的爱国情怀与责任担当。

长征走过的道路，我们不仅仅是翻越了千山万水，更重要的是我们翻越了把马克思主义当作一成不变的教条的错误思想障碍。长征的过程，是联系实际、创新理论、探索革命道路的过程。长征的胜利，更是实事求是，一切从实际出发的方向和道理的胜利。长征迸发出的激荡人心的强大力量，已经跨越时空、跨越民族。

第三节　抗日战争时期——发展与深化

抗日战争时期，抗击日本帝国主义的侵略是这一时期的中心任务，面对亡国的危局，团结一切可以团结的力量共赴国难，最终实现民众的解放和民族的独立，是中国共产党最大的价值诉求。为此，中国共产党以爱国主义、集体主义、社会主义、无产阶级国际主义相结合的新型爱国主义道德要求，发动群众放下阶级仇恨，动员全党放下政治偏见，呼吁国际无产阶级联合起来，力劝国民党同仇敌忾。工人、农民、城市小资产阶级、民族资产阶级、海外侨胞、各国无产阶级包括一些国民党将领高度回应这一精神，并最终建立了最广泛、最全面的抗日民族统一战线。在物质与金钱上都极为匮乏的中国共产党，将自身的奋斗目标、革命纲领与民众的抗争目标、战斗纲领同步化，得到最广大民众的衷心拥戴，使共产主义的价值体系在革命斗争中成为社会的核心价值体系，成为社会中绝大多数人的核心价值观。中国共产党在价值体系构建上走在了所有政党的前面，通过价值体系对民众进行引导，实际上已经成为中国革命的领导核心。随着斗争的持续发展以及亡国论和速胜论的甚嚣尘上，毛泽东从中日国情和敌我双方力量的对比出发，提出抗日战争是持久战，最后胜利是中国的论断，坚定抗战信心，并且做到了随时随地地政治动员以形成人民战争的浪潮，

"联系战争发展的情况，联系士兵和老百姓的生活，把战争的政治动员，变成经常的运动。"① 这种经常性的广泛的动员，使士兵、人民对为什么要打仗、战争的性质和前途都更加清楚明了。八年全面抗战最终胜利，这与坚定持续的动员和持久必胜的信念以及军民一心的团结，至关重要。

一、奋起抗战的推动与延安精神的感召

抗日战争爆发后，中国共产党迅速确立了全面抗战路线，投入为民族独立和人民解放奋起抗战的洪流中。1937 年 7 月 8 日，中国共产党发表《中共中央为日军进攻卢沟桥通电》，号召全民族同胞实行全民族抗战，要求立刻给进攻的日军以坚决的反攻，立刻准备应对新的大事变。通电还号召全民族同胞、政府与军队，团结起来，建筑民族统一战线的坚固长城，抵抗日寇的侵略！国共两党亲密合作抵抗日寇的新进攻！ 7 月 15 日，党中央将《中国共产党为公布国共合作宣言》送交国民党，宣言提出三项奋斗目标：一是争取中华民族之独立自由与解放；二是实现民权政治，召开国民大会，制定宪法与救国方针；三是实现中国人民之幸福与愉快的生活。为了国共两党同仇敌忾，中国共产党表现出了最大的诚意，向全国宣布：一是孙中山先生的三民主义为中国今日之必需，本党愿为其彻底的实现而奋斗。二是取消一切推翻国民党政权的暴动政策及赤化运动，停止以暴力没收地主土地的政策。三是取消现在的苏维埃政府，实行民权政治，以期全国政权之统一。四是取消红军名义及番号，改编为国民革命军，受国民党政府军事委员会之统辖，并待命出动，担任抗日前线之职责。②

中国共产党为抗战所做的种种努力被全国人民所认可和支持，在中国共产党的推动与督促下，在全国人民抗战怒潮的逼迫下，对抗战犹豫不决的国民党终于在 1937 年 8 月 4 日发表自卫声明，并于 22 日正式发布命令，将红军改编为国民革命军第八路军，任命朱德、彭德怀为正副指挥。在中国共产党的催促下，国民党才于 9 月 22 日发表了延搁一个月之久的《中国共产党为公布国共合作宣言》。23 日，蒋介石发表了《对中国共产党宣言的谈话》，承认了中国共产党的合法地位，称宣言的发表是中国共产党"为民族之意识胜过一切之例证"。③ 至此，建立在国共两党合作基

① 《毛泽东选集》第 2 卷，北京，人民出版社 1991 年版，第 481 页。

② 樊天顺主编：《中共党史导读》，北京，中国广播电视出版社 1991 年版，第 605 页。

③ 中央档案馆编：《中共中央文件选集》第 12 册，北京，中共中央党校出版社 1982 年版，第 17 页。

础上的抗日民族统一战线正式形成。抗日民族统一战线的形成，是中国共产党在艰苦卓绝的对敌斗争中，以及在国际国内时局的准确判断上作出的正确且正义的抉择。在民族大义面前，中国共产党以民族独立与解放的大局为重，他们奋起抗战的光明磊落、大公无私的种种举措已经超越了历史上任何一个政党的境界。中国共产党用自己的实际行动深刻展现了爱国主义、社会主义、集体主义、无产阶级国际主义"四位一体"的爱国主义价值观。这种价值观已经不同于古老中国一路走来的价值秉承，这是在一个新的历史时期，由一个先进的政党在革命斗争的实践中体认与凝练的新的价值观。也正是在这样的价值观引领下，才有一批又一批的青年学子，奔赴延安，奔赴未来。

延安时期之所以成为中国共产党道德重建的关键时期，在很大程度上得益于中国共产党先后创办的20多所院校，这些院校有我们熟知的陕北公学、中国人民抗日军政大学（以下简称"抗大"）等。中国共产党把这些学校的思想道德建设作为具有战略意义的头等大事来抓，这也促发了中国共产党对于道德重建问题的深入思考与发展。毛泽东曾经为陕北公学题词，希望这所院校："要造就一大批人，这些人是革命的先锋队。这些人具有政治远见。这些人充满着斗争精神和牺牲精神。这些人是胸怀坦白的，忠诚的，积极的，与正直的。这些人不谋私利，唯一的为着民族与社会的解放。这些人不怕困难，在困难面前总是坚定的，勇敢向前的。这些人不是狂妄分子，也不是风头主义者，而是脚踏实地富于实际精神的人们。中国要有一大群这样的先锋分子，中国革命的任务就能够顺利的解决。"① 这不仅是对学校办教育的要求，更是对广大党员干部思想道德品质的具体要求。毛泽东还在抗大第四期第三大队的开学典礼上专门做了《抗大要学什么？》的讲话，指明抗大学习的宗旨就是抗日救国。广大学员要学一个政治方向；要学怎样做能发动组织广大人民的干部；要下一种为中华民族的解放，为建设新中国而永不退缩、勇往直前的决心。这其实是"四位一体"爱国主义价值观的简明生动版。

一批又一批的有志青年在延安这个革命圣地接受洗礼，越来越多的中国共产党人在这里将马克思主义的科学思想与中华民族优秀的传统风范相结合。在战争的磨砺中，这些瑰丽的思想愈加闪耀，投注在人民的心中，成为抗战时期支撑大家活下去、走下去的精神支柱。延安精神是为崇高革

① 《毛泽东思想年编（1921—1975）》，北京，中央文献出版社2011年版，第172页。

命理想自觉献身的精神。民族国家整体利益的至上性，一直是国人秉承的君子之风。抗战时期，因为有了为共产主义事业奋斗终身这个伟大而又崇高的信仰，可为之生，亦可为之死，被官兵乃至人民群众发挥到了淋漓尽致。无论怎样的困难，无论怎么的艰险，矢志不渝，砥砺前行。“这只有共产党能做到，别人是做不到的。”[①] 延安精神还是自力更生、艰苦奋斗的精神。抗战期间，我们的根据地无弹药、无粮饷、无医药、无被服，将士们还要在这样的情况下粉碎敌人的“囚笼政策”“蚕食政策”“三光政策”。“虽然得不到外界的物质援助，但我们依赖军民一心，自己动手。我们发动生产运动，各地方政府设法帮助人民，提高生产，改善人民生活。我们依赖了自己的双手，自力更生了。”[②] 延安精神更是全心全意为人民服务的精神。中国共产党在延安时期响亮地提出了“为人民服务”的道德宗旨。“我们的共产党和共产党所领导的八路军、新四军，是革命的队伍。我们这个队伍完全是为着解放人民的，是彻底地为人民的利益工作的。”[③] 这是中国共产党区别于其他一切政党的显著标志，也是中国共产党一切工作的出发点和落脚点。

二、大生产运动的开展与集体主义精神的传播

1938 年 10 月，日军相继占领广州、武汉，抗日战争进入相持阶段。相持阶段的到来也使解放区遭遇了前所未有的困难：既有日军的扫荡，又有国民党顽固势力的封锁，还有华北地区的自然灾害，这一切的困苦似乎在考验这个年轻的政党。部队减员严重，给养缺乏，人民生活困苦，怎么办？是中国共产党亟待解决的问题。是饿死？解散？还是自己动手克服困难？饿死自然是要不得，解散更不是中国共产党的作风，只有自己动手，才能克服解放区的苦难。朱德鼓励大家要用劳动的双手，建立起革命的“家务”。1939 年 3 月 15 日，总司令部发布了《关于在部队中开展生产运动的训令》，1940 年 2 月，中央军委又向全军发出《关于开展生产运动的指示》，各抗日根据地的党政军学人员以及人民群众响应号召，开始了大规模的生产运动。

这不仅是生产的动员，更是一次集体主义精神的感召。不少战士从日夜战斗的前线回到解放区，一心想的是打退顽固派的进攻，保卫边区，保

① 《毛泽东文集》第 2 卷，北京，人民出版社 1993 年版，第 193 页。

② 《朱德选集》，北京，人民出版社 1983 年版，第 93 页。

③ 《毛泽东选集》第 3 卷，北京，人民出版社 1991 年版，第 1004 页。

卫党中央。可是，到了边区却要他们拿起锄头去搞生产，有很多战士思想上一时转不过弯来：当兵吃粮是天经地义的事情，哪有当了兵还要种地的道理？针对这样的想法，毛泽东指出："军队生产自给，不但改善了生活，减轻了人民负担，并因而能够扩大军队，而且立即带来了许多副产物。这些副产物就是：（一）改善官兵关系。官兵一道生产劳动，亲如兄弟了。（二）增强劳动观念。我们现行的，既不是旧式的募兵制，也不是征兵制，而是第三种兵役制——动员制。它比募兵制要好些，它不会造成那样多的二流子；但比征兵制要差些。我们目前的条件，还只许可我们采取动员制，还不能采取征兵制。动员来的兵要过长期的军队生活，将减弱他们的劳动观念，因而也会产生二流子和沾染军阀军队中的若干坏习气。生产自给以来，劳动观念加强了，二流子的习气被改造了。（三）增强纪律性。在生产中执行劳动纪律，不但不会减弱战斗纪律和军人生活纪律，反而会增强它们。（四）改善军民关系。部队有了家务，侵害老百姓财物的事就少了，或者完全没有了。在生产中，军民变工互助，更增强他们之间的友好关系。（五）军队埋怨政府的事也会少了，军政关系也好了。（六）促进人民的大生产运动。军队生产了，机关生产更显得必要，更有劲了；全体人民的普遍增产运动，当然也更显得必要，更有劲了。"[①] 这段话虽然没有出现"集体主义"这四个字，但字里行间流淌的都是集体主义精神。

毛泽东、朱德、周恩来等党的领导人还身先士卒，带头参加生产劳动。朱德和身边的秘书、警卫人员组成一个生产小组，在窑洞里架起纺车纺线。并在王家坪开垦出约 3 亩菜园。清晨与傍晚，经常能看见他与康克清在菜园地劳动的身影。为了给菜地施足肥料，朱德几乎每天早起出去捡粪。他只身一人，手持铁锹，肩挎粪筐，穿行在延安城外的微微晨曦之中，浑然是一位地道的农民。周恩来右臂有旧伤，但他仍旧坚持和同志们一道劳动，学习纺线，甚至还在纺线比赛中获得纺线能手的称号。他们用自己的实际行动践行着集体主义的精髓，也极大地感染了全党全军和广大老百姓生产和战斗的积极性。

在边区大生产运动中还出现了一个典型，就是王震率领八路军三五九旅在南泥湾军垦屯田。南泥湾原来是一个荒山丛林、野兽出没、人烟稀少的地带。将士们到达南泥湾，自己动手打窑洞、建营地，一双双紧握钢枪的手，又拿起了锄头镰刀，南泥湾成为另一个战场。战士们披荆斩棘，风

---

① 《毛泽东选集》第 3 卷，北京，人民出版社 1991 年版，第 1107 页。

餐露宿，以丝毫不亚于前线战士浴血奋战的精神，开荒种粮，烧炭熬盐，养猪养羊，织布纺纱。经过官兵们的艰苦奋战和辛勤劳动，1941 年开荒种地 1.2 万亩，粮食自给达到了 70%。到了 1944 年，三五九旅开荒 26.1 万亩，产粮 3.5 万多石，向政府交公粮 1 万多石。曾经荒无人烟的南泥湾变成了陕北的好江南。朱德曾经赋诗盛赞全军将士的伟大创造："……去年初到此，遍地皆荒草。夜无宿营地，破窑亦难找。今辟新市场，洞房满山腰。平川种嘉禾，水田栽新稻。屯田仅告成，战士粗温饱。农场牛羊肥，马兰造纸俏。小憩陶宝峪，青流在怀抱。诸老各尽欢，养生亦养脑。熏风拂面来，有似江南好。散步咏晚凉，明月挂树杪。"[①] 南泥湾大生产运动显示出军队强大的生命力：在前方，拿起枪战斗；在后方，拿起锄种地。军队的苦难解决了，根据地的主要困难也就解决了。在抗日战争的相持阶段，大生产运动以及由此而广泛传播的集体主义精神，使我们不仅克服了物质上的苦难，还支持了全国人民的长期抗战，为最后夺取胜利奠定了基础。

三、党的建设的加强与道德典范的树立

为了克服抗战相持阶段的严重困难，中国共产党一方面在经济上开展大生产运动，另一方面在政治上不断加强党的建设。党的建设中的若干举措皆是为了凝聚力量、砥砺理想，在全党全军和人民群众中形成并践行"四位一体"爱国主义价值观。

如果说党在斗争中的不断发展壮大是战争胜利的前提条件，那么加强对党员，尤其是新党员的思想道德建设就是战争胜利的重要保障。陈云根据党的任务和性质，提出了共产党员应该具备的六条标准：一要终身为共产主义奋斗；二要革命的利益高于一切；三要遵守党的纪律，严守党的秘密；四要百折不挠执行决议；五要群众模范；六要学习。[②] 他还分析了纪律对党组织的重要性，认为纪律是革命得以胜利的基本条件之一。这个纪律就是要个人服从组织、少数服从多数、下级服从上级、全党服从中央。陈云提出中国革命是长期艰苦的一项事业，共产党员没有意志行动的统一，没有铁的纪律和坚定的执行力，就不可能取得胜利。[③] 在抗日战争时期，党员标准线的不能突破，党的纪律的绝对执行，是爱国主义的体现，也是集体主义的体现，还是无产阶级国际主义的体现，更是社会主义的体现。

---

① 《朱德诗词集（新编本）》上，北京，中央文献出版社 2007 年版，第 89~90 页。

② 《陈云文选》第 1 卷，北京，人民出版社 1984 年版。

③ 《陈云文选》第 1 卷，北京，人民出版社 1984 年版。

中国共产党在血雨腥风中逐渐成长起来，他们不仅可以对自我进行革新与建设，而且还非常善于发现和宣传为了国家独立和自由而抛头颅洒热血的英雄典范，从而在全党和人民群众中形成积极向上的氛围。来自加拿大的共产党员、外科医生白求恩，就是一位这样的道德典范。他于1938年初来到中国，3月底到达延安，不久赴晋察冀边区工作。在晋察冀边区工作的一年多时间里，他工作热忱、责任心强。在1939年11月1日为伤员施行急救手术时感染了致命的病毒，他却继续忘我地工作，直到病情恶化。毛泽东在《纪念白求恩》中，深情地写道："白求恩同志是加拿大共产党员，五十多岁了，为了帮助中国的抗日战争，受加拿大共产党和美国共产党的派遣，不远万里，来到中国。去年春上到延安，后来到五台山工作，不幸以身殉职。一个外国人，毫无利己的动机，把中国人民的解放事业当作他自己的事业，这是什么精神？这是国际主义的精神，这是共产主义的精神，每一个中国共产党员都要学习这种精神。列宁主义认为：资本主义国家的无产阶级要拥护殖民地半殖民地人民的解放斗争，殖民地半殖民地的无产阶级要拥护资本主义国家的无产阶级的解放斗争，世界革命才能胜利。白求恩同志是实践了这一条列宁主义路线的。我们中国共产党员也要实践这一条路线。我们要和一切资本主义国家的无产阶级联合起来，要和日本的、英国的、美国的、德国的、意大利的以及一切资本主义国家的无产阶级联合起来，才能打倒帝国主义，解放我们的民族和人民，解放世界的民族和人民。这就是我们的国际主义，这就是我们用以反对狭隘民族主义和狭隘爱国主义的国际主义。"[①] 白求恩践行的就是无产阶级国际主义。他的事迹在全党全军和人民群众中引起了极大的震动和反响，都为他这种真正的共产主义精神而感动。

张思德是一位普通的中央警卫团战士，长征期间为了部队战胜饥饿，他总是抢先去品尝野草，几次因为中毒而失去知觉。1944年，作为煤炭班长的他，在挖炭窑时遭遇窑顶坍塌，在千钧一发之际，他把战友推出窑口，把生的希望留给了别人，自己却献出了年轻的生命。毛泽东为这位平凡而又伟大的战士举行了追悼大会，并且强调："今后我们的队伍里，不管死了谁，不管是炊事员，是战士，只要他是做过一些有益的工作的，我们都要给他送葬，开追悼会。这要成为一个制度。"[②] "制度"一词投射着

① 《毛泽东选集》第2卷，北京，人民出版社1991年版，第659页。

② 《毛泽东选集》第3卷，北京，人民出版社1991年版，第1005页。

中国人梦寐以求的平等自由，而那么多的人愿意抛家舍业跟着共产党闹革命，从中可见一斑。毛泽东还用平实而又感人的话语生动阐述了怎样是对集体的爱、对国家的爱："我们都是来自五湖四海，为了一个共同的革命目标，走到一起来了。我们还要和全国大多数人民走这一条路。我们今天已经领导着有九千一百万人口的根据地，但是还不够，还要更大些，才能取得全民族的解放。我们的同志在困难的时候，要看到成绩，要看到光明，要提高我们的勇气。中国人民正在受难，我们有责任解救他们，我们要努力奋斗。要奋斗就会有牺牲，死人的事是经常发生的。但是我们想到人民的利益，想到大多数人民的痛苦，我们为人民而死，就是死得其所。"①这种爱，这种凝结着社会主义、集体主义、爱国主义和无产阶级国家主义的爱，才是共产党人的价值观，才是指引中国革命不断取得胜利的伟力所在。

四、整风运动的开展与党员修养的提升

整风运动的开展，一来是为了清算党内一度存在的"左"的和右的机会主义错误，二来是为了解决随着党员队伍的壮大非无产阶级进入党内的问题。"就资本主义和帝国主义时代说来，就需要一个如共产党这样的革命党。如果没有共产党这样的革命党，人民要想推翻敌人的压迫，简直是不可能的。我们是共产党，我们要领导人民打倒敌人，我们的队伍就要整齐，我们的步调就要一致，兵要精，武器要好。如果不具备这些条件，那末，敌人就不会被我们打倒。"②影响队伍整齐和步调一致的就是一些同志头脑中的"不大正确，不大正派"的思想。"反对主观主义以整顿学风，反对宗派主义以整顿党风，反对党八股以整顿文风，这就是我们的任务。我们要完成打倒敌人的任务，必须完成这个整顿党内作风的任务。学风和文风也都是党的作风，都是党风。只要我们党的作风完全正派了，全国人民就会跟我们学。党外有这种不良风气的人，只要他们是善良的，就会跟我们学，改正他们的错误，这样就会影响全民族。"③

整风运动分为三个阶段。党的高级干部学习马克思主义理论为整风阶段的准备阶段，以毛泽东在延安高级干部会议上所做的《改造我们的学习》为标志。第二阶段为全党整风阶段，以1942年毛泽东在延安中央党

① 《毛泽东选集》第3卷，北京，人民出版社1991年版，第1005页。
② 《毛泽东选集》第3卷，北京，人民出版社1991年版，第811页。
③ 《毛泽东选集》第3卷，北京，人民出版社1991年版，第812页。

校发表《整顿党的作风》的报告为开端，以《反对党八股》阐明整风的任务和方针，以《在延安文艺座谈会上的讲话》为推进，整风运动在全体党员干部中间有计划、有步骤地展开。第三阶段是总结党的历史经验阶段，以《关于若干历史问题的决议》为标志，对党内的历史问题做了全面总结，使全党高级干部达到了在马克思主义基础上的认识一致。整风运动从思想上、政治上、组织上巩固和加强了党的建设，实现了全党在马克思主义理论基础上的空前团结和统一，提升了党的组织力和战斗力。

干部队伍建设是落实整风运动的关键所在，加强党员自身修养，净化党员环境，就显得尤为必要。刘少奇指出，人们的社会关系、社会组织形式以及人们的思想意识等，都是在与自然界的斗争中不断得以改造和进步的。"我们共产党不是天上掉下来的，而是从中国社会中产生的。每个党员都是从中国社会中来的，并且今天还是生活在这个社会中，还经常和这个社会中一切不好的东西接触。不论是无产阶级或是非无产阶级出身的党员，不论是老党员或是新党员，他们会或多或少地带有旧社会的思想意识和习惯，这是不奇怪的。"[①] 共产党员要成为政治上成熟的革命家，必须在广大群众的革命斗争中，在各种艰难困苦的境遇中，锻炼自己，总结实践的经验，加强自身的修养，提高自己的思想能力。唯有如此，共产党员才不会失去对于新事物的知觉，才能使自己变成忠诚纯洁进步的模范党员干部，成为品质上优良、政治上坚定的革命家。正确处理个人利益与党的利益的关系是共产党员修养中的首要问题，共产党是无产阶级的政党，除了无产阶级解放的利益以外，没有它自己特殊的利益。一个共产党员就是要服从党的利益，真正的大公无私就是没有离开党而独立的个人目的和私人打算。这些观点在当时的延安产生了很大的影响，这是从党员的内在自我发力去形成对"四位一体"的爱国主义价值观的认同。配合着整风运动的外部加持，共产党员实现了内因外因的双重驱动。

第四节　解放战争时期——完善与精进

抗战的胜利并没有给中国人民带来渴望已久的和平，1946年6月，国民党反动派冒天下之大不韪悍然发动全面内战。中国共产党的中心任务

① 《刘少奇选集》上卷，北京，人民出版社1981年版，第103页。

随着斗争形势的发展主要围绕争取和平民主运动、自卫战争、夺取全国胜利展开。这一时期的道德重建紧紧围绕建设独立、和平、民主的新中国进行政治斗争、文化斗争，并随着革命形势的发展探索新型道德治理途径和方法。为了给予久处战火中的老百姓所渴望的和平，中国共产党继续以“四位一体”爱国主义团结各界人士，尽最大可能地争取和平。毛泽东甚至不顾个人安危，亲赴重庆，与国民党谈判，表现了共产党人争取和平的最大诚意和决心，以及为民谋利的阶级品质。这一举措也以事实挫败了国民党欲加内战罪名于共产党的阴谋，提高了人民群众对抗日战争胜利后中国两种前途和命运的认识。当战争不可避免地打响后，国民党军队的精良装备和美帝国主义支持，使很多人对于革命前途产生悲观情绪。毛泽东提出“一切反动派都是纸老虎”[①],以革命英雄主义精神的宣传教育激发广大指战员“为人民立功劳”的斗志，稳定了民心，坚定了“将革命进行到底”[②]的信念。当人民战争胜利在望,共产党人以“全心全意为人民服务”的价值旨归奠立了人民民主专政的基础；即便是建立新政权的前夕，中国共产党仍不忘以集体主义精神和艰苦奋斗的传统告诫全党牢记“两个务必”，以人民利益至上作为执政的诉求。

一、反战爱国的举措与国统区民主运动的蓬勃

抗日战争结束后，国际国内形势发生了很大的变化，全国上下热烈期盼国家的统一富强，“现在的情况是，我们抗日战争阶段已经结束，进入了和平建设阶段。全世界包括欧洲、东方，都进入了和平建设的阶段。”[③]中国迎来了进行和平建设的机遇期。但是在美帝国主义的支持下，蒋介石很快就拉开了反共反人民、抢夺抗战胜利果实、阻止中国人民获得和平与民主的序幕。

反对内战，是党在七大就确定的方针。抗战结束，中国共产党开始了通过政治斗争、军事斗争反对内战，争取和平的举措。毛泽东在《抗日战争胜利后的新形势和新任务》中指出：“和平是可能取得的，因为中国人民需要和平，苏、美、英也需要和平……中国过去是大敌当前，现在是疮痍满目，前方各解放区损失严重，人民需要和平……我们党需要和平。”[④]他

① 《毛泽东选集》第4卷，北京，人民出版社1991年版，第1195页。
② 《毛泽东选集》第4卷，北京，人民出版社1991年版，第1372页。
③ 《毛泽东文集》第4卷，北京，人民出版社1996年版，第4页。
④ 《毛泽东文集》第4卷，北京，人民出版社1996年版，第5页。

特别强调了争取和平的重要性，“这对于我们是一个新环境，和北伐、内战、抗日三个时期都不同……我们很需要利用这样一个时期来教育人民，来锻炼我们自己。”[①] 中国共产党在随后发表的《对目前时局的宣言》中也再次重申了和平、民主、团结的三大主张。迫于压力，蒋介石摆出了和平的姿态，但却在背后实施反革命的行为，面对这样的情况，中国共产党一方面向全国人民阐明了一直以来争取和平的真诚意愿，另一方面深刻揭露了蒋介石国民党的反动本质，并提出与国民党反动派进行有理、有利、有节的和平斗争。这不仅是我们与国民党反动派的政治斗争策略，也同样成为解放战争时期中国共产党道德治理原则，这样就达到了既教育广大人民，提高人民的思想觉悟，又使广泛的中间派认清时局，争取团结的目的。

1945 年 8 月，毛泽东飞赴重庆，与国民党进行谈判。毛泽东说：“在无论什么情形之下，中国都将坚持避免内战的方针。困难会有的，但是可能克服的。”[②] 经过 43 天的艰苦谈判，中国共产党为了实现和平作出了最大的让步，用实际行动诠释了什么是真正的共产主义的爱国情怀。然而，在《双十协定》签订后的第三天，蒋介石就撕毁协议，发动了内战。面对在军事和经济上都拥有绝对优势的国民党的倒行逆施，毛泽东说：“只有原子弹而没有人民的斗争，原子弹是空的。”[③] “世界是在进步的，前途是光明的，这个历史的总趋势任何人也改变不了。我们应当把世界进步的情况和光明的前途，常常向人民宣传，使人民建立起胜利的信心。”[④] 中国共产党从思想、政治、军事等方面采取了一系列的措施，教育广大党员群众团结一致，鼓舞人民敢于斗争、敢于胜利，为争取和平民主的新中国永久奋斗。为了适应新的斗争形势的需要，中国共产党一边分析时局，“蒋介石总是要强迫人民接受战争，他左手拿着刀，右手也拿着刀。”[⑤] 毛泽东在《目前时局及今后六个月的任务》的报告中指出：“在一切解放区，是组织强大的野战军，有计划地歼灭向我进攻的顽军……这是自卫的战争，我们具有充分的理由，站在有理有利的地位。解放区的一切工作，都应为这一中心任务而服务”。[⑥] 这既是让大家认清形势，放弃对蒋介石的和平

① 《毛泽东文集》第 4 卷，北京，人民出版社 1996 年版，第 9 页。
② 《毛泽东文集》第 4 卷，北京，人民出版社 1996 年版，第 26 页。
③ 《毛泽东选集》第 4 卷，北京，人民出版社 1991 年版，第 1133 页。
④ 《毛泽东选集》第 4 卷，北京，人民出版社 1991 年版，第 1163 页。
⑤ 《毛泽东选集》第 4 卷，北京，人民出版社 1991 年版，第 1126 页。
⑥ 《毛泽东文集》第 4 卷，北京，人民出版社 1996 年版，第 40 页。

幻想，又是对全党全军和人民群众发出的斗争到底的号角。在斗争中成长起来的中国共产党比谁都渴望和平，但他们又不惧怕战争，他们有最坚决最彻底的革命性，因为他们永远和人民站在一起，“我们都是站在一条线上为人民服务，都准备牺牲性命为全国人民谋利益。”[①] “中国的事情，要靠中国共产党、八路军新四军和老百姓来办……团结起来，大家一条心，为中国人民的解放而奋斗。”[②]

中国共产党为民族为人民争取和平的努力与行动，使得党的主张和理念如春风化雨般潺潺流入人民群众的心间，这是一种水到渠成，这是一种顺势而为，如果以前我们的思想道德建设还有一些主观上的强势和急躁，那么到了这个阶段，我们的思想道德的建树已经越来越倾向于挖掘人民群众的自觉。“从群众的当前最迫切的要求出发，耐心地克服群众中的各种疑虑，启发群众的斗争情绪，提高群众的觉悟程度，帮助群众对政策的了解，培养群众积极分子”。而群众是否发动起来的标准，主要是看“是否已经产生了主人翁的自觉，是否相信自己组织起来的力量”[③] 在这样思想的引领与鼓舞下，不仅解放区群众的积极性被调动起来，国统区人民群众和青年学生的爱国民主运动也被激发，形成了一条配合人民解放战争、反对国民党反动派的“第二条战线”。中国共产党还在国统区呼吁制止内战、建立民主联合政府的举措得到了各界人士的支持与参与。国民党反动派面对这种全民性的反战爱国运动给予了残酷的镇压，并且制造了震惊全国的“一二·一”惨案。事实胜于雄辩，一面是共产党争取和平的努力，一面是国民党狰狞的内战面孔，一切都说明“国民党当局所允许给人民的‘民主’，并无丝毫真正民主的成分”。[④] 国统区的爱国运动有力地教育了人民群众，让人们看到了国民党伪善假和平外衣下的阴谋欺骗。更多的人自觉接受党的领导，广泛参与到争取和平民主的革命斗争中去。

二、“耕者有其田”的实现与立功运动的开展

1946年6月，全面内战爆发，面对革命任务异常艰巨的形势，中国

① 《毛泽东文集》第4卷，北京，人民出版社1996年版，第49页。

② 《毛泽东文集》第4卷，北京，人民出版社1996年版，第50页。

③ 中共中央党校党史教研室选编：《努力发动解放区群众》，《中共党史参考资料（六）》，北京，人民出版社1979年版，第59页。

④ 中共中央党校党史教研室选编：《昆明惨案》，《中共党史参考资料（六）》，北京，人民出版社1979年版，第33页。

共产党在这一时期实施了大量的方针政策，努力澄清人们思想中的疑惑，努力把人民群众的行动统一到新民主主义革命成功的伟大目标上来。

在宣传内容上紧紧扭住“一切反动派都是纸老虎”的论断。“目前中国反动派的猖獗，不是表示他们的强大和有生命力，而是表示他们的软弱和回光返照。任何国家的法西斯统治，都具有这种性质，中国不能是例外。法西斯主义是最丑恶的，而又是最软弱与最无生命力的。因此，中国反动派要想消灭人民的力量实现永久的法西斯统治是做不到的与不可能的。”[①]毛泽东进一步指出：“虽然在中国人民面前还存在着许多苦难，中国人民在美帝国主义和中国反动派的联合进攻之下，将要受到长时间的苦难，但是这些反动派总有一天要失败，我们总有一天要胜利。这个原因不是别的，就在于反动派代表反动，而我们代表进步。”[②]中国共产党既不妄自菲薄，又不悲观失望，实事求是地分析与动员，使广大军民不断增强了战胜国民党的信心，“蒋必败，我必胜”的信念，提振了士气，增强了勇气。

在革命实践中，中国共产党一面组织斗争，一面在解放区推行“耕者有其田”的政策。此时的共产党已经深谙要想取得中国革命的胜利，不根本解决土地和农民问题，是不可能实现的。道德治理的推进要有相应的经济政策的保障，二者才能够相得益彰。1946 年 5 月 4 日，中共中央发布《五四指示》，把抗战时期的减租减息政策调整为“耕者有其田”的政策。“中国人民民主解放运动，已经一百余年，许多次都失败了。失败的原因在那里？在于这些运动虽然是人民的运动，而且其目的在于解放人民，但是还只是人民中少数人的运动，与人民百分之八十的农民没有关系，或关系不密切，广大的农民仍然在帝国主义与封建势力的压迫和欺骗之下，被迫武装起来和走上战场来反对革命。于是这种运动虽然很好，却像没有生根的浮萍一样，是不坚实的，是当不起大风暴的，是只能轰轰烈烈一时，但是在帝国主义与封建势力的一两个严重打击之下就会坍台的。只有实行了耕者有其田，真正解放了农民，然后人民的解放运动，就有了根，就像苍松古柏一样，在狂风暴雨中不会动摇”。[③]“耕者有其田”的政策激励了被封建制度压迫下的亿万农民汇入了革命的巨大洪流中。他们破除了旧观念的束缚，经济上独立极大地鼓舞了政治上的自觉和道德上的自为。真正

① 《毛泽东文集》第 4 卷，北京，人民出版社 1996 年版，第 141~142 页。

② 《毛泽东选集》第 4 卷，北京，人民出版社 1991 年版，第 1195 页。

③ 中共中央党校党史教研室选编：《蒋军必败》，《中共党史参考资料（六）》，北京，人民出版社 1979 年版，第 172 页。

地翻身做主人，使农民丢掉了“宿命论”的束缚，更相信自己的双手，更相信自己的奋斗。当他们认识到保卫土地胜利果实是与夺取解放战争的胜利密切联系在一起的时候，一场规模空前的参军热潮与声势浩大的支前运动展开了。农民的参军与支前，既给部队补充了新鲜血液，又给部队提供了持续不断的给养，从而保证了战争的顺利进行。

战争的规模不断扩大，军队的作战强度也在不断提升。没有连续作战和不怕牺牲的思想，就不能保证革命的顺利推进。由于我们的军事策略已经由抗战时期的游击战转变为运动战，这对部队的协调统一和组织纪律又提出了新的考验。配合着人民群众的参军热潮与支前运动，中国共产党在军队中开展了立功运动。立功运动的口号就是“有公报功，论功行赏，人民功臣，个个尊敬”。功劳要记在功劳簿上，好的家风代代传承。这一运动不仅激发了官兵的战斗激情，而且也启发了新战士的觉悟，起到了传帮带的好作用。立功运动鼓舞的不仅仅是战斗士气，更是一次革命英雄主义和集体主义精神的大传播。立功光荣的意识，不仅在当下推动了官兵在战场上的拼杀，也在未来形成了一种家风传统，让当事人以及周围人不由自主地规约自己的行为，避免个人本位主义，这即是道德治理的自觉。

三、新式整军运动的发展与革命英雄主义的弘扬

在解放军军民团结一致的英勇斗争中，解放战争和中国革命迎来了重要的转折时期。“目前各方面情况显示，中国时局将要发展到一个新的阶段。这个新的阶段，即是全国范围的反帝反封建斗争发展到新的人民大革命的阶段。现在是它的前夜，我党的任务是为争取这一高潮的到来及其胜利而斗争。”[①]1947年6月，刘邓大军千里跃进大别山，战场进入了国统区，“毫无疑问，在解放长江以北各省的战争中，人民解放军将会遇到许多困难，并须经过一个较长时间的艰苦奋斗，大量歼灭蒋军，才能达到解放广大被压迫人民群众的目的。但是这些困难，是完全可以克服与必须克服的。”[②]克服困难的策略就是在军队和党内开展广泛的新式整军运动。

新式整军运动的中心议题就是进行“诉苦”“三查”的群众性阶级教育。“诉苦”就是诉旧社会和反动派所给予劳动人民之苦；“三查”即查阶

① 《毛泽东选集》第4卷，北京，人民出版社1991年版，第1227页。

② 中共中央党校党史教研室选编：《人民解放军大举反攻》，《中共党史参考资料（六）》，北京，人民出版社1979年版，第323页。

级、查工作、查斗志。[①] 新式整军运动“大大提高了全军指战员为解放被剥削的劳动大众，为全国的土地改革，为消灭人民公敌蒋介石匪帮而战的觉悟性；同时就大大加强了全体指战员在共产党领导之下的坚强的团结。在这个基础上，部队的纯洁性提高了，纪律整顿了，群众性的练兵运动开展了，完全有领导地有秩序地在部队中进行的政治、经济、军事三方面的民主发扬了。这样就使部队万众一心，大家想办法，大家出力量，不怕牺牲，克服物质条件的困难，群威群胆，英勇杀敌。这样的军队，将是无敌于天下的。”[②] “军队向前进,生产长一寸,加强纪律性,革命无不胜。”[③] 新式整军运动提升了军队的纪律性和组织性，增强了战斗力和凝聚力，当然，军队作风的进一步转变也密切了党群关系和干群关系。

新式整军运动在加强军队组织性纪律性的同时，也高高举起了革命英雄主义的大旗。[④] 这种革命的英雄主义不同于旧式的个人英雄主义，而是心中有信念，行动有纪律。这个信念是实现共产主义的信念，这个纪律是人民利益至上的纪律。革命的英雄主义要敢于斗争，敢于挑战苦难。邓小平曾经借劝解广大官兵打过长江去阐述过这一思想：“我们有些共产党员，马列主义的思想方法太少，看见自己头上有一小块云，就认为天下都是云，凭直觉来看问题，凭自己脑袋上面有没有乌云来判断革命胜利或失败，这样，遇到困难就不会看到光明和胜利，就没有不悲观失望的。我们的力量是发展的，胜利不小，不过外线作战确实不如内线作战痛快、舒服。革命就是不能那样舒服，往后还要更艰苦，越接近胜利斗争越艰苦。谁都希望革命快些胜利，可是，问你敢不敢胜利，问题就来了。不一定希望胜利的人就敢于胜利。要胜利就要吃苦。北方的很多部队不习惯南方生活，就怕过长江。但是，敢于胜利，就要过长江。敌人还统治着几万万人口的地区，只有打过长江去，打到敌人的心脏，才能取得全国的胜利。怕过江的人最懦弱，屈服于困难的人就是革命不坚决的人。真正的英雄，就是要克服困难，准备吃苦，准备勇敢坚决地打过长江。”[⑤] 革命的英雄主义还要有不怕牺牲、宁死不屈的精神。“一不怕苦，二不怕死”是解放战争

---

① 《毛泽东选集》第 4 卷，北京，人民出版社 1991 年版，第 1294 页。

② 《毛泽东选集》第 4 卷，北京，人民出版社 1991 年版，第 1294 页。

③ 《中国青年》第二次副刊号，1948 年。

④ 革命英雄主义与个人英雄主义不同。革命英雄主义的出发点是人民的利益，是一种为集体的长远利益而奋斗的精神。

⑤ 《邓小平文选》第 1 卷，北京，人民出版社 1994 年版，第 99~100 页。

时期在解放军中广为流传的一句口号，高度浓缩概括了革命的英雄主义气质与精髓。在这种英雄主义的引领下，董存瑞英勇地拉开了炸药包的导火索，刘胡兰从容地走向就义的铡刀。为了解放全中国，无数个像他们一样的革命者，不惜牺牲自己的生命，只为了心中的那一抹赤红。

四、三大战役的胜利与西柏坡精神的形成

从1948年9月至1949年1月，中国人民解放军相继取得了辽沈战役、淮海战役和平津战役的胜利。这是人民战争的伟大胜利，也是全心全意为人民服务宗旨的胜利。中国共产党对于人民不是半心半意，更不是三心二意。他们克服了个人主义、自私自利和个人英雄主义思想，要想做到这一点，并非轻而易举，并非一蹴而就。“没有对于人民群众抱着高度热爱的人，没有忘我精神的人，没有对于劳动人民具有正确观点的人，没有把小资产阶级的个人感情、私人感情改造成为人民感情、群众感情的人，要能真正做到全心全意为人民服务，是不可能的。”①整个战争过程中，中国共产党不仅关注解放区的革命军民，而且还热忱地帮助国统区的民主党派人士与人民群众。在中华民族几千年的历史发展中，从未有任何一个阶级如此看重人民群众，如此服务人民群众，如此信任人民群众。为了在全党全军贯彻这一理念，毛泽东在一次讲话中强调：“在我们一些地方的领导机关中，有的人认为，党的政策只要领导人知道就行，不需要让群众知道。这是我们的有些工作不能做好的基本原因之一。我党二十几年来，天天做群众工作，近十几年来，天天讲群众路线。我们历来主张革命要依靠人民群众，大家动手，反对只依靠少数人发号施令。但是在有些同志的工作中间，群众路线仍然不能贯彻，他们还是只靠少数人冷冷清清地做工作。其原因之一，就是他们做一件事情，总不愿意向被领导的人讲清楚，不懂得发挥被领导者的积极性和创造力。他们主观上也要大家动手动脚去做，但是不让大家知道要做的是怎么一回事，应当怎样做法，这样，大家怎么能动起来，事情怎么能够办好？要解决这个问题，根本上当然要从思想上进行群众路线的教育”。②正是这种一切为了人民的精神赢得了广大人民群众的信任与支持。“在整个淮海战役中，仅据山东、华中、冀鲁豫及豫皖苏解放区部分统计，群众共自愿运出粮食五亿四千零四十七万斤。

① 《杨献珍文集》第1卷，石家庄，河北人民出版社2002年版，第271页。

② 《毛泽东选集》第4卷，北京，人民出版社1991年版，第1318~1319页。

这些粮食，如果按可装载二百斤的小推车计算，把这些小推车排成行，可以从南京到北京排成五行。”① 广大群众参加支前运动就多达500万人，甚至有很多人献出了宝贵的生命。

人民群众和中国共产党在一次又一次的并肩作战中，形成了军民鱼水深情。这样的联结不是高官厚禄的前程和荣华富贵的生活可以换来的，我们的党倍加珍惜。从1947年5月至1949年3月，西柏坡都是中国革命的指挥中心，伴随着中国革命伟大转折时期的到来，中国共产党也造就了适应这种时代要求的革命精神——西柏坡精神。1949年3月5日至13日，中国共产党在西柏坡召开了党的七届二中全会，认真探讨并研究了未来中国的发展方向和发展路线问题。为了继续保持全党全军道德治理的自觉自主，毛泽东针对胜利后有可能产生的不良思想和危害作了科学的预测，“我们很快就要在全国胜利了。这个胜利将冲破帝国主义的东方战线，具有伟大的国际意义。夺取这个胜利，已经是不要很久的时间和不要花费很大的气力了；巩固这个胜利，则是需要很久的时间和要花费很大的气力的事情。资产阶级怀疑我们的建设能力。帝国主义者估计我们终久会要向他们讨乞才能活下去。因为胜利，党内的骄傲情绪，以功臣自居的情绪，停顿起来不求进步的情绪，贪图享乐不愿再过艰苦生活的情绪，可能生长。因为胜利，人民感谢我们，资产阶级也会出来捧场。敌人的武力是不能征服我们的，这点已经得到证明了。资产阶级的捧场则可能征服我们队伍中的意志薄弱者。可能有这样一些共产党人，他们是不曾被拿枪的敌人征服过的，他们在这些敌人面前不愧英雄的称号；但是经不起人们用糖衣裹着的炮弹的攻击，他们在糖弹面前要打败仗。”② 刘少奇也讲过这样一段话：“唐太宗曾与魏征争论过一个问题：创业难呢，还是守成难呢？历史上从来有这个问题。得了天下，要能守住，不容易。很多人担心，我们未得天下时艰苦奋斗，得天下后可能同国民党一样腐化。他们这种担心有点理由。在中国这个落后得农业国家，一个村长，一个县委书记，可以称王称霸。胜利后，一定会有人腐化、官僚化。”③

怎么应对这样的挑战与风险呢？毛泽东认为全党全军首先要转变观念，“夺取全国胜利，这只是万里长征走完了第一步。如果这一步也值得骄傲，那是比较渺小的，更值得骄傲的还在后头。在过了几十年之后来

① 崔鸿林、郑怀盛：《军民鱼水情》，北京，解放军出版社1986年版，第294页。

② 《毛泽东选集》第4卷，北京，人民出版社1991年版，第1438页。

③ 《刘少奇选集》上卷，北京，人民出版社1981年版，第413页。

看中国人民民主革命的胜利，就会使人们感觉那好像只是一出长剧的一个短小的序幕。剧是必须从序幕开始的，但序幕还不是高潮。中国的革命是伟大的，但革命以后的路程更长，工作更伟大，更艰苦。”[①] 所以，在革命的新形势下“务必使同志们继续地保持谦虚、谨慎、不骄、不躁的作风，务必使同志们继续地保持艰苦奋斗的作风。我们有批评和自我批评这个马克思列宁主义的武器。我们能够去掉不良作风，保持优良作风。我们能够学会我们原来不懂的东西。我们不但善于破坏一个旧世界，我们还将善于建设一个新世界。中国人民不但可以不要向帝国主义者讨乞也能活下去，而且还将活得比帝国主义国家要好些”[②]。

“两个务必”的提出，是我们党根据解放战争形势发展的客观要求自觉做出的回应。这对于我们避免陷入骄傲自满、贪图享乐、脱离群众而导致的人亡政息的危险做好了充分的准备，使道德治理这种“隐形制度”在全党得到确立，充实和完善了中国共产党思想道德建设的内容。

“两个务必”是西柏坡精神的重要体现，在革命形势迅猛发展，我党领导的人民军队已转入全国反攻的时期，保持了全党全军的战略定力。但仅是这一点，西柏坡还不足以成为中共中央的“最后一个农村指挥所”，新中国也不会“从这里走来”。西柏坡精神还蕴含着是否敢于不失时机地发起战略决战，将革命进行到底的敢于斗争、敢于胜利的开拓进取精神。针对蒋介石 1949 年《元旦文告》发动的“和平”攻势和当时国际势力提出的“划江而治”的主张，毛泽东号召全国人民“将革命进行到底”，显示了中共中央在复杂的政治风云和决定中国人民前途和命运的历史关头，敢于斗争、敢于胜利的彻底精神，这是一种抓住机遇，顶住压力、挑战，争取最大胜利的革命进取精神。它向美帝国主义和国民党反动派宣告：“我们能够去掉不良作风，保持优良作风。我们能够学会我们原来不懂的东西。我们不但善于破坏一个世界，我们还将善于建设一个新世界。”[③]

中国共产党正是在戒骄戒躁的谦虚精神、艰苦奋斗的创业精神和敢于斗争、敢于胜利的开拓进取精神指引下，开始了进京“赶考”之路。

---

① 《毛泽东选集》第 4 卷，北京，人民出版社 1991 年版，第 1438 页。

② 《毛泽东选集》第 4 卷，北京，人民出版社 1991 年版，第 1438~1439 页。

③ 《毛泽东选集》第 4 卷，北京，人民出版社 1991 年版，第 1439 页。

第五章　新民主主义革命时期道德重建的主要内容

绵亘30年的新民主主义革命，可歌可泣的革命进程中，道德的交响一刻也不曾停歇，它鲜明地呈现出这样一条历史主线：以道德建构服务政治革命，以政治革命保障道德建构，一面是革命，一面是建设，既占领革命的制高点，又占领道义的制高点。革命和建设、破与立交相辉映，在革命低潮时给人以光明，在革命曲折时给人以力量，在革命高潮时给人以号角。延顺这条历史的主线审视30年的新民主主义革命，各个时期庞杂、散乱的事件和各种形式的材料又凝结成这样几个不可或缺的思想界面：共产主义理想信念、新型伦理关系、为人民服务、集体主义、爱国主义道德要求与道德治理。理想信念的培育为革命指明了方向；新型伦理关系的建立巩固了革命的同盟；为人民服务的道德核心为党和革命队伍提供了斗争的内在动力；集体主义道德原则的建立为革命的队伍树立了约规；爱国主义道德要求为全民族凝聚了团结奋战的力量；道德治理则创新了道德教化的途径、加强了道德教育的实效性。革命和建设的紧密缠绕，也使得道德重建的内容呈现出从道德认识到道德意志、道德信念和道德行为的清晰作用链条，形成了“以知促情、以意增情、以信升情、以行验情”的道德体系。

第一节　共产主义理想信念的培育

中国共产党的道德重建首先要解决的一个重要课题，就是如何在党内外牢固地树立起坚定的共产主义理想信念，并用这种理想和信念动员民众、组织民众。共产主义的理想信念是马克思主义理论的灵魂，是共产主义运动的一面旗帜，“旗子立起了，大家才有所指望，才有所趋赴。”[①]在新民主主义革命时期，党根据不同时期的具体革命形势，围绕着共产主义的远大理想凝练了“星星之火，可以燎原”“抗日战争是持久战，最后胜利是中国的”“将革命进行到底”等阶段性的共同理想。远大理想与共同理想的交相辉映，开启了培育、构建中华民族新道德体系的先声！

一、共产主义理想信念纲领的制定与实施

从党的一大到党的五大，随着革命形势的发展，明确且详细地制定了宣传共产主义理想信念的纲领。1921年7月23日，中国共产党第一次全国代表大会通过了《关于中国共产党纲领的决议》，党纲中明确规定：“党采用苏维埃的形式，把工农劳动者和士兵组织起来，宣传共产主义，承认社会革命为我党的首要政策。”[②]这是党对党员和广大人民群众进行共产主义理想信念教育的一个根本性纲领。大会还讨论通过了《关于中国共产党任务的第一次决议》，指出当前党的中心任务就是要加强党对工人运动的绝对领导，要求普遍成立“产业工会”，大力发展工会组织。决议强调，各种产业部门都应建立工人补习学校，补习学校是组织工会的前提，学校的指导方针就是要唤醒阶级觉悟，进行共产主义的宣传教育。在党的二大召开之前，中国共产党还专门组织青年召开了中国社会主义青年团第一次全国代表大会，特别强调对青年群体进行共产主义理想信念教育的必要性：“中国社会主义青年团，一方面为改良青年工人农人的生活状况而奋斗；并为青年妇女青年学生的利益而奋斗；一方面养成青年革命的精神，使向为解放一般无产阶级而奋斗的路上走。”[③]为此，党倡议社会主义的青年“应为所在地方的青年无产阶级组织俱乐部、学校、讲演会以发展他们的知识和觉悟，并发刊通俗的日报、月报、小册子。对于青年农人亦应特别注意。又应使年长失学的青年受普通教育”[④]。通过这些灵活多样的方法，

① 《毛泽东早期文稿》，长沙，湖南出版社1990年版，第553~554页。

② 中国社会科学院现代史研究室、中国革命博物馆党史研究室选编：《中国共产党的第一个纲领》，《“一大”前后——中国共产党第一次代表大会前后资料选编（一）》，北京，人民出版社1980年版，第9页。

③ 中共中央党校党史教研室选编：《中国社会主义青年团纲领》，《中共党史参考资料（一）》，北京，人民出版社1979年版，第329页。

④ 中共中央党校党史教研室选编：《中国社会主义青年团纲领》，《中共党史参考资料（一）》，北京，人民出版社1979年版，第329页。

“启发并养成青年无产阶级的政治觉悟及批评力”[①]。青年共产主义理想信念教育纲领的确立使越来越多的青年因此走上革命的道路。两个月后，即1922年7月16日至23日，党的二大召开。这次大会提出了党的最高纲领与最低纲领。“中国共产党是无产阶级的政党。他的目的是要组织无产阶级，用阶级斗争的手段，建立劳农专政的政治，铲除私有财产制度，渐次达到一个共产主义的社会。”[②]这是党的最高纲领，也是党的终极目标。当前中国共产党与中国人民的基本任务是：“清除内乱，打倒军阀，建设国内和平；推翻国际帝国主义的压迫，达到中华民族完全独立；统一中国本部（包括东三省在内）为真正民主共和国”[③]。这是党的最低纲领，也是党在民主革命阶段党的奋斗目标。最高纲领和最低纲领分别体现了党的最高理想和当时阶段的共同理想，使共产主义理想信念既有指向未来社会的价值追求，又有针对现实世界的信念秉持，加之“打倒帝国主义”“打倒军阀”这些言简意赅、通俗易懂、朗朗上口的战斗口号，使共产主义理想信念的宣传更具实效性。党的二大对于工会用社会主义和共产主义精神对工人进行教育的定位更加明晰：“工会自身一定要是一个很好的学校，他应当花许多时候努力去教育工会会员，用工会运动的实际经验做课程，为的是要发展工人们的阶级自觉。”[④]不仅在工会，在军队、乡村，都要切实开展共产主义理想信念的宣传：“在军队中传播共产主义的理想，必须引起一种坚忍的系统的宣传与运动，若因非常法律，公开的宣传困难时，就应当在里面做违法的工作”，“系统的合理的宣传，在乡村是必要的，工人阶级，若是至少得不到乡村劳动者（农业的雇工和极贫的农人）一部分赞助，或至少不能使一部分落后乡村在政治上守中立，他是不能胜利的，故共产党在乡村的工作在今日占非常重要的位置，他应当使共产主义的工人常常与乡村相交接；假若拒绝这种工作，或委托这种工作于可疑的半改良

---

① 中共中央党校党史教研室选编：《中国社会主义青年团纲领》，《中共党史参考资料（一）》，北京，人民出版社1979年版，第329页。

② 中共中央党校党史教研室选编：《中国共产党第二次全国代表大会宣言》，《中共党史参考资料（一）》，北京，人民出版社1979年版，第59~60页。

③ 中共中央党校党史教研室选编：《中国共产党第二次全国代表大会宣言》，《中共党史参考资料（一）》，北京，人民出版社1979年版，第60页。

④ 中共中央党校党史教研室选编：《中国共产党第二次全国大会决议案》，《中共党史参考资料（一）》，北京，人民出版社1979年版，第353页。

派之手，那就等于抛弃无产阶级革命。”[①]这种宣传和运动“须是真实的共产主义性质”，且不能空洞刻板，“应当用实际的宣传方法，把每日的生活事实系统地清解于我们报纸上面，使一切劳动者，一切工人，一切农人，都觉得无产阶级专政出现之必要。”[②]

党的三大召开之际，正值工人运动暂时的低潮，党认识到工人阶级在军阀割据、混战的社会现实中，必须联合农民、小资产阶级和资产阶级民主派，建立反帝反封建的统一战线，才能取得革命的胜利。为此，党的三大的主要工作是确定建立统一战线的策略和方针，但大会通过的宣言仍旧强调了对于共产主义理想的旨归：“中国共产党鉴于国际及中国之经济的政治状况，鉴于中国社会的阶级（工人、农民、工商业家）之苦痛及要求，都急需一个国民革命。拥护工人农民的自身利益是我们不能一刻忽忘的；对于工人农民之宣传与组织是我们特殊的责任；引导工人农民参加国民革命更是我们的中心工作。我们的使命是以国民革命来解放被压迫的中国民族，更进而谋世界革命，解放全世界的被压迫的民族和被压迫的阶级。”[③]国共合作一年，面对高涨的革命形势，党的四大号召工农认清国内外的战时形势，“世界帝国主义努力扩充军备，努力发展军事工业以及那些被金钱收买的各国的学者尽力寻找杀人的武器之时，东方的人民是如何危险！东方人民自卫的武器，比较起来，不过是帝国主义者的小玩意儿，如何是他们的对手！将我们的国土变为荒漠，将我们的城市和乡村变为坟墓——这一种危险就在眼前啊！”[④]并以向工农宣传共产主义作为自己唯一的责任：“劳农反对帝国主义和资本主义的压迫之斗争已临近了，这种斗争将永远把人类解放出来，将永远消灭一切的战争。中国共产党以不断地向群众解释，用什么方法中国人民才可以脱离帝国主义和军阀的压迫，如何才能与世界劳农革命运动联合起来……是自己唯一的责任。”[⑤]党的四

① 中共中央党校党史教研室选编：《中国共产党第二次全国大会决议案》，《中共党史参考资料（一）》，北京，人民出版社 1979 年版，第 347~348 页。

② 中共中央党校党史教研室选编：《中国共产党第二次全国大会决议案》，《中共党史参考资料（一）》，北京，人民出版社 1979 年版，第 347 页。

③ 中央档案馆编：《中国共产党第二次至第六次全国代表大会文件汇编》，北京，人民出版社 1981 年版，第 76 页。

④ 中共中央党史和文献研究院、中央档案馆编：《中国共产党重要文献汇编（第 5 卷）》（1925 年 1 月—1925 年 6 月），北京，人民出版社 2022 年版，第 86 页。

⑤ 中央档案馆编：《中国共产党第二次至第六次全国代表大会文件汇编》，北京，人民出版社 1981 年版，第 136~137 页。

大还专门通过了《对于宣传工作之决议案》，指出“中国近几年的民族革命运动受影响于我们党的宣传工作实巨。”[①] 但“我们在群众中的政治宣传，常常不能深入。尤其在知识分子中，我们党员常以只能得到其同情的错误观念，很少注意共产主义理论的宣传和引导，致使无产阶级的文化在他们中间尚很少发生影响。”“没有革命的理论，即没有革命的运动。”[②] 所以，今后党的宣传工作的主要目标是“努力宣传民族革命运动与世界革命运动之关联和无产阶级在其中的真实力量及其特性——世界性与阶级性，以端正党的理论方向。”[③] 这样，党的共产主义理想信念的教育就更具有明确的指向性和理论性。党的四大以后，全国的群众运动形成了一次高涨的势头，而此时统一战线内部国民党右派也加紧了排共反共的活动，面对新的革命形势，党召开了中央执行委员会第二次扩大会议，并通过了《宣传问题的决议案》，决议指出：“现时革命高潮之中，我们党的职任是吸收工人及革命的智识分子的群众，巩固并且发展我们党的势力于全国工人阶级之中，开始在乡村农民中工作，建筑党在农民群众的基础。”党只有变成“真正群众政党的组织”，方可巩固“对于工人阶级斗争的指导地位，对于这民族革命的领袖的指导地位”。而要完成这种重大的责任，“我们的党应当作群众中的鼓动和宣传。每一个党员不论他在什么地方，都应当宣传我们党的主义及口号。”“每一个党员不但自己应当能为党的政策而奋斗，而且应当会引导别人去奋斗，发展党的势力到群众中去。”[④]1921 年 4 月，蒋介石发动“四一二”反革命政变，党的五大在革命危急时刻号召民众团结起来，认识到自身的阶级使命，“中国的国民革命已经发展到了一个需要更多的牺牲，更勇敢的决心的时期了。不只中国革命的成功，就是世界革命的发展也全靠你们了。你们决无表示灰心的理由，革命的胜利已经在最近的将来了！”“你们一定要战斗，你们一定要胜利，你们一定要歼灭军

---

① 中央档案馆编：《中国共产党第二次至第六次全国代表大会文件汇编》，北京，人民出版社 1981 年版，第 120 页。

② 中央档案馆编：《中国共产党第二次至第六次全国代表大会文件汇编》，北京，人民出版社 1981 年版，第 121 页。

③ 中央档案馆编：《中国共产党第二次至第六次全国代表大会文件汇编》，北京，人民出版社 1981 年版，第 121 页。

④ 中央档案馆编：《中共中央文件选集》第 1 册，北京，中共中央党校出版社 1989 年版，第 478~480 页。

阀资本主义和帝国主义，建立新的自由的中国。”[①]

年轻的中国共产党人一手制定宣传共产主义理想信念的纲领，一手以共产主义的理想信念动员和组织民众参加到革命实践的洪流中。对于工人阶级，许多党员不断深入其中，积极进行共产主义的宣传和教育，启发阶级意识，提高工人觉悟，促使工人自觉行动起来，并运用党的工人组织，使工人运动愈战愈强，最终形成了第一次工人运动高潮。“二七”惨案后，中国共产党人利用国共合作后的有利形势，广泛发动工人，传播国民革命思想。当时的中共中央设立在上海，共产党人便以上海大学为聚集地，创办工人夜校，运用演讲会和游艺会等多种形式，对工人进行马克思主义的宣传和教育，极大地提高了工人的阶级觉悟，扩大了马克思主义的传播范围，吸引了越来越多的工人阶级接受马克思主义，追随马克思主义。中国共产党人以共产主义理想信念教育工人、领导工人，进一步推动了工人运动的开展，加速了全国革命的步伐，最终促成了以五卅运动和省港工人大罢工为标志的新一轮工人运动高潮。在此期间，党在数量和规模上也实现了跨越式发展，党员数量倍增，到 1925 年底已达到 1 万人，过去没有党组织的地方也建立了党组织。[②]蓬勃的工人运动吹响了北伐战争胜利的号角，而北伐战争的胜利进军又推动了工人运动的进一步发展。北伐期间，全国加入工会的会员猛增至 280 多万人，越来越多的人开始聚集于共产主义的旗帜下。对于农民兄弟，在党开展工人运动的同时，也在加强对广袤农村的宣传工作。浙江是党最早领导农民运动的地方，但从规模和影响上来讲，彭湃领导的广东的海陆丰农民运动和毛泽东领导下的湖南农民农村革命运动更具代表性。共产党员澎湃深入到田间地头，帮助农民兄弟干农活，用方言编成歌谣宣传革命道理。他还积极创办为农民服务的学校，进行珠算等最基本的普及教育。在湖南，各种农民补习学校通过教识字、学珠算等向农民进行启蒙，宣讲革命的道理，勾画未来社会的蓝图。中国共产党对农民的阶级启蒙与地主阶级的欺瞒、压榨和资产阶级的漠视形成了鲜明的对比，以实际行动宣传了革命思想，感染了农民，教育了农民，唤起了他们的觉悟与斗志。曾经是社会最底层、备受欺凌和盘剥的贫苦农民，在共产主义理想信念的引领下，勇敢地与土豪劣绅展开了斗争。对于革命军人，中国共产党在黄埔军校和北伐军中积极传播革命思想，进

① 中央档案馆编：《中国共产党第二次至第六次全国代表大会文件汇编》，北京，人民出版社 1981 年版，第 189 页。

② 盖军：《中国共产党 80 年历史简编》，北京，中共中央党校出版社 2001 年版，第 26 页。

行共产主义教育。在党的推动与主导下，黄埔军校政治部制订了政治教育计划，使学生明了社会经济、政治、历史及主义、党纲、政策等，即不仅知道枪是怎样放法，而且知道枪要向什么人放。[①] 政治部还在学生中定期举办“政治讨论会”，长期设置“政治问答箱”，由政治教官予以解答，这是一种具有针对性地宣传马克思主义和革命思想的重要途径。通过军校政治教育，军校学生以“不要钱，不要命，爱国家，爱百姓”的誓言互相勉励，以“升官发财行往他处，贪生怕死勿入斯门”的对联和“革命者来”的横额表明自己投身革命的决心。北伐期间，中国共产党制定了《国民军联军政治工作大纲》，指出对军队实行政治训练的目的就是要“使每个士兵都能彻底了解政治的意义，战争的目的，成为有觉悟的为中国自由独立而奋斗的战士。”唯有如此，“他们才能有奋斗精神，才能忍受最难堪的痛苦，才能深信最大多数的民众可以推翻最少数的帝国主义及军阀压迫（即革命必能得到胜利），才能有百折不回的决心。”[②] 通过政治训练，使士兵成为“有理想、有主义”的革命军人，激励他们的革命热情，这对提高战斗力发挥了重大作用。在黄埔和北伐过程中对革命军人的理想信念教育，使许多人后来都加入了共产党，成为共产党领导各地武装起义和开辟农村革命根据地的著名将领，叱咤于中国革命斗争的政治和军事舞台上。

党在初创和大革命时期对共产主义理想信念纲领的制定和宣传，使工人、农民、军人被这一信仰所吸引、所追随，进而抛头颅、洒热血；也使年轻的中国共产党迈开了从弱小到强大的华丽蜕变。

二、星星之火，可以燎原

轰轰烈烈的革命形势因大革命的失败而陡然变化，高潮至低谷的跌宕，也使很多人的革命热情结上了一层冰霜：革命要向何处去？革命力量在哪里？红旗还能打多久？中国共产党人于革命的危机中分析了革命发展的客观条件、革命发展的趋向，以星星之火必成燎原之势的形象概括，形成了党在土地革命时期理想信念教育的主旨。

以中国政治经济发展不平衡的现实说明革命继续和红色政权存在的可能性与必然性。马克思主义哲学关于革命的基本观点就是革命的爆发皆根源于深刻的社会经济条件，革命的发生、发展，不能从主观的思想和

① 杨其纲:《本校之概况》,《黄埔日刊》1927 年 3 月 1 日。

② 《国民军联军政治工作大纲》,《中央政治通讯》第 14 期。

观念中去寻求答案，而应从社会的经济基础和上层建筑的矛盾中去分析。毛泽东对于半殖民地半封建的中国社会进行了深刻的剖析，指出“中国是一个政治经济发展不平衡的半殖民地的大国”，“微弱的资本主义经济和严重的半封建经济同时存在，近代式的若干工商业都市和停滞着的广大农村同时存在，几百万产业工人和几万万旧制度统治下的农民和手工业工人同时存在，管理中央政府的大军阀和管理各省的小军阀同时存在，反动军队中有隶属蒋介石的所谓中央军和隶属各省军阀的所谓杂牌军这样两部分军队同时存在，若干的铁路航路汽车路和普遍的独轮车路、只能用脚走的路和用脚还不好走的路同时存在。”[①] 这种政治、经济的不平衡性造成了这样一种特殊的社会景象：经济发展快，基础比较好的地区，长时间被统治阶级和支持他们的帝国主义势力所盘踞；反之，发展较慢的地区，则无暇顾及，形成各种统治势力的盲区或者薄弱地带。加之“帝国主义和国内买办豪绅阶级支持着的各派新旧军阀，从民国元年以来，相互间进行着继续不断的战争”，这种白色政权间长期的分裂和战争，“便给了一种条件，使一小块或若干小块的共产党领导的红色区域，能够在四周白色政权包围的中间发生和坚持下来。”[②] “国内买办豪绅阶级和国际资产阶级的继续分裂和战争”的社会环境决定了中国革命形势是继续向前发展的，“全国革命形势是向前发展的，则小块红色区域的长期存在，不但没有疑义，而且必然地要作为取得全国政权的许多力量中间的一个力量。”[③] 革命的出路在于发展红色政权，革命的力量在农村，这是中国政治经济发展不平衡的现实造就的，这种睿智的、科学的分析为革命队伍指明了方向、鼓舞了斗志。就是在这样的信念的秉持下，“边界的红旗子，业已打了一年，虽然一方面引起了湘鄂赣三省乃至全国豪绅阶级的痛恨，另一方面却渐渐引起了附近省份工农士兵群众的希望。……边界红旗子始终不到，不但表示了共产党的力量，而且表示了统治阶级的破产，在全国政治上有重大的意义。”[④] 针对党内存在的“相信革命高潮不可避免地要到来，却不相信革命高潮有迅速到来的可能”的悲观认识，毛泽东认为“现在虽只有一点小小的力量，但是它的发展会是很快的。它在中国的环境里不仅是具备了发展的可

① 《毛泽东选集》第1卷，北京，人民出版社1991年版，第188页。
② 《毛泽东选集》第1卷，北京，人民出版社1991年版，第49页。
③ 《毛泽东选集》第1卷，北京，人民出版社1991年版，第50页。
④ 《毛泽东选集》第1卷，北京，人民出版社1991年版，第81页。

能性，简直是具备了发展的必然性。”[①] 中国已经历了大革命洗礼，这次革命“准备好了红军的种子，准备好了红军的领导即共产党，又准备好了参加过一次革命的民众。”[②] 而此时的中国已“布满了干柴，很快就会燃成烈火”，“只要看一看许多地方工人罢工、农民暴动、士兵哗变、学生罢课的发展，就知道这个‘星星之火’，距‘燎原’的时期，毫无疑义地是不远了。”[③] 这种势如燎原的革命高潮，“是站在海岸遥望海中已经看得见桅杆尖头了的一只航船”“是立于高山之巅远看东方已见光芒四射喷薄欲出的一轮朝日”“是躁动于母腹中的快要成熟了的一个婴儿”[④]。党在革命危急时刻坚定了革命队伍的理想信念，消除了对革命发展道路的疑虑，推动了由被动转主动的革命新局面的形成。

以星火燎原的理想信念激励军民克服困难、战胜艰险。土地革命时期，中国共产党面对着国民党的围剿、封锁，在那血雨腥风的日子里，“中国要算是全世界最悲惨的白色恐怖的国家”[⑤]。但是“中国共产党和中国人民并没有被吓倒，被征服，被杀绝。他们从地下爬起来，揩干净身上的血迹，掩埋好同伴的尸首，他们又继续战斗了。他们高举起革命的大旗，举行了武装抵抗，在中国的广大区域内，组织了人民的政府，实行了土地制度的改革，创造了人民的军队——中国红军，保存和发展了中国人民的革命力量。”[⑥] 这一切皆源于星火燎原的信念观。在反“围剿”战争中，中国共产党在极端艰苦的作战环境中，以星火燎原的信念观“加紧作战地域的群众工作，争取新占领区域的赤化与争取动摇和不满的白军士兵到革命方面来”[⑦]，组织群众坚壁清野，站岗放哨，收集情报。“苏区中的每一个人，都准备为他的政府反抗压迫者而战，因为每一个人都是志愿的、自觉的，为着他本身的利益和他认为正确的信仰而战。”[⑧] 这样就形成了前方战士奋勇杀敌，后方群众全力支援的全民作战的大好形势，军民一心，相互配合，再强大的敌人也会变成“聋子”“瞎子”，陷入人民战争的

① 《毛泽东选集》第1卷，北京，人民出版社1991年版，第99页。

② 《毛泽东选集》第1卷，北京，人民出版社1991年版，第189页。

③ 《毛泽东选集》第1卷，北京，人民出版社1991年版，第102页。

④ 《毛泽东选集》第1卷，北京，人民出版社1991年版，第106页。

⑤ 余伯流、陈钢：《井冈山革命根据地全史》，南昌，江西人民出版社1998年版，第20页。

⑥ 《毛泽东选集》第3卷，北京，人民出版社1991年版，第1036页。

⑦ 中国人民解放军政治学院政治工作教研室编：《军队政治工作历史资料》(2)，北京，战士出版社1982年版，第555页。

⑧ ［美］埃德加·斯诺：《西行漫记》，董乐山译，北京，东方出版社2005年版，第92页。

汪洋大海中。环境险恶、物资匮乏、装备简陋，但军民心中是满满的力量和温暖。由于王明“左”倾冒险主义的错误领导，红一方面军第五次反“围剿”失利，1934年10月10日，中共中央、中革军委机关两个直属纵队和红一方面军主力8万余人，开始长征。红军长征是在极为险恶的战争硝烟和自然环境下进行的，经历和承受了中外历史上罕见的艰难险阻。红军几乎没有立足之地和喘息之机。部队辗转于敌占区，物资供应毫无保证，缺衣少粮，以天作房、以地为床，以草根树皮充饥；红军平均每天行军35公里以上，行军途中几乎每天都有遭遇战，平均每行进一公里就有三四名官兵献出生命。在长征最困难的时候，红军官兵讲得最多的一句话就是：“只要跟党走，一定能胜利”。正是凭着这种理想信念，红军征服了陡峭险峻、终年积雪的座座高山，沼泽遍布、神秘莫测的茫茫草地，浪涛翻滚、暗流涌动的条条江河，一步一步走向胜利，“在漫长的艰苦征途上，有成千上万的人倒下了，可是另外又有成千上万的人——农民、学徒、奴隶、国民党逃兵、工人、一切赤贫如洗的人们——参加进来充实了行列。”[①] 长征是中国共产党“星火燎原”的宣言书，“它向全世界宣告，红军是英雄好汉，帝国主义者和他们的走狗蒋介石等辈则是完全无用的。长征宣告了帝国主义和蒋介石围追堵截的破产。”长征是中国共产党“星火燎原”的宣传队，“它向十一个省内大约两万万人民宣布，只有红军的道路，才是解放他们的道路。”长征又是中国共产党“星火燎原”的播种机，“它散布了许多种子在十一个省内，发芽、长叶、开花、结果，将来是会有收获的。”[②]

马克思在回顾1848年欧洲革命时曾经指出：“革命的进展不是在它获得的直接的悲喜剧式的胜利中，相反，是在产生一个联合起来的、强大的反革命势力的过程中，即在产生一个敌对势力的过程中为自己开拓道路的，只是通过和这个敌对势力的斗争，主张变革的党才走向成熟，成为一个真正革命的党。”[③] 中国共产党经历了井冈山的斗争和长征的锻造，已经逐渐走向了成熟，他们对革命形势把握更加精准，星星之火，渐成燎原之势！

---

① ［美］埃德加·斯诺：《西行漫记》，董乐山译，北京，东方出版社2005年版，第201页。

② 《毛泽东选集》第1卷，北京，人民出版社1991年版，第150页。

③ 《马克思恩格斯选集》第1卷，北京，人民出版社1995年版，第376页。

三、抗日战争是持久战，最后胜利是中国的

国共两党的阶级矛盾随着日本加紧侵华的步伐而退居其次，抗日救国成为中国革命的首要任务。面对日本疯狂的侵略攻势和精良的武器装备，出现了两种对日作战观点：一种是中国必亡论，投降派如汪精卫等人，大肆宣扬中国武器不如人，若抗战，必败无疑。由于国民党军队的一再失败，这种论调不仅在国民党内而且在民众中也有一定的影响；一种是中国速胜论，国民党从抗战初期就幻想依靠外力支援取得对日作战的速胜，台儿庄战役之后，这种侥幸速胜的心理也开始在民众和革命队伍中滋长。中国共产党为了驳斥亡国论和速胜论，树立全国人民抗战的信心和正确的态度，以“抗日战争是持久的，最后胜利是中国的”理想信念为抗战的胜利提供了力量源泉。

以唯物辩证法分析抗战的特点，揭示抗日战争是持久的、必胜的。从主观想象出发，还是从实际出发，是唯物论和唯心论的本质不同。毛泽东运用辩证唯物主义的观点科学分析了中日作战双方的政治、经济、军事等客观情况，得出了持久且必胜的结论。其一，敌强我弱。日本“是一个强的帝国主义国家，它的军力、经济力和政治组织力在东方是一等的，在世界也是五六个著名帝国主义国家中的一个。”[①]而中国“是一个半殖民地半封建的国家”，“是一个弱国，我们在军力、经济力和政治组织力各方面都显得不如敌人”，这是“战争的不可避免和中国的不能速胜”的根本原因[②]。其二，敌退步我进步。“由于日本社会经济的帝国主义性，就产生了日本战争的帝国主义性，它的战争是退步的和野蛮的。”[③]日本发动战争是“由于国内矛盾”，但战争“不能达到日本统治阶级所期求的兴旺，而将达到它所期求的反面——日本帝国主义的死亡。”[④]与之相反，“中国的战争是进步的，这种进步性，就产生了中国战争的正义性”[⑤]，日本的没落与中国的如日东升，是日本必然失败的主要根据。其三，敌小我大。日本是个岛国，四面环海，国土面积小，人力、物力、财力、军力和中国相比都先天不足，日本统治者“为解决这个困难问题而发动战争，结果将因战

---

① 《毛泽东选集》第2卷，北京，人民出版社1991年版，第447页。
② 《毛泽东选集》第2卷，北京，人民出版社1991年版，第449页。
③ 《毛泽东选集》第2卷，北京，人民出版社1991年版，第447页。
④ 《毛泽东选集》第2卷，北京，人民出版社1991年版，第448页。
⑤ 《毛泽东选集》第2卷，北京，人民出版社1991年版，第449页。

争而增加困难，战争将连它原有的东西也消耗掉。”[①] 而中国“是一个很大的国家，地大、物博、人多、兵多，能够支持长期的战争”[②]，这是中国必胜的又一个有利因素。其四，敌寡助我多助。日本发动的战争是侵略性的非正义的，虽然它“能得到国际法西斯国家的援助，但同时，却又不能不遇到一个超过其国际援助力量的国家反对力量。这后一种力量将逐渐地增长，终究不但将把前者的援助力量抵消，并将施其压力于日本自身。”[③] 中国对日作战具有进步性和正义性，必将会有国际的广大援助，这也是应和了“得道多助，失道寡助”的古语。“敌之优点可因我之努力而使之削弱，其缺点亦可因我之努力而使之扩大。我方反是，我之优点可因我之努力而加强，缺点则因我之努力而克服。所以我能最后胜利，避免灭亡，敌则将最后失败，而不能避免整个帝国主义制度的崩溃。”[④] 这样，毛泽东就从中日矛盾双方诸要素的相互联系和制约中，采用客观、全面的观点考察了中日战争。唯物辩证法认为，矛盾的双方不仅是相互联系制约的，还存在着斗争和转化，从而使事物在发展过程中又显现出阶段性，毛泽东据此又科学预见了中日战争必将经历三个阶段：第一阶段，“是敌之战略进攻，我之战略防御的时期。”[⑤] 敌人凭借军力优势，占据大城市和交通线，但随之而来的是“敌人如此深入，其困难是非常之大的，其后果将不堪设想……敌人方面，士气已开始表现颓靡，敌人陆军进攻的锐气，此阶段的中期已不如初期，末期将更不如初期。敌之财政和经济已开始表现其竭蹶状态，人民和士兵的厌战情绪已开始发生，战争指导集团的内部已开始表现其‘战争的烦闷’，生长着对于战争前途的悲观。”[⑥] 敌强我弱的形势逐渐发生量变。第二阶段，“是敌之战略保守，我之准备反攻的时期”，敌我双方力量，经过第一阶段的斗争，处于势均力敌的态势，但总体上的质变还没有发生。这一阶段是“整个战争的过渡阶段，也将是最困难的时期，然而它是转变的枢纽。中国将变为独立国，还是沦为殖民地，不决定于第一阶段大城市之是否丧失，而决定于第二阶段全民族努力的程度。如能坚持抗战，坚持统一战线和坚持持久战，中国将在此阶段中获得转弱为强的力

---

① 《毛泽东选集》第 2 卷，北京，人民出版社 1991 年版，第 448 页。
② 《毛泽东选集》第 2 卷，北京，人民出版社 1991 年版，第 449 页。
③ 《毛泽东选集》第 2 卷，北京，人民出版社 1991 年版，第 448 页。
④ 《毛泽东选集》第 2 卷，北京，人民出版社 1991 年版，第 460 页。
⑤ 《毛泽东选集》第 2 卷，北京，人民出版社 1991 年版，第 462 页。
⑥ 《毛泽东选集》第 2 卷，北京，人民出版社 1991 年版，第 463 页。

量。”[①] 第三阶段，“是我之战略反攻、敌之战略退却的时期。”敌我力量对比由量变到质变，我由劣势转为优势，开始收复失地，战略反攻。“收复失地，主要地依靠中国自己在前阶段中准备着的和在本阶段中继续生长的力量。然而单只自己的力量还是不够的，还须依靠国际力量和敌国内部变化的援助。”[②] “中国由劣势到平衡优势，日本由优势到平衡劣势，中国由防御到相持反攻，日本由进攻到保守退却——这就是中日战争的过程，中日战争的必然趋势。”[③] 前一阶段是后一阶段的必要准备，后一阶段是前一阶段的必然结果。毛泽东“持久与必胜”的科学分析，既当仁不让，道义担当，又鞭辟入里，以理服人，使全国军民的思想认识趋于一致，丢掉了悲观与失望，抛却了急躁与冒进，为中国革命指明了正确的道路和光明的前景。

“持久与必胜”的理想信念贯穿了抗日战争的峥嵘岁月，不仅稳定了军心，提高了军队的战斗力，而且成为抗日民族统一战线的认识基础，激励了一批又一批的有志青年奔赴延安。抗战初期，革命队伍中有人不理解游击战的作战方式，认为只有阵地战才是革命军人的本色，国民党将领也经常对此表示不屑与嘲讽。“持久与必胜”的入理分析，让更多的人认识到游击战争的必要性。游击战争是我们由弱变强的途径，游击战争能够胜利，敌人就只能“保守占领地三分之一左右的区域，三分之二左右仍然是我们的，这就是敌人的大失败，中国的大胜利。”[④] 思想上的疑虑消除了，作战策略就可以更好地执行，执行力提高了，战斗力也就加强了。“持久与必胜”也得到了国民党高层领导人的广泛认同，成为统一战线的思想基础。时任国民党最高统帅部副总参谋长的白崇禧，对毛泽东的观点持赞同态度，认为这是克敌制胜的最高战略方针。并把“持久与必胜”的精神归纳成两句话：“积小胜为大胜，以空间换时间。”国民党内部开始对此不屑一顾的将领，后来也在事实面前改变了观点，诚恳接受持久战的观点。从持久战中去取得抗战的胜利，基本成为全民族的一种共识，这对建立抗日民族统一战线，凝聚全民族力量抗击外侮提供了强大的精神支撑。“持久与必胜”的理想信念也激励了无数青年和知识分子“到延安去”，聚集在红旗之下。那时候，奔赴延安还是一个艰辛的行程，要辗转多地，历经战

① 《毛泽东选集》第 2 卷，北京，人民出版社 1991 年版，第 465 页。
② 《毛泽东选集》第 2 卷，北京，人民出版社 1991 年版，第 465~466 页。
③ 《毛泽东选集》第 2 卷，北京，人民出版社 1991 年版，第 468~469 页。
④ 《毛泽东选集》第 2 卷，北京，人民出版社 1991 年版，第 464 页。

火，还要忍饥受冻，在一定意义上，整个行程就是一场磨砺，而这种磨砺是那些青年学子自觉自愿的。他们跋山涉水，踏破千里的征程，不仅承载了各自的追求，也寄托了更多爱国青年的憧憬。“到延安去”不仅是一代先进青年的选择，也是当时一大批先进分子的共同选择，他们的到来，为革命注入了新鲜血液，为根据地增添了一抹亮色。抗日战争进入相持阶段后，日军的“三光”政策、国民政府的封闭政策以及根据地本身的自然灾害，使抗日根据地军民遇到了极为严重的困难。在这段艰苦的岁月里，他们身上“有某种东西使得个人的痛苦或胜利成了大家集体的负担或喜悦，有某种力量消除了个人的差别，使他们真正忘记了自己的存在，但是却又发现存在于他们与别人共自由同患难之中。”[①]“某种东西”“某种力量”就是理想和信念，正是这种“持久而必胜”的革命理想支撑着革命的火种。军民紧密团结在一起，战场上奋勇杀敌，南泥湾上并肩开垦，革命生产两不误。解放区大生产运动将人烟荒芜、荆棘遍地的南泥湾变成了“处处是庄稼，遍地是牛羊”的“陕北好江南”，为抗战的胜利和自身的发展打下了坚实的物质基础。

四、将革命进行到底

经过艰苦卓绝的 8 年全面抗战，中国人民终于取得了胜利，全国人民沉浸在无比的欢乐与兴奋之中。但是，浓厚的欢乐掩盖不了战后国际国内纷繁复杂的局面，面对国民党政府内战独裁的现实，中间派别第三条道路的主张，广大民众畏惧恐慌的心理，中国共产党坚决回击美帝国主义及反动派的图谋，同时以坚定的言语昭告全党、全军和全国人民“将革命进行到底”：在争取和平的努力中，“将革命进行到底”是我们为了人民利益避免内战的决绝信心；在硝烟弥漫的战场上，“将革命进行到底”是我们嘹亮的冲锋号角。

和战之间为人民利益“针锋相对，寸土不让”，彰显“将革命进行到底”的决心。抗战结束后，中国的未来徘徊于十字路口，毛泽东在延安干部会议上作了《抗日战争胜利后的时局和我们的方针》的重要讲演，重申中国共产党的主张是：“坚决反对内战，不赞成内战，要制止内战。”同时告诫全党要以大革命失败为戒，充分估计内战发生的危险性，“必须清醒地看到，内战危险是十分严重的，因为蒋介石的方针已经定了。按照蒋介

① ［美］埃德加·斯诺：《西行漫记》，董乐山译，北京，东方出版社 2005 年版，第 55 页。

石的方针，是要打内战的。”[①] 蒋介石以和平为幌子行内战之实，“我们的方针是针锋相对，寸土必争。”[②] 这是代表无产阶级和人民大众利益的，“人民得到的权利，决不允许轻易丧失，必须用战斗来保卫。我们是不要内战的。如果蒋介石一定要强迫中国人民接受内战，为了自卫，为了保卫解放区人民的生命、财产、权利和幸福，我们就只好拿起武器和他作战。”[③] 重庆谈判期间，中国共产党一方面坚决反对内战，力促和平，另一方面针对蒋介石集团进攻解放区的叫嚣和行动，明确指出：“如果他们要打，就把他们彻底消灭。事情就是这样，他来进攻，我们把他消灭了，他就舒服了。消灭一点，舒服一点；消灭得多，舒服得多；彻底消灭，彻底舒服。中国的问题是复杂的，我们的脑子也要复杂一点。人家打来了，我们就打，打是为了争取和平。”[④] 不管是和平，还是战斗，为了人民的利益，都要和蒋介石政府进行坚持不懈的斗争，因为“蒋介石对于人民是寸权必夺，寸利必得。”[⑤] 这不仅彰显了中国共产党革命到底的决心和气概，也“击破了国民党说共产党不要和平、不要团结的谣言。”[⑥]1946 年的旧政治协商会议作为重庆谈判的后续和发展，在中国共产党的主导和各民主党派的共同努力下达成了五项协议，然而政协决议墨汁未干，蒋介石就公然撕毁政协协议，赤裸裸地发动内战。这一幕幕丑剧给人民以深刻的教育：“和帝国主义的走狗蒋介石国民党及其帮凶们绝无妥协的余地，或者是推翻这些敌人，或者是被这些敌人所屠杀和压迫，二者必居其一，其他的道路是没有的。”[⑦] 中国共产党力促和平、避免内战的各种举措，无不投射着为了人民利益与国民党斗争到底的决心，有效地教育和团结了广大人民群众和爱国人士，凝聚了更多人心，广泛地播种了“将革命进行到底”的理想和信念。

战火交锋中以“一切反动派都是纸老虎”揭露国民党的反动本质，坚定“将革命进行到底”的信心。1946 年全面内战爆发，战火四处蔓延，针对队伍中的共产党与国民党军事对比差异，能不能打败国民党的问题，毛泽东在 1946 年 4 月的《以自卫战争粉碎蒋介石的进攻》一文中坚定地

---

① 《毛泽东选集》第 4 卷，北京，人民出版社 1991 年版，第 1125 页。
② 《毛泽东选集》第 4 卷，北京，人民出版社 1991 年版，第 1126 页。
③ 《毛泽东选集》第 4 卷，北京，人民出版社 1991 年版，第 1127 页。
④ 《毛泽东选集》第 4 卷，北京，人民出版社 1991 年版，第 1159 页。
⑤ 《毛泽东选集》第 4 卷，北京，人民出版社 1991 年版，第 1126 页。
⑥ 《毛泽东选集》第 4 卷，北京，人民出版社 1991 年版，第 1159 页。
⑦ 《毛泽东选集》第 5 卷，北京，人民出版社 1977 年版，第 3~4 页。

回答："蒋介石虽有美国援助，但是人心不顺，士气不高，经济困难。我们虽无外国援助，但是人心归向，士气高涨，经济也有办法。因此，我们是能够战胜蒋介石的。全党对此应当有充分的信心。"[①] 在《和美国记者安娜·路易斯·斯特朗的谈话》中说到内战时，他讲道："就我们自己的愿望说，我们连一天也不愿意打。但是如果形势迫使我们不得不打的话，我们是能够一直打到底的。"[②] 也正是这次谈话，毛泽东运用历史唯物主义的观点，提出了"一切反动派都是纸老虎"的著名论断："一切反动派都是纸老虎。看起来，反动派的样子是可怕的，但实际上并没有什么了不起的力量。从长远的观点看问题，真正强大的力量不是属于反动派，而是属于人民。"[③] 虽然共产党装备落后，所依靠的不过是小米加步枪，"但是历史最后将证明，这小米加步枪比蒋介石的飞机加坦克还要强些。"[④] 在残酷的战争面前，"一切反动派都是纸老虎"这一思想武装了中国人民的头脑，坚定了中国人民的革命到底的信心。1947 年 12 月，已是内战的第二个年头，战争进入了一个转折点，即党领导的人民军队转入了进攻阶段。毛泽东高度评价了这一历史拐点："这是一百多年以来帝国主义在中国的统治由发展到消灭的转折点。这是一个伟大的事变。"[⑤] 而这一伟大事变是因为中国共产党不软弱、不退让，以"将革命进行到底"的信念坚决地用革命战争反对反革命战争取得的。"一切内外反动派的进攻，不但是必须打败的，而且是能够打败的。……黑暗即将过去，曙光即在前头。"[⑥]1948 年秋，我党和国民党的力量对比呈现新局面，人民解放军人数剧增至 280 万人，武器装备也有很大的改善；相比之下，国民党军队可用于第一线作战的仅存 174 万人，且军心动摇、士气低落，在此种情况下，中国共产党抓住时机部署和发动了辽沈、淮海、平津三大战役。三大战役的完胜，使中国共产党和人民解放军逐步掌握了战局的主动权，但就在此时，蒋介石政府又出了新的"招数"："一方面正在利用现存的国民党政府来进行'和平'阴谋，另一方面则正在设计使用某些既同中国反动派和美国侵略者有联系，又同革命阵营有联系的人们，向他们进行挑拨和策动，叫他

① 《毛泽东选集》第 4 卷，北京，人民出版社 1991 年版，第 1187 页。
② 《毛泽东选集》第 4 卷，北京，人民出版社 1991 年版，第 1192 页。
③ 《毛泽东选集》第 4 卷，北京，人民出版社 1991 年版，第 1195 页。
④ 《毛泽东选集》第 4 卷，北京，人民出版社 1991 年版，第 1195 页。
⑤ 《毛泽东选集》第 4 卷，北京，人民出版社 1991 年版，第 1244 页。
⑥ 《毛泽东选集》第 4 卷，北京，人民出版社 1991 年版，第 1245~1246 页。

们好生工作，力求混入革命阵营，构成革命阵营中的所谓反动派，以便保存反动势力，破坏革命势力。”[①] 一些中等资产阶级和上层小资产阶级分子害怕进一步的革命会损害他们的利益，陷入是否继续革命及如何继续革命的困惑中，有的甚至鼓吹中间路线，采取国民党的和谈建议。在革命的关键时刻，中国共产党告诫人民“敌人是不会自行消灭的。无论是中国的反动派，或是美国帝国主义在中国的侵略势力，都不会自行退出历史舞台。”[②] 对于反动派的狡猾和阴谋，必须予以坚决的斗争，要“将革命要进行到底”，若是革命半途而废，国民党赢得喘息和疗伤的机会，就会“在一个早上猛扑过来，将革命扼死，使全国回到黑暗世界。”[③] 只有彻底地消灭了反动派，驱逐了美国帝国主义的侵略势力，中国才会有真正的独立，真正的民主，真正的和平！1949年初，中国共产党先后发表《中共中央毛泽东主席关于时局的声明》《四分五裂的反动派为什么还要空喊“全面和平”》《国民党反动派由“呼吁和平”变为呼吁战争》等文章，披露伪和谈的不轨阴谋，教育中国各界人士要将革命进行到底，拒绝动摇、坚定信念。在中国共产党的感召和教育下，广大人民群众和各民主党派再次走到一致拥护中国共产党和人民解放军进行解放战争的道路上。“将革命进行到底”的坚定信念支撑着党和全国人民，冲破了黎明前的黑暗，实现了建立一个独立、民主、和平、统一、富强的新中国的伟大梦想！

马克思指出：“一切划时代的体系的真正内容都是由于产生这些体系的那个时期的需要而形成起来的。”[④] 中国共产党在新民主主义革命时期对人民群众和革命队伍的理想信念的培育亦是如此。中国共产党没有停留在观念层面的共产主义理想的口号宣传，而是从轰轰烈烈的革命斗争实践中去采集、去凝练，以时代孕育理论，以理论引领时代。也因如此，理想才分外真实可触，信念才如此坚贞有力。

第二节　新型伦理关系的构建

五四运动对传统道德的猛烈抨击促成了以“三纲五常”为核心的中

① 《毛泽东选集》第4卷，北京，人民出版社1991年版，第1374页。
② 《毛泽东选集》第4卷，北京，人民出版社1991年版，第1376页。
③ 《毛泽东选集》第4卷，北京，人民出版社1991年版，第1375页。
④ 《马克思恩格斯全集》第3卷，北京，人民出版社1960年版，第544页。

国传统道德的解构，但是宗法等级制度的影响并不会随着社会的变迁而立即消退。在广袤的中国大地上，不管是在城市还是在乡村，随处可见的仍旧是富人对穷人的盘剥，有产者对无产者的欺凌。再加上中国封建社会的顺民教育已使民众在内心深处凝结了根深蒂固的奴性，一切行为取舍与价值标准都以“老爷”“东家”为准，没有自我，没有判断。人没有自我，就没有变革的内在动力，没有对国家、群体事物的热情，会在社会中形成一种可怕的消极。资产阶级改良派和革命派都认识到了这个问题，梁启超甚至依此提出了“道德革命”的论点，只是他们对国民奴性的犀利批判和对国民道德塑造的理论论证，更多停留在观念和学术精英层面，没有真正走到人民中去唤醒、去动员。崭新的社会，需要“人”的主体意识的觉醒，需要一种新型的伦理关系去维系民众、团结民众。年轻的中国共产党人走近老百姓，用他们听得懂的语言开始了真正意义上的国民道德重建。他们摒弃以往阶级对普罗百姓以“师者”自尊的至高位置和说教口吻，以“平等”的姿态、以人与人对等的交往，构建了一种新型的人伦关系：即非以往阶级的“命令式”追随，而是“情感式”相携；前者是一种“不得不”，后者则是“我愿意”。这种情感相携式的人伦关系以“从前做牛马，现在要做人”唤醒人民群众主体意识的觉醒为开端，以“军队内的民主主义制度，将是破坏封建雇佣军队的一个重要武器”为新型伦理关系的保障，以“军队是鱼，老百姓是水，鱼在水中才能生存和长大”为新型伦理关系的升华。由人—官兵—军民，内涵和外延的逐渐扩充和延展，构成了这种新型伦理关系的演进历程。

一、以“人”的独立精神启蒙民众

党的初创时期，年轻的中国共产党人走进民众，以“平等”的姿态，构建了情感相携式新型伦理关系。这种伦理关系的形成伴随着革命的进程经历了一个逐渐深入的过程，“从前做牛马，现在要做人”成为中国共产党与人民大众建立新型关系的开端。

作为无产阶级的政党，中国共产党一直致力于在实际斗争中启发民众的阶级觉悟，谋求全体劳动者自身的解放。年轻的中国共产党走到工人群众中去，创办刊物、书社，进行马克思主义大众化的宣传，“工人在世界上已经是最苦的，而我们中国的工人比外国的工人还要苦。这是什么道理呢？就因为外国工人略微晓得他们应该晓得的事情，我们中国工人不晓得他们应该晓得的事情。”[①] 这个“应该晓得的事情”就是：人民群众特别是工人阶级，已经不再是封建社会中被地主老爷们奴役的牛马，而是堂堂正正的人——有自己权利和自由的人！在中国长期的革命斗争中，中国共产党已经深刻体会到，要使民众“动起来”“跟党走”，必须先以“人”的独立精神赋予民众，进而形成对自身、对民族、对国家的责任感与使命感，激发推翻封建专制主义和帝国主义统治，打破不平等伦理秩序的政治热情和道德热情。于是乎，初创时期党的历次大会都强调大力发展工会组织，建立工人补习学校，不管在城市还是在乡村，党都进行了具有针对性的、生动活泼的组织动员。考虑到群众的实际文化水平，共产党员们用各种贴近生活的方式去启发和引导群众的思想觉悟，他们曾经巧妙地把学习文化和阶级启蒙结合在一起，例如讲授国文，第一课就是：“一人两只手，两手十个指”，这是工人、农民熟悉和易懂的说法，使他们觉得教员不是高高在上不可企及的，就像邻家大哥，油然而生的亲近感自然不自然地拉近了彼此的距离。“我们做工的，作田的，两只手一年到头忙不停，种出谷米，挖出煤炭，累死累活，反倒没吃没穿，财主、资本家也是两只手，可是从不劳动，吃的是山珍海味，穿的是绫罗绸缎，住的是高楼大厦。同样两只手，为什么有的白，有的黑？有的忙穷，有的闲富？”一个个问号，重重地揳进工人的心坎。这种启发式的、接地气的讨论，使工人、农民逐步认识到自己受剥削、受压迫的根源，激发了工农翻身做主人的斗志。青年毛泽东曾经把“工”和“人”两字连起来，写成一个“天”字，形象地比喻：“工人阶级联合起来，力量就大于天。”还有易于传唱的歌谣：“如今世界不太平，重重压迫我劳工。一生一世做牛马，思想起来好苦情。北风吹来十月的风，惊醒了我的苦弟兄。无产阶级快起来，拿起铁锤去进攻。红旗一挥千里明，铁锤一举山河动。只要我们团结紧，冲破乌云满天红。”这些有针对性的形象生动的宣传，不断激发着民众反帝反封建，寻求解放的脉动。

在党的领导和启蒙下，1922 年秋季，安源路矿工人大罢工和开滦五矿工人大罢工爆发，“从前是牛马，现在要做人”成为安源路矿工人大罢工的口号，这不仅是党进行阶级觉悟教育的结果，也是对民众进行阶级觉悟教育的最好诠释，这不仅是一场工人阶级维护经济利益的大罢工，更是工人阶级追求自身正当权利和作为人的尊严的一次起事。在此之后，

① 李汉俊：《为什么要办这个报》，《劳动界》1920 年第 1 期。

1923年又发生了维护权益、争取自由的京汉铁路工人大罢工："我们此次大罢工，为我们全劳动阶级命运之一大关键。我们不是争工资争时间，我们是争自由争人权。我们是自由和中国人民利益的保卫者。工友们！要晓得我们京汉工人的责任如何重大，麻木不仁的社会早就需要我们的赤血来渲染了！工友们！这军阀的火线上应该我们去作先锋，前进呵！勿退却……"[①]时至今日，你仍能清晰地感受到工人阶级要以"人"的形象站立宇间的喷薄气势，仍能感受到工人阶级要做"主人"的万丈豪情！

农民一向是中国社会负重最深的阶层，"中国的男子，普遍要受到三种有系统的权力的支配，即：（一）由一国、一省、一县以至一乡的国家系统（政权）；（二）由宗祠、支祠以至家长的家族系统（族权）；（三）由阎罗天子、城隍庙王以至土地菩萨的阴间系统以及由玉皇上帝以至各种神怪的神仙系统——总称之为鬼神系统（神权）。至于女子，除受上述三种权力的支配以外，还受男子的支配（夫权）。这四种权力——政权、族权、神权、夫权，代表了全部封建宗法的思想和制度，是束缚中国人民特别是农民的四条极大的绳索。"[②]农民通过农民协会逐渐明白翻身做主人的道理并迅速行动起来。在党的领导下，"一切权利归农会"，世代受压迫的农民们建立了自己的乡村政权，他们将土豪劣绅和不法地主从作威作福的"老爷"位置上拽下来，将政权、族权、神权等各种封建宗法思想和旧制度打碎。农会还进行了减租减息、废除苛捐杂税等经济斗争，这些经济斗争又为乡村社会伦理关系和新的道德观念奠定了有力的经济基础。"农民协会占了神的庙宇做会所，一切地方的农民协会，都主张提取庙产办农民学校，做农会经费，名之曰'迷信公款'……对于推翻神权，破除迷信，是各处都在进行中的。"[③]"许多地方，妇女跟着组织了乡村女界联合会，妇女抬头的机会已到，夫权便一天一天地动摇了起来。"[④]妇女除了参加农民协会组织的斗土豪、烧田契等活动外，还宣传婚姻自由、男女平等。她们扯掉了长长的裹脚布，离开了柴米油盐的锅台，同贫苦农民一起，打菩萨、闯祠堂、砸神庙、扫赌具……一切封建礼教、陈规陋习都成了革命的对象，妇女获得了做"人"的权利，品尝到了做"人"的独立与自由。

---

① 邵维正主编：《文图并说：中国共产党80年大事聚焦》上，北京，解放军出版社2001年版，第49页。

② 《毛泽东选集》第1卷，北京，人民出版社1991年版，第31页。

③ 《毛泽东选集》第1卷，北京，人民出版社1991年版，第32页。

④ 《毛泽东选集》第1卷，北京，人民出版社1991年版，第32页。

中国共产党在与民众构筑情感相携式新型伦理关系的过程中更主张通过广大工人农民对自身利益和阶级地位的自觉，“菩萨要农民自己去丢，烈女祠、节孝坊要农民自己去摧毁，别人代庖是不对的。”[①]“人”的独立与自由精神是人与人缔结关系的前提，人民必须首先解放了自己，才能接受中国共产党，跟着党为了工农利益而战。启发、教育民众不做牛马，要做人，为新型伦理关系的建立准备了关键的道德认知。

二、确立军队内的民主主义制度

1927 年，轰轰烈烈的大革命以蒋介石发动反革命政变，摧毁国共两党的统一战线而宣告失败。在白色恐怖的笼罩之下，中国共产党也进入了独立领导中国人民进行武装革命的时期。南昌起义打响了反对国民党反动政权的第一枪，秋收起义、广州起义等工农武装起义紧随其后。武装斗争形势的不断发展，也使得军队内的官兵关系和军民关系成为此阶段的“情感相携式”新型伦理关系构建的重点，中国共产党敏锐地提出：“中国不但人民需要民主主义，军队也需要民主主义。军队内的民主主义制度，将是破坏封建雇佣军队的一个重要的武器。”[②]

大革命失败后中国共产党领导的部队成分还很复杂，既有原来的国民党正规军，也有农民武装和散兵游民，甚至还有部分土匪。成员混杂，思想也良莠不齐，既有坚定的共产主义理想信念，也有旧军队习气、农民保守意识和流寇思想。军队内部军官的军阀作风还很严重，官兵待遇悬殊，官兵关系并不融洽，甚至有打骂士兵的现象。这种旧式军队中的官兵上下级不平等、不一致，使士兵心里产生极大的落差。因为当时很大一部分士兵之所以投奔革命，就是因为受尽压迫、被逼无奈，可是到了部队，遭受的仍旧是剥削，士兵们觉得感受不到温暖，看不到希望，这种情绪严重影响了部队的凝聚力和战斗力。中国共产党为了改变这种状况，在 1929 年部队行进至江西省永新县三湾村时进行了中国共产党历史上著名的三湾改编。

三湾改编在部队实行民主制度，废除军阀作风，建立了官兵平等的新型伦理关系，凝聚了广大士兵同仇敌忾之心。官兵平等首先体现在官兵一致，改编前的工农革命军，连长以上的军官配有勤务兵，打水、提鞋、洗

---

① 《毛泽东选集》第 1 卷，北京，人民出版社 1991 年版，第 33 页。

② 《毛泽东选集》第 1 卷，北京，人民出版社 1991 年版，第 65 页。

衣基本由勤务兵包办。军官们吃的是小灶，穿戴上被称为“五皮军官”：即脚穿皮鞋，头戴皮帽，腰挎皮带、皮包，再插上一根皮鞭，与士兵的缺衣少粮形成了鲜明的对比。改编后的军队，上至军长下至伙夫一律都是标准的饭菜，官兵同吃红糙米和白水煮南瓜，没有人搞特殊化。当时广为流传着这样的歌谣：“当兵就要当红军，处处工农来欢迎，官长士兵一个样，没有人来压迫人”。这是对官兵平等、上下一致的生动写照和诠释。罗荣桓也曾回忆那段岁月：“秋收起义以前，军官每顿饭都是四菜一汤，和士兵们的待遇悬殊很大。三湾改编以后，因为斗争很艰苦，那时最需要的是官兵艰苦与共，因而待遇改成完全一致，干部和战士吃一样的饭菜，穿同样的衣服。这是一个了不起的改革，更加密切了官兵关系，对干部的考验和改造，也起了积极作用。”[①] 毛泽东在严寒中与战士一样只穿两件单衣，朱德与战士一路扁担在肩，挑粮上山。虽然生活条件异常艰苦，但是与物质上优越的国民党相比，士兵在精神上却实现了解放与自由，这是任何富足的物质生活都无法比肩的。

官兵平等还体现在对士兵的尊重。在旧军队中，士兵鲜有尊严二字可谈，他们只是军阀和将领的一粒棋子，官兵关系只是一种命令式的不得已的跟随，士兵身后是冷漠和无情的枪口。中国共产党建构的新型伦理关系，给予士兵以足够的尊重。三湾改编时正值秋收起义失败，白色恐怖、前途漫漫，一些官兵产生悲观失望情绪，有的甚至选择了离开，留在部队的士兵也多持消极观望的态度。面对这种情况，中国共产党没有像旧军队那样用严厉的刑罚甚至是枪炮对付士兵的游离，党的主张是：去留自愿，绝不强制。想走的人发给路费，走了如果生活不下去，欢迎再次回归。“去留自愿”传递的是一种思想观念的认同与肯定，是对士兵选择的无条件的尊重。中国共产党从城市走到乡村，一路走来，对于或观望或犹豫的民众，他们以事实说明：中国共产党不是封建统治者，也不是旧军阀，更不是国民党，绝不搞强迫征兵。党领导的军队维护士兵的尊严，尊重士兵的选择，我们要建立的是不同于以往任何阶级的革命队伍，这支队伍以“情感相携式”新型伦理关系所维系。俗话说得好：“强扭的瓜不甜”。越是艰苦的时刻，越需要一种精神的认同。选择留下，是对革命充满信心，心若在，就会为着理想信念奋勇杀敌；选择离开，那就随他去吧，因为人

---

① 罗荣桓：《秋收起义与我军初创时期》，《星火燎原》第1卷第1集，北京，人民文学出版社1958年版，第105页。

数多寡向来都不是部队战斗力的决定性因素。走了的愿意回来，中国共产党还会热烈欢迎，这并不意味着党领导的红军是来去自由，没有组织性、纪律性。这恰恰显示出中国共产党对士兵另一层面的尊重与信任：白色恐怖之中，思想的迂回，选择的回溯，都是普通人经过怀疑、思考、再选择的必然结果。一旦他决定再回来，也说明他是真心相信党，真心接受党的领导，这就是革命不可或缺的中坚力量。党的豁达与宽大胸襟体现了对士兵作为“人”的独立精神和自由的尊重，这使党与士兵之间形成了一种道德情感，这种情感使他们之间有了一种特殊的温情——颠沛流离中家的温暖和依靠。

官兵平等还体现在士兵有了监督长官的权利。旧军队中，士兵对长官的指令只有无条件的服从，对于长官的欺凌敢怒不敢言。三湾改编后，部队在连、营、团各级设立了士兵委员会，主要负责参加军队管理、维持红军纪律、监督军队经济、发动群众和做士兵政治教育工作等五项任务。士兵委员会由选举产生，“全连士兵大会选举 5 至 7 人或 9 人为连士委执委，推主席一人。以全营人数按每 5 人举一代表组成全营士兵委员会，推举 11 人至 13 人组织营士兵委员会执委，推举 1 人为主席。按全团人数每 10 人举代表一人组织全团代表会，推举 17 人至 19 人组织团士兵委员会执委，推举 1 人任主席。全军按 30 人至 50 人举一代表组织全军代表会，选举 19 人至 21 人或 23 人组织军士兵委员会执委，选 1 人为主席，军士执委选 5 人至 7 人为常委。连无常委机关，军团常委均设机关于政治部内日常办公，营常委不设机关。”① 当各级士兵委员会召开会议时，每个士兵都有发言的权利和自由，对班长、排长、连长、党代表工作或生活上的缺点与过失都可以进行监督、批评、质询，也可以提出建议。当然，士兵委员会是在党代表的指导下进行的，是有一定的章法和程序的，并且不能干涉军事机关在工作问题上的处理。这样既能把基层连队的意见和问题反映到决策层，又保障了党在一定基础上的集中，防止了极端民主化的产生。士兵有了主人翁意识，就会把部队当自己的家，打仗不再是为他人，而是为自己为人民打仗，“同样一个兵，昨天在敌军不勇敢，今天在红军很勇敢，就是这种民主主义的影响。”②

军队是革命胜利的武器，但它不是抽象概念，而是由一个个鲜活的士

---

① 井冈山革命根据地党史资料征集编研小组、井冈山革命博物馆编:《井冈山革命根据地》(上)，北京，中共党史资料出版社 1987 年版，第 365 页。

② 《毛泽东选集》第 1 卷，北京，人民出版社 1991 年版，第 65 页。

兵组成的，要想使其成为无坚不摧的战斗集体，就必须调动每个士兵的积极性和主动性。党所倡导的官兵平等，是军官与士兵的平等，也是红军与国民党投诚士兵及俘虏兵的平等。把士兵当作“人”而非达到胜利的工具，铸造了军队内情感相携式的新型人际关系，彰显了人的解放、人的平等和人的自由。军队内的民主主义制度，确立了新型的官兵关系，士兵因为主体性的彰显而提升觉悟，进而又促进了集中的巩固形成。三湾改编既有民主又有集中，自此，官兵平等即成为贯穿新民主主义革命时期党领导军队的一项铁律。红军战士既能战斗，又恪守纪律，这支用民主主义武装起来的军队，也必将赢得人民的支持与信任！

三、构建军民鱼水关系

党在初创时期对民众“从前做牛马，现在要做人”的教育和启蒙，使得老百姓对中国共产党有了自然的亲近与归属。“军队内的民主主义制度”，造就了官兵之间从未有过的温情与紧密。在中央苏区时期、抗日战争乃至解放战争时期，老百姓的支持与信任、军队的浴血奋战，使中国共产党对情感相携式新型伦理关系有了更进一步的认识。这种情感相携不仅是党与民众、党与军队，在极端残酷的战争时期，更应有军与民的相携。“抗日游击队与群众的关系，好比鱼和水的关系一样，鱼在水中才能生存和长大，抗日游击队有了群众依托才能生存和长大。”[1]军队是鱼，老百姓是水，鱼在水中才能生存和长大，这种军民鱼水情，为新民主主义革命的胜利提供了巨大的精神力量。

中国共产党以严明的军纪作为军民鱼水关系的基石。辛亥革命以后，各路军阀“你方唱罢我方登场”，兵变频繁以致社会动荡，老百姓对此怨声载道。再加上军阀对士兵军纪鲜有有效的约束，战时烧毁房屋、抢掠商铺、屠杀无辜是时有之事，对当时的中国社会尤其是人民群众的生活以及社会经济的发展造成了极大的伤害，军民关系也因此紧张。国民党新军阀也沾染了这种兵匪习气，军队纲纪败坏，对老百姓吃、拿、卡、要，军民关系搞得一塌糊涂，以至于军队所过之处，老百姓关门闭户，冷冷清清。为了改变老百姓眼中对于扛枪穿军装的传统认知，红军严明军纪、整饬军风。针对有的官兵挖老百姓红薯的事件，毛泽东在枫树坪向刚刚改编了的工农革命军宣布了行军纪律：“说话要和气，买卖要公平，不拿群众

---

① 《朱德选集》，北京，人民出版社1983年版，第41页。

一个红薯。"[①]并在荆竹山第一次明确提出了人民军队最早的三项纪律："第一，行动听指挥；第二，打土豪款子要归公；第三，不拿老百姓一个红薯。"[②]"不拿群众的一个红薯"看似非常之小事，却从根本上划清了红军与一切旧式军队的界限。这个根本的界限就是"尊重士兵和尊重人民。从这态度出发，于是有各种的政策、方法、方式。离了这态度，政策、方法、方式也一定是错的，官兵之间、军民之间的关系便决然弄不好。"[③]也正是因为尊重人民的态度，1928年，部队攻打遂川之后，针对出现的违反群众纪律、侵犯小商小贩利益的现象，还有因借老乡的门板，离开时没有及时归还或者拿回去对不上而因此发生争吵的事情，毛泽东宣布了最早的六项注意："第一、上门板；第二、捆铺草；第三、说话要和气；第四、买卖公平；第五、不拉夫，请来夫子要给钱；第六、不打人，不骂人。"[④]1928年3月，又针对新情况将六项注意的后两项改为"借东西要还""损坏东西要赔"，作为官兵行动的准则。党在赣南、闽西开辟革命根据地期间，又在六项注意基础上增加了"洗澡避女人""不搜俘虏腰包"，成为八项注意。三大纪律八项注意，成为红军与人民群众关系的基本守则，当时流传着一首歌谣："红军纪律真严明，行动听命令，爱护老百姓，到处受欢迎，遇事问群众，买卖讲公平，群众的利益，不损半毫分。"不管是以后的抗日战争还是解放战争，人民军队都始终恪守纪律，所到之处，都自觉做到"五不走"：水缸不满不走，院子不净不走，借东西不还不走，损坏东西不赔不走，群众纪律不检查不走。再饿，不会拿老百姓的一粒米，再累，不会占老百姓的一张床。人民解放战争转入战略反攻后，中国共产党再次向全军提出训令："一、本军三大纪律八项注意，实行多年，其内容各地各军略有出入。现在统一规定，重行颁布。望即以此为准，深入教育，严格执行。至于其他应当注意事项，各地各军最高首长，可根据具体情况，规定若干项目，以命令施行之。二、三大纪律如下：（一）一切行动听指挥；（二）不拿群众一针一线；（三）一切缴获要归公。三、八项注意如下：（一）说话和气；（二）买卖公平；（三）借东西要还；（四）损坏东西要赔；（五）不打人骂人；（六）不损坏庄稼；（七）不调戏

① 中共中央文献研究室编：《毛泽东年谱（1893—1949）》上卷，北京，中央文献出版社1993年版，第222页。

② 金冲及：《毛泽东传（1893—1949）》，北京，中央文献出版社2004年版，第175页。

③ 《毛泽东选集》第2卷，北京，人民出版社1991年版，第512页。

④ 井冈山革命博物馆编：《井冈山斗争大事介绍》，北京，解放军出版社1985年版，第31页。

妇女；（八）不虐待俘虏。”[①] 中国共产党领导的军队以严明的纪律、秋毫无犯的军风深深打动了老百姓的心，彻底改变了旧军队和人民群众对立的现象，建立了崭新的血肉相连、鱼水相依的军民关系。

中国共产党以军民自力更生、艰苦奋斗、同生共死夯实军民鱼水关系。中国共产党领导的人民军队之所以受到群众的衷心拥护和爱戴，重要的一点就是他们始终和人民群众打成一片，同生死共荣辱。中国共产党没有先进的武器装备，没有富足的物质条件，但他们了解群众的呼声和意愿。毛泽东曾经身披斗笠，脚踩草鞋，走遍罗霄山脉，每到一地，都深入群众，访贫问苦，帮助农民解决了迫切需要的土地问题。面对国民党军队的军事围剿，军民齐心进行了有效的经济斗争和经济建设，不仅没有被饿死、困死，还创办了一些军需工厂，有效地保障了战争需要。红军历经长征到达陕甘宁边区，而这里却是“中国最贫瘠、长期落后而且人口稀少的地区之一。尽管它面积广袤（大致相当于美国的俄亥俄州），但只有大约140万居民。大多数极端贫困，但估计地主和富农占人口的12%，却拥有土地的46%。农业生产不稳定，生长期短，雨量稀少且难以预测，大暴雨会倏然而至，冲走庄稼，并把解冻的黄土坡冲刷成一条条沟壑。在1928年到1933年间，饥荒席卷了中国西北部，包括陕甘宁在内；千百万人死去，大量土地荒芜。剧烈的地震会周期性地摧毁那些掘进黄土峭壁的窑洞。与严酷的自然环境一起，这一地区长期为动乱、骚动和暴力所困扰。它长期未能从19世纪70年代可怕的穆斯林暴动中完全恢复过来。土匪和军阀是本地的特产。”[②] 中国共产党一方面组织打仗，另一方面组织生产，军队与群众并肩作战，一手拿锄头，一手拿枪杆，解决了人民和军队的困境。在抗日战争的相持阶段，国民党当局对抗日根据地实行经济封锁，在这种情况下，毛泽东发出“不但要组织农民生产，而且要组织部队和机关一齐生产”的号召[③]，各抗日根据地掀起轰轰烈烈的生产自救运动。“军民团结如一人，试看天下谁能敌”，边区军民携手开荒种地、纺线织布，互帮互助、改善生活。“群众生产情绪大大提高，军民关系更为融洽，群众都有了饭吃。游击区群众对共产党、八路军的同情和拥护，从

① 《毛泽东选集》第4卷，北京，人民出版社1991年版，第1241页。

② ［美］费正清等著：《中日战争时期的中国共产主义运动》，刘敬坤等译，《剑桥中华民国史（1912—1949年）》下卷，北京，中国社会科学出版社1994年版，第631页。

③ 《毛泽东选集》第3卷，北京，人民出版社1991年版，第1017页。

此更增高一步。”[①] 人民送子参军、交公粮、送军鞋、掀起了拥军热潮。“红军是人民的军队，它所以壮大是因为人民帮助我们。”[②] 中国共产党构建的军民鱼水关系只有在中华大地上才可以找寻到，这种情谊是党和人民在浴血奋战中结成的。在解放战争中，出现了“父母送子妻送郎、兄弟携手上战场”的感人场景。在具有决定性的三大战役中，每一场都是军民鱼水情深的生动写照，“最后一把米，用来做军粮，最后一尺布，用来做军装，最后的老棉被，盖在担架上，最后的亲骨肉，含泪送战场。”老百姓正是唱着这样的歌谣、推着小推车勇往直前冲向战场。

军队是鱼，老百姓是水，鱼只有在水中才能生存和长大，这是具有中国特色的伦理关系，是中国共产党在残酷战争中的深刻体悟和总结，也是中国军队永远向前的源泉和动力。

第三节　集体主义道德原则的重建

中国传统社会是一个以家国同构为特征的宗法社会，[③] 这种社会形态以血缘和地域关系为纽带，将个人与家庭、个人与他人、个人与社会及个人与国家纳入一个不可分割的共同体当中。在这个共同体中，家庭、社会及国家地位始终高于个人，个人利益要绝对地服从宗族的利益，整体利益始终大于个人利益。由此形成了建立在中国传统宗法社会基础上、维护宗法社会稳定的价值观念，即宗法集体主义。[④] 虽然辛亥革命推翻了帝制，五四运动打倒了孔子，但是祠堂还是香火旺盛，族长仍然一言九鼎，军阀仍旧各立山头、各自为政。随着革命形势的不断发展，中国共产党以无产阶级的集体主义价值观根除了革命队伍中的封建宗法集体主义思想，在广大人民群众中树立了马克思主义的集体观，建立了集体主义的道德原则。

---

① 《毛泽东选集》第 3 卷，北京，人民出版社 1991 年版，第 1022 页。

② ［美］埃德加・斯诺:《西行漫记》，董乐山译，北京，东方出版社 2005 年版，第 284 页。

③ 所谓“家国同构”，是指家庭、家族和国家在组织结构上的共同性，均以血亲—宗法关系来统领。

④ 宗法集体主义是中国传统社会处理个人与家庭，个人与社会及个人与国家的道德准则。具体来说“以血缘关系为纽带，与国家制度相结合，以维护家长、族长和贵族世袭统治和世袭特权行为，而形成了由政权、神权、专权组成的封建宗法制，形成了等级森严的宗法制度。而作为这些制度在思想文化和价值观领域的表现就是一种以维护国家、民族和贵族为中心的集体主义或整体主义，而个人利益则要绝对地服从宗族的利益，故称宗法集体主义。”见陈章龙《论主导价值观》，南京，江苏人民出版社 2006 年版，第 194~195 页。

一、铲除极端民主化的根苗，厉行集中指导下的民主生活

中国共产党在初创时期至土地革命时期对于集体主义的理解更多来源于马克思恩格斯“真实的集体”思想。“真实的集体”就是“革命无产者的集体”，这种真实建立在这个共同体里“各个人都是作为个人参加的”，这种联合“把个人的自由发展和运动的条件置于他们的控制之下”[①]，只有在这个共同体中，“个人才能获得全面发展其才能的手段，也就是说，只有在共同体中才可能有个人自由。”[②] 个人依赖于集体，集体为个人提供发展条件。中国共产党从建立之初就提倡这种集体主义思想，并根据革命形势的发展通过赣南四整、三湾改编和古田会议致力于“从理论上铲除极端民主化的根苗……在组织上，厉行集中指导下的民主生活”，[③] 保证了集体主义在我党和军队的初步确立。

初创时期在党的文献中关于党员个人和党的组织活动的规定，体现了集体主义的精神。党的一大通过的纲领和党的二大通过的党章都强调了集中。党的一大纲领规定：被介绍入党的人，“必须接受其所在地的委员会的考察，考察期限至少为两个月。考察期满后，经大多数党员同意，始得成为党员。如果该地区有执行委员会，必须经执行委员会批准。”党的组织机构分为三级：即地方委员会、地方执行委员会和中央执行委员会。“每个地方，凡是有党员五人以上的，必须成立委员会。”“凡是党员不超过十人的地方委员会，应设书记一人；超过十人的应设财务委员、组织委员和宣传委员各一人；超过三十人的，应由委员会的成员中选出一个执行委员会。”“地方执行委员会的财政、活动和政策，必须受中央执行委员会的监督。”纲领强调：“本纲领须经全国代表大会三分之二代表同意，始得修改。”[④] 党的一大纲领对于党员的批准和各级委员会的产生及权利的规定，体现了集体主义的原则。党的二大通过了《中国共产党章程》，进一步规定了上级党组织乃至全国代表大会和中央委员会的权利，第一次明确提出“本党一切会议均取决多数，少数绝对服从多数”[⑤] 党的三大和党的四大又分别对党章进行了修正，但都是关乎具体细节，基本规定并没有大

① 《马克思恩格斯文集》第 1 卷，北京，人民出版社 2009 年版，第 573 页。

② 《马克思恩格斯文集》第 1 卷，北京，人民出版社 2009 年版，第 571 页。

③ 《毛泽东选集》第 1 卷，北京，人民出版社 1991 年版，第 88~89 页。

④ 中央档案馆编:《中共中央文件选集》第 1 册，北京，中共中央党校出版社 1989 年版，第 4~5 页。

⑤ 中央档案馆编:《中共中央文件选集》第 1 册，北京，中共中央党校出版社 1989 年版，第 97 页。

的改动或增减。直到 1927 年 6 月，中共中央政治局会议形成了中国共产党第三次修正章程，其中规定："严格党的纪律是全体党员及全体党部最初的最重要的义务，党部机关之决议，应当敏捷的与正确的执行之，但对于党内一切争论问题，在未解决以前，完全自由讨论之。"[①] 并明确了"党部的指导原则为民主集中制"。虽然从理论上党已经认识到集体主义对党的组织的重要性，并且在党章中得以确定，但对于集体主义原则在革命斗争实践中，对于党的建设和发展所起的作用以及如何展开还缺乏鲜活的认识。

大革命失败后，中国共产党在创建红军和农村根据地的过程中，深化了对集体主义的认识，通过一系列的整改，逐步从组织层面确立了党和军队的集体主义的道德原则。首先是通过赣南四整和三湾改编，确立了党对军队的绝对领导，这是保障集体主义得以贯彻的关键。南昌起义后，起义军南征途中遭遇敌人围攻严重受挫，为了提升队伍的政治和军事素质，朱德、陈毅对这支脱胎于旧军队的武装力量在赣南进行了四次整顿：一在天心圩整顿思想，以理想信念克服悲观逃跑；二在信丰整顿纪律，针对士兵抢劫民间财物的事件，以集体主义整饬军纪，肃清队伍中的山头主义和个人主义；三在大庾整顿组织，重点加强党对军队的领导。起义部队党员少且集中于领导机关，基层中无法实现党的领导。朱德、陈毅决定重新登记党、团员，并成立党支部。党支部派出部分党、团员进驻各连队，从而有效保证了党在基层的工作和领导。四在上堡整顿队伍，以募款和缴获要全部归公加强纪律，以改打大仗为打小仗进行军事训练。赣南四整使"部队走向统一团结了，纪律性加强了，战斗力也提高了。"[②] 比赣南四整略早进行的三湾改编则进一步确定了党对军队的绝对领导。"支部建在连上"是三湾改编的核心。三湾改编之前，连一级没有党支部，党的路线、方针、政策的传达停留在团一级，而团级党支部难以切实掌握部队，这样就使一系列的传达受阻。改编后，在前委的统一领导下，团营建立党委、连队设立党支部、班排成立党小组，连以上各级设党代表，一切重大问题都经过党组织讨论决定。"支部建在连上"，能够及时有效地上传下达，形成了集体领导的体制，保证了党对军队的绝对领导权。如果没有三湾改编，没有"支部建在连上"，"这支部队便不会有政治灵魂，不会有明确的行动纲

① 中央档案馆编：《中共中央文件选集》第 3 册，北京，中共中央党校出版社 1989 年版，第 152 页。
② 朱德：《朱德选集》，北京，人民出版社 1983 年版，第 395 页。

领。旧式军队的习气，农民的自由散漫作风，都不可能得到改造。其结果即使不被强大的敌人消灭，也只能变成流寇。”[①] 其次，是通过古田会议纠正了各种非无产阶级思想，从思想上为集体主义的确立提供了有利条件。随着党的工作中心由城市转向农村，党的队伍发展由主要依靠工人、知识分子转变为依靠农民。农民参加到革命队伍中来，给革命带来了新的生气和力量，但也不可避免地会将各种小农意识思想和情绪带到党内，比如说“极端民主化”“小组织倾向”“个人意气之争”。虽然三湾改编从组织建制上保证了集体主义原则，但是在思想上，绝非一蹴而就的事情。毛泽东在 1928 年曾就此向党中央反映：“党在村落中的组织，因居住关系，许多是一姓的党员为一个支部，支部会议简直同时就是家族会议。在这种情形下，‘斗争的布尔塞维克党’的建设，真是难得很。”[②] 克服各种非无产阶级思想意识，成为提高党的战斗力、建立农村根据地的迫切任务。也正因为如此，1928 年 12 月，毛泽东在古田会议上深刻纠正了党内的各种错误思想，指出：“极端民主化的来源，在于小资产阶级的自由散漫性。这种自由散漫性带到党内，就成了政治上的和组织上的极端民主化的思想。”[③] 它的危害在于“损伤以至完全破坏党的组织，削弱以至完全毁灭党的战斗力，使党负担不起斗争的责任，由此造成革命的失败。”[④] 并据此号召红四军全党“从理论上铲除极端民主化的根苗……在组织上，厉行集中指导下的民主生活”[⑤] 为了保证这种党内的集体主义，毛泽东还分析了党内存在的个人主义，指出：报复主义是“完全从个人观点出发，不知有阶级的利益和整个党的利益”；小团体主义则“只注意自己小团体的利益，不注意整体的利益，表面上不是为个人，实际上包含了极狭隘的个人主义”；雇佣思想使士兵“不认识自己是革命的主体，以为自己仅仅对长官个人负责任，不是对革命负责任”；享乐主义使红军“总是希望队伍开到大城市去……他们最不乐意的是在生活艰难的红色区域里工作。”[⑥] 再加上消极怠工和离队思想，这些都是削弱组织、削弱战斗力的销蚀剂。古田会议的召开使党从组织层面进一步清除了确立集体主义原则的障碍，在党外，此举

---

① 《罗荣桓军事文选》，北京，解放军出版社 1997 年版，第 562 页。
② 《毛泽东选集》第 1 卷，北京，人民出版社 1991 年版，第 74 页。
③ 《毛泽东选集》第 1 卷，北京，人民出版社 1991 年版，第 88~89 页。
④ 《毛泽东选集》第 1 卷，北京，人民出版社 1991 年版，第 88 页。
⑤ 《毛泽东选集》第 1 卷，北京，人民出版社 1991 年版，第 88~89 页。
⑥ 《毛泽东选集》第 1 卷，北京，人民出版社 1991 年版，第 92~93 页。

也得到了有识之士的一致赞同："但处在这样道高一尺魔高一丈的今日中国情势之下，要打破一切的难关，要挽救民族的危机，更不是这种个人的孤军奋战所能生效，这样个人的努力，应该以有组织的集团的努力来代替。因为只有将个人的努力溶合于有组织的集团努力之中，才能使每一个人的努力成为克服当前困难的一种力量，也只有在有组织的集团的努力之中才能使个人的努力更有力量。"[①]

二、以革命利益为第一生命，以个人利益服从革命利益

党的初创至土地革命战争前期，党对集体主义道德原则的建树主要是从组织层面以一系列的制度保证其在党的内部和军队中的确立。以组织制度的强制性保证集体主义原则的贯彻实施，这是应对复杂多变的战争环境，适应革命队伍基本力量由工人、知识分子转换为农民的现实情势而作出的正确抉择，土地革命最初几年，党的队伍得到迅速、有效的发展得益于此。队伍的日益壮大、士兵思想素质的渐次提高，土地革命到抗日战争的矛盾转化，使党认识到，组织层面强制性的集体主义固然需要，但若让全党全军自觉遵守集体主义原则，培育整体、大局意识，思想层面上的集体主义教育更加迫切。抗日战争时期，中国共产党致力于"以革命为第一生命，以个人利益服从革命利益"进行集体主义教育，为抗战胜利统一了思想，调动了全党的积极性，增强了凝聚力和战斗力。

反对自由主义，以革命利益为第一生命。七七事变的枪声惊醒了中华民族，在全国抗日救亡运动不断高涨和中国共产党的艰苦努力下，国共两党终于摒弃前嫌达成共识，共同推动全国抗日民族统一战线的形成。中国共产党清醒地认识到在中华民族亡国灭种的灾难和空前严峻的考验面前，要担负起领导全民抗战这个伟大的历史使命，必然要形成一个团结协作、步调一致、具有高度组织纪律性的坚强领导核心。为了克服党内和革命团体中存在的为了统一战线的建立主张取消思想斗争、实行无原则和平的现象，毛泽东于 1937 年 9 月 7 日发表了《反对自由主义》一文，旗帜鲜明地指出"我们主张积极的思想斗争，因为它是达到党内和革命团体内的团结使之利于战斗的武器。每个党员和革命分子，应该拿起这个武器"[②]，而自由主义却主张取消思想斗争，在它的十一种表现形式中，每一种对于革

① 《李公朴文集》上册，北京，群言出版社 2012 年版，第 115~116 页。

② 《毛泽东选集》第 2 卷，北京，人民出版社 1991 年版，第 359 页。

命的集体组织都是十分有害的，“它是一种腐蚀剂，使团结涣散，关系松懈，工作消极，意见分歧。它使革命队伍失掉严密的组织和纪律，政策不能贯彻到底，党的组织和党所领导的群众发生隔离。”①自由主义是机会主义的一种表现，“它是消极的东西，客观上起着援助敌人的作用，因此敌人是欢迎我们内部保存自由主义的。自由主义的性质如此，革命队伍中不应该保留它的地位。”②自由主义对于革命的危害如此之大，如何克服从而增强党内、革命队伍和统一战线的团结呢？毛泽东从实际出发，提出了克服自由主义，必须摆正国家、集体和个人的利益，“一个共产党员，应该是襟怀坦白，忠实，积极，以革命利益为第一生命，以个人利益服从革命利益。无论何时何地，坚持正确的原则，同一切不正确的思想和行为作不疲倦的斗争，用以巩固党的集体生活，巩固党和群众的联系；关心党和群众比关心个人为重，关心他人比关心自己为重。”③摆正利益关系，把革命利益放在第一位；一事当前，先替国家和集体打算，以个人利益服从革命利益，忠诚于党和人民的事业，这种集体主义精神就是一个共产党员“无论何时何地”，都应该“坚持的正确的原则”。《反对自由主义》这篇光辉文献从思想层面深刻地教育了全体共产党员和革命群众，以集体主义精神统一了全体国民共赴国难的思想认识，使越来越多的人放下了自己，胸怀祖国，奔赴革命，促成了抗日民族统一战线的建立和抗战的最终胜利。

1938 年 10 月，毛泽东在《中国共产党在民族战争中的地位》一文中，又进一步阐述了以“革命利益为第一生命”的集体主义的思想。提出“共产党员必须懂得以局部需要服从全局需要这一道理”，明确指出：“如果某项意见在局部的情形看来是可行的，而在全局的情形看来是不可行的，就应以局部服从全局。反之也是一样的，在局部的情形看来是不可行的，而在全局的情形看来是可行的，也应以局部服从全局。”④一个好的共产党员，“必须善于照顾全局，善于照顾多数，并善于和同盟者一道工作。”⑤为了避免再次出现张国焘严重的不顾全局、不顾多数的破坏纪律的行为，毛泽东重申了“四个服从”的组织纪律：“（一）个人服从组织；（二）少数服从多数；（三）下级服从上级；（四）全党服从中央。”“谁破

① 《毛泽东选集》第 2 卷，北京，人民出版社 1991 年版，第 361 页。
② 《毛泽东选集》第 2 卷，北京，人民出版社 1991 年版，第 361 页。
③ 《毛泽东选集》第 2 卷，北京，人民出版社 1991 年版，第 361 页。
④ 《毛泽东选集》第 2 卷，北京，人民出版社 1991 年版，第 525 页。
⑤ 《毛泽东选集》第 2 卷，北京，人民出版社 1991 年版，第 526 页。

坏了这些纪律，谁就破坏了党的统一。”[①] 在这篇文章中，毛泽东还指出扩大党内民主“是巩固党和发展党的必要的步骤，是使党在伟大斗争中生动活泼，胜任愉快，生长新的力量，突破战争难关的一个重要的武器。”[②] 为此缘故，“必须在党内施行有关民主生活的教育，使党员懂得什么是民主生活，什么是民主制和集中制的关系，并如何施行民主集中制。这样才能做到：一方面，确实扩大党内的民主生活；又一方面，不至于走到极端民主化，走到破坏纪律的自由放任主义。”[③] 但是在扩大党内民主的过程中，务必保持这样的认识：“无论在军队或在地方，党内民主都应是为着巩固纪律和增强战斗力，而不是削弱这种纪律和战斗力。”[④] 集体主义的教育从民主和集中两个维度辩证地展开，加深了党员和群众的认知，也使集体主义的贯彻和实施更具科学性和实效性。

为了号召党员在抗日民族统一战线中发挥先锋模范的带头作用，从而引领更多的人民群众加入抗日救亡的运动中，刘少奇又将“以革命利益为第一生命，以个人利益服从革命利益”的集体主义思想具体指向为个人利益和党的利益的关系，提出“党员个人利益无条件地服从党的利益”。之所以要无条件服从党的利益，就是因为“共产党没有它自己特殊的利益”，“无产阶级解放的利益，人类解放的利益，共产主义的利益，社会发展的利益，就是共产党的利益。”[⑤] 党的利益就是革命的利益，就是共产主义的利益，所以一个共产党员“在任何时候、任何问题上，都应该首先想到党的整体利益，都要把党的利益摆在前面，把个人问题、个人利益摆在服从的地位。”[⑥] “党的利益高于一切，这是我们党员的思想和行动的最高原则。根据这个原则，在每个党员的思想和行动中，都要使自己的个人利益和党的利益完全一致。在个人利益和党的利益不一致的时候，能够毫不踌躇、毫不勉强地服从党的利益，牺牲个人利益。”[⑦] 共产党不是图谋党员私利、行贿主义的小团体，“在今天中国的环境中，只有无产阶级最能代表民族解放的利益”[⑧] 党员只有把自己融入党的事业中，“才能提高自己的能力，

① 《毛泽东选集》第 2 卷，北京，人民出版社 1991 年版，第 528 页。
② 《毛泽东选集》第 2 卷，北京，人民出版社 1991 年版，第 529 页。
③ 《毛泽东选集》第 2 卷，北京，人民出版社 1991 年版，第 529 页。
④ 《毛泽东选集》第 2 卷，北京，人民出版社 1991 年版，第 529 页。
⑤ 《刘少奇选集》上卷，北京，人民出版社 1981 年版，第 130 页。
⑥ 《刘少奇选集》上卷，北京，人民出版社 1981 年版，第 130 页。
⑦ 《刘少奇选集》上卷，北京，人民出版社 1981 年版，第 130 页。
⑧ 《刘少奇选集》上卷，北京，人民出版社 1981 年版，第 135 页。

增加自己的本领，否则，党员要进步、要提高，是根本不可能的。”因此，“党员个人的利益必须而且能够和党的利益完全取得一致。”[①] 共产党主张个人利益服从于党的利益，“并不是说，在我们党内，不承认党员的个人利益，要抹煞党员的个人利益，要消灭党员的个性。……党允许党员在不违背党的利益的范围内，去建立他个人的以至家庭的生活，去发展他个人的个性和特长。同时，党在一切可能条件下还要帮助党员根据党的利益的要求，去发展他的个性和特长，给他以适当的工作和条件，以至加以奖励等。”[②] 刘少奇从个人利益和党的利益关系维度阐述集体主义的必要性，使集体主义的教育更贴近实际，更贴近人的本性。

随着抗战进入相持阶段，局势相对平稳的大环境的到来，以及从抗战初期就存在的王明右倾错误和历史遗留的“左”倾错误，中国共产党开始了历时三年的整风运动，集体主义道德原则在这次整风运动中被进一步加强。首先是以反对宗派主义整顿党风，进一步加深了对集体主义的认知。集体主义一向是与宗派主义、小团体主义根本对立的，“由于二十年的锻炼，现在我们党内并没有占统治地位的宗派主义了。但是宗派主义的残余是还存在的，有对党内宗派主义残余，也有对党外的宗派主义残余。对内的宗派主义倾向产生排内性，妨碍党内的统一和团结；对外的宗派主义倾向产生排外性，妨碍党团结全国人民的事业。”[③] 宗派主义的共同特性就是闹独立性。“只看见局部利益，不看见全体利益”，“总是不适当地特别强调他们所管的局部工作，总希望全体利益去服从他们的局部利益。”[④] 这实质上是“把个人放在第一位，把党放在第二位。”[⑤] 这种人“手特别长，很会替自己打算，至于别人的利益和全党的利益，那是不大关心的。”[⑥] 要根除宗派主义，在党内就要处理好“局部和全体的关系，个人和党的关系，外来干部和本地干部的关系，军队干部和地方干部的关系，军队和军队、地方和地方、这一工作部门和那一工作部门之间的关系，老干部和新干部的关系”，“以党的利益高于个人和局部的利益为出发点，使党达到完全团结统一的地步。”[⑦] 要根除宗派主义，在处理党外关系时，全党务必懂得一

① 《刘少奇选集》上卷，北京，人民出版社 1981 年版，第 135 页。
② 《刘少奇选集》上卷，北京，人民出版社 1981 年版，第 135 页。
③ 《毛泽东选集》第 3 卷，北京，人民出版社 1991 年版，第 821 页。
④ 《毛泽东选集》第 3 卷，北京，人民出版社 1991 年版，第 821 页。
⑤ 《毛泽东选集》第 3 卷，北京，人民出版社 1991 年版，第 821 页。
⑥ 《毛泽东选集》第 3 卷，北京，人民出版社 1991 年版，第 821 页。
⑦ 《毛泽东选集》第 3 卷，北京，人民出版社 1991 年版，第 825 页。

条真理："共产党员和党外人员相比较，无论何时都是占少数。……对于一切愿意同我们合作以及有可能同我们合作的人，我们只有同他们合作的义务，绝无排斥他们的权利。"[①]为此缘故，全党和全国人民都要团结统一，众志成城，"要团结，要习惯过集体生活，要善于表现集体的力量。因为我们不是个人英雄主义者。在伟大的共产主义事业当中，无论是怎样的个人，都显得渺小了。"[②]其次是继续批判自由主义，倡导集体主义是革命胜利的保证。1942年4月20日，毛泽东在中央学习组会议上作的《关于整顿三风》报告中，历数了延安"思想庞杂，思想不统一，行动不统一"的自由主义的种种表现："这个人这样想问题，那个人那样想问题，这个人这样看马列主义，那个人那样看马列主义。一件事情，这个人说是黑的，那个人则说是白的，一人一说，十人十说，百人百说，各人有各人的说法。差不多在延安就是这样，自由主义的思想相当浓厚，也可以说在某些部门中间非常浓厚。"[③]1942年11月下旬，在中共中央西北局高级干部会议上总结党的历史上进行党内斗争的经验教训，毛泽东再次重申党必须建立起无产阶级铁的纪律的重要性，"扩大正风，消灭不正之风，这样一个目的达到了，我们内部就能够巩固，我们的干部就能够得到提高，我们也才能够有本事迎接将来的光明世界，掌握这个新的光明的世界。"通过延安整风，党内的集体主义原则得到了巩固和加强，与党外人士的关系更加密切，甚至来到延安的文艺工作者也普遍地实现了从个人主义到集体主义的转变，创作了一批展现集体主义道德原则的作品，集体主义不仅体现在我党的价值体系中，而且展现于话语体系中，有力地保障了抗日民族统一战线和抗战的最后胜利！

三、集体主义就是党性

由于中国共产党及其领导的人民军队长期处于被敌人分割包围的状态，这种客观生存与发展环境的严酷性，使党曾经允许各地党组织和军队的领导机关保持很大的"自治权"，这对于发挥地方的灵活性和积极性克服当时的困难是必要的，但同时也衍生了比较严重的地方主义、分散主义和游击主义的倾向，这些错误倾向在解放战争初期比抗日战争时期又有发展。为此，中国共产党提出"集体主义就是党性"，从党性的认识层面高

① 《毛泽东选集》第3卷，北京，人民出版社1991年版，第826页。

② 《朱德选集》，北京，人民出版社1983年版，第75页。

③ 《毛泽东文集》第2卷，北京，人民出版社1993年版，第414~415页。

扬集体主义的旗帜，同各种非集体主义的思想做斗争，保证党的组织力、凝聚力和战斗力。

共产党员的党性“就是无产阶级性最高而集中的表现，就是无产者本质的最高表现，就是无产阶级利益最高而集中的表现。”[①] 中国共产党一向注重党员党性修养的培育，1941 年 5 月在中共中央华中局高级干部会议上刘少奇指出：“所谓党性，就是一切服从党的利益、一切为无产阶级的利益打算。”[②] 陈云也在《增强新党员新干部的党性》一文中强调：“没有党就没有个人，只有在党性建立之后，个性才有可能建立与发展。每个党员必须具有随时准备为党牺牲的决心，这是党员是否合格的标准。必须明确自己是革命的牺牲者，而不是革命胜利的享受者。要知道，牺牲的场合，不仅在残酷的刑场上和战场上，而且还在极平凡的技术工作和事务工作上。在这些岗位上任劳任怨、千辛万苦、积劳成疾也是牺牲。牺牲的价值不取决于表面上代价的大小，而取决于党对它的需要。”[③] 毛泽东在 1945 年 5 月 31 日的《在中国共产党第七次全国代表大会上的结论》一文中明确作出集体主义就是党性的论断：“马克思讲的独立性和个性，也是有两种，有革命的独立性和个性，有反动的独立性和个性。而一致的行动，一致的意见，集体主义，就是党性。我们要使许多自觉的个性集中起来，对一定的问题、一定的事情采取一致的行动、一致的意见，有统一的意志，这是我们的党性所要求的。”[④] “集体主义就是党性”成为解放战争时期指导党各项工作的重要原则。

以严格请示报告制度确保集体主义在党内的贯彻实施。人民解放战争的节节胜利使许多解放区渐次连成整体，可各解放区政令不一、军令不一的问题，中央与地方的行政制度、行政机构之间的矛盾也日益凸显，主要表现为：“擅自修改中央的或上级党委的政策和策略，执行他们自以为是的违背统一意志和统一纪律的极端有害的政策和策略；在工作繁忙的借口之下，采取事前不请示事后不报告的错误态度，将自己管理的地方，看成好像一个独立国。”[⑤] 这些无纪律和无政府状态足以说明“在过去曾经是正

---

① 中共中央文献研究室编：《刘少奇年谱：1898—1969》上卷，北京，中央文献出版社 1996 年版，第 357~358 页。

② 中共中央文献研究室编：《刘少奇年谱：1898—1969》上卷，北京，中央文献出版社 1996 年版，第 348 页。

③ 《陈云论党的建设》，北京，中央文献出版社 1995 年版，第 155 页。

④ 《毛泽东文集》第 3 卷，北京，人民出版社 1996 年版，第 417 页。

⑤ 《毛泽东选集》第 4 卷，北京，人民出版社 1991 年版，第 1332 页。

确的高度发展地方自治权的方针，现在已经不能完全适用了，而那些在过去就是错误的在许多同志中存在的地方主义与工作中的无纪律状态或无政府状态，就特别表现其对于当前统一斗争的重大危害性，就更加不能容许其继续存在和发展。”[①] 新的革命形势要求加强中央对地方的指导，疏导中央与地方的沟通途径，“以便掌握运动的动态，随时互通情报，交流经验，及时纠正错误，发扬成绩。不要等候几个月，或半年，甚至更长时间，下面才向上面作总结性的报告，上面才向下面作一般性的指示。这种报告和指示，往往过时，失去作用，或者减少了作用。犯错误的已经犯过，来不及纠正，损失太大。全党迫切需要的，是不失时机的生动的具体的报告和指示。”[②] 为此，1948 年 1 月，毛泽东为中共中央起草了《关于建立报告制度》的指示，指示规定：“各中央局和分局，由书记负责（自己动手，不要秘书代劳），每两个月，向中央和中央主席作一次综合报告。报告内容包括该区军事、政治、土地改革、整党、经济、宣传和文化等各项活动的动态，活动中发生的问题和倾向，对于这些问题和倾向的解决方法。”[③] 指示甚至对报告的字数、内容、发报日期都作了具体规定，“报告文字每次一千字左右为限，除特殊情况外，至多不要超过两千字。一次不能写完全部问题时，分两次写。……综合报告内容要扼要，文字要简练，要指出问题或争论之所在。……写发综合报告的日期是单月的上旬，报告用电报发来。”[④] 对军队的请示报告亦提出了更加严格的要求：“各野战军首长和军区首长，除作战方针必须随时报告和请示，并且按照过去规定，每月作一次战绩报告、损耗报告和实力报告外，从今年起，每两个月要作一次政策性的综合报告和请示。此项报告和请示的内容是：关于该军纪律，物质生活，指战员情绪，指战员中发生的偏向，克服偏向的方法，技术、战术进步或退步的情况，敌军的长处、短处和士气高低，我军政治工作的情况，我军对土地政策、城市政策、俘虏政策的执行情况和克服偏向的方法，军民关系和各阶层人民的动向等。”[⑤] 7 月 26 日，在中共中央起草致中央局、分局、前委的指示中，毛泽东再次重申严格执行报告制度：“希望

① 中央档案馆编：《中共中央文件选集》第 17 册，北京，中共中央党校出版社 1992 年版，第 192 页。

② 《毛泽东选集》第 4 卷，北京，人民出版社 1991 年版，第 1333 页。

③ 《毛泽东选集》第 4 卷，北京，人民出版社 1991 年版，第 1264 页。

④ 《毛泽东选集》第 4 卷，北京，人民出版社 1991 年版，第 1264~1265 页。

⑤ 《毛泽东选集》第 4 卷，北京，人民出版社 1991 年版，第 1266 页。

你们严格督促所属厉行报告制度，你们则应以身作则严格遵守对中央的报告制度”，“彻底消灭事前不请示、事后不报告的不正确态度，彻底纠正存在着的某些严重的无纪律无政府状态”。[①]8 月 14 日，中共中央针对东北局不严格履行报告制度的行为发出《关于严格执行报告制度的指示》，责成各大军区和兵团“严格执行及时的和完备的报告制度，将这件事作为一种绝对不允许违反的指令。”[②] 在 9 月 8 日至 13 日召开的中共中央政治局会议上，为了更好地界定中央与下级的权限，进一步完善请示报告制度，中共中央又通过了《关于各中央局、分局、军区、军委分会以及前委会向中央请示报告制度的决议》(以下简称《决议》)。《决议》对各项工作在中央和地方的决定权和请示备案等制度均作了详细的规定，从而使各级单位和部队在执行请示报告制度的过程中有章可循、有例可援，以《决议》为标志，请示报告制度在全党全军普遍建立起来。

以健全党的集体领导制度贯彻“集体主义就是党性”。1946 年 6 月全面内战爆发后，革命形势的发展迫切需要加强军队中党的统一领导。1947 年 2 月，中共中央发出《关于在军队中组织党委会的指示》，提出：“组织军队中各级党委会，以避免军队中单纯的首长制所产生的一些缺点。”“举凡关于作战、工作、政策及干部等问题，除紧急情况之处断应由首长担负外，在一般情况下，经过军队中各级党委会之民主讨论和决定，再由首长执行，较少数首长人员之商谈解决，更为全面与适当，因而加强党对军队的领导作用，使各种工作能更好的进行。”[③] 从而使团以上各级党委会在军队中相继恢复、建立。7 月 28 日，《中国人民解放军党委员会条例(初稿)》以中共中央军委总政治部的名义正式颁布，《条例》对党委的产生和机构、党委的职权和工作等问题都作了明确规定，还解决了营党委的设置问题，军队各级党委制度的建立和恢复为集体主义的贯彻奠定了组织上的基础。在 9 月的政治局会议通过的《中共中央关于召开党的各级代表大会和代表会议的决议》中，又以“定期召开党的各级代表大会及代表会议，讨论中央的指示和各种工作，并选举和补选党的各级委员会”对

① 中共中央文献研究室编:《毛泽东年谱(1893—1949)》下卷，北京，中央文献出版社 2002 年版，第 327 页。

② 中共中央文献研究室编:《毛泽东年谱(1893—1949)》下卷，北京，中央文献出版社 2002 年版，第 335 页。

③ 中央档案馆编:《中共中央文件选集》第 16 册，北京，中共中央党校出版社 1992 年版，第 411 页。

健全党委制作了一些原则性的条文规定。[①] 同月，毛泽东起草了《关于健全党委制》的决定，开明宗义地指出："党委制是保证集体领导、防止个人包办的党的重要制度。""今后从中央局至地委，从前委至旅委以及军区（军分会或领导小组）、政府党组、民众团体党组、通讯社和报社党组，都必须建立健全的党委会议制度"。[②] 为了在实际工作中使党委的集体领导更具实效性，在党的七届二中全会上，毛泽东根据全党同志和自己长期领导工作的实践经验，归纳总结出了党委会的 12 条工作方法：一、党委书记要善于当"班长"；二、要把问题摆到桌面上来；三、"互通情报"；四、不懂得和不了解的东西要问下级，不要轻易表示赞同或反对；五、学会"弹钢琴"；六、要"抓紧"；七、胸中有"数"；八、"安民告示"；九、"精兵简政"；十、注意团结那些和自己意见不同的同志一道工作；十一、力戒骄傲；十二、划清两种界限。[③] 健全党委制度以及党委会工作方法十二条的颁布，使集体主义的贯彻和实施既有了方向和目标，又有了具体的可操作性，避免了流于形式和空泛的说教。

集体主义道德原则在我党我军的建立和发展，对于加强党的集中统一领导，统一党的意志和纪律，保证党的路线、方针、政策的贯彻实施，起了重大的保证作用，为党夺取和掌握全国政权作了重要的思想和组织准备。新中国成立后，集体主义道德原则以"民主集中制"的组织形式继续在国家政治生活中发挥着巨大的作用，为保证党和国家决策的正确性，促进各项建设事业的发展保驾护航。

第四节 "为人民服务"道德核心的形成

中国历史上的革命无一跳出为一人、为一家的范式，中国共产党却在马克思主义的指引下，在中国革命的斗争实践中，通过"为了谁？""服务什么？""如何服务？""以一种怎样的精神和态度服务？"四个层面的逐层认知和探求，最终形成了"为人民服务"的道德建树。"为人民服务"使中国共产党与其他党派严格区别开来，投射出共产党人特有的世界观、

① 中央档案馆编:《中共中央文件选集》第 17 册，北京，中共中央党校出版社 1992 年版，第 351 页。

② 《毛泽东选集》第 4 卷，北京，人民出版社 1991 年版，第 1340 页。

③ 《毛泽东选集》第 4 卷，北京，人民出版社 1991 年版，第 1440~1444 页。

人生观、价值观、荣辱观、生死观，反映了马克思主义伦理思想发展的客观规律，成为党在革命和建设时期的道德核心。

一、革命为人民

旧中国历史上的革命无一能跳出为一人、为一家的围栏，即便是历史上最壮丽的农民起义，最终也逃不出君临天下的幻境。年轻的中国共产党在辛亥革命的民主共和被蒋介石的独裁专政裹挟的情势下，庄严宣告："为什么要革命？为了使中华民族得到解放，为了实现人民的统治，为了使人民得到经济的幸福。"[①]"革命为人民"成为中国共产党与国民党的最大的区别，也成为中国共产党"全心全意为人民服务"道德核心形成的起点。

中国共产党"革命为人民"的思想源于对马克思主义唯物史观的深刻认知。几乎所有的资产阶级思想家都认为人的主体性特别是创造性来自人的精神，尤以少数英雄人物的精神更为重要，并由此得出英雄人物是社会发展的主体、是历史的创造者，广大人民群众只是充当少数英雄人物实现自己意志的"惰性"物质或"被动的"材料。马克思则与之相反，他认为：人民群众是社会发展的主体，是历史的创造者。这是因为"人们为了能够'创造历史'，必须能够生活，但是为了生活，首先就需要吃喝住穿以及其他一些东西。因此第一个历史活动就是生产满足这些需要的资料，即生产物质生活本身，而且这是这样的历史活动，一切历史的一种基本条件，人们单是为了能够生活就必须每日每时去完成它，现在和几千年前都是这样。"[②]人类离开物质资料的生产，根本就无法生存，又何谈发展。因此，从事物质资料生产的劳动群众始终是历史的创造者。马克思的唯物史观是"从对人类历史发展的考察中抽象出来的最一般的结果的概括"，[③]而千百年来处于一定社会关系中、从事着实际生产活动的中国老百姓却备受欺凌，过着牛马般的生活。中国共产党深刻地分析了近代中国几番革命却终不能成功的根本原因，认为"自来一班与群众隔离的政治家或政论家他们简直不知道或者不承认有群众的势力，所以他们不谋勾结或利用旧势力便想求助于外国帝国主义者，不是发表些蔑视群众，谩骂工人兵士的怪议论，便是想出些上不靠军阀下不靠民众的智识者的纸老虎或乌托邦。所以

① 《毛泽东文集》第1卷，北京，人民出版社1993年版，第21页。
② 《马克思恩格斯选集》第1卷，北京，人民出版社1995年版，第79页。
③ 《马克思恩格斯选集》第1卷，北京，人民出版社1995年版，第73~74页。

革命数十年，议论三十载：上不能破坏旧军事组织接触军阀的武装而反使封建残局孳乳延长；下不能将革命潮流普及于全国最深最广大的群众唤起浩大不可抵御的革命势力，而坐失了许多可以扩大兴奋的宣传运动之机会；每每失败一次又踏一次的故辙，萦情于现成的势力及不可得到的外力帮助而不能自已，致使可以膨涨的革命潮常常因而收缩；乃反蔑视群众无力，或诬群众麻木，不知真正为群众的利益而奋斗而革命，群众未有不感发兴起的。这些都是真有改革精神之政治家政论家所应急于觉悟而改变的。”[①] 不仅以往所有的革命不依靠群众、不为了群众，就连中国的文化，也没有人民的影子。“中国历来只有地主文化，农民没有文化。可是地主的文化是有农民造成的，因为造成地主文化的东西，不是别的，正是从农民身上掠取的血汗。”[②] 中国共产党就是要打破这种“怀疑整个人类，却把个别人物尊为圣者”“描绘出人类本性的可怕形象，同时却要求我们拜倒在个别特权人物的神圣形象面前”[③] 的旧中国的桎梏，终结这种“少数人的或为少数人谋利益的运动”，进行一场“绝大多数人的、为绝大多数人谋利益的运动”。[④]

以“革命为人民”进行党员教育和军队的宣传与改造。无论是参加革命不久的共产党员还是有资历的共产党员，对其进行阶级意识的教育一直都是党在初创和大革命时期的重要的工作。这是因为我们的党员原来的社会出身不同、所受的社会影响也不同，因而对待革命实践就会有不同的态度。这种党内教育的重要的一项就是要让党员明白中国共产党起事革命不是为一己之私利，而是为了广大人民群众。所以，党员要抛开“忠君报国”的传统思维，要“尊敬民众、了解民众、使其愿为民众利益努力”[⑤]，要务必牢记共产党“不是‘知识者所组织成的马克思学会’也不是‘少数共产主义者离开群众之空想的革命团体’，‘应当是无产阶级中最有革命精神的大群众组织起来为无产阶级之利益而奋斗的政党，为无产阶级做革命运动的急先锋’；我们既然不是讲学的知识者，也不是空想的革命家，我们便不必到大学校到研究会到图书馆去，我们既然是为了无产群众奋斗

① 《蔡和森文集》，北京，人民出版社 1980 年版，第 106 页。
② 《毛泽东选集》第 1 卷，北京，人民出版社 1991 年版，第 39 页。
③ 《马克思恩格斯全集》第 1 卷，北京，人民出版社 1995 年版，第 184 页。
④ 《马克思恩格斯选集》第 1 卷，北京，人民出版社 1995 年版，第 358 页。
⑤ 《恽代英文集》上卷，北京，人民出版社 1984 年版，第 578~580 页。

的政党，我们便要‘到群众中去’要组成一个大的‘群众党’”。[①] 并且以“革命是否为人民”为指针作为衡量共产党员的标准：“第一，要能够确实有决心谋农工阶级的彻底解放，打倒一切寄生的压迫阶级——地主、资本家。……第二，要能够明确了解农工阶级的解放，不是少数人理想的要求所能达到目的的，必须有大多数实际受压迫的农工觉悟组织起来，而且必须有居住与生活上最易组织的人（如产业工人）为他们的中坚与领导者，才能很有把握打倒一切压迫阶级。……第三，要能够到各种有群众的机关中间去组织一个核心，注意本机关中群众的各种实际问题，宣传他们为他们自己的利益起来奋斗，而且自己站在前线上面领导他们奋斗！”[②] 党号召“每个革命的人们，都应该把自己的生命与群众的生命与社会的生命打成一片，能够这样，才可以去拼命革命，去拼命同残酷的社会奋斗。”[③] 中国共产党不仅对党员进行“革命为人民”的教育，而且在黄埔军校和北伐军中也积极地开展为人民而战的宣传与动员工作。在周恩来的主持下，黄埔军校政治部组建了“火星社”“青年军人代表会”等学生社团，创办了《黄埔日刊》《中国军人》等报刊，并通过社团的演讲、表演新剧、教唱革命歌曲以及书报上的各式文章，揭露军阀与帝国主义勾结、盘剥人民群众、克扣军饷等事实，以此激发军人反对封建军阀和帝国主义的战斗热情和自觉。在政治部共产党员的推动下，军校还修订了政治教育的课程、规定了政治训练的目的，使学生明白“革命丢开民众，是不能成功的”，“民众运动是革命运动的本身，武力不过是民众运动的一小部分，如果武力不建筑在民众的基础上，这不是革命的武力”。[④]1926 年 4 月，恽代英在黄埔军校讲演时，鼓励军校学生与民众结合，为民众而战：“果真为革命工作的人，便应钻到群众中间去，去与群众融洽接近起来，探知群众的生活、习惯、心理及要求。我们与群众发生了密切关系，群众才能相信我们，而且我们才能有把握的宣传群众。这样革命工作，才有基础，才能成功。”[⑤] 政治部宣传和教育，使许多爱国军人明白了打仗为人民，若非为人民，枪可不扛、仗可不打的道理。革命军人为人民而战的信念为军队

① 中央档案馆编：《中共中央文件选集》第 1 册，北京，中共中央党校出版社 1989 年版，第 90 页。

② 《恽代英文集》下卷，北京，人民出版社 1984 年版，第 876~877 页。

③ 曾宪林、万云主编：《邓演达历史资料》，武汉，华中理工大学出版社 1988 年版，第 39 页。

④ 《张太雷文集》，北京，人民出版社 1981 年版，第 220 页。

⑤ 《恽代英文集》下卷，北京，人民出版社 1984 年版，第 812 页。

注入了新的思想，带来了组织纪律等各个方面的改变，使这支军队有别于军阀部队，受到群众的欢迎和支持，沿线群众或挑夫向导，或传递情报，有力推动了北伐战争。大批的优秀共产党员在北伐战争中，身先士卒，发挥了先锋模范作用。叶挺的独立团作为北伐先遣队，吃苦耐劳、作战英勇、不怕牺牲，在汀泗桥、贺胜桥等著名战役中，出生入死、连战连捷，为整个国民革命军树立了榜样。中国共产党革命为人民的思想，教育了全党、赢得了群众，为党以后的发展打下了良好的群众基础；党对革命军队的宣传和教育，使许多爱国军人走上了与共产党合作的道路，为党创建人民军队奠定了基础、积累了经验。

二、党要忠实地为群众的利益而斗争

党在初创至大革命时期"革命为人民"的思想解决了"为了谁"这个革命的首要问题，抓住了中国革命的关键所在。大革命失败以后，党从城市到农村的革命重点的转移以及相继而来的残酷斗争形式、恶劣斗争环境，促使党进一步思考"如何为人民"才能更好地组织和动员民众与党同行。马克思和恩格斯曾经在《德意志意识形态》中指出："只有在现实的世界中并是用现实的手段才能实现真正的解放；……当人们还不能使自己的吃喝住穿在质和量方面得到充分保证的时候，人们就根本不能获得解放。'解放'是一种历史活动，不是思想活动，'解放'是由历史的关系，是由工业状况、商业状况、农业状况、交往状况促成的。"[①] 中国共产党在斗争实践中，深刻体悟到这种促成群众解放的历史关系的重要性，提出"党是群众的领袖，群众的先锋队。但我们在群众中的党员是否成为群众的领袖（不是他自己认定自己是群众的领袖，而是群众认定他是他们的领袖），那完全不是由于法律的规定，不是由于党的任命，而是由于我们的党员能够了解群众，能够牺牲自己，最忠实地为群众的利益而斗争"[②]"忠实地为群众利益而斗争"成为"为人民服务"之"服务什么"的最好诠释。

毛泽东曾经多次强调："组织革命战争，改良群众生活，这是我们的两大任务。"[③] 对于广大群众的切身利益问题，群众的生活问题"一点也不能疏忽，一点也不能看轻。因为革命战争是群众的战争，只有动员群众才

① 《马克思恩格斯选集》第1卷，北京，人民出版社1995年版，第74~75页。

② 《刘少奇选集》上卷，北京，人民出版社1981年版，第60页。

③ 《毛泽东选集》第1卷，北京，人民出版社1991年版，第139页。

能进行战争，只有依靠群众才能进行战争。”[①] 为此，他号召全党要“深刻地注意群众生活的问题，从土地、劳动问题，到柴米油盐问题。妇女群众要学习犁耙，找什么人去教她们呢？小孩子要求读书，小学办起了没有呢？对面的木桥太小会跌倒行人，要不要修理一下呢？许多人生疮害病，想个什么办法呢？一切这些群众生活上的问题，都应该把它提到自己的议事日程上。应该讨论，应该决定，应该实行，应该检查。要使广大群众认识我们是代表他们的利益的，是和他们呼吸相通的。”[②] 要得到群众的拥护，“就得和群众在一起，就得去发动群众的积极性，就得关心群众的痛痒，就得真心实意地为群众谋利益，解决群众的生产和生活的问题”，[③] 广大党员若这样去做，人民群众就必定拥护中国共产党，“把革命当作他们的生命，把革命当作他们无上光荣的旗帜。国民党要来进攻红色区域，广大群众就要用生命同国民党决斗。”[④] 而这些千百万真心实意拥护革命的群众，就是“真正的铜墙铁壁，什么力量也打不破的，完全打不破的。”[⑤]

与亿万农民切身利益最密切的就是土地问题。从中国封建地主阶级登上历史舞台，到最后一个王朝为止，土地问题都是中国历史上农民起义和农民战争的导火索。辛亥革命以后，国民党在国民革命时期曾提出过“二五减租”[⑥] 政策，但最终并未真正落实。1927 年到 1937 年的十年中，南京国民政府所制定和颁布的“地政法规及各省市单行章则不下 240 余种”[⑦]，其中包括 1928 年 10 月颁布的《限制田赋令》、1930 年 6 月颁布的《土地法》和 1932 年 6 月通过的《剿匪区内各省农村土地处理条例》，除《限制田赋令》[⑧] 外皆严重背离孙中山平均地权的革命精神。与国民党形成鲜明对比的是中国共产党在这十年中，对农民土地问题的认识逐渐深刻、所采取的措施愈加有力。1928 年 12 月，毛泽东通过深入的调查研究，制

① 《毛泽东选集》第 1 卷，北京，人民出版社 1991 年版，第 136 页。

② 《毛泽东选集》第 1 卷，北京，人民出版社 1991 年版，第 138 页。

③ 《毛泽东选集》第 1 卷，北京，人民出版社 1991 年版，第 138 页。

④ 《毛泽东选集》第 1 卷，北京，人民出版社 1991 年版，第 139 页。

⑤ 《毛泽东选集》第 1 卷，北京，人民出版社 1991 年版，第 139 页。

⑥ “二五减租”政策是国民党实施的一项具有时代特色的土地政策，由孙中山先生提出。“二五减租”，就是在原来缴纳田租 50% 中减少 25%，即 50% ×（100%-25%）=37.5%。

⑦ 朱子爽：《中国国民党土地政策》，重庆，国民图书出版社 1943 年版，第 241 页。

⑧ 1928 年 10 月南京国民政府财政部颁布了《限制田赋令》，规定“田赋附税不得超过正税”和“正附并计不得超过地价 1%”两条原则；1932 年 8 月和 12 月的全国内政会议两度重申此原则；1934 年 5 月，南京政府的全国财政会议又制定了三项措施：减轻附加与废除苛杂；确立以县预算为轴心的地方财政整理原则；举办土地陈报。但除了第一项各省市尚能奉行外，其他两项均未彻底贯彻实行。

定了中国共产党的第一部土地法《井冈山土地法》，通过没收一切土地归苏维埃政府所有并禁止买卖，确立了“土地国有农用”的原则。1929 年 4 月，毛泽东在兴国期间，通过接见群众等形式制定和颁发了《兴国土地法》，对《井冈山土地法》作了原则性的修正，将没收一切土地的规定改为没收一切公共土地和地主阶级土地。相对于封建土地制度而言，这两部土地法中“土地国有”有非常大进步性，它彻底终结了封建主义土地关系。但是，中国社会因几千年封建制度的影响已是小农经济的汪洋大海，农民土地私有观念根深蒂固。他们热烈拥护没收地主土地的政策，但却不满意于对于他们热切盼望的土地只有使用权而无所有权，这又影响了农民生产的积极性。中国共产党据此又对土地政策进行了调整，6 月在红四军司令部政治部的布告提出：“田地归耕种的农民所有”，对大小地主“区别对待”。[①]7 月，在中共闽西第一次代表大会通过的《土地问题决议案》，又进一步根据农民的要求细化土地政策：没收一切地主阶级土地归农民所有；自耕农不没收田地；不打击富农，集中打击地主。[②]1930 年 9 月，中国共产党又召开了全国苏维埃区域代表大会，通过了《土地暂行法》，正式确立了土地农民私有的原则，解决了土地所有权问题。农民生产和革命的积极性被进一步调动和激发。1931 年 2 月，苏区中央局发出《土地问题与反富农策略》的通告，提出要正确对待富农。3 月 15 日，江西省苏维埃政府以发布文告的方式正式宣布土地的使用权和所有权归农民，再至 1931 年 12 月中华苏维埃第一次全国代表大会上通过的《中华苏维埃共和国土地法》，中国共产党在革命的实践中，解决了土地革命中打击对象、土地所有权等农民密切关注的问题，形成了一个比较切合实际的土地革命路线，即依靠贫雇农，联合中农，限制富农，保护中小工商业者，消灭地主阶级，变封建半封建的土地所有制为农民的土地所有制。这条路线的探索，正是中国共产党“忠实地为群众利益而斗争”的写照，它调动了一切反封建的因素，赢得了广大民众的信赖和支持，促使了各根据地土地革命运动的蓬勃发展，有力地粉碎了国民党的“围剿”。

为了保证土地革命的成果，更好地维护人民群众的利益，1932~1934 年，中央苏区进行了一场反贪污反浪费的运动。中央苏区初创阶段，

① 中共福建省委党校党史研究室编:《红四军入闽和古田会议文献资料》，福州，福建人民出版社 1979 年版，第 32 页。

② 中共福建省委党校党史研究室编:《红四军入闽和古田会议文献资料》，福州，福建人民出版社 1979 年版，第 101~102 页。

红军和各级政府的经济来源主要由三部分组成：红军筹款；夺取敌人粮饷；没收地主豪绅、官僚军阀的财产物资。由于初创时的苏区尚处在旧思想、旧风俗、旧习惯势力的侵蚀之中，制度上也还未完善，有些地方出现了筹款和物资账目混乱、干部随用随拿的现象，这严重影响了党在群众中的形象和声誉。为此，1932 年 2 月，临时中央政府人民委员会发布《帮助红军发展战争实行节俭经济运动》的第 3 号通令；同年 12 月，中央工农检察人民委员部发布《关于检查苏维埃政权机关和地方武装中的阶级异己分子及贪污腐化动摇消极分子问题》第 2 号训令，详细规定了对于打击的对象、惩处的方法以及治罪的标准。敲响了“财政的支出，应该根据节省的方针。应该使一切政府工作人员明白，贪污和浪费是极大的犯罪”[①]的警钟；发起了“对苏维埃中贪污腐化分子，各级政府一经查出，必须给予严厉的制裁”[②]的总动员。1933 年 2 月，中共中央发布《关于惩治贪污浪费行为》的第 26 号训令，训令规定：“凡苏维埃机关、国营企业及公共团体工作人员贪污公款在 500 元以上者，处以死刑；贪污公款 300 元以上 500 元以下者，处以二年以上五年以下监禁；贪污公款在 100 元以上 300 元以下者，处以半年以上二年以下的监禁；贪污公款在 100 元以下者，处以半年以下的强迫劳动。对上述犯罪者还得没收其本人家产之全部或一部，并追回其贪污之公款。对挪用公款为私人营利者以贪污论罪。对于玩忽职守而浪费公款、致使国家受到损失者，依其浪费程度处以警告、撤销职务以至一个月以上三年以下的监禁。”[③]除了制定严惩贪污浪费的训令，中国共产党还在苏区建立健全财政制度，以从根本上杜绝贪污浪费。“我们对于国家收入的使用方法，应该和国民党的方法有严格的区别”，“节省每一个铜板为着战争和革命事业，为着我们的经济建设”[④]。1931 年 12 月，临时中央政府颁布了《暂行财政条例》《统一财政编制预决算制度》的第 2 号训令，其中规定：“各级财政机关，一方面是有一个国家财政上之总系统，另一方面同样的要受各该级政府之行政负责人员，和军事机关之军事负责人员的命令和指挥，对于每月之预算和决算，以及向各该上级机关领款或大宗款项付出时，所属各该级财政机关均须经过各机关之负责

① 《毛泽东选集》第 1 卷，北京，人民出版社 1991 年版，第 134 页。

② 江西省档案馆、中共江西省委党校党史教研室选编：《中央革命根据地史料选编》下，南昌，江西人民出版社 1982 年版，第 353 页。

③ 《〈关于惩治贪污浪费行为〉第 26 号训令》，《红色中华》第 140 期。

④ 《毛泽东选集》第 1 卷，北京，人民出版社 1991 年版，第 134 页。

人员之批准，和署名盖章，方为有效。”[①] 中央政府还随之进行了各项财经制度的健全和落实：1931 年底颁布了《暂行税则》统一税收；1932 年初在苏区全面实行财政预决算制度和财政审计制度；1932 年下半年颁发了《国库暂行条例》以加强国库管理；1933 年 1 月颁发了《统一会计制度》的第 12 号训令。财政制度的进一步健全大大降低了贪污浪费的产生。中国共产党还进一步发挥舆论监督的重要作用，注重用红色报刊，如《红色中华》《红星》等作为监督贪污腐败的工具。《红色中华》以“红色”版面刊登廉洁奉公的先进事迹；以“黑色”版面批评贪污、腐败和浪费等现象，以“反贪污浪费”版面披露相对严重的犯罪案件。对于人民群众揭露出来的问题，毫不留情、坚决查处。在艰苦的斗争环境中，反贪污反浪费运动培养了军民艰苦奋斗的精神，支援了前线反“围剿”斗争。党注重群众利益、维护群众利益，密切了和群众的关系，受到人民的拥护和爱戴。

中国共产党还以苏维埃的民主建设切实维护群众利益，践行“忠实地为群众利益而斗争”的宗旨。“苏维埃最广泛的民主，首先表现于自己的选举。苏维埃给予一切被剥削被压迫的民众以完全的选举权与被选举权”。[②] 为了实现苏区政权的人民民主专政性质，苏维埃政府进行了大规模的民主选举：1931 年 11 月到 1932 年 5 月中央政府成立后的地方苏维埃选举；1932 年 9 月发布《关于继续改造地方苏维埃政府问题》的训令后进行的以县为单位的个别改选；1933 年 8 月至 1934 年 1 月为召开中华苏维埃第二次全国代表大会进行的各级改选。这三次民主选举乃是中国历史上真正意义的群众参与的选举，“女子的权利与男子同等。工农劳苦群众对这样的权利的取得，乃是历史上的第一次。”[③] 苏维埃选举运动的逐级发展，处处皆以群众为依靠。经济落后、民主意识淡薄，就大力宣传鼓动、缩小选举单位、实行候选人名单公布、提案提前公布，这些都是苏维埃政府力图创造更多的机会让群众表达意见所采取的适当措施。这与国民党的假民主、真独裁形成了鲜明的对比，不仅保障了群众的权益，亦赢得了民众的心。

---

① 中国社会科学院经济研究所中国现代经济史组编著：《革命根据地经济史料选编》上，南昌，江西人民出版社 1986 年版，第 412 页。

② 江西省档案馆、中共江西省委党校党史教研室选编：《中央革命根据地史料选编》下，南昌，江西人民出版社 1982 年版，第 306 页。

③ 江西省档案馆、中共江西省委党校党史教研室选编：《中央革命根据地史料选编》下，南昌，江西人民出版社 1982 年版，第 306 页。

中国共产党“忠实地为群众利益而斗争”不仅体现在经济上的土地革命和政治上的民主选举，还体现在文化上的左翼文化运动。“中国历来只是地主有文化，农民没有文化。可是地主的文化是由农民造成的，因为造成地主文化的东西，不是别的，正是从农民身上掠取的血汗。”① 正是基于这样的认识，成立于1930年3月的中国左翼作家联盟在中国共产党的领导下，兴起了左翼文化运动，以人民大众的文化对抗国民党的文化围剿。1934年国民党兴起了新生活运动，以“礼义廉耻”为改造国民“衣食住行”的准则，以期达到生活“军事化、生产化、艺术化”的追求目标。以鲁迅为代表的左翼文化团体揭露了国民党满口礼义廉耻，骨子里却卑鄙龌龊；满口是为人民谋福祉，事实上却在为个人争权力的运动真相。在国民党的重压之下，不畏强暴，出版《文化批判》《北斗》《前哨》等刊物，给人民群众以心灵的滋养和精神的激励，推动了文化大众化，将文化依托于中国广袤的实际中、民众伟大的生活中。

土地革命时期中国共产党“在人民面前，表示了自己是人民的朋友，每一天都是为了保护人民的利益，为了人民的自由解放，站在革命战争的最前线。”② 从政治、经济、文化等多维度、多层次的“为民谋利”回答并践行了“服务什么”的问题。

三、一切革命者都要做无产阶级和人民大众的勤务员

中国共产党在土地革命中以“为群众利益而斗争”的革命实践探索出了“全心全意为人民服务”的第二个层面：“服务什么？”十年的革命经验证明：“谁关心人民的问题，谁能帮助人民想办法去和敌人斗争，保护人民利益，谁就是群众爱戴的领袖。”③ 抗日战争，烽烟四起，为了民族的利益，共产党力倡国共合作，一致对外，并最终促成了抗日民族统一战线的形成。此时中国共产党对革命和自身任务的认知已非国共第一次合作时期的层面，经过战争洗礼的中国共产党深知“不顾人民困难，只顾政府和军队的需要，竭泽而渔，诛求无已。这是国民党的思想，我们决不能承袭。”④ 抗战的持久与残酷，国民党的反复无常，都使中国共产党更坚定了“为人民革命，为人民利益而斗争”的价值取向，促使党进一步思索如

① 《毛泽东选集》第1卷，北京，人民出版社1991年版，第39页。
② 《毛泽东选集》第1卷，北京，人民出版社1991年版，第184页。
③ 《邓小平文选》第1卷，北京，人民出版社1994年版，第41页。
④ 《毛泽东选集》第3卷，北京，人民出版社1991年版，第894页。

何紧密与人民群众的关系，推进了党对“全心全意为人民服务”的第三个层面——“怎样服务？”的探求。毛泽东指出：“一切共产党员，一切革命家，一切革命的文艺工作者，都应该学鲁迅的榜样，做无产阶级和人民大众的‘牛’，鞠躬尽瘁，死而后已。”[①] 此后，又以“人民的勤务员”[②] 代指这种精神和境界，“人民的勤务员”成为中国共产党“为人民服务”之“怎样服务”的道德注脚。

“战争的伟力之最深厚的根源，存在于民众之中”[③]，对民众伟大作用的认知是“人民的勤务员”思想的重要来源。党在初创阶段对于民众作用的认识更多地停留在马克思主义唯物史观的理论层面，土地战争和抗日战争的斗争历程，党从实践中加深了对唯物史观群众创造历史的理解。美国记者斯诺请彭德怀总结“红色游击战术的原则”时，彭德怀谈道：“没有任何东西，绝对没有任何东西，比这一点更重要——那就是红军是人民的军队，它所以壮大是因为人民帮助我们。”[④] 他甚至谈到了 1928 年的冬天，部队受到国民党的包围和封锁，没有住的地方，没有灯，没有盐；病的病，饿的饿；是农民们“从地下挖出他们藏起来不让白军知道的粮食给我们吃，他们自己吃芋头和野菜。……许多人参加了我们的队伍，几乎所有的人都用某种方式帮助我们。”所以“战术很重要，但是如果人民的大多数不支持我们，我们就无法生存。我们不过是人民打击压迫者的拳头！”[⑤]“兵民是胜利之本”是中国共产党在革命斗争中的深刻总结，“解除了镣铐的人民的力量是无限量的。……人民是不朽的，谁得到人民力量的便会胜利，谁失掉人民力量的便会失败。”[⑥] 美国友人斯特朗也说，她在延安“最常听到的词汇是‘人民’，中国人民，最后往往总是提到世界人民。口号是‘到人民中间去’，‘向人民学习’。它们的含义似乎比口号要深远得多，似乎是表达了一种最根本的爱和最终的信念。”[⑦] 这种爱是对人民的爱，这种信仰是对人民的信仰。正是这种对人民的爱与信仰，使得共产党区别于一切政党，破除官气、扫掉官气，甘作人民的勤务员。

---

① 《毛泽东选集》第 3 卷，北京，人民出版社 1991 年版，第 877 页。

② 《毛泽东文集》第 3 卷，北京，人民出版社 1996 年版，第 243 页。

③ 《毛泽东选集》第 2 卷，北京，人民出版社 1991 年版，第 511 页。

④ ［美］埃德加·斯诺：《西行漫记》，董乐山译，北京，东方出版社 2005 年版，第 284 页。

⑤ ［美］埃德加·斯诺：《西行漫记》，董乐山译，北京，东方出版社 2005 年版，第 285 页。

⑥ 《郭沫若全集·文学编》第 19 卷，北京，人民出版社 1992 年版，第 444 页。

⑦ 李寿葆、施如璋主编：《斯特朗在中国》，北京，生活·读书·新知三联书店 1985 年版，第 179 页。

“为什么人服务的问题解决了，接着的问题就是如何去服务。”[①] 做好人民的勤务员就要摆正干部与人民的关系，以民为师、与民为友，调查研究、集中民智。毛泽东指出：“无论是中国还是外国，古代还是现在，剥削阶级的生活都离不了老百姓。他们讲‘爱民’是为了剥削，为了从老百姓身上榨取东西，这同喂牛差不多。喂牛做什么？牛除耕田之外，还有一种用场，就是能挤奶。剥削阶级的‘爱民’同爱牛差不多，我们不同，我们自己就是人民的一部分，我们的党是人民的代表。”[②] 党来自人民，党员干部在革命的洪流中，“不是为了自己，而是为了全国四万万五千万同胞，不是为了自己的家，而是为了四万万五千万同胞的家”，所以“要牺牲升官”“牺牲发财”，甚至“牺牲自己的生命”。[③] 要做人民的勤务员就要了解群众，“对于中国各个社会阶级的实际情况，没有真正具体的了解，真正好的领导是不会有的。要了解情况，唯一的办法是向社会作调查，调查社会各阶级的生动情况。”[④] 党员干部要“不惜风霜劳苦，夜以继日，勤勤恳恳，切切实实地去研究人民中间的生活问题，生产问题”[⑤]。党员干部在了解群众的过程中，还要做到“眼睛向下，不要只是昂首望天”，没有眼睛向下的决心，一辈子也不会真正了解群众，真正懂得中国的国情，更不可能成为人民的勤务员。党员干部要有“甘当小学生的精神”，放下臭架子，带着人民勤务员的满腔热忱和渴望去走近群众，因为“群众是真正的英雄，而我们自己则往往是幼稚可笑的”[⑥]。要当干部，先当学生，了解群众的疾苦，倾听群众的呼声，才可集中民智，当好人民的勤务员。不仅一切共产党员、一切革命家，甚至是一切文艺工作者，也要树立人民勤务员思想，努力营造人民大众的文化。“在我们为中国人民解放的斗争中，有各种的战线，就中也可以说有文武两个战线，这就是文化战线和军事战线。我们要战胜敌人，首先要依靠手里拿枪的军队。但是仅仅有这种军队是不够的，我们还要有文化的军队”[⑦]，要想取得这场文化战线上的胜利，广大的文艺工作者要把文艺的立足点逐渐地“移到工农兵这方面来，移到无产阶级这方面来”，只有这样，“才能有真正为工农兵的文艺，真

① 《毛泽东选集》第3卷，北京，人民出版社1991年版，第859页。
② 《毛泽东文集》第3卷，北京，人民出版社1996年版，第57~58页。
③ 《毛泽东文集》第2卷，北京，人民出版社1993年版，第119页。
④ 《毛泽东选集》第3卷，北京，人民出版社1991年版，第789页。
⑤ 《毛泽东文集》第2卷，北京，人民出版社1993年版，第467页。
⑥ 《毛泽东选集》第3卷，北京，人民出版社1991年版，第790页。
⑦ 《毛泽东选集》第3卷，北京，人民出版社1991年版，第847页。

正为无产阶级的文艺。”[①] 为此，文艺工作者“必须和新的群众的时代相结合”，“必须彻底解决个人和群众的关系问题”[②]。毛泽东倡导以“横眉冷对千夫指，俯首甘为孺子牛”作为文艺工作者的座右铭，“‘千夫’在这里就是说敌人，对于无论什么凶恶的敌人我们决不屈服。‘孺子’在这里就是说无产阶级和人民大众。一切共产党员，一切革命者，一切革命的文艺工作者，都应该学鲁迅的榜样，做无产阶级和人民大众的‘牛’，鞠躬尽瘁，死而后已。”[③] 有了这样的一种决心和精神，才会在文化层面形成“人民勤务员”的价值体系和话语体系。

以精兵简政、减租生产、拥政爱民，实践“人民的勤务员”的价值目标。相持阶段是抗日战争最困难的时期，日军调整了侵华战略与策略，将注意力集中于进攻抗日根据地，打击和消灭八路军、新四军。他们在抗日根据地实行烧光、杀光、抢光的“三光政策”，制造人畜不留、庐舍不存的无人区，企图彻底摧毁抗日根据地军民的一切生存条件。而此时的国民党因英美对日本所采取的绥靖主义政策以及对日益壮大的人民武装力量的畏惧，采取消极对日，积极反共的方针。战争的消耗、日军的“扫荡”、国民党的包围封锁，使抗日根据地人口锐减，生产力受到极大破坏，财政经济和军民生活遇到了很大困难。在这种情况下，若部队和行政机关仍保持原有规模，势必会加重人民的负担。中国共产党一贯“不是向人民要东西，而是给人民以东西。”[④] 面对群众困难的生活，中国共产党采用党外人士李鼎铭等人“惟有政府彻底计划经济，实行精兵简政主义，量入为出，制定预算，以求得相依相助，平衡发展之效果”的建议，[⑤] 将精简、统一、效能、节约和反对官僚作为精兵简政的五大目标，要求“政权、党、民众团体脱离生产的人数亦应缩减，务求全部脱产人数不超过甚至少于居民的百分之三。根据地的财政政策必须注意量入为出与量出为入的配合，一切工作应求质量，坚决肃清浪费铺张，不节省民力的现象，严厉惩办党政军系统内贪污敲榨民财的恶棍。”[⑥] 为了推行精兵简政，统一思想认识，

---

① 《毛泽东选集》第 3 卷，北京，人民出版社 1991 年版，第 857 页。

② 《毛泽东选集》第 3 卷，北京，人民出版社 1991 年版，第 877 页。

③ 《毛泽东选集》第 3 卷，北京，人民出版社 1991 年版，第 877 页。

④ 《毛泽东文集》第 2 卷，北京，人民出版社 1993 年版，第 467 页。

⑤ 《陕甘宁边区政权建设》编辑组编：《陕甘宁边区的精兵简政（资料选辑）》，北京，求实出版社 1982 年版，第 7 页。

⑥ 中央档案馆编：《中共中央文件选集》第 13 册，北京，中共中央党校出版社 1991 年版，第 264~265 页。

毛泽东把精兵简政的重要性和必要性，通俗地比作气候变化，要褪去冬衣，穿起夏衣，轻装上阵，与敌人斗争。精简之后，根据地消费性的支出减少了，生产性的收入增加了，财政好转，人民的负担减轻，抗战热情增加。从1942年起，党开始在各根据地全面展开和深入贯彻抗战初期在个别根据地试行的减租减息政策。为了度过严重困难局面，争取最大多数的团结，在1942年1月28日通过的《中共中央关于抗日根据地土地政策的决定》中党确定了减租减息的三条基本原则：减轻地主的封建剥削，实行减租减息，保证农民的人权、政权、地权、财权；减轻封建剥削，而非消灭封建剥削，更不是打击赞成民主改革的开明绅士，故于减租减息后须交租交息，保障地主的人权、政权、地权、财权，借以联合地主一致抗日；富农是农村中的资产阶级，是抗日与生产不可缺少的力量，故对富农的租息也须照减，同时须实行交租交息，并保障富农的人权、政权、地权、财权。“这种政策可说是边区农村经济发展的最基本的原动力。凡是减了租的地方，广大人民的抗战热忱与生产积极性，都大大增加了。”[①] 减租减息还保障了地主富农的人权、政权、地权、财权，使大部分地主富农深受触动，选择与人民站在一起，一道抗日。在异常艰苦的环境中，根据地的各阶级、阶层同心协力，不断扩充抗战实力，发展各抗日根据地。在减租减息鼓舞群众斗志的大好形势下，党又适时地开展了发展生产和拥政爱民的号召。“各级党政军机关学校一切领导人员都须学会领导群众生产的一全套本领。凡不注重研究生产的人，不算好的领导者。一切军民人等凡不注意生产反而好吃懒做的，不算好军人、好公民。一切未脱离生产的农村党员，应以发展生产为自己充当群众模范的条件之一。”[②] 革命根据地各级政府任职的共产党员与公务人员，上至政府主席，下到乡村干部，白天和群众一起生产劳动，晚上深入农户开展群众工作，“只见公仆不见官”生动诠释了共产党为人民服务，甘当人民勤务员的价值情怀。不管是精兵简政还是减租生产，其目的都是要加强党与军、民之间的密切联系，促进团结与统一。为了使党政军和人民打成一片，更好地做人民的勤务员，中央提出了“拥政爱民、拥军优抗”的口号，要求各根据地党委和军政领导机关应“普遍地、无一例外地举行一次拥政爱民和拥军优抗的广大规模的群众运动”，“军队方面，重新宣布拥政爱民公约，自己开检讨会，召集居

---

① 王稼祥：《晋察冀区的财政经济》，《群众》第9卷第3、第4期合刊。

② 《毛泽东选集》第3卷，北京，人民出版社1991年版，第911页。

民开联欢会（当地党政参加），有损害群众利益者，试行赔偿、道歉。群众方面，由当地党政和群众团体领导，重新宣布拥军优抗公约，举行热烈的劳军运动。”[①] 并将拥政爱民、拥军优抗制度化，“每年正月普遍举行一次”，对于存在的缺点和错误“实行公开的群众性的自我批判（各方面只批判自己，不批判对方）”[②]。这是一次生动的团结协作教育，它以一种道德上的自律和自省从思想深处加深了党同军民之间的联系，也使“人民勤务员”的理念更深入党心、军心、民心。

四、全心全意为人民服务

革命的实践，不仅需要正确理论的指引，而且必然会为伟大理论的诞生做好准备。抗战发展至反攻阶段，党正式提出“为人民服务”的思想，面对国民党假民主、真独裁的建国纲领和一意孤行实行武力的内战政策，中国共产党再次推进了对“为人民服务”第四个层面的认知：以一种怎样的精神和态度去服务民众？ 1944 年 10 月 4 日，在清凉山中央印刷厂礼堂的讲话中，毛泽东在“为人民服务”的前边，加上了“全心全意”四个字[③]，以“全心全意”作为共产党人“为人民服务”的精神、态度的价值尺度。

“全心全意”四个字凸显了党是真心实意、心甘情愿为人民服务，可以不计荣辱、得失甚至是生命，是一种对人民极端负责的精神状态。1944 年 9 月，毛泽东在中共中央警备团追悼张思德的会上提出：“我们的共产党和共产党所领导的八路军、新四军，是革命的队伍。我们这个队伍完全是为着解放人民的，是彻底地为人民的利益工作的。”[④]10 月，毛泽东在清凉山的讲话中，“全心全意为人民服务”首次出现。其后，在党的七大开幕词，他告诫全党面对胜利形势“我们应该谦虚，谨慎，戒骄，戒躁，全心全意地为中国人民服务”。[⑤] 在党的七大政治报告《论联合政府》中，又再次强调：“全心全意地为人民服务，一刻也不脱离群众”。[⑥] 在中国共产党的革命实践中，“全心全意”就是为人民服务不计个人荣辱。“我

---

① 《毛泽东选集》第 3 卷，北京，人民出版社 1991 年版，第 913 页。

② 《毛泽东选集》第 3 卷，北京，人民出版社 1991 年版，第 913 页。

③ 中共中央文献研究室编：《毛泽东思想年编（1921—1975）》，北京，中央文献出版社 2011 年版，第 397 页。

④ 《毛泽东选集》第 3 卷，北京，人民出版社 1991 年版，第 1004 页。

⑤ 《毛泽东选集》第 3 卷，北京，人民出版社 1991 年版，第 1027 页。

⑥ 《毛泽东选集》第 3 卷，北京，人民出版社 1991 年版，第 1094 页。

们要讲真理，不要讲面子。……共产党参加革命，丢了一切，准备牺牲性命干革命，还计较什么面子？把面子丢开，讲真理，怎样对于老百姓有利，怎样对于革命有利，就怎样办。……如果一切从自己面子的角度出发，讨论问题、看问题掺杂个人得失在里面，立场不正，就不会看得很清楚，不会讲真理，结果一定害人害己。”[①] 董必武在《关于人民政治协商会议及团结民主人士问题》中也强调：“共产党员干为人民服务的工作，是无条件的。不讲条件而担负革命的任务，革命才是光荣，不革命自然没有那种光荣，反革命更是光荣的反面，不是光荣而是耻辱、罪恶。”[②] “全心全意”就是为人民服务抛却个人得失。毛泽东在《论联合政府》中曾经向全体党员发出这样的诘问：“以中国最广大人民的最大利益为出发点的中国共产党人，相信自己的事业是完全合乎正义的，不惜牺牲自己个人的一切，随时准备拿出自己的生命去殉我们的事业，难道还有什么不适合人民需要的思想、观点、意见、办法，舍不得丢掉的吗？难道我们还欢迎任何政治的灰尘、政治的微生物来玷污我们的清洁的面貌和侵蚀我们的健全的肌体吗？无数革命先烈为了人民的利益牺牲了他们的生命，使我们每个活着的人想起他们就心里难过，难道我们还有什么个人利益不能牺牲，还有什么错误不能抛弃吗？”[③] 面对苦难，我们应以人民为重抛却个人得失；面对胜利，更需要甘愿为人民不计个人得失的胸怀。“革命，给人们带来普遍的欢欣，有些同志似乎胜利了反而更苦闷，这是没有理由的。这是思想上的个人居功、个人享受主义作祟。”[④] 正是这种个人居功、个人享受主义，使得一些“知识分子出身的新干部，对工作存在不老实的态度，总想一鸣惊人的工作，如果不得意，则认为被老干部排挤”，也有一些老干部，因“没有作到更重要的工作，则牢骚百出”，[⑤] 这些都是因为超越了为人民服务，追求个人主义的欲望造成的，必须予以改正。“全心全意”就是为人民服务不惜牺牲个人生命。1953 年 4 月，在出版《毛泽东选集》第三卷时，毛泽东把在张思德追悼会上的讲演正式定名为《为人民服务》，鲜明地阐释了共产党人的生死观：“人总是要死的，但死的意义有不同。中

① 《陈云文选》第 1 卷，北京，人民出版社 1984 年版，第 218 页。

② 《董必武政治法律文集》，北京，法律出版社 1986 年版，第 62 页。

③ 《毛泽东选集》第 3 卷，北京，人民出版社 1991 年版，第 1096~1097 页。

④ 全国政协《谢觉哉文集》编辑办公室编：《谢觉哉文集》，北京，人民出版社 1989 年版，第 711 页。

⑤ 《罗荣桓军事文选》，北京，解放军出版社 1997 年版，第 234 页。

国古代有个文学家叫作司马迁的说过：‘人固有一死，或重于泰山，或轻于鸿毛。’为人民利益而死，就比泰山还重；替法西斯卖力，替剥削人民和压迫人民的人去死，就比鸿毛还轻。”[①]生与死之间，伟大与卑微之间，衡量的标准即是“为人民服务”。8年全面抗战刚刚结束，蒋介石就点燃了内战的烽火，陈毅在《华东三个月自卫战争的总结和今后的任务》中激励将士们以自我牺牲的精神和壮士断腕的勇气去面对新的征战：“现在只有一个目的，一个方向，一个意志，一个行动，这就是要求同志们服从组织，约束自己，牺牲个人的一切，甚至牺牲生命。”“我出来就准备三条路：胜利回去开欢迎会，打败仗开斗争会，死了开追悼会”[②]。贺龙的《在绥德军分区县委书记联席会议上的报告》中指出共产党员活要有意义，死要有气节：“一个人活一百岁，总要死，今天死或明天死，反正都是死，但死的意义不同。一个共产党员的气节，表现在战场与法场上。在战场上，要勇敢杀敌，拼一个你死我活；在法场上，要杀要斩听便，在临死前的几秒钟还要喊‘共产党万岁’，这才是一个共产党员的高贵品质。”[③]

中国共产党力促战后和平，谋求建立联合政府给人民以权利，在实践中诠释“全心全意”的深刻内涵。抗战结束后，中国社会进入了一个非常有利的时期，从整个形势来看，“新的情况和任务是国内斗争……今后就是建什么国的斗争。”[④]要建立一个什么样的国家呢？中国共产党在《抗日战争胜利后的时局和我们的方针》中，指出“我们的责任，是向人民负责。每句话，每个行动，每项政策，都要适合人民的利益，如果有了错误，定要改正。”[⑤]由此可见，党要建立的新中国，是对人民负责、符合人民利益、保障人民权益的国家。无奈，国民党继续推行一党专政的独裁统治，积极进行内战准备。在国共两党军事实力差距逐渐缩小、中国共产党的政治优势逐渐扩大的条件下，毛泽东宣告：中国共产党“所采取的方针是明确的和一贯的，这就是坚决反对内战，不赞成内战，要阻止内战。今后我们还要以极大的努力和耐心领导着人民来制止内战”[⑥]。这是因为“中国过去是大敌当前，现在是满目疮痍”，“人民需要和平”[⑦]。正是站在人民

① 《毛泽东选集》第3卷，北京，人民出版社1991年版，第1004页。
② 《陈毅军事文选》，北京，解放军出版社1996年版，第356~357页。
③ 《贺龙文选》上卷，北京，军事科学出版社1996年版，第530页。
④ 《毛泽东选集》第4卷，北京，人民出版社1991年版，第1130页。
⑤ 《毛泽东选集》第4卷，北京，人民出版社1991年版，第1128页。
⑥ 《毛泽东选集》第4卷，北京，人民出版社1991年版，第1125页。
⑦ 《毛泽东文集》第4卷，北京，人民出版社1996年版，第5页。

的立场上，毛泽东、周恩来慷慨飞赴重庆，与国民党进行和平谈判。在谈判过程中，是否作出让步，作出多少让步，中国共产党的衡量指针仍旧是“不伤害人民根本利益”。[①]经过43天的艰苦谈判，国共签订了《双十协定》，1946年1月又在重庆召开了政治协商会议，中国共产党与民盟密切合作要求国民党结束一党专政的政治局面，由各党派共同组织联合政府，给人民以权利和自由。为了保障政协决议的实施，毛泽东专门为中共中央起草了《关于停止国内军事冲突的通告》，要求“全党同志与全国人民密切合作”，为“建立独立、自由和富强的新中国而奋斗。”[②]中国共产党在国民党积极备战的情况下，仍然顺应广大人民的意愿，以“和平、民主、团结”的方针，遵守政协决议，积极实行军队的整编复员，最大限度地挽救和平。中国共产党在战与和的抉择中皆以人民利益和意愿马首是瞻，充分解读了“全心全意为人民服务”。内战爆发后，面对蒋介石要在六个月内消灭共产党的嚣张气焰，中国共产党以“不为天下先”“退避三舍”“来而不往非礼也”这三项有理、有利、有节的原则奋起自卫，不仅粉碎了国民党对解放区的进攻，而且赢得了包括国统区在内的广大人民群众的支持与拥护。

旧的政权行将就木，新的政权亟待建设。1949年6月，毛泽东发表《论人民民主专政》，向广大人民群众阐释何为人民民主专政？谁是未来新中国的主人？“人民民主专政，……就是剥夺反动派的发言权，只让人民有发言权。……对人民内部的民主方面和对反动派的专政方面，互相结合起来，就是人民民主专政。”[③]那谁是人民，谁又是反动派呢？“人民是什么？在中国，在现阶段，是工人阶级，农民阶级，城市小资产阶级和民族资产阶级。这些阶级在工人阶级和共产党的领导下，团结起来，组成自己的国家，选举自己的政府，向着帝国主义的走狗即地主阶级和官僚资产阶级以及代表这些阶级的国民党反动派及其帮凶们实行专政，实行独裁”[④]，对于人民而言，将会有选举权和言论、集会、结社等项的自由权。“人民民主专政的基础是工人阶级、农民阶级和城市小资产阶级的联盟，而主要是工人和农民的联盟”[⑤]。人民民主专政的建国目标，印证了党不

① 《毛泽东选集》第4卷，北京，人民出版社1991年版，第1154页。
② 《毛泽东文集》第4卷，北京，人民出版社1996年版，第88页。
③ 《毛泽东选集》第4卷，北京，人民出版社1991年版，第1475页。
④ 《毛泽东选集》第4卷，北京，人民出版社1991年版，第1475页。
⑤ 《毛泽东选集》第4卷，北京，人民出版社1991年版，第1478页。

仅在革命时期“全心全意为人民服务”，在和平建设时期，更将其当作一以贯之的行动指针。

在中国几千年的历史发展中，不管朝代怎样更迭，广大人民群众都是金字塔中的最底层，被剥削、被压迫、被奴役，哪里有什么政治权利可谈。即便是以往开明的统治者为了本阶级的利益，也会休养生息，显示爱民的仁慈，但却从来只是管理人民，从未想过让人民当家作主，参与管理。中国共产党开创了一个新时代，一个人民的时代，真正把“全心全意为人民服务”落到了实处。

新中国成立至三大改造时期，中国共产党继续强调全心全意为人民服务的完全性和彻底性。1954年颁布的《中华人民共和国宪法》第十八条明确规定：“一切国家机关工作人员必须效忠人民民主制度，服从宪法和法律，努力为人民服务。”①1957年3月，毛泽东在山东省级机关处以上党员干部会议的讲话中强调：“共产党就是要奋斗，就是要全心全意为人民服务，不要半心半意或者三分之二的心三分之二的意为人民服务。”②中国共产党“为人民服务”的道德建树，经历了“服务谁？”“服务什么？”“如何服务？”“以一种怎样的精神和态度服务？”四个层次，不仅充分反映了马克思主义伦理思想发展的客观规律，也诠释了党以客观世界改造主观世界的实践特性。

第五节　“四位一体”爱国主义价值观的确立

爱国主义是中华民族的优秀道德传统。在漫长的封建社会，“爱国”即为“忠君”，是人之为人的最高行为准则和政治原则。在中国的语境中，爱国主义不仅仅是一种精神，更是一种价值观。封建制度崩塌后，民初政治、经济的各种乱象使国民党无力从理论和实践上构建爱国主义的情愫。五四运动后，尤其是中国共产党的成立，为古老的爱国主义注入了全新的内涵。党的初创至大革命时期爱国主义与共产主义相结合，表现为走苏俄道路，以马克思主义救中国；土地革命时期爱国主义与集体主义相结合，

---

①　第一届全国人民代表大会第一次会议制定：《中华人民共和国宪法》，北京，人民出版社1954年版，第8页。

②　中共中央文献研究室编：《毛泽东思想年编（1921—1975）》，北京，中央文献出版社2011年版，第840页。

表现为纠正各种错误思想和行为，以团结一致的行为准则与约规形成星火燎原之势；抗日战争时期爱国主义与无产阶级国际主义相结合，表现为调动一切积极力量，建立最广泛的抗日民族统一战线；解放战争至新中国成立后，爱国主义、社会主义、集体主义、无产阶级国际主义“四位一体”的爱国主义价值观最终形成并确立，指引和激励着人民大众一步一步走向社会主义革命和建设的道路。中国共产党在革命的实践中，为爱国主义注入了“马克思列宁主义的伟大力量”[①],使传统的以救亡图存为核心的爱国主义有了信仰的力量、有了约规的尺度、有了世界的情怀。

一、爱国主义与共产主义相结合

中国自近代以来，由于清王朝的腐朽没落，在主权、外交、军事上皆受制于拥有坚船利炮的西方列强。帝制推翻、民国建立以及最终的蒋介石国民政府的成立，都未能使中华民族免受帝国主义强盗的欺辱和压迫。这种悲惨的境遇，从反面给中华民族以教益，“所谓‘弱国无外交’这句话，不过是官僚们欺瞒小百姓的话；惟有没有一个真正人民的政府，才处处损失国权。……这就是为什么现在这个政府无论和那一国办交涉，都只有把中国人民的利权断送给别人。”[②]要想把“侮辱中华民族,压迫中国民众，掠夺中国富源等事实，一概消灭”，就必须要“组织一个真能代表人民的政府”[③]。先进的中国人在“一切别的东西都试过了,都失败了”[④]的情况下，在十月革命的炮声中，开始用“无产阶级的宇宙观作为观察国家命运的工具”[⑤]，以马克思列宁主义为指路明灯，走俄国人的路，就成为当时中国人民救亡图存、爱国报国的题中之义。在党的初创和大革命时期，中国共产党将爱国主义与共产主义紧密地结合，并通过与反马克思主义思潮的论战，对马克思主义进行了较为广泛的宣传，使走俄国人的路成为中国有识之士于绝境中找到的光明出路。

陈独秀、瞿秋白等马克思主义者对“科学与人生观”论战双方的批判，宣传了唯物史观和马克思主义的人生观，从思想上武装了广大革命群众。新文化运动对“赛先生”的高歌猛进，提倡了一种新的科学化的认知

---

① 《毛泽东选集》第 2 卷，北京，人民出版社 1991 年版，第 534 页。

② 《陈独秀著作选》第 2 卷，上海，上海人民出版社 1993 年版，第 401 页。

③ 《陈独秀著作选》第 2 卷，上海，上海人民出版社 1993 年版，第 401 页。

④ 《毛泽东选集》第 4 卷，北京，人民出版社 1991 年版，第 1471~1472 页。

⑤ 《毛泽东选集》第 4 卷，北京，人民出版社 1991 年版，第 1471 页。

方式，而这种认知方式又与传统格格不入。这样的冲突对于一个有着五千年悠久历史的文明国度来说，不会因为新文化运动的干将们对科学的提倡而轻易解决，于是各派学人纷纷进行理论建构，以期在“百家争鸣”的时代能够为中国的出路指明方向。1923 年“科学与人生观”的论战，即科玄论战就是在这样的背景下发生。被称为科学派的以地质学家丁文江为首，成员有中国科学社成员任鸿隽、唐钺、王星拱等；对立的玄学派以张君劢为首，包括梁启超和人文学者林宰平等人。论战起因于 1923 年 2 月 14 日北大教授张君劢为即将赴美求学的清华学子所作的题为《人生观》的演讲，张君劢在讲演中指出：“同为人生，因彼此观察点不同，而意见各异，故天下之最不统一者，莫若人生观。”[①] 而人生观的特点“曰主观的，曰直觉的，曰综合的，曰自由意志的，曰单一的。”所以“科学无论如何发达，而人生观问题之解决，绝非科学所能为，惟赖诸人类自身而已。”[②] 丁文江首先诘问张君劢提出的观点，在《玄学与科学》这篇长文中，他指出：“科学不但无所谓向外，而且是教育同修养最好的工具，因为天天求真理，时时想破除成见，不但使学科学的人有求真理的能力，而且有爱真理的诚心。无论遇见什么事，都能平心静气去分析研究，从复杂中求简单，从紊乱中求秩序；拿论理来训练他的意想，而意想力愈增；用经验来指示他的直觉，而直觉力愈活。了然于宇宙生物心理种种关系，才能够真知道生活的乐趣。”[③] 任鸿隽（叔永）也认为科学与人生观的关系“不但是因物质科学的进步，间接的把人生观改变。直接的科学自己还可以造出一种人生观来。”[④] 这是因为“研究科学的人，把因果的观念应用到人生观上去，事事都要求一个合理的。这种合理的人生观，也是科学研究的结果。”[⑤] 玄学派实质是否认人的意志是客观事物的反映，宣扬意志决定一切的主观唯心主义观点。科学派虽承认科学可以解释人生观，但他们所推崇的科学并非真正科学意义上的科学，而是建立在唯心主义基础上的实用主义科学观，其代表人物丁文江明确提出“存疑唯心论”：“我们之所谓物

① 张君劢：《人生观》，《科学与人生观》，济南，山东人民出版社 1997 年版，第 33 页。

② 张君劢：《人生观》，《科学与人生观》，济南，山东人民出版社 1997 年版，第 38 页。

③ 丁文江：《玄学与科学》，《科学与人生观》，济南，山东人民出版社 1997 年版，第 53~54 页。

④ 任叔永：《人生观的科学或科学的人生观》，《科学与人生观》，济南，山东人民出版社 1997 年版，第 128 页。

⑤ 任叔永：《人生观的科学或科学的人生观》，《科学与人生观》，济南，山东人民出版社 1997 年版，第 130 页。

质，大多数是许多记存的觉官感触，加了一点直接觉官感触。”[①]这无疑是马赫主义“感觉复合论”的再现。以陈独秀、瞿秋白为代表的马克思主义者大力宣传并运用了马克思主义的唯物史观，对论战双方的唯心观点进行了深刻批判。陈独秀认为不论是自然界还是人类社会，都存在着不以人的意志为转移的客观规律：“自然界及社会都有它们的实际现象：科学家说明得对，他原来是那样；科学家说得不对，他仍旧是那样；玄学家无论如何胡想乱说，他仍旧是那样；他的实际现象是死板板的，不是随着你们唯物论唯心论改变的。”[②]尽管张君劢罗列了九项人生观问题，但人生观“都要为客观的，论理的，分析的，因果律的科学所支配”[③]，种种不同的人生观，“找不出哪一种是没有客观的原因，而由于个人主观的直觉的自由意志凭空发生的。”[④]即便是有“孝子割股疗亲，程婴杵臼代人而死，田横乃木自杀等举动”，但这“乃是农业的宗法社会封建时代之道德传说及一切社会的暗示所铸而成”[⑤]，无所谓价值不价值，神秘不神秘，合理不合理。瞿秋白也指出：“社会里与自然界同样是偶然的事居多。然而凡有‘偶然’之处，此‘偶然’本身永久被内部隐藏的公律所支配。”[⑥]马克思主义者旗帜鲜明地指出：“我们相信只有客观的物质原因可以变动社会，可以解释历史，可以支配人生观，这便是‘唯物的历史观’。”[⑦]“因生产力的状态而成当代的经济关系；因经济的关系而生政治制度；因政治制度而定群众动机；因群众动机而有个性动机。”[⑧]以唯物史观厘清了科学与人生观论战所造成的思想混乱。科玄论战看似学术之争，实则是社会改革方案的对立与争执，“尽管论战双方在许多问题上争论不休，其真正的核心却在：现时代的中国人（特别是年青一代）应该有什么样的人生观才有助于国家富强社会稳定？”[⑨]而人生观的选择又不可能不和社会改革方案的选择联系在一起，马克思主义者在这次论战中以唯物史观的科学性为解决人生观问题提供了正确的思想方向，也为民众选择共产主义道路创造了良好的条件，

① 丁文江：《玄学与科学》，《科学与人生观》，济南，山东人民出版社1997年版，第45页。
② 陈独秀：《〈科学与人生观〉序》，《科学与人生观》，济南，山东人民出版社1997年版，第2页。
③ 陈独秀：《〈科学与人生观〉序》，《科学与人生观》，济南，山东人民出版社1997年版，第3页。
④ 陈独秀：《〈科学与人生观〉序》，《科学与人生观》，济南，山东人民出版社1997年版，第5页。
⑤ 陈独秀：《〈科学与人生观〉序》，《科学与人生观》，济南，山东人民出版社1997年版，第6页。
⑥ 《瞿秋白文集（政治理论编）》第2卷，北京，人民出版社1988年版，第295页。
⑦ 陈独秀：《〈科学与人生观〉序》，《科学与人生观》，济南，山东人民出版社1997年版，第7页。
⑧ 《瞿秋白文集（政治理论编）》第2卷，北京，人民出版社1988年版，第301页。
⑨ 李泽厚：《中国现代思想史论》，合肥，安徽文艺出版社1999年版，第874页。

使爱国主义与共产主义相结合成为可能。

大革命时期，面对国民革命的高潮，出现了一种反映大地主、大买办阶级利益的思想体系，即戴季陶主义，其代表人物就是国民党右派人物之一戴季陶。戴季陶主义在思想上表现为以唯心主义道统论反对阶级斗争。戴氏认为“先生的基本思想，完全渊源于中国正统思想的中庸之道。先生实在是孔子以后中国道德文化上继往开来的大圣”，“先生的全人格，仁爱为其基本，一切表现无不为仁爱，有过人之智，而其智，惟用于知仁；于过人之勇，而其勇惟用于行仁；可知离却仁爱，绝无革命可言。”[①]戴季陶打着继承孔孟“仁义道德的思想”的幌子，把孙中山作为封建主义传统文化思想的卫道士来加以崇拜，认为“中国的社会，就全国来说，既不是很清楚的两阶级对立，就不能完全取两阶级对立的革命方式，更不能等到有了很清楚的两阶级对立才来革命。中国的革命与反革命势力的对立，是觉悟者与不觉悟者的对立，不是阶级的对立，所以我们是要促起国民全体的觉悟，不是促起一个阶级的觉悟。”[②]从而抹杀阶级界限，鼓吹阶级调和，以反对马克思主义对中国革命的指导作用。由于反对马克思主义阶级斗争理论，所以在组织上戴氏主张建立单纯的国民党，反对国共合作，认为“国民党内有了一个共产党，就有了两个中心”[③]，这是“最大的危机”。为了中华民国的生存，就要以“纯正三民主义”作为最高原则来统一国民党的思想，“因为要独占，所以要排他，因为要统一，所以要支配”[④]，借以反对共产党加入国民党。对于戴季陶的反动言论和配合蒋介石发动反革命政变的反动政治纲领，中国共产党进行了有力的回击。瞿秋白一针见血地揭露了戴季陶伪善的真面目：“戴季陶虽然理论上反对阶级斗争，主张资本家的仁慈主义，然而他在实践方面，发行那《国民革命与中国国民党》的小册子，自己就实行思想上的阶级斗争——不过是资产阶级压迫无产阶级的一种斗争罢了，并且他一点也不‘仁慈’。”[⑤]因此，“中国的工人阶级应当

---

① 戴季陶：《民生哲学系统表说明》，《戴季陶主义资料选编》，北京，中国人民大学中共党史系、中国近现代政治思想史教研室1983年版，第14~15页。

② 戴季陶：《孙文主义之哲学的基础》，《戴季陶主义资料选编》，北京，中国人民大学中共党史系、中国近现代政治思想史教研室1983年版，第33页。

③ 戴季陶：《告国民党的同志并告全国国民》，《戴季陶主义资料选编》，北京，中国人民大学中共党史系、中国近现代政治思想史教研室1983年版，第47页。

④ 戴季陶：《〈国民革命与中国国民党〉导言》，《戴季陶主义资料选编》，北京，中国人民大学中共党史系、中国近现代政治思想史教研室1983年版，第58页。

⑤ 《瞿秋白文集（政治理论编）》第3卷，北京，人民出版社1989年版，第334页。

努力实行阶级斗争，不但要求经济生活（民生问题）的改善，不能希望事实上绝对不会有的资本家的仁爱心，而且要力争劳动民众的真正民权，其结果也只有剥夺地主大资本家的政权，才能实现。无产阶级的阶级斗争和独裁制的理论，才真是中国一般民众现时要求民权及民生政策的实际政纲的方针和指导”[①]。戴氏的“仁爱”道统说，实则是主张“诱发‘资本家仁爱的性能’和知识阶级‘智勇兼备以行仁政’的热忱，来替农工民众革命。这不但是纯粹的空想主义而且是要想暗示工农民众停止自己的斗争，听凭上等阶级的恩命和指使，简单说些，便是上等阶级要利用农工群众的力量来达到他们的目的，却不准农工群众自己有阶级的觉悟”[②]。针对戴季陶以“纯正三民主义”反对国共合作，瞿秋白指出中国共产党主张的是革命的三民主义，因为它具体而又明显地反映了民众的要求，戴氏“纯正三民主义”是“撇开大多数农工民众利益，而说什么‘国家民族利益’，实际上便是资产阶级蒙蔽愚弄农工阶级的政策”[③]，这一思想的实质就是“不准工人农民在国民党中主张阶级利益，就是使国民党完全变成资产阶级的政党。”[④]中国共产党以马克思主义阶级与阶级斗争理论，向民众阐释了地主阶级标榜以国家和民族为最高原则的欺骗性，揭示了中国人民反帝反封建革命斗争的紧迫性，也使爱国主义与共产主义相结合成为一种必要。

与戴季陶主义几乎同时发生发展的还有以曾琦、左舜生、李璜、陈启天为代表的国家主义。国家主义派将马克思主义作为主要的攻击对象，公开叫嚣：“解决中国目前国事，共产主义既处处不及国家主义，所以我们毅然决然主张国家主义，反对共产主义。”[⑤]他们片面宣扬“国家至上”“民族至上”，反对马克思主义关于国家是历史的范畴和阶级矛盾不可调和的产物的观点，诬蔑阶级斗争理论为生拉硬套，主张社会改良；提出了“内除国贼，外抗强权”的革命口号，却犹抱琵琶半遮面，声称“反帝国主义在目下，只是宣传时代”[⑥]；提倡唯心主义的二元论，认为“爱国出于天性”，人类先天的情感或“求生的冲动”推动了社会的发展。针对国家主义派反对阶级斗争和无产阶级专政，中国共产党指出：“国家是从人类经

① 《瞿秋白文集（政治理论编）》第3卷，北京，人民出版社1989年版，第325页。
② 《瞿秋白文集（政治理论编）》第3卷，北京，人民出版社1989年版，第321页。
③ 《瞿秋白文集（政治理论编）》第3卷，北京，人民出版社1989年版，第327页。
④ 《瞿秋白文集（政治理论编）》第3卷，北京，人民出版社1989年版，第329页。
⑤ 李义彬：《中国青年党》，北京，中国社会科学出版社1982年版，第156页。
⑥ 李义彬：《中国青年党》，北京，中国社会科学出版社1982年版，第153页。

济生活中产生出来的，为此一胜利阶级用以治服其他阶级的工具”[①]，“私有财产不废除，资本生产制不改变——一切生产机关不公之于社会而为私人所占有时，阶级是自然要生出来，而且要分化发展得愈明显的。阶级一日存在，阶级斗争便一日不会消灭；国家也便一日不得不被有力阶级——得胜阶级用为工具。”[②] 对于国家主义派宣扬的中国机器尚未发达，劳资两阶级对峙尚未形成，贫人和富人尚未到你死我活的危局，阶级斗争无从谈起的怪论，中国共产党揭露了他们所鼓吹的国家观念的反动实质：“一切国家主义都是要拿国家的观念来压倒阶级的观念；他们都是想用‘全个民族’的好听名词，欺骗无产阶级，一方要无产阶级受资产阶级之利用，帮着反对妨碍他们发展的外国资本主义，一方又想使无产阶级眼光注意到对外，因而自甘忍受本国资产阶级的压迫，而不努力谋自己阶级利益的争斗。”[③] 对于国家主义派泯灭国家的阶级性，“爱国为天性”的谬谈，中国共产党予以回击：“醒狮派主张贤人政治，反对农工生活向上，反对平民获得政权，故其爱国主义，实际上只是一个仅爱抽象之国而不爱其国中之民之爱‘空国’主义。”[④] 爱国不是抽象的，其主要动机和唯一目的在于首先要爱占国内人口百分之八十以上的农民和工人，中国共产党主张爱国，“不过我们爱的是无产阶级的国家，不是资本的国家；是以国家为过渡到世界主义的工具，不是把它看做终极的偶像；是为了要反抗帝国主义压迫中国的无产阶级才爱国；不是想抱‘大中华’的传统观念，步帝国主义的后尘。”[⑤] 中国共产党人对国家主义派的批驳，显示出马克思主义的强大生命力和战斗力，扩大了马克思主义在中国的影响。在这场较量中，爱国主义和共产主义进一步结合，并在中国的革命斗争实际中发挥作用。北伐战争的节节胜利和群众觉悟的普遍提高，事实胜于雄辩，国家主义在1926年下半年土崩瓦解，化为历史尘埃。

---

① 中国共产主义青年团、中央委员会办公厅编：《中国青年运动历史资料》（2），北京，1957年石油部物探局制图厂印制，内部发行，第374页。

② 中国共产主义青年团、中央委员会办公厅编：《中国青年运动历史资料》（2），北京，1957年石油部物探局制图厂印制，内部发行，第398页。

③ 恽代英：《与李琯卿君论新国家主义》，《恽代英文集》下卷，北京，人民出版社1984年版，第656页。

④ 萧楚女：《国家主义的中心思想》，国民革命总司令部政治部编：《反国家主义特刊》，1927年版，第33页。

⑤ 中国共产主义青年团、中央委员会办公厅编：《中国青年运动历史资料》（2），北京，1957年石油部物探局制图厂印制，内部发行，第221页。

走俄国人的路，将爱国主义与共产主义相结合，使爱国主义更具信仰的力量。在这一旗帜的指引下，中国共产党组织工农、深入军队，将马克思主义与救亡图存结合在一起，掀起了大革命时期工农运动的高潮。虽然大革命以失败而告终，但是中国共产党对于爱国主义与共产主义相结合的全新释义，仍旧像火种藏于广袤的中国大地、埋于深厚的民众胸膛。

二、爱国主义与集体主义相结合

大革命失败后，国民党的独裁专政之下，如何救民众于水火之中，红旗要去往何处？中国共产党几经探索，形成了工农武装割据思想，开始了轰轰烈烈的土地革命。工农武装割据思想，在马克思列宁主义的经典著述中没有可以效仿的蓝本，实践的独特性决定了理论的创新性，而创新的源泉正是具体的革命实践。这是一个相互影响和作用的过程，更是一个辩证唯物主义认识论的过程。在这一过程中，集体主义贯穿其中，成为中国共产党宣传动员群众、组织训练士兵、完善创新理论的主线，发挥着核心作用。中国共产党在斗争形势不利于己的条件下，在客观环境异常艰苦的情况下，成功地将大革命时期的爱国主义与革命根据地的集体主义，在理论与现实之间实现了完美的结合，爱国主义因集体主义而更具行为准则的内涵和外延，更具章法、更具力量。

“八七会议”后，中国革命开始由大革命失败到土地革命战争兴起的历史性转变。“须知政权是由枪杆子中取得的”[①]，不仅是中国共产党对于工农武装军队重要性的论断，也是对加强党的集体领导必要性的认知。从革命的低潮、城市到乡村战略重点的转移，使党员和队伍中存在着思想混乱和组织涣散的现象，要想保存革命的火种，一方面要以与共产主义相结合的爱国主义鼓舞斗志，另一方面要以集体主义的范式加强队伍的组织和纪律性建设，从而能够集中力量克服困难、对抗围剿。

中国共产党首先进行的是对官兵的纪律教育。当时的边界红军来源多元化，“(一)潮汕叶贺旧部;(二)前武昌国民政府警卫团;(三)平浏的农民;(四)湘南的农民和水口山的工人;(五)许克祥、唐生智、白崇禧、朱培德、吴尚、熊式辉等部的俘虏兵;(六)边界各县的农民。但是叶贺旧部、警卫团和平浏农民，经过一年多的战斗，只剩下三分之一。湖南农民，伤亡也大。因此，前四项虽然至今还是红军第四军的骨干，但已远不

① 1927年8月7日中共中央紧急会议记录。

如后二项多。”[①]红军来源多元化，并且存在着因革命低潮的思想徘徊，在这样的情况下，仅有一颗爱国心、一腔报国志，还远远不够，必须加强纪律教育，提高战斗力。中国共产党在军队中提倡民主，这是和以往雇佣军队最大的不同，但是“部队中的民主生活必须是在军事纪律所许可的范围内，必须是为着加强纪律而不是为着减弱纪律，所以在部队中提倡必要的民主的时候，必须同时反对要求极端民主的无纪律现象。”[②]为此，中国共产党将红军纪律概括为三大类：“①战时纪律。临阵退缩，畏缩不前，违抗命令，可由军官就地枪决。②一般纪律。通敌，叛反，拐枪潜逃，开小差，强奸，乱烧乱杀，毁坏人民财物，均处死刑。赌博则没收其所有金钱并决定一月内不发零用钱，嫖妓则处以夜不归营之罪，因嫖妓而滋事者，量其大小或处以死刑或罚勤务或打屁股或手心，其余比较小的错误则按其轻重处罚之。③红军三大纪律。各种纪律之后多而复杂，士兵每每弄不清楚，又特别归三大纪律。一不准乱拿工农小商人一点东西。二打土豪要归公。三一切行动听指挥。这三大纪律是一个原则，但包括了一切，所以现红军士兵每每都要抬出这三条来批评他不愿的人，他自己犯了处罚他也就没有话说。”[③]三大类军纪规范官兵的行为，使这支脱胎于旧军队，又以俘虏兵和农民居多的军队，逐渐褪去旧日军队的军阀气息和散兵游勇的气质。尤其是自1929年7月开始至1931年9月最终确定的“三大纪律八项注意”，红军经历了从“三大纪律”和“三条纪律”的混用到“三大纪律”的定型、从具体条文到“六大注意”再到“六项注意”直至“八项注意”的发展，“每个红军战士都知道三大纪律和八项注意。这些规定包含了我们的优良传统，因此，我们要求每一个战士务必遵守。”[④]伴随着“三大纪律八项注意”在实践中不断规范和完善的过程，这支军队被彻底改造成为中国共产党领导下的爱国、爱党、爱民的新型人民军队。

与官兵进行纪律教育的同时，中国共产党还对农民进行了阶级性教育，以加强农民的集体意识和主人翁意识。农民是土地革命的主力军，他们不仅是军队兵士的主要来源，还是整个革命的大后勤，没有农民的有效支持与帮扶，革命无以为继。“然而他们小生产的特点，使他们的政治眼

---

① 《毛泽东选集》第1卷，北京，人民出版社1991年版，第63页。

② 《毛泽东选集》第1卷，北京，人民出版社1991年版，第83页。

③ 江西省档案馆编：《井冈山革命根据地史料选编》，南昌，江西人民出版社1986年版，第185页。

④ 《陈云文选》第1卷，北京，中央文献出版社2005年版，第29页。

光受到限制”[①]，农民都是分散的个体生产者，私有观念极深，他们既希望获得土地所有权，又害怕地主报复，“囿于眼前小利益，缺乏政治常识”[②]。他们的思想或是来自父父子子的口口相传，或是来源于戏曲歌文的潜移默化，但都带有浓重的小生产的特点，缺乏群体意识，对农民“只有加强无产阶级意识的领导，才能减少农民意识”[③]。中国共产党意识到只有让农民认清自己受压迫的根源，方可在农村植入阶级意识、调动农民的阶级觉悟，进而了解我党的主张、政策，坚定农民跟党走的决心，规范跟党走的行为。农民为什么备受欺压呢？“是不是我们的命运不好，是不是因为我们的风水不佳？不是的，断不是的，风水命运正是压迫阶级欺愚我们的话。我们之所以受压迫敲榨，完全因为我们不能团结，没有组织。所以我们虽有三万万二千余万的人数，还是和一盘散沙一样，一点势力都没有，任由帝国主义、军阀、土豪劣绅及一切反革命派的压迫敲榨，不能够反抗。”[④]“民众唯一的希望，就是大家团结起来，集中到共产党旗帜之下，努力工农革命”[⑤]。中国共产党对农民的阶级性教育更多的是结合抗捐、减租等运动，使他们在亲身经历中，增强自身阶级认同感。为了克服农民革命的组织纪律性不强，革命易动摇的缺点，党鼓励农民兄弟“对豪绅地主的租不能缴，债不能还，而且他们的田地都是我们的，一定要拿来分过。要分田，就要打倒国民党反动派和豪绅地主的统治，这就要我们农民一条心。”[⑥]不仅要团结，还要有组织，“组织农民团体，先由每村的农民结合成小团体，再集合各村的团体成为一乡的大团体，更集合各乡的团体，成为一县的团体，以至一省的团体”[⑦]。有了团体，农民就有了力量，也就有了集体的意识和纪律的可能。中国共产党作为农民阶级意识的唤醒者，从未直接把陌生的理论或话语直接展示在农民面前，而是“细心去了解群众日常生活的需要，从群众日常生活斗争引导到政治斗争以至武装斗争。”[⑧]

---

① 《毛泽东选集》第1卷，北京，人民出版社1991年版，第183页。

② 中共中央党校党史教研室选编：《广东省第二次农民代表大会的重要决议》，《中共党史参考资料（二）》，北京，人民出版社1979年版，第265页。

③ 《周恩来选集》上卷，北京，人民出版社1980年版，第37页。

④ 《恽代英文集》下卷，北京，人民出版社1984年版，第919~920页。

⑤ 湖南省档案馆编：《中共湖南省委为反对新军阀战争告民众书》（1927年11月21日），《湖南革命历史文件汇集》第5册，长沙，湖南省档案馆2007年版，第329页。

⑥ 方志敏等：《回忆闽浙赣的革命斗争》，南昌，江西人民出版社1981年版，第35页。

⑦ 《恽代英文集》下卷，北京，人民出版社1984年版，第920页。

⑧ 《周恩来选集》上卷，北京，人民出版社1980年版，第35页。

阶级话语慢慢渗入到乡村原有的话语体系中，逐渐取得在乡村中的优势。

当革命形势逐渐好转，“八七会议”未彻底根除的“左”倾冒险主义错误再次抬头。“左”倾错误的实质在于不了解实际情况，盲目乐观地估计斗争形势，而这一切都源于没有调查研究，唯本本、唯主观马首是瞻。有一颗为民众斗争的红心固然是好的，但是若脱离中国革命的环境和民众的呼声这个“大集体”，“成天地闭着眼睛在那里瞎说，这是共产党员的耻辱”[①]。为此，毛泽东提出“没有调查，没有发言权”[②]，以大兴调查研究的形式巩固根据地集体主义范式。“我们说马克思主义是对的，决不是因为马克思这个人是什么‘先哲’，而是因为他的理论，在我们的实践中，在我们的斗争中，证明了是对的。我们的斗争需要马克思主义。我们欢迎这个理论，丝毫不存什么‘先哲’一类的形式的甚至神秘的念头在里面。”[③]不迷信，不唯书，共产党人视调查为解决问题的唯一出路：“调查就像‘十月怀胎’，解决问题就像‘一朝分娩’。调查就是解决问题。”[④]红军若在计划之前不留心了解农民的实际情况，就会出现“李逵式的官长”，“看见弟兄们犯事，就懵懵懂懂地乱处置一顿。结果，犯事人不服，闹出许多纠纷，领导者的威信也丧失干净”[⑤]，所以，“离开实际调查就要产生唯心的阶级估量和唯心的工作指导，那末，它的结果，不是机会主义，便是盲动主义”[⑥]。共产党人必须努力做调查研究的工作，才能“洗刷唯心精神”，才能使“爱”有的放矢。注重调查研究实际上是开启了中国共产党以实践的方式解读、诠释马克思主义的序幕。“通过实践而发现真理，又通过实践而证实真理和发展真理。从感性认识而能动地发展到理性认识，又从理性认识而能动地指导革命实践，改造主观世界和客观世界。实践、认识、再实践、再认识，这种形式，循环往复以至无穷，而实践和认识之每一循环的内容，都比较地进到了高一级的程度。这就是辩证唯物论的全部认识论，这就是辩证唯物论的知行统一观。”[⑦]毛泽东《实践论》中的这段精彩论述成为中国共产党在土地革命时期完善和发展爱国主义价值观的最切中要害的立论点。革命斗争的实践，促使中国共产党将爱国主义与根据地集

① 《毛泽东选集》第1卷，北京，人民出版社1991年版，第109页。
② 《毛泽东选集》第1卷，北京，人民出版社1991年版，第109页。
③ 《毛泽东选集》第1卷，北京，人民出版社1991年版，第111页。
④ 《毛泽东选集》第1卷，北京，人民出版社1991年版，第110页。
⑤ 《毛泽东选集》第1卷，北京，人民出版社1991年版，第112页。
⑥ 《毛泽东选集》第1卷，北京，人民出版社1991年版，第112页。
⑦ 《毛泽东选集》第1卷，北京，人民出版社1991年版，第296~297页。

体主义范式密切联系起来，让爱国主义除了爱与信仰，更增添了行为准则的内涵，它适合了根据地的世情、舆情、民情、军情，让井冈山革命根据地这片赤色海洋，红得瑰丽又不浓艳，红得规则又不零乱。相比于国统区脱离社会实际的“新生活运动”，它的鲜活令人神往，“在这危急关头国民党由于根本起不到领导、鼓舞的积极作用，因而成了悲观、停滞和镇压的象征，而且，在其后的生死存亡的年代里，把大批最有才能、最爱国的青年男女驱赶到了中国最后的希望——红旗之下。”[①]

土地革命时期，爱国主义与集体主义相结合，使党和人民群众密切联系在一起，携手突破了一次又一次的围剿，星星之火，终呈燎原之势。土地革命的斗争实践充分说明：爱国之心需要集体意识的觉醒和组织纪律的约规，方可形成喷薄之势。1931 年的九一八事变以后，中国共产党继续贯彻集体主义精神，从民族大义出发，不断敦促国民党停止内战、一致抗日，并在组织动员民众和革命斗争的过程中，宣传抗日主张。而国民党却继续推行“攘外必先安内”的反动政策直至西安事变爆发，两相对照，更加映衬出中国共产党爱国主义与集体主义相结合的理论创新的科学性。

三、爱国主义与国际主义相结合

1937 年 7 月 7 日，宛平城外的卢沟桥事变，拉开了中国人民全面抗战的帷幕。人民的斗志和爱国激情自此被全面激发，有了土地革命时期爱国主义与集体主义相结合的理论支撑点，中国共产党已经能够较为成熟地引领民众形成既团结又富战斗力且具组织纪律性的人民抗战的浪潮。中国共产党对中日战争是持久战的精准分析，推动了党对爱国主义认知的深入。战争的持久性决定了斗争将异常残酷，要调动一切可以调动的力量，形成坚定巩固的抗日民族统一战线。“伟大的中国抗战，不但是中国的事，东方的事，也是世界的事情”[②]，“中国共产党必须将爱国主义和国际主义结合起来。……爱国主义就是国际主义在民族解放战争中的实施。”[③]爱国主义与无产阶级国际主义相结合，中国共产党开始了与各同盟国家共产党人在反法西斯战争中并肩战斗的征程，爱国主义也从传统的封闭的一国意识走向开放的世界格局。

---

① ［美］埃德加·斯诺:《复始之旅》，宋久、柯楠、克雄译，北京，新华出版社 1984 年版，第 175 页。

② 《毛泽东文集》第 2 卷，北京，人民出版社 1993 年版，第 145 页。

③ 《毛泽东选集》第 2 卷，北京，人民出版社 1991 年版，第 520~521 页。

中国共产党将爱国主义与无产阶级国际主义相结合是基于对马克思主义经典作家国际主义理论的把握以及中国对日作战形势的分析。马克思指出“一个国家里在资产阶级各个成员之间虽然存在着竞争和冲突，但资产阶级却总是联合起来并且建立兄弟联盟以反对本国的无产者；同样，各国的资产阶级虽然在世界市场上互相冲突和竞争，但总是联合起来并且建立兄弟联盟以反对各国的无产者。”[①]资产阶级“兄弟联盟”的存在,使“各国工人的生活水平是相同的”“利益是相同的”“敌人也是相同的”[②],所以,各国无产阶级要想求得自身的生存和解放，不仅要团结起来推翻本国的资产阶级，而且“应当共同战斗，就应当以各国工人的兄弟联盟来对抗各国资产阶级的兄弟联盟。”[③]如果忽视无产阶级的“兄弟联盟”，放弃无产阶级的国际主义，“就会使他们受到惩罚——使他们分散的努力遭到共同的失败。”[④]“共产党人强调和坚持整个无产阶级共同的不分民族的利益”[⑤]，所以，“联合的行动，至少是各文明国家的联合的行动，是无产阶级获得解放的首要条件之一。”[⑥]无产阶级国际主义是各国无产阶级应尽的义务。列宁在《民族和殖民地问题提纲初稿》中又明确指出无产阶级国际主义的具体要求：“无产阶级的国际主义，第一，要求一个国家的无产阶级斗争的利益服从全世界范围的无产阶级的利益；第二，要求正在战胜资产阶级的民族，有能力有决心为推翻国际资本而承担最大的民族牺牲。”[⑦]经典作家对无产阶级国际主义必要性的阐释，使中国共产党在革命斗争中非常重视这一思想的实施，再加上抗日民族统一战线的基本形成，也为贯彻这一思想提供了客观条件。中国共产党将马克思无产阶级国际主义理论与中国的斗争实际相结合，创造性地提出：“中国共产党人必须将爱国主义和国际主义结合起来。我们是国际主义者，我们又是爱国主义者，我们的口号是为保卫祖国反对侵略而战……因为只有为着保卫祖国而战才能打败侵略者，使民族得到解放。只有民族得到解放，才有使无产阶级和劳动人民得到解放的可能。中国胜利了，侵略中国的帝国主义者被打倒了，同时也就是帮助了外国的人民。因此，爱国主义就是国际主义在民族解放战争中

---

① 《马克思恩格斯选集》第 1 卷，北京，人民出版社 1995 年版，第 308 页。

② 《马克思恩格斯选集》第 1 卷，北京，人民出版社 1995 年版，第 308 页。

③ 《马克思恩格斯选集》第 1 卷，北京，人民出版社 1995 年版，第 310~311 页。

④ 《马克思恩格斯文集》第 2 卷，北京，人民出版社 2009 年版，第 14 页。

⑤ 《马克思恩格斯选集》第 1 卷，北京，人民出版社 1995 年版，第 285 页。

⑥ 《马克思恩格斯选集》第 1 卷，北京，人民出版社 1995 年版，第 291 页。

⑦ 《列宁选集》第 4 卷，北京，人民出版社 2012 年版，第 219~220 页。

的实施。”[①]“在伟大的抗战中，基本依靠中国的自力胜敌，中国的力量也正在发动，不但将成为不可战胜的力量，且将压倒敌人而驱除之，这是没有疑义的。但同时，需要外援的配合。我们的敌人是世界性的敌人，中国的抗战是世界性的抗战，孤立战争的观点历史已指明其不正确了。”[②]因此，国际主义者的共产党员同时又是一个爱国主义者，“我们认为不但是可以的，而且是应该的。”[③]为此，中国共产党向全党发出号召：“我们要和一切资本主义国家的无产阶级联合起来，要和日本的、英国的、美国的、德国的、意大利的以及一切资本主义国家的无产阶级联合起来，才能打倒帝国主义，解放我们的民族和人民，解放世界的民族和人民。”[④]

爱国主义与无产阶级国际主义的结合，将中华民族自身的彻底解放同世界人民反法西斯斗争紧密联系起来，不仅坚定了中华儿女团结一致、抵御外侮的信心，而且也充分显示了中国共产党的国际主义情怀，吸引了许多国际友人，千里迢迢奔赴中国，以直接和间接的形式参与到中国的抗日民族解放战争事业中。14 年抗战，华夏大地无论在前方、后方，还是正面战场和敌后战场，到处燃起了抗日的烽火，“全中国人民动员起来，武装起来，参加抗战”，“有力出力，有钱出钱，有枪出枪，有知识出知识”[⑤]，中国人民“现在提起正义的剑，举起二十世纪的赤十字军的军旗起来了。我们的旗帜上的标识是：争取民族的生存权，保卫祖国的独立，要以全民族的血来建立一道新的万里长城，保卫世界文化并人类福祉。”[⑥]中国共产党深知，“我们的战争，是在苦难环境之中进行的”[⑦]，所以，全体党员“必须懂得，共产党员不过是全民族中的一小部分，党外存在着广大的先进分子和积极分子，我们必须和他们协同工作。”[⑧]在民众运动中，共产党员“应该是民众的朋友，而不是民众的上司，是诲人不倦的教师，而不是官僚主义的政客。”[⑨]中国共产党的博大胸怀和抗日民族统一战线中的模范作用，使各阶层人士投身到抗日救国的洪流中。报业巨子史量才，在

① 《毛泽东选集》第 2 卷，北京，人民出版社 1991 年版，第 520~521 页。
② 《毛泽东文集》第 2 卷，北京，人民出版社 1993 年版，第 146 页。
③ 《毛泽东选集》第 2 卷，北京，人民出版社 1991 年版，第 519 页。
④ 《毛泽东选集》第 2 卷，北京，人民出版社 1991 年版，第 659 页。
⑤ 《毛泽东选集》第 2 卷，北京，人民出版社 1991 年版，第 355 页。
⑥ 《郭沫若全集·文学编》第 18 卷，北京，人民文学出版社 1992 年版，第 150 页。
⑦ 《毛泽东选集》第 2 卷，北京，人民出版社 1991 年版，第 521 页。
⑧ 《毛泽东选集》第 2 卷，北京，人民出版社 1991 年版，第 522 页。
⑨ 《毛泽东选集》第 2 卷，北京，人民出版社 1991 年版，第 522 页。

其主办的《申报》中，旗帜鲜明地表达抗日救国的政治主张；社会贤达马寅初，不惧国民党特务的恫吓，直言四大家族大发国难财的事实；京剧名伶梅兰芳的蓄须明志；还有广大的知识分子，以文化教育、新闻出版为阵地，以笔为武器，揭露日军侵华暴行，宣传抗日救国；城市小资产阶级、民族资产阶级甚至一部分大地主大资本家也通过捐款、捐物积极地参与到抗战中；侨居世界各地的华侨也组成了“海外兵团”，他们或是亲赴前线，或是送子参战，或是集资募捐、出钱献物。这是真正意义上的、前所未有的、全民族的、全面的抗日爱国统一战线，中华儿女“以整个民族的集体的‘斗士的精神’，制裁危害我们民族的生存而同时也就在扰乱和平的侵略者”[①]。这种斗争“固然是四万五千万的人民所组成的伟大民族，对于自己以及对于世界所应毅然决然担负起来的历史使命；在另一方面，这种使命的执行，也是响应着世界大势的正确倾向，有着无数的友军。”[②]抗战期间，一些国外新闻记者来华报道中国的抗日战争。他们大多数同情中国的战争，能够做比较客观的报道，有的甚至深入抗日前线，进行采访和撰写报道文章。埃德加·斯诺就是其中比较具有代表性的一位，当很多在华的外国记者都把中国抗战胜利的希望寄托在蒋介石和国民党身上时，斯诺却深信中国共产党代表着中国的希望和未来，他的纪实报道作品《西行漫记》，向世界人民呈现了真实的而不是被歪曲的中国共产党。全面抗战8年，他发起、宣传“工会”运动，扩大抗战的国际影响；口诛笔伐英美等国的绥靖政策，呼吁西方国家制止日本侵略，他把中国的事业当作自己的事业去努力、去奋斗。抗战期间，来自国外的援华医疗队也为中国人民的解放斗争作出了一定的贡献，以白求恩为队长的加拿大美国医疗队，以柯棣华为代表的印度援华医疗队，还有由奥地利、罗马尼亚、保加利亚医生组成的国际红十字医疗队。他们救死扶伤，有的甚至以身殉职，在抗日军民心中树立起永不磨灭的丰碑。白求恩在中国的抗日战场上为中国人民军队的医疗历史创建了第一个模范医院、第一个特种外科医院、第一支战地输血队、第一支战地流动医疗队。1939年11月12日，白求恩因一次为抢救伤员的紧急手术受感染而不幸去世，毛泽东撰文《纪念白求恩》，高度评价了白求恩的国际主义精神：“白求恩同志是加拿大共产党员，五十

① 中国韬奋基金会韬奋著作编辑部编:《韬奋全集》第7集，上海，上海人民出版社1995年版，第24页。

② 中国韬奋基金会韬奋著作编辑部编:《韬奋全集》第7集，上海，上海人民出版社1995年版，第24页。

多岁了，为了帮助中国的抗日战争，受加拿大共产党和美国共产党的派遣，不远万里，来到中国。……一个外国人，毫无利己的动机，把中国人民的解放事业当作他自己的事业，这是什么精神？这是国际主义的精神，这是共产主义的精神"[①]。毛泽东号召全体党员学习白求恩这种"毫不利己专门利人的精神"，对工作极端的负责任，对同志对人民极端的热忱，并认为："一个人能力有大小，但只要有这点精神，就是一个高尚的人，一个纯粹的人，一个有道德的人，一个脱离了低级趣味的人，一个有益于人民的人。"[②] 由此而形成的白求恩精神处处体现了爱国主义与无产阶级国际主义的结合。除了记者报道和医疗队，还有苏联志愿空军和美国志愿空军人员的直接参战，支援抗战；以及法国共产党、英国共产党在国内的抗议游行，声援抗战，各国共产党人的无产阶级国际主义运动为中国人民的抗日解放事业提供了极大的精神和物质支持。当然，中国人民取得抗日战争的胜利主要还是依靠中国人民的自力更生，即便是外援的力量，也需要通过结合中国的具体环境。在长期战争和艰难环境中，"共产党员协同友党友军和人民大众中的一切先进分子，高度地发挥其先锋的模范作用，才能动员全民族一切生动力量，为克服困难、战胜敌人、建设新中国而奋斗。"[③]

中国人民抗日战争的历史，堪称有史以来最生动、最丰富、最刻骨铭心的爱国主义历史。经过了十几年战争历练的中国共产党，将土地革命时期的爱国主义和无产阶级国际主义相结合，将"马克思列宁主义的伟大力量"通过"一定的民族形式"表现出来[④]，战胜了异乎寻常的艰难困苦，创造了半殖民地半封建弱国打败帝国主义强国的奇迹。在这场战争中，中国共产党在全国人民中形成了一个坚强的核心，开始走向了世界大舞台；古老中国的国际地位得到空前提高，从此由衰败走向振兴。

四、"四位一体"爱国主义价值观的完善和发展

经历了大革命、土地革命和抗日战争的洗礼，中国共产党已经形成了爱国主义、共产主义、集体主义、无产阶级国际主义相结合的"四位一体"的新型爱国主义价值观。在解放战争的斗争实践中，中国共产党对于

① 《毛泽东选集》第 2 卷，北京，人民出版社 1991 年版，第 659 页。
② 《毛泽东选集》第 2 卷，北京，人民出版社 1991 年版，第 659~660 页。
③ 《毛泽东选集》第 2 卷，北京，人民出版社 1991 年版，第 523 页。
④ 《毛泽东选集》第 2 卷，北京，人民出版社 1991 年版，第 534 页。

马克思主义的认识也越发深刻：在中国这样一个落后国家建立共产主义必将经历一个过渡时期，经历了新民主主义革命胜利后的中国也必将进入一个社会主义革命的历程。所以，“四位一体”中的“共产主义”被“社会主义”所替代，这也是中国共产党将马克思主义理论和中国的具体革命实践相结合的正确抉择。爱国主义、社会主义、集体主义和无产阶级国际主义相结合的“四位一体”爱国主义价值观在新中国成立初的三大运动和社会主义改造中发挥了巨大的推动作用。

抗战结束后，中国共产党为了避免内战，做了最大的努力和让步，但是在美帝国主义的支持下，蒋介石还是撕毁了《双十协定》。“蒋介石破坏人民一切争取和平的努力，而以空前的内战灾难压在人民的头上。”[①] 面对这一形势和情况，中国共产党以“四位一体”爱国主义价值观从思想、政治、军事等多个方面制定了一系列方针政策并予以实施，鼓舞人民敢于斗争、敢于胜利、敢于建立和平民主的新中国。内战初期，在人民群众和党内存在着“惧怕美帝国主义，惧怕到国民党区域作战，惧怕消灭买办封建制度、平分地主土地和没收官僚资本，惧怕长期战争等”思想[②]。毛泽东依据国内外的斗争形势，向对“斗争前途怀抱悲观情绪的人们”明确指出：“反对对敌人的力量估计过高。……全世界帝国主义和中国蒋介石反动集团的统治，已经腐烂，没有前途。我们有理由轻视它们，我们有把握、有信心战胜中国人民的一切内外敌人。”[③] “一切资本主义国家的人民民主斗争日益高涨，各国共产党力量有很大的发展，反动派想要压服它们是不可能的。苏联的国力及其在各国人民中的威信日益高涨。美国反动派和被美国反动派所扶助的各国反动派，必然日益陷于孤立。这些就是极有利的国际政治形势。”[④] 国内除了“蒋介石进犯军和人民解放军的战争”，“现在又出现了第二条战线，这就是伟大的正义的学生运动和蒋介石反动政府之间的尖锐斗争。”[⑤] 蒋介石政府的强大只是暂时的，“只要我们能够掌握马克思列宁主义的科学，信任群众，紧紧地和群众一道，并领导他们前进，我们是完全能够超越任何障碍和战胜任何困难的，我们的力量是无敌的。现在是全世界资本主义和帝国主义走向灭亡，全世界社会主义和人

① 《毛泽东选集》第4卷，北京，人民出版社1991年版，第1235页。

② 《毛泽东选集》第4卷，北京，人民出版社1991年版，第1267页。

③ 《毛泽东选集》第4卷，北京，人民出版社1991年版，第1267页。

④ 《毛泽东选集》第4卷，北京，人民出版社1991年版，第1209页。

⑤ 《毛泽东选集》第4卷，北京，人民出版社1991年版，第1224~1225页。

民民主主义走向胜利的历史时代，曙光就在前面，我们应当努力。”[①] 在政治上，中国共产党以“四位一体”核心价值观为指导，“坚决同人民一道，关心人民的经济困难”，“以实行减租和发展生产两件大事作为帮助人民解决困难的重要关键”，一切“从长期支持着想，爱惜人力、物力，事事作长期打算”[②]。对土地改革和群众运动中的一些具体政策问题都做了较为详细的规定：必须将贫雇农的利益和贫农团的带头作用，放在第一位；必须避免对中农采取任何冒险政策；必须避免对中小工商业者采取任何冒险政策；对于学生、教员、教授、科学工作者、艺术工作者和一般知识分子，必须避免采取任何冒险政策；对于开明绅士，需分明情况，予以照顾；必须将新富农和旧富农加以区别；地主富农在老解放区改变生活方式，可依现在状况改变成分；土地改革不应过分强调斗地财；对待地主和对待富农必须依照土地法大纲加以区别；对大、中、小地主，对地主富农中的恶霸和非恶霸，在平分土地的原则下，也应有所区别；极少数真正罪大恶极分子经人民法庭认真审讯判决；对于某些犯有重大错误的干部和党员，以及工农群众中的某些坏分子，必须进行批评和斗争。[③] 关注群众利益，真心为群众办事，为建立人民民主专政的政权而战，中国共产党赢得了人民群众的支持与拥戴。

为了粉碎国民党的进攻，一方面，中国共产党通过公开宣传自己的政治主张，以“四位一体”爱国主义价值观瓦解敌军的斗志；另一方面，开展高树勋运动，从“国民党军队内部去准备和组织起义”，争取使越来越多的国民党军队在爱国主义价值观的感召下，“站到人民方面来，反对内战，主张和平。”[④] 当革命就要取得胜利之际，毛泽东仍以“四位一体”爱国主义价值观激励和劝勉全党用一份对祖国的挚爱、一份对主义的信仰、一份对集体的理性、一份对世界的情怀去建设一个新世界。在军事上，党激励这支刚刚走下抗日战场的人民军队：“我们现在担负了我国历史上最重要最光荣的任务，我们应当积极努力，完成自己的任务。我亲爱同胞哪一天能过人的生活，能按自己的愿望选择自己的政府，依靠我们的努力来决定。”[⑤] 为了适应解放战争的需要，中国共产党提出了“集中优势兵力，

---

① 《毛泽东选集》第4卷，北京，人民出版社1991年版，第1260页。

② 《毛泽东选集》第4卷，北京，人民出版社1991年版，第1173页。

③ 《毛泽东选集》第4卷，北京，人民出版社1991年版，第1268~1272页。

④ 《毛泽东选集》第4卷，北京，人民出版社1991年版，第1174~1175页。

⑤ 《毛泽东选集》第4卷，北京，人民出版社1991年版，第1239页。

各个歼灭敌人”的策略[①]，变游击战为阵地战。阵地战要求将士们树立连续作战不怕疲劳的思想，要具有较强的集体观念和整体意识，为此，党统一规定，重新颁布了“三大纪律八项注意”，作为人民解放军严格执行之律令。为了激励官兵的士气，革命军队还普遍开展了立功运动，号召广大指战员“人人学会歼灭敌人、唤起民众两套本领，亲密团结群众”[②]。为了增强集体主义精神，配合着解放区的自卫战争，军队中还开展了团结互助运动，即王克勤运动，以班、组为基本形式，互帮互学、团结友爱。解放战争的胜利，是人民战争的伟大胜利，也是爱国主义、社会主义、集体主义、无产阶级国际主义相结合的“四位一体”新型爱国主义价值观的伟大胜利。这种爱国主义把党和人民紧密地联系在一起，把人民和社会主义新中国紧密地连接在一起，把新中国同世界连接在一起。

1949 年 4 月 22 日，百万雄师突破长江天险、解放南京。在渡江战役中，英国的“紫石英”号等四艘军舰“闯入中国人民解放军的防区，并向人民解放军开炮”[③]。人民解放军坚决予以还击并将其击伤至搁浅，这一举动，向世界昭告：中国再也不是任凭外国军舰在内河肆意航行的清王朝了，中国共产党也不是卖国求荣的蒋家王朝，“中国的领土主权，中国人民必须保卫，绝对不允许外国政府来侵犯。”[④]这再一次极大地激发了全国人民的爱国主义情感，也在实践中夯实了中国共产党创建的“四位一体”爱国主义价值观。

1949 年 10 月 1 日，中华人民共和国庄严宣告成立，中华民族为之奋斗百年的民族独立与自由实现了，中国人民扬眉吐气，充满了喜悦与自豪。但是，新生的政权面临严峻的国际国内形势。国民党军溃败台湾后遗留在大陆的 300 多万敌对势力，美帝国主义的封锁政策以及鸭绿江边的战火，都对新中国虎视眈眈。面对内外交困、百废待兴的严峻形势，中国共产党再次举起“四位一体”爱国主义的光辉旗帜，领导人民开展了轰轰烈烈的巩固人民民主政权的伟大实践。1950 年 6 月，美帝国主义发动了侵略朝鲜的战争，在朝鲜民主主义人民共和国处于生死存亡、我国安全受到严重威胁的关键时刻，抗美援朝还是关门建设，中国共产党毅然选择了前者。“要把爱国主义与国际主义结合起来。以前讲爱国主义往往只是

① 《毛泽东选集》第 4 卷，北京，人民出版社 1991 年版，第 1197 页。

② 《毛泽东选集》第 4 卷，北京，人民出版社 1991 年版，第 1239 页。

③ 《毛泽东选集》第 4 卷，北京，人民出版社 1991 年版，第 1460 页。

④ 《毛泽东选集》第 4 卷，北京，人民出版社 1991 年版，第 1460 页。

知道爱自己的国家，而不去管旁的国家，常常会陷于狭隘的民族主义。现在你要爱自己的祖国，如果不讲国际主义，而只关起门来专搞自己国内的事，就不能保卫自己的祖国。”[①]“社会主义的爱国主义不是狭隘的民族主义，而是在国际主义指导下的加强民族自信心的爱国主义。”[②]“今天中国人民虽然已经胜利了，但要把我们的胜利巩固起来，要保护我们的国家安全发展，就不能不讲国际主义，和社会主义各国紧密地联合起来，并与全世界爱好和平的人民联合起来，为保卫人民民主、维护世界和平而斗争。”[③]抗美援朝就是中国共产党将爱国主义与无产阶级国际主义相结合、争取世界持久和平的具体表现。在这样的新型爱国主义的感召下，全国掀起了母送儿、妻送夫、兄弟争相入伍的热潮，全国人民捐钱捐物支援朝鲜，甚至把爱国的热情转化为热火朝天的增产节约运动，为抗美援朝奠定了坚实的基础，保障了最后的胜利。

与抗美援朝同期进行的还有土地改革，1950 年 6 月，中央人民政府委员会颁布了《中华人民共和国土地改革法》，在新解放区的农村为农民完成土地改革制定了政策。但是由于几千年封建宗法制度的影响，加上有些地区的地主阶级对土地改革的破坏，使不少农民对土改没有足够的信心，对地主阶级也没有足够的阶级意识。针对这些问题，土改干部通过“谁养活谁”的问题积极引导农民树立阶级意识，发动农民群众，增强土改的积极性，向社会主义靠拢。“共产党从来就为穷苦的劳动人民的利益而奋斗，但共产党的观点从来就区别于那些慈善家的观点。”[④]土地改革并非只是暂时解决农民吃饭穿衣问题，不是恩赐，而是要让农民真正成为土地的主人，从而使“农村生产力从地主阶级封建土地所有制的束缚之下获得解放，以便发展农业生产，为新中国的工业化开辟道路。”[⑤]1952 年底，土地改革基本完成，农民的积极性得到了极大的提升，对新中国的认同感与归属感也大大增强。

新中国成立之初，中国共产党以“四位一体”新型爱国主义巩固新生政权的运动还有镇压反革命运动。国民党集团为了与新中国作长期的斗争，

① 中共四川省委党史工作委员会《吴玉章》编写组:《吴玉章教育文集》，成都，四川教育出版社 1989 年版，第 278 页。

② 崔奇编:《周恩来政论集》下册，北京，中央文献出版社 1993 年版，第 697 页。

③ 中共四川省委党史工作委员会《吴玉章》编写组:《吴玉章教育文集》，成都，四川教育出版社 1989 年版，第 279 页。

④ 《刘少奇选集》下卷，北京，人民出版社 1985 年版，第 34 页。

⑤ 《刘少奇选集》下卷，北京，人民出版社 1985 年版，第 34 页。

上百万军队在云、贵、粤、桂等地负隅顽抗，大量的特务分子和反革命骨干分子潜伏于各大中小城市。1950 年 10 月 10 日，中共中央发布《关于镇压反革命活动的指示》，开始了全国范围的镇反活动。毛泽东多次对镇反作出重要批示，“为了打落敌焰，伸张民气，对匪首、惯匪、恶霸及确有证据的重要特务和会门头子，应当放手杀几批。为了不致弄错，使自己陷于被动，对尚无证据的特务及会门头子，应当进行侦察，取得确证，而不要随便捕人杀人。分清这两种情况的界限是必要的。”[①] 在运动中，党坚持要既打得稳和狠，打下反革命分子的气焰，又要打得准，不能错伤好人。镇反运动基本消除了残留下来的反革命势力，巩固了新政权，保护了人民的生命安全，也为抗美援朝和土地革命创造了一个安定的国内局面。

中国共产党以新型的爱国主义价值观推动了新中国成立初期的三大运动的实施，巩固了新生的人民民主政权，为三大改造的顺利进行奠定了良好的国际国内条件。这一新型爱国主义价值观在以后的社会主义建设事业中，更成为我国处理外交事务的一个基本着眼点，继续发挥着激励中华民族求生存、谋发展的旗帜作用。

第六节　道德治理的创新

道德治理，是指“道德承担‘扬善’和‘抑恶’两个方面的社会职能，用‘应当—必须’和‘不应当—不准’的命令方式，发挥调整社会生活和人们行为的社会作用。”[②] 道德治理相对于法律作用于社会的刚性约束，更强调“以道德这一软约束为核心内容的非制度安排”[③]，通过激发人们的内心信念实现自律来实现治理的目的。中国传统社会很注重道德在社会中的规约作用，《尚书·盘庚》载有：“汝克黜乃心，施实德于民”“式

① 《毛泽东文集》第 6 卷，北京，人民出版社 1999 年版，第 118 页。

② 钱广荣：《道德治理的学理辨析》，《红旗文稿》2013 年第 13 期。关于何为道德治理，学界还没有统一的定义，如王露璐把道德治理等同于德治，指出在优化环境的过程中，应为环境输入道德内容，赋予其道德色彩，并最大限度地挖掘出环境中的道德内涵。（王露璐：《试论在环境建设中加强道德治理》，《江苏大学学报（社会科学版）》2003 年第 2 期）；周中之认为治理是法律治理与道德治理的统一，道德治理主要依靠人的良心发挥作用，强调的是自律。它通过社会舆论、风俗习惯、内心信念来激励、引导人们明辨是非、善恶、美丑，规范人们的行为。（周中之：《道德治理与法律治理的反思》，《第 21 次中韩伦理学国际学术研讨会论文集》）虽然关于“道德治理”的定义尚未统一，但是从这些界定中可以看出学者普遍认同道德治理所包括的德治含义。

③ 孙欢、廖小平：《“道德治理”辨析》，《伦理学研究》2014 年第 3 期。

敷民德，永肩一心”；儒家强调“道之以德，齐之以礼，有耻且格。”[①]古代对于德治思想的重视，更多的是从维护封建统治的角度，强调的是道德对政治的工具性；且道德的规约作用主要是针对黎民百姓，对于最高统治者和各级官吏在实际社会生活中的尺度和标准是不尽相同的，甚至是“只准州官放火，不许百姓点灯”。与传统社会道德致思理路截然不同，中国共产党在道德重建的过程中，创新了道德治理制度，强调由己及人，以共产党员的身体力行和自己的模范行动来感染和影响人民群众；在道德治理的途径上一反传统单调的道德说教模式，在革命实践中创新了多样化、体验式的道德教育方法，为中国这种传统的治世方式赋予了新的内涵，焕发了新的生机。

一、政治工作是红军的生命线

传统社会德治理念强调的是通过自我修身、个体德行的增加实现社会道德治理的目的，共产党人的道德重建则注重从制度和组织层面推进道德治理的生发和实践。“生命线”是中国共产党在新民主主义革命时期对思想政治工作重要性的形象比喻[②]，它充分体现了共产党人道德治理制度层面的创新。在正式提出“生命线”概念之前，党在实际的革命斗争中“生命线”的思想早已显现。

中国共产党早在五四时期就已然确定了政治革命需要伦理道德演进的共识，在党的建立过程中从未放松过思想的动员和宣传。1921 年，在党的第一次全国代表大会通过的党的第一个纲领和决议里，明确规定了党对思想政治工作的领导，并建立了党的第一个思想宣传工作机构——中央局宣传部，开始有组织、有计划地实施教育宣传工作。1923 年 11 月制定了《教育宣传问题决议案》，详细制定了党的宣传方针和教育方法。其中宣传方针被细分为政治、劳动、农民、文化四部分，指出：“对于文化思想上的问题亦当注意，这是吸取知识阶级，使为世界无产阶级革命之工具的入手方法。”[③]并主张文化宣传的内容以反对东方文化派、反对宗法社会之旧教义、反对基督教教育及其组织为主，进行文学的及科学的宣传，帮

① 《论语·为政》。

② 笔者认为，在新民主主义革命时期，中国共产党的“政治工作”有很广阔的外延，不同于我们今日对“政治”的一般认知，它涵盖了新民主主义革命时期思想道德层面的要求。

③ 中央档案馆编：《中共中央文件选集》第 1 册，北京，中共中央党校出版社 1989 年版，第 205 页。

助党员和群众树立健全的唯物主义的宇宙观、社会观、“集体主义”的人生观，这已经很明显地投射出革命实践中进行道德治理的思路。1925年2月，党的四大又通过了《对于宣传工作之决议案》，总结党成立以来的宣传教育工作，认为宣传教育工作在理论上缺乏教育党员关于党的政策的理论文章；在实践层面欠缺深入群众，尤其是深入知识分子群体。为此，党拟建中央宣传部负责进行各事，下设负责做事的编译委员会，以使宣传工作做得完美而有系统；《向导》《新青年》等刊物应根据马克思列宁主义的见地运用到理论和实际方面作出有系统的多方面问题的解释，以扩大党的宣传范围；详细规定了对党员、职工运动和知识界分子的宣传途径①。同年10月，再次发布《宣传问题决议案》，强调“每一个党员不论他在什么地方，都应当宣传我们党的主义及口号”②，共产党员“不但在口头上，而且在事实上”，“是站在工人阶级斗争的先锋地位，无论如何不退缩的。……每一党员不但自己应当能为党的政策而奋斗，而且应当会引导别人去奋斗，发展党的势力到群众中去。”③党以一系列决议将“无产阶级思想领导”贯彻到宣传工作中，从而保障了道德治理核心理念的贯彻实施。

共产党人还对农民的道德治理工作给予了特别的关注。1925年，恽代英在《农民中的宣传组织工作》中，特别强调青年要到乡村去，去做农民运动。对于农民的宣传工作，他认为应分为政治方面、经济方面和文化方面，并针对不同的宣传内容制订有针对性的宣传方案，反对“一刀切”式忽视实效的宣传和动员④。为了以事实回击当时党内党外对于农民革命斗争的责难，毛泽东在湘潭、湘乡、衡山、醴陵、长沙五县实地考察后发表了著名的《湖南农民运动考察报告》。在报告中，毛泽东把农民运动的成绩概括成十四件大事，并把“普及政治宣传”列为其中的第八件大事，“政治宣传的普及乡村”，使“打倒帝国主义，打倒军阀，打倒贪官污吏，打倒土豪劣绅，这几个政治口号，真是不翼而飞，飞到无数乡村的青年壮

---

① 中央档案馆编：《中国共产党第二次至第六次全国代表大会文件汇编》，北京，人民出版社1981年版，第122~123页。

② 中央档案馆编：《中共中央文件选集》第1册，北京，中共中央党校出版社1989年版，第478页。

③ 中央档案馆编：《中共中央文件选集》第1册，北京，中共中央党校出版社1989年版，第480页。

④《中国青年》第106期，转自中共中央宣传部办公厅、中央档案馆编研部编《中国共产党宣传工作文献选编（1915—1937）》，北京，学习出版社1996年版，第675~677页。

年老头子小孩子妇女们的面前，一直钻进他们的脑子里去，又从他们的脑子里流到了他们的嘴上。”[①] 有组织、有针对性的政治宣传工作，为共产党人的道德治理扫除了思想上的障碍，为共产党人传播马克思主义的理想信念创造了条件。

秋收起义后，中国共产党调整了斗争策略。1927 年 9 月，由毛泽东领导的秋收起义部队以及由朱德、陈毅领导的南昌起义部队进行了著名的三湾改编，对部队进行了思想、组织和纪律全方位的整顿，创造性地提出了“支部建在连上”的原则。“支部建在连上”作为党的制度被确立下来，加强了党对军队的绝对领导，确保了道德治理向革命队伍中的基层组织延伸，对于将部队建设成革命军队具有重要意义。1929 年古田会议决议系统地总结了军队政治工作的基本经验，批判了红军中普遍存在的单纯军事观点、极端民主化、绝对平均主义、唯心观点、个人主义、流寇思想和盲动主义等错误思想和错误倾向，提出了以无产阶级思想克服和改造各种非无产阶级思想，以马列主义和党的正确路线宣传和教育军队。这一举措，不仅确立了思想政治教育在党的建设和军队建设中的首要地位，而且进一步夯实了道德治理制度化的原则和地位。在古田会议上，针对官兵中轻视宣传工作和宣传队的观点，进一步明确了宣传队的存在意义：“宣传队是红军宣传的重要工具，宣传队若不弄好，红军的宣传任务，就忘（荒）废了一个大的部分”[②]，并且详细规定了宣传队的组织建制。宣传队在军中的正规设置，也是道德治理制度化创建的一个鲜明表征。

1932 年 7 月 21 日，在《中央给苏区中央局及苏区闽赣两省委信》中，“生命线”概念被首次提出：“政治工作在红军中有决定意义，每一个红军战斗员不仅要能够有充分的军事技术——手的武器，而且最重要的是脑子的武器。必须充实现有军队中的政治工作，实现中央政治工作条例，政治工作不是附带的，而是红军的生命线。”[③]1934 年 2 月，中央军委召开了红军第一次全国政治工作会议，王稼祥在开幕词中指出：“政治工作是我们红军的生命线，一切战争中如果没有政治工作的保障是不可能达

① 《毛泽东选集》第 1 卷，北京，人民出版社 1991 年版，第 34 页。

② 中央档案馆编：《中共中央文件选集》第 5 册，北京，中共中央党校出版社 1989 年版，第 828 页。

③ 中央档案馆编：《中共中央文件选集》第 8 册，北京，中共中央党校出版社 1985 年版，第 269 页。

到任务的”,“政治工作是提高红军战斗力的原动力”[①]。朱德也强调：“政治工作是红军的生命线，我们不仅要加强前方兵团的政治工作，同样要加强预备队游击队的政治工作”[②]。在这次大会上,思想政治工作被提升至关乎中国共产党生死攸关的战略高度上，充分显示了共产党人道德治理的决心和信心。

抗战爆发后，共产党人力促抗日民族统一战线的建立，在道德治理的制度层面进行了策略的调整。1936年1月27日，在《关于转变目前宣传工作给各级党部的信》中，明确指示“党的策略路线，是发展团结和组织中国全民族一切革命力量去反对当前的主要敌人日本帝国主义和卖国贼头子蒋介石及其统治，不管什么人，什么派别，什么武装队伍，什么阶级，只要是反对日本帝国主义和蒋介石的都应该联合起来，开展神圣的民族革命战争。”[③]1937年8月1日,《总政治部关于新阶段的部队政治工作的决定》又再次确立“政治教育工作的方针是教育战士和干部忠实于民族解放的事业，忠实于劳动人民的利益，忠实于共产党的路线和主张，并依靠于军事政治教育的加强，创造大批的新干部，来适应抗日战争的需要。”为此，要“健全政治工作制度，共产党的绝对领导，机动灵活与英勇的战斗作风，指战员间的友爱和团结，与居民的和爱关系，干部的以身作则和艰苦奋斗的斗争精神”[④]。1937年10月25日，毛泽东在《和英国记者贝特兰的谈话》中指出：“八路军更有一种极其重要和极其显著的东西，这就是它的政治工作。”[⑤]并总结了八路军政治工作的基本原则：官兵一致，军民一致，瓦解敌军和宽待俘虏。这一时期的道德治理较之于前期“生命线”的系统、理论化论述，更加具体并有鲜明的指向性，这是随着斗争实践和党的认识的加深所作出的应然反应，也从一个侧面显现了党的道德治理思想的逐层发展和日趋成熟。1938年，任弼时在《山西抗战的回忆》中指出：“一切抗日军队必须建立健全的政治工作。应视政治工作是巩固和增强战斗力量的武器，是抗战军队的生命线。”[⑥]体现了共产党人道

① 中国人民解放军政治学院政治工作教研室编:《军队政治工作历史资料》(3)，北京，中国人民解放军战士出版社1982年版，第24页。

② 中国人民解放军政治学院政治工作教研室编:《军队政治工作历史资料》(3)，北京，中国人民解放军战士出版社1982年版，第35页。

③ 中共中央书记处编:《六大以来》下册，北京，人民出版社1981年版，第779页。

④ 中共中央书记处编:《六大以来》下册，北京，人民出版社1981年版，第301~302页。

⑤ 《毛泽东选集》第2卷，北京，人民出版社1991年版，第379页。

⑥ 《任弼时选集》，北京，人民出版社1987年版，第149页。

德治理为抗战的思想，周恩来在《抗战军队的政治工作》中则更加旗帜鲜明地指出："以革命主义为基础的革命政治工作是一切革命军队的生命线和灵魂"[①]。详细制定了军队内部亟须完成的政治工作,其中最主要的就是"向每个部队的全体官兵实施革命的政治教育，发挥革命的三民主义，把理论与实践相联系，使每个官兵有着革命的前进的人生观，使之了解国际大势、国内形势、日本状况，以及如何争取抗战最后胜利，高度地提高战士的民族觉醒与自我牺牲精神。"[②]除此之外,还要"建立革命军队自觉的革命军风纪"，"全体政治工作人员以身作则的模范作用"[③]。"保护人民的利益，使军民打成一片"，从而"组织人民，武装人民"，"发动人民肃清汉奸"[④]。

从1941年5月到1945年4月，共产党人的道德治理制度层面的建构进入了一个新的阶段——整风运动，这是以党的组织力在全党推进和贯彻道德治理思想，具有极大的制度意义，是中国共产党历史上一次极为深刻的道德治理运动。毛泽东在《整顿党的作风》的报告里明确指出："反对主观主义以整顿学风，反对宗派主义以整顿党风，反对党八股以整顿文风，这就是我们的任务。我们要完成打倒敌人的任务，必须完成这个整顿党内作风的任务。学风和文风都是党的作风，都是党风。"[⑤]整风运动以团结全党进行伟大政治斗争的方式使马克思主义理想信念占领了全党思想的制高点，增强了党内和革命队伍内部的团结，提高了战斗力。1944年4月，谭政在《关于军队政治工作问题》的报告中概括这种作用"使革命军队内部趋于一致，使革命军队与革命人民、革命政府，趋于一致，使革命军队完全服从革命政党的政治领导，提高军队的战斗力。"[⑥]再次重申"政治工作是我们军队的生命线，无此则不是真正的革命军队。"[⑦]1945年，在党的七大的政治报告中，毛泽东指出"掌握思想教育，是团结全党进行伟大政治斗争的中心环节。如果这个任务不解决，党的一切任

① 《周恩来选集》上卷，北京，人民出版社1980年版，第93页。

② 《周恩来选集》上卷，北京，人民出版社1980年版，第96页。

③ 《周恩来选集》上卷，北京，人民出版社1980年版，第97页。

④ 《周恩来选集》上卷，北京，人民出版社1980年版，第97~98页。

⑤ 《毛泽东选集》第2卷，北京，人民出版社1991年版，第379页。

⑥ 中央档案馆编:《中共中央文件选集》第12册，北京，中共中央党校出版社1992年版，第207页。

⑦ 中央档案馆编:《中共中央文件选集》第12册，北京，中共中央党校出版社1992年版，第218页。

务是不能完成的。”[①] 抗战时期，党的道德治理制度层面的创建不管是在理论上还是实践上都卓有成效，使新民主主义革命时期的道德治理的创新达到了一个顶峰。

解放战争时期，党的道德治理制度建设得到了进一步的加强，由于建立了请示报告制度和健全党委制度，使军队的道德治理路径越发得到保证。从1946年开始，全军开展了以“诉苦”和“三查”为主要内容的新式整军运动，进一步巩固了军队内的民主。在解放区，通过群众性的立功运动，提高了贫苦农民的政治觉悟和革命热情。由于有效的道德治理制度的保障，大批被俘的士兵经过短期的阶级教育和思想政治工作，很多人转变了阶级立场，为人民群众的革命事业而英勇战斗，这些都成为道德治理实践层面的有力证明。

共产党人在新民主主义革命时期对道德治理的制度创建，其落脚点在“治”，贵在遏制和矫正，这使党在根据地形成了一种特殊的社会管理制度，它介于法律规范和道德规范之间，既保障了党重建的道德规范得以推行、为人们普遍遵守，又为人民群众遵守法规提供了制度上的依据。

二、抽象的宣传，不能造就一个群众的党

道德治理制度层面的创新，为共产党人在革命的烽火年代实施道德治理提供了有利的外部环境和机制保障。但有了制度并非一定带来良好的治理效果，道德治理的途径和方法的选择也是影响效果的重要因素。传统社会国人对道德治理路径的理解一直恪守这样的思维定式：道德是以“应当”即规劝的方式干预社会和人的精神生活，所以主张人格塑造和纠正更多的是依赖于叩问个体良心，在途和方法的选择上，更强调道德个体的修为，如“慎独”“自省”等修身之举，这是建筑在“刑不上大夫，礼不下小人”思想基础上的“阳春白雪”式致思路径。而共产党人领导的是人民的革命，是为人民谋利益的革命，广大人民群众普遍文化水平不高，这是不争的事实。要想达到道德治理的效果，就必须转变传统的道德治理推广模式。毛泽东较早地认识到了这个问题，提出：“抽象的宣传，不能造成一个群众的党。”[②] 以此为指针，依据斗争的需要和人民群众现实的思想状况，共产党人创造出形式多样、活泼生动的道德教育方法。

---

① 《毛泽东选集》第4卷，北京，人民出版社1991年版，第1094页。

② 中共中央文献研究室编:《毛泽东年谱（1893—1949）》上卷，北京，中央文献出版社2002年版，第152页。

第一，系统理论讲授方法。系统讲授的方法是在较为正规的群众教育机构培训班和各类干部学校普遍采用的一种重要的道德教育方法，讲授内容主要是马克思主义理论教育和党的方针政策。1923年11月，党在《教育宣传问题决议案》中提到："已有的《工人周刊》及《劳动周报》当尽力推销于工人及党员之间。凡能与工人接触之党员当尽力运用《前锋》《新青年》《向导》社会科学讲义等之材料，使用口语，求其通俗化（Popularization）。当尽力编著通俗的问答的歌谣的小册子。有可能的地方当设贫民学校。"[①] 从1924年以后，各地先后创办了农民运动讲习所和工人运动讲习所，课程涉及政治、经济、文化、军事、历史等20多门，有重点、有计划地系统培养工农运动骨干分子。但即便是这种传统的讲授方法，共产党人也要求教员们"言语文字要接近群众，鼓动的内容也要接近群众。"[②] 为了保证培养宣传人才，共产党人把开办党校作为一项重要工作，"各地委之下的普通的党校，造成群众的鼓动员。这种党校应该是工人的，……区委之下的高级党校教育一班政治智识较高的同志和已经有工作经验的同志——造成能够办党的能够做成负责的工作的人才"[③]。针对受教育者不同开办不同层级的党校，有针对性地实施系统讲授，保证了讲授的效果。古田会议上，党对于如何进行讲授还做了细节上的规定："（甲）启发式（废止注入式）；（乙）由近及远；（丙）由浅入深；（丁）说话通俗化（新名词要释俗）；（戊）说话要明白；（己）说话要有趣味；（庚）以姿势助说话；（辛）后次复从（习）前次的概念；（壬）要提纲；（癸）干部班要用讨论式。"[④] 对于士兵接受讲授的课本内容也做了指向性的规定："（一）目前政治分析及红军的任务和计划；（二）土地革命的各方面；（三）武装组织及其技术；（四）三条纪律建设的理由；（五）早晚点名口号；（六）识字运动；（七）怎样做群众工作；（八）红军标语之逐个解释；（九）各种偏向之纠正；（十）苏俄红军；（十一）革命的目前阶段和他的前途；（十二）红军白军比较；（十三）共产党国民党的比较；（十四）革命故

① 中央档案馆编：《中共中央文件选集》第1册，北京，中共中央党校出版社1989年版，第205页。

② 中央档案馆编：《中共中央文件选集》第1册，北京，中共中央党校出版社1989年版，第478页。

③ 中央档案馆编：《中共中央文件选集》第1册，北京，中共中央党校出版社1989年版，第482页。

④ 中央档案馆编：《中共中央文件选集》第5册，北京，中共中央党校出版社1989年版，第825~826页。

事；（十五）社会进化故事；（十六）卫生；（十七）游击区域的地理及政治经济常识；（十八）革命歌；（十九）图报。”[①] 针对不同人群，运用不同的讲授方法，侧重不同的讲授内容，使系统讲授这种传统式的灌输方法因密切地与人民和实践相连而充满了活力。1940 年 10 月 17 日，在《中央宣传部关于各抗日根据地内党支部教育的指示》中，主张对于文化课“最好利用群众中的识字班、识字组或夜校来进行”，“教学方法方面，一般的应该使教与学统一起来，即是把讲授、问答、辩论和复习统一为一个过程，即是在课堂上不仅有教员的讲授，而且有质疑、问答、辩论及复习。即使采取课外进行讨论和复习的方式，教员亦须尽量参加帮助。”[②] 这是针对文化水平比较低的群众所规定的理论讲授策略。抗日战争时期，各级各类干部学校训练班，如抗日军政大学、陕北公学等，对党员干部和寻找革命理论的青年知识分子进行了系统的马克思主义理论教育，整体上提高了全党的理论水平。还有通过夜校、半日校、补习学校、识字班等组织形式出现的工农业余学校、民校，也使群众较为系统地接受了马克思主义理想信念和民族战争的思想教育。解放战争时期，随着胜利形势的不断扩大，党的系统理论讲授范围也随着解放区的不断扩大推至全国的党的干部学校和各级各类国民教育学校，逐步走向正规化和制度化，提高广大人民群众的阶级觉悟和政治觉悟，为新中国的胜利准备力量。

第二，集会演说的方法。中国共产党在新民主主义革命时期，斗争环境一直都很恶劣，传统的系统讲授固然效果好，但是对于讲授时间和地点都有一定的要求。为了充分利用一切时机和场合，共产党人在道德治理方面充分地发挥了集会的优势。集会演说的方法就是利用群众各种集会的关键点，对广大党员干部和群众普遍关心的重大理论问题和现实问题进行集中的、言简意赅的宣讲和解答，堪称共产党人在长期复杂艰巨的斗争环境中因地制宜创设出的道德治理方法。党的四大通过的《对于宣传工作之决议案》，指出“在职工运动中的宣传工作，我们应切实了解其客观所具有的条件，如不识字，识字不多，不善听纯粹理论的议论，……经常性的或临时性的讲演会皆可视各地之需要择宜设办，……各地方不应忽略了利用每个群众集合，实行我们广大的宣传和鼓动工作。在这种工作中，传

① 中央档案馆编：《中共中央文件选集》第 5 册，北京，中共中央党校出版社 1989 年版，第 823~824 页。

② 中共中央书记处编：《六大以来》下册，北京，人民出版社 1981 年版，第 829 页。

单、小册子的内容，讲演人的口号均宜十分切合群众本身实际要求。”[①] 大革命时期，党对工农群众的宣传和动员主要采取集会演说的方式，矿山、码头、田间地头都成了思想教育的大课堂。毛泽东在《湖南农民运动考察报告》中还专门提到要利用农村集会，将群众集会时的普通政治宣传作为普遍行为推而广之。古田会议将集合讲话作为士兵政治训练的一个方面：“（1）支队每星期一次，纵队每半月一次，全军不定期。（2）每次讲话须要有计划地由政治工作机关（支队由政治委员）商同军事工作机关规定讲话内容，指定讲话的人，并分配讲话时间。（3）每次讲话除任勤务的以外不准不到会。（4）每次讲话内容对群众的影响，下级政治机关须报告上级政治机关。”[②] 井冈山时期的宣传兵制度，更是将这种群众性的随时随地的集会演说落到了实处。党规定“以支队为单位，军及纵队直属队均各成一单位，每单位组织一个中队，队长队副各一人，宣传员十六人，挑夫一人（挑宣传品），公差二人，每个中队的宣传员分为若干分队（按照大队或其他部队与机关的数目定出分队的多少），每个分队有分队长一人，宣传员三人。”[③] 组织上的健全设置是党利用集会进行演说的有力保障。“村庄和集市的群众大会，是深入口头鼓动工作的主要方式之一”，共产党员利用居民闲暇时间，将“群众常去的茶馆、救国堂、民革室、俱乐部等”利用为鼓动的场所[④]。抗日战争时期，为了提高民族凝聚力、帮助群众认清形势、促成抗日民族统一战线的早日建立，演讲报告更成为党进行重大理论宣讲和方针政策讲解的重要形式。如《改造我们的学习》是毛泽东1941年5月在延安干部会议上所作的报告，它拉开了全党整风运动的大幕。《整顿党的作风》是1942年2月1日毛泽东在延安中共中央党校开学典礼上所作的著名演讲，将整风运动推向了深入。抗日战争时期，党的领导人经常到抗日军政大学、陕北公学、中共中央党校、延安大学等进行系统课堂讲授或作演讲报告，带动全党的理论学习风气和理论认知水平。1942年5月毛泽东在延安文艺座谈会上发表的重要讲话，更是将这种集会演说的功效发挥到了极致。集中解决了文艺为什么人的问题，文艺如何

---

① 中央档案馆编：《中国共产党第二次至第六次全国代表大会文件汇编》，北京，人民出版社1981年版，第123页。

② 中央档案馆编：《中共中央文件选集》第5册，北京，中共中央党校出版社1989年版，第824页。

③ 中央档案馆编：《中共中央文件选集》第5册，北京，中共中央党校出版社1989年版，第828页。

④ 中共中央书记处编：《六大以来》下册，北京，人民出版社1981年版，第856页。

服务群众的问题，涉及世界观、人生观和价值观的改造，不仅在文艺工作者，在全党都引起很大的反响，而且在实践层面推动了中国共产党道德治理的深度。

第三，艺术呈现的方法。艺术呈现的教育方法，是共产党人进行道德治理在方法上的又一个伟大创举。它是对共产党人依据民俗和地方特色以及人民的接受能力而创造的各种活泼生动具有“中国作风和中国气派”的思想道德教育方法的统称，诗词、对联、歌谣、标语、戏曲、漫画、故事等文化形式都在此列。由于中国工人和农民深受帝国主义和封建主义的双重压迫，他们的生活异常贫困和艰难，无力求学、无法阅读，知识水平普遍不高。尤其是在广大农村，文盲、半文盲占人口很大比例。有鉴于此，党在进行思想宣传时总是尽量深入浅出，尽量口语化、力求生动。为此，他们刊印小画册，“印送鼓动农民的图画（花纸画片），幻灯等”①，在很多乡村张贴“壁上新闻”，以壁报图画的方式向不识字的农民宣传党的主张和共产主义的理想信念。为了反对旧风俗和封建迷信，宣传队还编排新剧，启发民众的阶级意识。古田会议通过的宣传工作决议中还指出了“游艺”这种教育办法，包括“（甲）捉迷藏；（乙）打足球；（丙）音乐；（丁）武术；（戊）花鼓调；（己）旧剧”②。革命实践证明，“图画、唱歌以及戏剧等的宣传鼓动的方式，事实上已经证明更为群众所欢迎，更能吸引广大群众”③。美国记者埃德加·斯诺在《西行漫记》中曾提到红军剧社在革命宣传中发挥的重要作用，“在共产主义运动中，没有比红军剧社更有力的宣传武器了，也没有更巧妙的武器了。由于不断地改换节目，几乎每天变更活报剧，许多军事、政治、经济、社会上的新问题都成了演戏的材料，农民是不易轻信的，许多怀疑和问题就都用他们所容易理解的幽默方式加以解答。红军占领一个地方之后，往往是红军剧社消除了人民的疑虑，使他们对红军纲领有个基本的了解，大量传播革命思想，进行反宣传，争取人民的信任。例如，在最近红军东征山西时，成百上千的农民听说随军来了红军剧社，都成群结队来看他们演出，自愿接受用农民喜闻乐见的形式的

① 中央档案馆编：《中共中央文件选集》第1册，北京，中共中央党校出版社1989年版，第250页。

② 中央档案馆编：《中共中央文件选集》第5册，北京，中共中央党校出版社1989年版，第827页。

③ 《张闻天文集》第1卷，北京，中共党史资料出版社1990年版，第316页。

戏剧进行的宣传。”[①] 党的领导人毛泽东、朱德、周恩来、叶剑英在革命斗争中还创作了大量诗词用以激发士兵和人民群众的革命斗志；群众创作的歌谣也因其朗朗上口，极易流传，男女老少、妇孺皆知，革命思想深入人心；火热的革命斗争实践也成为创作故事的最好素材，如《大仓会见》《不拿群众一个红薯》《朱德挑粮》等。一首诗、一串歌谣、一个故事所展示的是根据地人民的意识形态，是他们的理想、信念和价值观。

第四，典型示范的方法。新民主主义革命时期涌现出了很多可圈可点的人物和事例，典型示范教育法就是通过选择和树立先进人物或典型事例来教育和鼓舞人们，提高人们思想觉悟的正面教育方法。毛泽东认为："任何有群众的地方，大致都有比较积极的、中间状态的和比较落后的三部分人。故领导者必须善于团结少数积极分子作为领导的骨干，并凭借这些骨干去提高中间分子，争取落后分子。”[②] 而模范人物是群众的骨干，群众的核心，他们有三个作用：一是带头作用，二是骨干作用，三是桥梁作用[③]。所以，树立模范，可以激发群众的积极性和创造性，促进革命的发展。1939 年，为了学习国际共产主义战士白求恩的国际共产主义精神，毛泽东写下了《纪念白求恩》，号召每一个中国共产党党员都要学习这种毫不利己专门利人的精神。这对广大军民产生了极大的号召力量，队伍中存在的“对工作不负责任，拈轻怕重，把重担子推给人家，自己挑轻的。一事当前，先替自己打算，然后再替别人打算。出了一点力就觉得了不起，喜欢自吹，生怕人家不知道”的现象得到了很大的改善。张思德是位平凡而又普通的战士，1944 年 9 月 5 日，在执行烧炭任务时不幸牺牲。毛泽东在追悼大会上作了《为人民服务》的讲演，高度评价了张思德为人民利益而死的壮举，提出“为人民利益而死，就比泰山还重”，号召全体党员和革命战士：“为人民的利益坚持好的,为人民的利益改正错的”[④]。强调“一切革命队伍的人都要互相关心，互相爱护，互相帮助。”[⑤] 除了运用先进人物进行典型教育，党还借助典型事例对群众进行引导。抗日战争相持时期的到来，根据地经济和军事都面临着严峻的考验，党中央倡导“自己动手、丰衣足食”，在根据地推广和宣传三五九旅南泥湾开荒生产的典

① ［美］埃德加·斯诺:《西行漫记》，董乐山译，北京，东方出版社 2005 年版，第 110 页。

② 《毛泽东选集》第 3 卷，北京，人民出版社 1991 年版，第 898 页。

③ 《毛泽东选集》第 3 卷，北京，人民出版社 1991 年版，第 1014 页。

④ 《毛泽东选集》第 3 卷，北京，人民出版社 1991 年版，第 1004 页。

⑤ 《毛泽东选集》第 3 卷，北京，人民出版社 1991 年版，第 1004 页。

型经验，号召军队生产自给。各根据地的大生产运动“不但改善了生活，减轻了人民负担，并因而能够扩大军队，而且立即带来了许多副产物”[①]，比如改善了官兵关系、军民关系，增强了劳动观念和纪律性。党的典型教育方法，有效地对民众进行了正能量的导引和激发。

第五，批评和自我批评的方法。这是中国共产党主张通过自身的建设推动全局性道德治理的重要方法。共产党人一直重视党内教育制度和组织生活制度的贯彻，认为这是对党员进行理论和政策教育、世界观人生观教育的重要途径。批评和自我批评，体现的是共产党人揭露矛盾的勇气、修正错误的决心。“有无认真的自我批评，也是我们党和其他政党互相区别的最显著的标志之一。”[②]共产党人并非生活在真空中，也会受到社会上各种错误思想的侵蚀，党内也会出现各种非无产阶级思想。刘少奇通俗地讲：“我们党不是从天上掉下来的，而是从中国社会中产生出来的。”[③]“正如一个人从污泥中爬出来，他的身上带有污泥。”[④]每个人都是需要改造的，“如果不这样，就不能进步，就不能实现改造社会的任务”[⑤]。毛泽东以“流水不腐，户枢不蠹”的道理说明对于共产党员“经常地检讨工作，在检讨中推广民主作风，不惧怕批评和自我批评”，“正是抵抗各种政治灰尘和政治微生物侵蚀我们同志的思想和我们党的肌体的唯一有效的方法。”[⑥]批评和自我批评的宗旨是惩前毖后、治病救人，“‘知无不言，言无不尽’，‘言者无罪，闻者足戒’，‘有则改之，无则加勉’这些中国人民的有益的格言”是开展批评和自我批评应遵循的原则[⑦]。“批评与自我批评的武器，都是有作用的，不可偏废。但是批评是为着启发自我批评，在某种意义上讲，是以批评的手段，达到自我批评的目的。”[⑧]批评和自我批评是党的新的工作作风，党员之间、官兵之间的批评是认真的又是诚恳的，既清算了存在于党内的不正之风，又推广了党内的民主作风；既弄清了思想，又团结了同志。

---

① 《毛泽东选集》第3卷，北京，人民出版社1991年版，第1107页。

② 《毛泽东选集》第3卷，北京，人民出版社1991年版，第1096页。

③ 《刘少奇选集》上卷，北京，人民出版社1981年版，第150页。

④ 《刘少奇选集》上卷，北京，人民出版社1981年版，第151页。

⑤ 《刘少奇选集》上卷，北京，人民出版社1981年版，第98页。

⑥ 《刘少奇选集》上卷，北京，人民出版社1981年版，第98页。

⑦ 《刘少奇选集》上卷，北京，人民出版社1981年版，第98页。

⑧ 中央档案馆编：《中共中央文件选集》第14册，北京，中共中央党校出版社1992年版，第205页。

党的道德治理创新体现了“要依据不同的事件、不同的环境和不同的对象，而灵活地运用各种不同的方式和方法，创造新的方式和方法，并由这种方式转变到另种方式，纠正千回一律的刻板方式。”[①] 取得了良好的效果，有力地配合了新民主主义革命的进程。

“革命者是自我献身的人。他没有自己的利益、自己的事务、自己的感情、自己的爱好、自己的财产，甚至没有自己的名字。他的一切都融汇在唯一仅有的利益、唯一的思想、唯一的激情——革命之中。”[②] 用这段话来形容中国共产党在新民主主义革命道德重建带给我们的震撼或许再贴切不过了。一个弱小的、年轻的政党，却蕴含了巨大的精神力量，并将这种力量在一次次的革命斗争实践中准确地传达给人民群众，掀起人民战争的狂波巨浪。这巨浪将一切不平等、剥削和压迫写进了历史，迎来了工人阶级领导的人民大众的反帝反封建的政权——新民主主义政权。“人民要解放，就把权利委托给能够代表他们的、能够忠实为他们办事的人，这就是我们共产党人。我们当了人民的代表，必须代表得好”[③]，中国共产党道德重建的价值取向并未随着政权的取得发生丝毫的改变。新中国成立以后，道德重建的成果依然是中国人民保家卫国，巩固新生政权的伟大力量，新中国成立后的三大运动的开展，每一次都离不开理想信念的指引和爱国主义精神的支撑。新中国百废待兴，面对帝国主义的封锁和反动势力的觊觎，仍然是新民主主义重建道德鼓舞大家团结一心，建设新中国，顺利地完成了三大改造的任务，迈入了社会主义社会。新民主主义革命时期的道德重建既赋予了新民主主义革命强大精神力量，又历史性地开启了中国共产党人对社会主义建设时期的道德审思，且行且思的中国共产党，再次开始了新的征程。

① 中共中央书记处编：《六大以来》下册，北京，人民出版社1981年版，第856页。
② 《马克思恩格斯全集》第18卷，北京，人民出版社1964年版，第472页。
③ 《毛泽东选集》第4卷，北京，人民出版社1991年版，第1128页。

第六章　新民主主义革命时期道德重建的历史作用和当代价值

新民主主义革命时期，不仅是中国革命至关重要的转折期，也是中国思想界空前活跃和错综复杂的时期。中国共产党依据马克思主义伦理精神进行道德重建之际，自由主义“西化派”和文化保守主义的伦理思潮也徘徊在思想的上空，与之相互激荡、相互作用。中华民族和中国人民最终选择并认同马克思主义伦理思想，绝非偶然之举，而是因为中国共产党人在道德重建历程中紧紧抓住了中国革命的实际，提炼出道德建设中的规律性认知，以实践性、人民性、科学性、民族性、层次性的价值取向和理论特征一枝独秀于众多在观念中咀嚼的道德形态。砚上的笔尚未凝干，历史也并未走远，当代中国以改革再次吹响现代化转型的集结号，冷战的结束和全球化的到来使这场转型充满了价值观的博弈和较量，如何赢得这场没有硝烟的战争，保持“我自岿然不动”之势？重重烟树浩浩云山之中，我们把目光再次投注于新民主主义革命时期的道德重建，其理路和精髓仍旧是锻造中华民族铁骨脊梁的火把。

第一节　道德重建的基本特征

中国共产党在新民主主义革命时期的道德重建具有极高的辨识度，一言以蔽之：“我们说的马克思主义，是要在群众生活群众斗争里实际发生作用的活的马克思主义，不是口头上的马克思主义。”[①] 共产党人的道德重建紧紧地和革命斗争实践相贴合，围绕着“为什么人的问题”，将传统的

① 《毛泽东选集》第3卷，北京，人民出版社1991年版，第858页。

道德审思与马克思主义伦理精神完美结合在一起，依据不同人群和不同阶级的思想状况针对性开展道德宣传，实现了教育理论建设、制度建设与道德践履的三管齐下。

一、实践性——道德重建的轨迹紧密地与革命实践相结合

中国共产党进行道德重建之前，不是没有人关注到道德对中国社会转型的重要作用，比如梁启超、严复，甚或孙中山，但他们只是把道德当成观念中的概念和理论上的论点，以为只要找到和确立了道德革命的箴言，人们就能自然地获得批判的武器，解释和应对社会的一切现象，救中国于水火之中。“哲学家们只是用不同的方式解释世界,问题在于改变世界。”[①]中国共产党与前人最大的区别，就是道德由“知”到“行”的统一，作为“改变世界”的中国马克思主义者，其道德重建的价值和力量就在于重建的轨迹与革命实践的进程紧密相连：道德重建不仅仅来源于鲜活的革命实践，能够经受实践的检验并随着实践的发展而不断发展，还服务于革命实践，为新民主主义革命的胜利提供道德支撑力。

中国新民主主义革命的历程是艰难曲折的，不同的历史阶段具有不同的革命任务，道德重建的实践性首先就表现在道德重建与不同阶段的不同革命任务相契合。毛泽东早在青年时期就提出要“踏着人生社会的实际说话”,“引入实际去研究实事和真理”[②]，建党之后，他更坚定了“认识中国的国情，乃是认清一切革命问题的基本的根据”这一思想[③]，并将其贯彻到革命事业的各个方面。建党初期，中国以“礼治”为核心的传统价值体系崩溃的社会现实，使选择一个合理的、实用的价值体系成为建立现代民族国家的关键问题。于是，党的初创至大革命时期，中国共产党都致力于对共产主义理想信念的宣传和走俄国道路的动员。党对于共产主义信仰的培育并非立足于对历史规律的宿命论式的顺从或浪漫的理想化，更强调群众对人类历史规律的应有感受，“菩萨要农民自己去丢”[④]，要让群众靠理智和意图而成为历史的一部分。所以在大革命时期党的道德重建基本围绕着让群众发现自己，认识自我进行，如伦理关系的构建上注重的是“从前做牛马，现在要做人”，为人民服务提出“革命为人民”的口号，改变人

① 《马克思恩格斯选集》第1卷，北京，人民出版社1995年版，第57页。

② 《毛泽东早期文稿》，长沙，湖南人民出版社2008年版，第332页。

③ 《毛泽东选集》第2卷，北京，人民出版社1991年版，第633页。

④ 《毛泽东选集》第1卷，北京，人民出版社1991年版，第33页。

民群众中存在的传统意义上革命为一家一姓的旧观点。大革命失败后，中国共产党致力于创建革命根据地进行土地革命与国民党抗衡，此时党的中心任务是发展革命力量，进行武装斗争。发展革命力量，就意味着部队要增员、要吸纳群众。大革命时期虽然我们已经进行了共产主义理想信念的宣传，但是民国初期以来长期战乱和政党频现的乱象，也使一些群众对年轻的共产党持观望和审视的态度，怎样才能让群众跟党走？这是进行武装斗争的前提条件。中国共产党提出“忠实地为群众的利益而斗争”[①],而当时群众最大的利益就是土地，于是党就在根据地开展了轰轰烈烈的土地革命。原来无地的农民分得了土地，革命的积极性提高了，阶级意识在实践中增强了，党适时地对他们进行参军保田的集体主义教育，让他们懂得只有参加革命才能巩固既有的胜利成果，才能彻底翻身解放。这样不仅维护了群众的利益，而且坚定了群众对党的认识。“跟党走”成为井冈山时期群众的一个信念，这也是党由弱小到壮大的一个根本保障。

要进行武装斗争就要建立一支人民的军队，中国共产党通过三湾改编和古田会议开展军队内的民主建设，实行官兵一致，改变原有的雇佣制度，增强了军队的凝聚力和战斗力。为了锻造一支与旧军队完全不同的人民军队，中国共产党严明军纪，倡导无产阶级集体主义精神，以“三大纪律八项注意”为标杆，对人民群众秋毫不犯，建立了军民鱼水情。在根据地军民携手反击“围剿”的过程中，中国共产党根据斗争的实践不断加强党的自身建设，解决从思想上入党的问题，加强党员的无产阶级修养和为民众服务、做公仆的理念；通过遵义会议，清除王明“左”倾错误在军事上的影响，加强集体主义的领导，坚决贯彻毛泽东的战略战术原则；针对张国焘的分裂活动，进行爱国主义与集体主义教育，加强党和军队团结。正是从实际斗争需求提炼出来的精神旗帜和思想指引，点燃了星星之火，形成燎原之势。

抗日战争时期，抗击日本帝国主义的侵略是这一时期的中心任务，面对亡国的危局，团结一切可以团结的力量共赴国难，是中国共产党最大的价值诉求。为此，中国共产党以爱国主义、集体主义、社会主义、无产阶级国际主义相结合的新爱国主义价值观，发动群众放下阶级仇恨，动员全党放下政治偏见，呼吁国际无产阶级联合起来，力劝国民党同仇敌忾。工人、农民、城市小资产阶级、民族资产阶级、海外侨胞、各国无产阶级包

① 《刘少奇选集》上卷，北京，人民出版社1981年版，第60页。

括一些国民党将领积极回应这一精神，最终建立了最广泛、最全面的抗日民族统一战线。在物质上极为匮乏的中国共产党，将自身的奋斗目标、战斗纲领与民众的奋斗目标、战斗纲领同步化，得到最广大民众的衷心拥戴，使共产主义的价值体系在革命斗争中成为社会的核心价值体系，成为社会绝大多数人的核心价值观。中国共产党在价值体系构建上走在了所有政党的前面，通过价值体系对民众进行引导，实际上已经成为中国革命的领导核心。随着斗争的持续发展，毛泽东还从中日国情和敌我双方力量的对比出发，提出抗日战争是持久战，最后胜利是中国的论断，坚定抗战信心；进行随时随地地政治动员以形成人民战争的浪潮，“联系战争发展的情况，联系士兵和老百姓的生活，把战争的政治动员，变成经常的运动。”[①]“使每个士兵每个人民都明白为什么要打仗，打仗和他们有什么关系。”[②]抗战最终胜利，与这种坚定持续的动员和持久必胜的信念不无关系。

解放战争时期，围绕争取和平民主运动、自卫战争、夺取全国胜利等中心任务，中国共产党继续以“四位一体”爱国主义团结人民，争取和平，提高人民对抗战胜利后中国两种前途和命运的认识；战争打响后，又以革命英雄主义精神的宣传教育，激发广大指战员“为人民立功劳”，用“将革命进行到底”的信念克服革命前途上的悲观论；以“全心全意为人民服务”的价值旨归奠立了人民民主专政的基础；即便是建立新政权的前夕，中国共产党仍不忘以集体主义精神和艰苦奋斗的传统告诫全党牢记“两个务必”，以人民利益至上作为执政的诉求。绵亘几十年的新民主主义革命，中国共产党可歌可泣的革命斗争进程中，道德的交响一刻也不曾停歇，在革命低潮时给人以光明，在革命曲折时给人以力量，在革命高潮时给人以鼓舞。

其次，道德重建的实践性表现在与革命不同阶段的马克思主义发展状况相一致。中国共产党在新民主主义革命期间的道德重建的理论建构与精神旨要皆来自马克思主义理论，道德重建路径和演进与马克思主义在中国的发展历程是相互契合、内在统一的。它伴随着马克思主义理论在中国的传播、与中国革命实际的初步结合和曲折发展再至马克思主义中国化创新理论的形成，也有一个从观点到实践、从宏观至具体、由一党接受至全社会认同的逐层发展、逐步推进的轨迹。中国共产党对道德的构建与马克思

① 《毛泽东选集》第2卷，北京，人民出版社1991年版，第481页。

② 《毛泽东选集》第2卷，北京，人民出版社1991年版，第481页。

主义的发展的相互促进、协同发展贯穿了新民主主义革命的整个历程。

第一阶段是从马克思主义在中国的传播到 1927 年大革命失败。这一时期中国共产党对于马克思主义的认知还处于探索阶段，俄国式马克思主义在中国共产党内占据主导地位的阶段。马克思主义早在 19 世纪末期就开始经由外国传教士和中国各阶级知识分子传入中国，1919 年五四运动正式拉开了马克思主义在中国传播的帷幕，但马克思主义作为一种有影响力的思想理论体系在中国广为传播却是在俄国十月革命之后。“十月革命一声炮响，给我们送来了马克思列宁主义。十月革命帮助了全世界的也帮助了中国的先进分子，用无产阶级的宇宙观作为观察国家命运的工具，重新考虑自己的问题。走俄国人的路——这就是结论。”[①] 十月革命后,虽然中国马克思主义的传播来源不仅限于俄国，但由于十月革命的榜样效应，中国共产党开始有针对性地介绍十月革命的理论和实践。以李大钊、陈独秀等为代表的先进知识分子致力于让中国人更多地了解社会主义的常识，虽然注意到要将马克思主义同中国的现状结合起来研究，但更注重俄国式的马克思主义，即布尔什维克党革命的理论和实践。再加上当时共产国际对中国的指导，是建立在俄国革命实践的一整套经验，模式化地加诸中国共产党的政策和策略之中，这也是造成俄国式马克思主义在此阶段占主导地位的重要原因。与此相适应，开始以马克思主义理论为指导进行道德建构不久的中国共产党，也主要是以俄国道路的成功经验在民众中做共产主义理想信念的宣传和动员，在党内制定以实现共产主义为最高奋斗目标的纲领，确立马克思主义的立场、观点和方法，树立对马克思主义的信仰，表达践行俄国十月革命胜利之路的决心与信心。在当时的时代语境中，比起救亡图存，道德重建并非时代主题，但中国共产党已经机敏地运用俄国革命的胜利实践去启发民众的阶级觉悟，将阶级觉悟的觉醒不仅仅当作革命的问题、政治的话题，更当作道德重建的切入点。虽说不可避免地带有浓郁的俄国式味道，但对比于以往阶级和政党的就道德理论谈道德理论的观念建构，不失为一种难得的智慧与敏锐。

第二阶段是从 1927 年 4 月至 1935 年 5 月，是中国共产党将马克思主义与中国实际初步结合的阶段，以毛泽东同志为主要代表的中国共产党人对马克思主义进行了独立的探索。毛泽东既不是五四运动中传播马克思主义的学坛巨子，也不曾在俄国接受“正宗”马列主义的熏陶，但是他开

① 《毛泽东选集》第 4 卷，北京，人民出版社 1991 年版，第 1471 页。

启了学习宣传马克思主义与研究中国实际问题结合起来的先河。他以“阶级斗争”作为研究中国革命的逻辑起点，写就《中国社会各阶级的分析》，形成了对中国革命动力、革命对象以及农民在新民主主义革命中地位和作用的正确估计；因对中国社会性质“是一个许多帝国主义国家互相争夺的半殖民”的精确分析[①]，得出了中国革命的道路必须根据“成长于四周白色恐怖中的小块红色区域的存在和发展”[②]，走“工农武装割据”，“星星之火，可以燎原”的结论，从而否定了靠一两个或更多一些的中心城市暴动一举夺取全国政权的俄国式革命道路的合理性。毛泽东这些真正的民族形式的语言中，浸透着马克思主义的灵魂。此阶段马克思主义与中国实际相结合的探索虽然是初步的，但正是因为有了这种探索，中国的革命斗争才不至于在俄国式马克思主义占据统治地位并几乎断送中国革命前程的情况下走向没落，才以绝地反击之势，奠定了马克思主义在中国的第一次历史性飞跃的基础。此阶段的道德重建，也更加贴合适合革命斗争的实践，从第一阶段的宏观理念和信仰培育等道德认知层面进入具体的道德情感的培育和道德行为的激发层面。由于陈独秀的“二次革命论”引致右倾机会主义，使革命遭受挫折。这一错误的思想根源就在于没有弄清资产阶级与无产阶级的原则界限，没有搞清大资产阶级与无产阶级在一定条件下矛盾的不可调和性，因而无法在历史的转折关头以正确的斗争策略和方法及时教育广大党员和人民群众。中国共产党汲取教训，把马克思主义最为经典的“一定社会的道德由所处的经济条件所决定”的原理与根据地实践相结合，以土地革命维护农民利益，从利益着手，使民众在具体环境、具体时间、具体的地点中发生的具体的实践活动认清自己的阶级属性和阶级责任，从而推动民众对道德建构的认同，又以这份认同和归属为革命扫除传统习俗的阻碍。道德情感的迸发必然引动道德行为，为了凝聚力量、保存实力，集中优势反抗围剿，中国共产党以集体主义作为土地革命时期主旋律。以集体主义道德原则建立革命的武装，“支部建在连上”的制度，保证了党对军队的指挥，也加强了党的集体领导，避免因一人思想的偏差导致革命受损。在古田会议上纠正各种错误思潮、严明纪律，与各种非无产阶级思想划清界限。“反对本本主义”力倡“中国革命斗争的胜利要靠中国同志了解中国情况”[③]，更体现了党注重实践道德，不囿于理论框框的实践智慧。

---

① 《毛泽东选集》第1卷，北京，人民出版社1991年版，第98页。

② 《毛泽东选集》第1卷，北京，人民出版社1991年版，第98页。

③ 《毛泽东选集》第1卷，北京，人民出版社1991年版，第115页。

“博学并不能使人智慧。”[①] 中国共产党将道德建筑于灵活变动的实际生活和实际事物，使人民群众在其生命和生活的历程中，渐渐感受到自己与中国共产党生死相依、血脉相连的依存关系，对党产生归属和认同意识，并形成了一种眷恋、依赖和忠诚。

第三阶段是1935年5月直至中华人民共和国成立，这是中国共产党将马克思主义与中国革命实践相结合走向成熟，进行理论创新的阶段。遵义会议重新确立了毛泽东在全党和军队中的领导地位，从而在关键时刻挽救了党、挽救了中国革命。使党在组织上回到正确的路线上来，为马克思主义在中国的发展迎来了新的机遇。革命斗争的实践证明，马克思主义与中国实际结合得好，革命就胜利；反之，革命就会遭受挫折。为了让党内长期受教条主义影响而拒绝研究中国革命的特点和规律的同志认识到马克思主义不是教条而是行动的指南，1937年7月，毛泽东以《实践论》阐明了中国共产党人对马克思主义同中国实际相结合这一科学命题的认识，并且确立了检验真理的标准，即“真理的标准只能是社会的实践”[②]。正是在“实践论”的基础上，中国共产党夯实了马克思主义与中国实际相结合的“结合论”，开始了对中国式马克思主义的正确探索和理论创新。在进行理论创新的过程中，中国共产党首先要回答的一个问题，就是如何对待苏联革命战争的经验。这既是马克思主义同中国实际相结合所遇到的第一个具体问题，也是中国共产党人在革命初期屡遭挫折的首要问题，中国共产党人再次回到中国革命具体问题的研究中去寻找答案。在《中国革命战争的战略问题》一文中，毛泽东提出中国革命“不但要研究一般战争的规律，还要研究特殊的革命战争的规律，还要研究更加特殊的中国革命战争的规律”[③]。又以《矛盾论》中矛盾的普遍性和特殊性，即共性和个性的论述形成了“特殊论”，以此回答如何对待俄国经验和中国的理论创新。随后刊发的《论持久战》《〈共产党人〉发刊词》《中国革命与中国共产党》《新民主主义论》等著作，进一步丰富和总结了中国革命的经验，将“特殊论”发展至“民族形式论”，提出了中国革命不是一般的资产阶级民主主义革命，而是新民主主义革命，“新民主主义革命，就是无产阶级领导

① 北京大学哲学系外国哲学史教研室编译：《古希腊罗马哲学》，北京，生活·读书·新知三联书店1957年版，第22页。

② 《毛泽东选集》第1卷，北京，人民出版社1991年版，第284页。

③ 《毛泽东选集》第1卷，北京，人民出版社1991年版，第171页。

之下的人民大众的反帝反封建的革命。”[①]并对新民主主义社会的政治、经济、文化作了初步的探讨。1949年6月,《论人民民主专政》则更全面、更科学地论证了新民主主义国家的国体和政体，凸显了马克思主义国家学说与中国实际相结合，完美诠释了中国共产党“民族形式论”。与中国共产党对马克思主义的认识经过“实践论”到“结合论”再到“特殊论”直至“民族形式论”的轨迹相符。中国共产党通过对实践的理论探索，深知实践是改造自然和社会的一切活动，道德重建并不能通过概念推理的逻辑演绎而实现，重点还是在“怎么做”的问题上。围绕党在抗日战争时期的总路线和总任务，中国共产党人提出了“以革命利益为第一生命，以个人利益服从革命利益”[②],一切革命者都要做无产阶级和人民大众的勤务员等一系列道德原则和规范，并加以贯彻落实。将全心全意为人民服务和集体主义原则作为党的总政策的一个不可或缺的组成部分加以固定化、权威化，甚至作为一项重要的制度确立下来。即便是加强党员修养的教育，也须臾不离中国的革命斗争实践。“古代许多人的所谓修养，大都是唯心的、形式的、抽象的、脱离社会实践的东西。……我们是革命的唯物主义者，我们的修养不能脱离人民群众的革命实践。”[③]每一次实践活动对中国共产党而言都是特殊的和个别的，这就决定了党的道德建构必须注重中国实际的具体性和特殊性，中国实际的特殊性突出地体现在半殖民地半封建的社会性质，普罗百姓深受帝国主义和封建主义的双重压迫，在他们身上既蕴藏着极大的革命性也潜存着传统的习气，既向往未来又留恋过去。党通过整风运动，整顿党风、文风、学风，倡实践反教条，高扬马克思主义实事求是精神，提倡顾全大局的共产主义精神，启发生动活泼的革命精神。抗战爆发后，中国共产党以爱国主义、社会主义、集体主义和无产阶级国际主义相结合的新型爱国主义价值观作为抗日民族统一战线中的文化纽带，因决绝抗战的义举和在人民战争中的领导作用，得到民众和民主党派的认可，中国共产党所构建的道德体系也成为全民族和全社会的价值取向，完成了道德层面的国家形式。

中国共产党的道德重建历程，体现的不仅仅是对书本的驾驭，更是对不断变化的条件的驾驭，这种灵动变化着的条件，决定了道德重建无规律可循，也没有一劳永逸的固定方案。而这恰恰促成了道德重建随革命主题

① 《毛泽东选集》第2卷，北京，人民出版社1991年版，第647页。

② 《毛泽东选集》第2卷，北京，人民出版社1991年版，第361页。

③ 《刘少奇选集》上卷，北京，人民出版社1981年版，第109页。

和马克思主义认识的变化而逐层深入，亦推动着中国共产党的理论创新。

二、人民性——“为什么人的问题”是道德重建的根本问题

古往今来，“人民”这一概念始终在中西伦理视域中璀璨夺目、熠熠生辉，光照人类道德文明的进程。但囿于历史和阶级的局限，中西传统道德的“人民性”价值取向如镜花水月，缺乏现实的土壤，无法生成变革世界的力量。直到马克思主义诞生，第一次科学地认识和系统地阐明了人民群众是历史真正的创造者，“人民性”的价值取向才真正走进改变世界的实践。中国共产党以马克思主义为指导，在长期的革命斗争中，提出“为什么人的问题，是一个根本的问题，原则的问题。”[①]“为什么人的问题”，即谁是价值的主体，以谁的利益和要求作为价值标准的问题，这是共产党人伦理价值观的基点，也是中国共产党道德重建的根本问题。中国共产党自成立起就以为最广大人民谋利益为唯一宗旨和根本价值取向，1944年毛泽东发表纪念张思德的文章《为人民服务》，“为人民服务”明确成为中国共产党的道德核心。在革命实践中，党秉承“共产党人的一切言论行动，必须以合乎最广大人民群众的最广大利益，为最广大人民群众所拥护为最高标准。”[②]“为群众”以及“如何为群众”成为道德重建所有问题的旨归，凸显了人民性的价值情怀。

道德重建以人民主体价值观为主线。在唯物史观的指导下，在长期的革命斗争环境中，中国共产党充分认识到以农民为主体的人民群众是支撑中国社会赖以存在和发展的基础，是他们勤劳的双手为社会创造着大量的物质财富和精神财富，也正是他们才能担当起社会变革、移风易俗的生力军。中华民族是一个“酷爱自由、富于革命传统的民族”[③]，人民群众是最具有积极意义的历史主体，“从秦朝的陈胜、吴广、项羽、刘邦起，……直到清朝的太平天国，总计大小数百次的起义，都是农民的反抗运动，都是农民的革命战争。中国历史上的农民起义和农民战争的规模之大，是世界历史上所仅见的。在中国封建社会里，只有这种农民的阶级斗争、农民的起义和农民的战争，才是历史发展的真正动力。”[④]历史本是由人民创造的，但人民却备受欺凌，“不但地主、贵族、皇室依靠剥削农民的地租

① 《毛泽东选集》第3卷，北京，人民出版社1991年版，第857页。
② 《毛泽东选集》第3卷，北京，人民出版社1991年版，第1096页。
③ 《毛泽东选集》第2卷，北京，人民出版社1991年版，第623页。
④ 《毛泽东选集》第2卷，北京，人民出版社1991年版，第625页。

生活，而且地主阶级的国家又强迫农民缴纳贡税，并强迫农民从事无偿的劳役，去养活一大群的国家官吏和主要地是为了镇压农民之用的军队。"[①]旧中国人民不仅在物质上被盘剥，在精神文化上也处在被遗忘了的角落，"在旧戏舞台上（在一切离开人民的旧文学旧艺术上）人民却成了渣滓，由老爷太太少爷小姐们统治着舞台"[②]。正是基于历史唯物主义的人民观，中国共产党在道德重建的进程中高度重视以"每个人自由而全面发展的"共产主义理想信念激发群众的阶级意识[③]，让群众知晓"人民，只有人民才是创造世界历史的动力"[④],"中国是人民的,不是反动派的"[⑤],推翻压在人民头上的帝国主义和封建主义两座大山，要靠我们自己不断地坚持，不断地工作，这种愚公移山的精神会感动上帝，但"这个上帝不是别人，就是全中国的人民大众"[⑥]。中国共产党人正是因为相信人民群众的伟大智慧和创造力，故在道德重建中真正确立了一切依靠群众，一切为了群众的信念。党要求我们的党员和干部"无论做什么事，凡关涉群众的，都应有界限分明的政策"[⑦]。"一切为群众的工作都要从群众的需要出发，而不是从任何良好的个人愿望出发。"[⑧]特别强调在诸如道德重建等改造群众思想等文化教育工作中要特别注意两条原则："一条是群众的实际上的需要而不是我们脑子里头幻想出来的需要；一条是群众的自愿，由群众自己下决心，而不是由我们代替群众下决心。"[⑨]所以中国共产党的道德重建，并不是书斋里的创作，而是要"跑到你那熟悉的或不熟悉的乡村中间去，夏天晒着酷热的太阳，冬天冒着严寒的风雪，搀着农民的手，问他们痛苦些什么，问他们要些什么"[⑩]。正是在这样的原则的指引下，中国共产党在新民主主义革命中始终将自己定位为人民的勤务员，最终形成并践行了"全心全意为人民服务"的道德原则。"批判的武器当然不能代替武器的批判，物质力量只能用物质力量来摧毁；但是理论一经掌握群众，也会变成物质

① 《毛泽东选集》第2卷，北京，人民出版社1991年版，第624页。
② 《毛泽东文集》第3卷，北京，人民出版社1996年版，第88页。
③ 《马克思恩格斯选集》第4卷，北京，人民出版社1995年版，第731页。
④ 《毛泽东选集》第3卷，北京，人民出版社1991年版，第1031页。
⑤ 《毛泽东选集》第3卷，北京，人民出版社1991年版，第1102页。
⑥ 《毛泽东选集》第3卷，北京，人民出版社1991年版，第1102页。
⑦ 中共中央文献研究室编:《毛泽东书信选集》，北京，中央文献出版社2003年版，第272页。
⑧ 《毛泽东选集》第3卷，北京，人民出版社1991年版，第1012页。
⑨ 《毛泽东选集》第3卷，北京，人民出版社1991年版，第1013页。
⑩ 《毛泽东文集》第1卷，北京，人民出版社1993年版，第39页。

力量。”[①] 党的道德重建以人民的需要、人民的态度、人民的反应作为尺度和杠杆，以人民的实践作为道德建设的出发点和落脚点，形成了一股移风易俗的变革社会的力量，有力地配合了新民主主义革命的推进，“其势如暴风骤雨，迅猛异常，无论什么大的力量都将压抑不住。他们将冲决一切束缚他们的罗网，朝着解放的路上迅跑。”[②]

道德重建以合乎群众利益为价值标准。在1845年2月问世的《神圣家族》中，马克思、恩格斯在批判鲍威尔的虚幻的道德说教时曾强调道德的利益基础。“‘思想’一旦离开‘利益’，就一定会使自己出丑。”[③] 并提出历史上每一次社会变革都与利益不无关系，“这种利益是如此强大有力，以致顺利地征服了马拉的笔、恐怖党的断头台、拿破仑的剑，以及教会的十字架和波旁王朝的纯血统。”[④] 正是因为“人们奋斗所争取的一切，都同他们的利益有关”[⑤]。所以，“人类今后不应该再通过强制即政治的手段，而应该通过利益即社会的手段联合起来。它以这个新原则为社会的运动奠定了基础。”[⑥] 道德基础并非思辨道德体系中的理论预设，而是现实的利益。中国共产党充分汲取了马克思、恩格斯的这一观点，在新民主主义革命的历程中，重视群众的物质利益，关心群众生活，以群众利益的满足推动道德重建的实现。早在大革命时期，党的三大宣言即明确昭告：“拥护工人农民的自身利益是我们不能一刻忽忘的”[⑦]。1934年1月，毛泽东在第二次全国工农代表大会的报告中又进一步提出：“我们现在的中心任务是动员广大群众参加革命战争，以革命战争打倒帝国主义和国民党，把革命发展到全国去，把帝国主义赶出中国去。……我们的同志如果把这个中心任务真正看清楚了，懂得无论如何要把革命发展到全国去，那末，我们对于广大群众的切身利益问题，群众的生活问题，就一点也不能疏忽，一点也不能看轻。”[⑧] 关注群众的利益就要做好经济工作，“改善人民群众的生活，

① 《马克思恩格斯选集》第1卷，北京，人民出版社1995年版，第9页。

② 《毛泽东选集》第1卷，北京，人民出版社1991年版，第13页。

③ 《马克思恩格斯全集》第2卷，北京，人民出版社1956年版，第103页。

④ 《马克思恩格斯全集》第2卷，北京，人民出版社1956年版，第103页。

⑤ 《马克思恩格斯全集》第1卷，北京，人民出版社1995年版，第187页。

⑥ 《马克思恩格斯全集》第3卷，北京，人民出版社2002年版，第533页。

⑦ 中央档案馆编：《中国共产党第二次至第六次全国代表大会文件汇编》，北京，人民出版社1981年版，第76页。

⑧ 《毛泽东选集》第1卷，北京，人民出版社1991年版，第136页。

由此更加激发人民群众参加革命战争的积极性”[①]。1942年毛泽东在《经济问题与财政问题》一文中，明确表达了道德建设和思想文化教育进行的前提是满足人民群众的物质利益的思想，“一切空话都是无用的，必须给人民以看得见的物质福利。”[②]“教育（或学习）是不能孤立地去进行的，我们不是处在‘学也，禄在其中’的时代，我们不能饿着肚子去‘正谊明道’，我们必须弄饭吃，我们必须注意经济工作。离开经济工作而谈教育或学习，不过是多余的空话。”[③]陈云也持此意：“人是要吃饭的，不能天天靠吃马列主义过活，一天不吃饭，肚子就饿得哇哇叫。”[④]中国共产党不仅以满足群众利益推动道德重建的步伐，而且将群众利益作为衡量一切工作的指针，“任何一种东西，必须能使人民群众得到真实的利益，才是好的东西。”[⑤]“共产党人必须随时准备坚持真理，因为任何真理都是符合于人民利益的；共产党人必须随时准备修正错误，因为任何错误都是不符合于人民利益的。”[⑥]所以，党在革命中所有工作的评判标准就是：是否“合乎最广大人民群众的最大利益，为最广大人民群众所拥护”[⑦]。与国民党反动派代表大地主、大银行家、大买办资产阶级的利益相左，中国共产党以理论和实践再次印证了“过去的一切运动都是少数人的或者为少数人谋利益的运动。无产阶级的运动是绝大多数人的、为绝大多数人谋利益的独立的运动”的宣言。[⑧]在这一方针的指导下，党在新民主主义革命时期各个阶段的道德重建活动都密切地与人民利益相联系。大革命时期，通过领导工会要求改善工人待遇、缩减工作时间来宣传共产主义的理想信念，通过农会改善农民的生活状况，领导农民与封建地主进行斗争，激发农民的阶级意识；土地革命时期，党的工作重心由城市转到了农村，依靠农村土地改革，是人民坚定地跟党并肩战斗；抗日战争时期，在实行减租减息土地政策满足农民土地利益要求的同时，也保障了地主和民族资产阶级的利益，从而保证了抗日民族统一战线的建立；解放战争时期，土地革命与大生产运动，形成了“将革命进行到底”的良好环境，极大鼓舞了解放军和人民

① 《毛泽东选集》第1卷，北京，人民出版社1991年版，第119页。
② 《毛泽东文集》第2卷，北京，人民出版社1993年版，第467页。
③ 《毛泽东文集》第2卷，北京，人民出版社1993年版，第465页。
④ 《陈云文选》第3卷，北京，人民出版社1995年版，第33~34页。
⑤ 《毛泽东选集》第3卷，北京，人民出版社1991年版，第864~865页。
⑥ 《毛泽东选集》第3卷，北京，人民出版社1991年版，第1095页。
⑦ 《毛泽东选集》第3卷，北京，人民出版社1991年版，第1096页。
⑧ 《马克思恩格斯选集》第1卷，北京，人民出版社1995年版，第283页。

的斗志。

道德重建以精神产品的人民性取向为价值路径。恩格斯曾经对意识形态与经济基础的关系作过如下论述:“政治、法、哲学、宗教、文学、艺术等等的发展是以经济发展为基础的，但是，它们又都相互作用并对经济基础发生作用。”[①]道德、文学、艺术同属于意识形态领域，它们之间是相互影响的关系。这是因为文学艺术活动包含着情感活动、评价活动、审美活动，其中亦有道德活动，而道德行为是由“各种价值观念所唤起的活动”，“人们是从正当或错误、善与恶的立场来评价行为的”[②]。由此可见，文学艺术活动为道德活动提供了具体情境，道德活动又以文学艺术活动作为自己的评价对象，文学艺术创作主体同时也是道德主体。正是由于文学艺术与道德相互联系、相互影响的密切关系，毛泽东非常注重文学艺术等精神产品的生产，认为文学艺术也是革命事业的重要组成部分，并强调文学艺术的人民性价值取向:“我们的文学艺术都是为人民大众的，首先是为工农兵的，为工农兵而创作，为工农兵所利用的。”[③]以文学艺术的人民性取向为道德重建的人民主体价值观的实现路径。文学艺术作品的“写什么”“创作什么”包含着文学艺术工作者的道德评价和认知。为此，共产党人鼓励“中国的革命的文学家艺术家，有出息的文学家艺术家，必须到群众中去，必须长期地无条件地全心全意地到工农兵群众中去，到火热的斗争中去，到唯一的最广大最丰富的源泉中去，观察、体验、研究、分析一切人，一切阶级，一切群众，一切生动的生活形式和斗争形式，一切文学和艺术的原始材料，然后才有可能进入创作过程”[④]。这是因为，人民生活中存在着文学艺术原料的矿藏，“这是自然形态的东西，是粗糙的东西，但也是最生动、最丰富、最基本的东西；在这点上说，它们使一切文学艺术相形见绌，它们是一切文学艺术的取之不尽、用之不竭的唯一的源泉。”[⑤]吸收了来自群众的养料，把自己充实、丰富起来了，接下来“怎样写”“怎样创作”才是合乎道德的、有价值有意义的呢？共产党人建议文艺工作者要爱劳动人民的感情，爱他们的姿态，爱他们的萌芽状态的文

① 《马克思恩格斯选集》第4卷，北京，人民出版社1995年版，第732页。

② ［美］杜威、塔夫茨:《伦理学》，转引自万俊人《现代西方伦理学史》下卷，北京，北京大学出版社1992年版，第290、第289页。

③ 《毛泽东选集》第3卷，北京，人民出版社1991年版，第863页。

④ 《毛泽东选集》第3卷，北京，人民出版社1991年版，第860~861页。

⑤ 《毛泽东选集》第3卷，北京，人民出版社1991年版，第860页。

艺（墙报、壁画、民歌、民间故事等），[①] 要把社会中的矛盾和斗争典型化，"一方面是人们受饿、受冻、受压迫，一方面是人剥削人、人压迫人，这个事实到处存在着，人们也看得很平淡；文艺就把这种日常的现象集中起来，把其中的矛盾和斗争典型化，造成文学作品或艺术作品"[②]，唯有如此，才能"使人民群众惊醒起来，感奋起来，推动人民群众走向团结和斗争，实行改造自己的环境"[③]。

"一切革命的文学家艺术家只有联系群众，表现群众，把自己当作群众的忠实的代言人，他们的工作才有意义。只有代表群众才能教育群众，只有做群众的学生才能做群众的先生。如果把自己看作群众的主人，看作高踞于'下等人'头上的贵族，那末，不管他们有多大的才能，也是群众所不需要的，他们的工作是没有前途的。"[④] 中国共产党在新民主主义革命时期坚持道德重建的人民性价值取向，不仅赢得了群众，而且守护了无产阶级的理想、信念和信仰，最终赢得了战争。

三、科学性——理论建设、制度建设与道德践履三管齐下

在新民主主义革命时期，几乎与中国共产党道德重建同期进行的还有国民党主导的新生活运动，但二者的结果却是大相径庭，一边是风景这边独好，一边却落得个无疾而终。抛却历史和阶级的局限，国民党作为当时享有合法地位的执政党却无力使新生活运动施行于社会，与其缺乏科学性有着密切的联系。中国共产党在道德重建的过程中，将理论建设、制度建设以及道德的实际践履密切结合，形成了一个能量传递、相互配合的道德生态。

新民主主义道德重建的理论主要集中在"共产主义理想信念""新型伦理关系""集体主义道德原则""为人民服务道德核心""'四位一体'爱国主义""道德治理"等思想上，在每一个革命发展阶段，道德理论的精进都伴随着制度的保障和实践的检验与发展。道德制度建设就是将道德理念与伦理价值以制度明文化、规约化。践履则是中国古代的哲学概念，本为足踏地之意，后引申为行动、实行、实践；道德践履，即是道德主体对道德理论的实践和履行。艾思奇在《共产主义者与道德》一文中指出：

① 《毛泽东选集》第 3 卷，北京，人民出版社 1991 年版，第 857 页。

② 《毛泽东选集》第 3 卷，北京，人民出版社 1991 年版，第 861 页。

③ 《毛泽东选集》第 3 卷，北京，人民出版社 1991 年版，第 861 页。

④ 《毛泽东选集》第 3 卷，北京，人民出版社 1991 年版，第 864 页。

“共产主义者是有自己历史的道德观的”“共产主义者的道德观点，是彻底的唯物论的观点，共产主义者不从超时间、超社会的地方找‘天经地义’，不从绝对的‘人性’、‘良心’等等精神的领域里去找道德的规律，而要从社会的物质经济的发展状况中去找道德的基础。”[①]“新道德的基本内容是拥护民众，而不是‘夙夜匪懈以事一人’。”[②]中国共产党在唯物史观和人民性价值取向的支配下，开始了道德理论建设、制度建设以及道德践履三管齐下的全方位道德重建历程。

党的初创至大革命时期，党的道德建设理论皆处于起步探索阶段，即便如此，党仍旧进行了保障共产主义理想信念宣传动员的制度建设，这主要体现在党的一大到党的四大党的最低纲领和最高纲领的确立。彻底的反帝反封建纲领的确立，不仅进一步动摇了封建伦理秩序的合法性，而且将与共产主义相结合的新型爱国主义价值观扎根于民众心中。共产党将自己的纲领付诸大革命轰轰烈烈的工农运动中，以此指导了五卅运动、省港工人大罢工，鼓舞了工农群众反帝反封建的爱国热情；并成立农民协会，领导农民反击封建主义政治、经济、文化的摧毁；在黄埔军校和北伐军中充分发挥党代表制，对军队进行只为人民而战的宣传和动员。尚处幼年的中国共产党将自己的道德主张以理论、制度、实践进行了生动的展示，为未来革命高潮的到来奠定了思想基础。

土地革命时期，经历了大革命失败的中国共产党在理论和实践中都越发成熟，此阶段的道德理论建设、制度建设和道德践履都进入了一个丰富发展的时期。理论建设上更加贴合根据地的实际，对道德与利益关系的认知更加深刻，更注重以关注群众利益推动道德建设的步伐，更注重以集体主义精神作为党革命斗争的主线。在制度上，三湾改编“支部建在连上”确立了党对军队的绝对领导，使道德建设有了强有力的组织保障；实行官兵平等，确立了军队内的民主，保障了道德建设的人民性价值取向；古田会议不仅纠正了党内的错误思想，而且规定了道德的舆论宣传机制，规定了思想道德建设的内容、方法和途径，对道德重建的探索更加自觉；中央苏区进行了廉政制度建设，以“三大纪律八项注意”保证军队的人民性质，以细致具体的政纪防止党政机关和工作人员的腐败，以健全的民主制度加强群众监督，以各种媒介手段进行舆论监督，加强了党同人民群众

① 艾思奇:《共产主义者与道德》,《解放》第51期。
② 陈伯达:《新道德观》,《中国文化》第2卷第4期。

的密切联系、提高了党的战斗力。围绕着丰富的理论和渐成体系的制度建设，中国共产党也进行了针对性的道德实践：关注群众的利益，八七会议后中国共产党人如火如荼地开展了“耕者有其田”的土地革命，制定了党的第一部土地法《井冈山土地法》，形成了土地革命路线，推翻了数千年来禁锢中国农民的封建宗法制度的经济基础；在苏区开展了反贪污浪费运动，配合廉政制度建设，坚固了党的堡垒；开展选举运动，进行苏维埃民主建设，将保障人民的民主权利落到实处。在革命的历练中逐渐成熟的中国共产党，以理论、制度、实践全面阐释了自己的道德建树，推动了星火燎原革命局面的形成。

抗日战争时期，由于战争的异常艰苦和持久，党的道德建设从理论上更加注重革命必胜的理想信念教育，为此中国共产党人根据斗争的实践并结合我国具体的国情，创作了一系列理论著作，如《论持久战》《中国共产党在民族战争中的地位》《〈共产党人〉发刊词》《中国革命和中国共产党》《新民主主义论》《论联合政府》《纪念白求恩》《为人民服务》《愚公移山》等，从理论的制高点鼓舞人民群众的斗志，坚定抗战的信心，维护抗日民族统一战线。在制度上，陕甘宁边区以“三三制”的民主制度建设，团结党内外广大群众，实行真正意义上的民主合作；确立了党员干部教育制度，形成了规范化和系统化的干部教育培训体系，提高了干部队伍的先进性；在军队形成了以民主为机制的管理制度，以“双拥”为核心的军政军民关系，以主力部队、地方部队、民兵三者相结合的武装力量体制，保证了党对军队的领导，紧密了官兵关系、军民关系，加强了军队的作战能力和政治素养。在实践层面，为了应对抗日战争相持阶段解放区所面临的政治、经济、军事上的苦难，党开展了南泥湾大生产运动，形成了在困境中奋起、在艰苦中发展的南泥湾精神，克服了物质困难，支持了长期抗战，保障了抗日民族统一战线的发展；开展了以纪念白求恩和张思德道德典范教育，使“四位一体”爱国主义价值观得到了广泛的传播；进行了延安整风运动，整顿党风、学风、文风，增强党性，坚定共产主义的信念，强化坚持和促进抗日民族统一战线的认识。在抗日战争中，中国共产党以理论、制度、实践成功地将本党的道德价值体系升华至全民族认同的价值信仰体系，为抗日民族统一战线的建立与巩固、夺取抗日战争的最后胜利注入了团结的力量、奋争的勇气。

解放战争时期至三大改造结束，在道德理论的建设上，各项道德理念经过革命的千锤百炼都趋于成熟，进入完善和发展期。在道德制度的建设上，因为斗争实践的变化和国内国际形势的变化，又有了一些适时的调整。解放战争时期，中共中央先后发布了《关于建立报告制度》《关于健全党委制》《党委会的工作方法》等一系列指示和通告，加强了中国共产党及其军队的纪律建设，巩固了民主集中制、保证了集体领导、扩大了党内民主；通过《共同纲领》以法律的形式保障人民当家作主的权利，1954 年宪法更是以国家根本大法的形式肯定了中国人民经过长期斗争取得的胜利果实，也为全国各族人民团结一致、继续前进指明了方向。在实践上，继续推进“耕者有其田”的土地改革，将土地政策向没收地主的土地转变以适应斗争发展的形式和人民群众革命的要求；开展了立功运动和团结互助的王克勤运动，巩固了人民军队的革命英雄主义和集体主义精神；以新中国成立初期的三大运动——抗美援朝运动、土地改革运动、镇压反革命运动提高了广大人民群众的觉悟，保卫了新生的人民民主政权和道德重建的革命果实。已成为中国革命和建设领导核心的中国共产党以理论、制度、实践进一步夯实了道德重建的胜利成果，彰显了对道德重建的理论自信。

中国共产党在新民主主义革命的各个阶段都形成了道德理论、道德制度和道德践履的协同发展，三者充分发挥了各自的优势，又进行了有效的机制互补，精神互含。首先，道德的理论建设是制度建设的基础，为制度建设提供价值依据和道德评价。任何制度在被制定之前都会选择某种价值原则作为显性指导，否则就达不到预期的效果，道德理论对道德价值的阐发越丰富和广博，就越能够为制度建设提供价值资源。制度不仅仅带有规范的意蕴，其本身就是某种道德价值观念支配下的价值谋划与推动行为，内含制定者对理想社会的评价、追求与选择；道德理论建设的基本精神与指向为道德践履提供了基本的行动之源与衡量标准，没有道德的理论，就无法催生道德的实践，道德践履以理论的生发为前提；在实践过程中，道德行为的是非、善恶、美丑又以道德理论价值取向为评价标准。其次，道德制度建设为理论建设提供了强大的保护之盾。道德规范的确立、宣传以及行为的监察与奖惩等各方面的完善使道德基本理念拥有法律化、政策化之地位，有助于增强民众对道德理论的认同感、充分发挥道德理论的预期效用；道德制度建设还为道德践履的展开提供了必要的外部约束和导向，增强了道德在实践中的调控能力，并通过创设有利的社会环境，促成由个体善向群体善转化，既弥补了单纯道德教育作用比较软、比较慢的局限，又弥补了单纯制度作用方式比较机械的局限。最后，道德践履是对道德理论和道德制度建设的检验和发展。理论是否适应人民群众的思想状况、是否满足社会的发展需要，制度是否合情、合理，都需要在实践中一一检验。对的就坚持，错的就修正。道德践履还可以开发潜涵于社会各个层面的道德资源，将善的可能性创造性地进行转化；通过创新道德教化方式提高道德教化效率，从而推动道德理论和道德制度的进一步发展。

理论建设、制度建设和道德践履三管齐下，理论为基础，制度做保障，践履是实行，三者机制互补，使中国共产党在新民主主义革命时期的道德重建既有上层精神之灵魂、中间制度之主题，亦有下层行为之基础，最终形成了良好的道德生态，以其特有的力量推动了革命的进程。

四、民族性——传统的道德审思与马克思主义伦理精神的完美结合

自1840年鸦片战争现“千年未有之变局”，近代中国社会便开始了道德危机与重构的历程，从最初的西学中源至中体西用再至中西会通复至国粹主义及孙中山对传统文化的重视，每走一步，都无法抛开“中”，即中国的传统文化，即便是五四运动与传统的决裂，在现实生活中，国人与传统仍旧是剪不断理还乱。这并非一个偶然现象，这充分说明了在中国这样一个有着千年历史和文明传统的古老社会，传统与现代关系的妥善处理、民族性与现代性的调适共容，是科学发展的前提。中国共产党敏锐地捕捉到了历史天空的耀光，在道德重建的历程中，以“民族的科学的大众的文化”作为指针[①]，使道德重建的基本精神和指向“是我们这个民族的，带有我们民族的特性”[②]。

中国共产党道德重建的民族性价值取向源于对国情的深刻把握、对传统的理性思考，“中国现时的新政治新经济是从古代的旧政治旧经济发展而来的，中国现时的新文化也是从古代的旧文化发展而来，因此，我们必须尊重自己的历史，决不能割断历史。”[③]传统是具有巨大惯性的精神力量，任何民族的任何思想家都不可能完全抛弃传统，“中国的长期封建社会中，创造了灿烂的古代文化。清理古代文化的发展过程，剔除其封建性的糟粕，吸收其民主性的精华，是发展民族新文化提高民族自信心的必要条件。”[④]为此，中国共产党人要“继承一切优秀的文学艺术遗产，批判地吸

① 《毛泽东选集》第2卷，北京，人民出版社1991年版，第706页。

② 《毛泽东选集》第2卷，北京，人民出版社1991年版，第706页。

③ 《毛泽东选集》第2卷，北京，人民出版社1991年版，第708页。

④ 《毛泽东选集》第2卷，北京，人民出版社1991年版，第707~708页。

收其中一切有益的东西，作为我们从此时此地的人民生活中的文学艺术原料创造作品时候的借鉴”[①]。正是基于以上认识，中国共产党人在进行伦理思考时，找到了一种形式：“将马克思主义的普遍真理和中国的具体实践完全地恰当地统一起来，就是说，和民族的特点相结合，经过一定的民族形式，才有用处，决不能主观地公式地应用它。公式的马克思主义者，只是对马克思主义和中国革命开玩笑，……中国文化应有自己的形式，这就是民族的形式。”[②]这种形式将马克思主义伦理思想用中华传统文化的载体体现，使道德重建的表达式充满了浓郁的“中国作风和中国气派”[③]，中国共产党也由此构建了新民主主义革命时期道德重建民族化的语义场。

中国共产党人以中华民族优秀的道德审思阐释马克思主义伦理思想。马克思在《路易·波拿巴的雾月十八日》一文中说：“人们自己创造自己的历史，但是他们并不是随心所欲地创造，并不是他们自己选定的条件下创造，而是在直接碰到的、既定的、从过去承继下来的条件下创造。”[④]中国共产党人很多都接受过旧式传统教育，知识结构中有着很深的传统文化烙印，在接受、宣传马克思主义的过程中，他们秉承取其精华去其糟粕的原则，将中国传统道德思想与马克思主义的伦理主张完美结合，减缓了道德重建过程中传统惯性的阻力。理想是道德重建一个首要问题，它指引着人生的方向、提供奋斗的动力。为了动员民众树立共产主义远大理想，“天下兴亡，匹夫有责”的传统人生价值观得到了继承和发扬，在漫长而又艰苦的斗争生活中，毛泽东还多次引用诸葛亮《后出师表》中“鞠躬尽瘁，死而后已”教育人们坚定为国为民而战的信心和决心。为人民服务道德核心的建立与发展也结合了中华传统文化中的民本思想。中华传统文化重民、保民、惠民的思想意识源远流长，所谓“政之所兴，在顺民心；政之所废，在逆民心”(《管子·牧民》)。中国共产党人继承了民本思想的合理内核，构建了全心全意为人民服务的无产阶级道德，“我们党从最初起，就是为了服务人民建立的，我们党的一切，党员的一切牺牲、努力、斗争，都是为了人民群众的福利和解放，而不是为了别的。这就是我们共

---

① 《毛泽东选集》第3卷，北京，人民出版社1991年版，第860页。
② 《毛泽东选集》第2卷，北京，人民出版社1991年版，第707页。
③ 《毛泽东选集》第2卷，北京，人民出版社1991年版，第534页。
④ 《马克思恩格斯选集》第1卷，北京，人民出版社1995年版，第585页。

产党人最大的光荣和最值得骄傲的地方”[①]。与世界其他民族相比，中华民族尤为倡导自我修养即“修身”的重要性，儒家经典著作中阐述修身之道的可谓比比皆然。中国共产党睿智地借用古人“修身养性”作为共产党人自我改造的形式，“在历史上担当‘大任’起过作用的人物，都经过一个艰苦锻炼过程，这就是：‘必先苦其心志，劳其筋骨，饿其体肤，空乏其身，行拂乱其所为，所以动心忍性，曾益其所不能。’共产党员要担负历史上空前未有的改造世界的‘大任’的，所以更必须注意在革命斗争中的锻炼和修养。”[②] 又以“慎独”“自省”作为自我改造的实现途径，把无产阶级党性和中华民族的道德传统相结合起来，达到了传统美德与共产主义高尚道德的和谐共融。实践的观点是中国共产党进行道德重建的理论支撑点，毛泽东在其著名的《实践论》一文中全面且科学地阐明了马克思主义关于认识与实践的辩证关系，而其副标题“论认识和实践的关系——知和行的关系”也将中国传统哲学最突出的问题——知行关系问题带入了马克思主义哲学的视域中，赋予马克思主义新的东方道德的意蕴。

毛泽东早在土地革命战争时期就曾经明确指出：“我们不但要提出任务，而且要解决完成任务的方法问题。我们的任务是过河，但是没有桥或没有船就不能过。不解决桥和船的问题，过河就是一句空话。不解决方法问题，任务也只是瞎说一顿。”[③] 所以，在道德重建的过程中，共产党人非常注重道德教育的途径和方法，“如果我们没有学会说群众懂得的话，那么广大群众是不能领会我们的决议的。”[④]“民族化”就是共产党人找到的“桥”和“船”，他们“以新鲜活泼的、为中国老百姓所喜闻乐见的”诗词、成语、对联、歌谣、标语、戏曲等民族化的方式进行道德的宣传教育和普及运用[⑤]。以毛泽东为代表的中国共产党人擅于诗词歌赋的形式传递共产主义道德理念和精髓，使人民群众对道德理论既轻松易得又朗朗上口便于传颂。如《七律·长征》：“红军不怕远征难，万水千山只等闲。五岭逶迤腾细浪，乌蒙磅礴走泥丸。金沙水拍云崖暖，大渡桥横铁索寒。更喜岷山千里雪，三军过后尽开颜。”[⑥] 将革命的英雄主义精神表现得酣畅淋漓；

① 中共中央文献研究室、中共中央党校编：《刘少奇论党的建设》，北京，中央文献出版社1991年版，第434页。

② 《刘少奇选集》上卷，北京，人民出版社1981年版，第101页。

③ 《毛泽东选集》第1卷，北京，人民出版社1991年版，第139页。

④ 《毛泽东选集》第3卷，北京，人民出版社1991年版，第843页。

⑤ 《毛泽东选集》第2卷，北京，人民出版社1991年版，第534页。

⑥ 中共中央文献研究室编：《毛泽东诗词集》，北京，中央文献出版社1996年版，第48页。

"朱德挑谷上坳，粮食绝对可靠，大家齐心协力，粉碎敌人'围剿'。"[①] 诠释了共产党人身先士卒、艰苦奋斗、为民服务的道德操守。陈毅的对联："在新城，演新戏，欢迎新同志，打倒新军阀；趁红光，当红军，高举红旗帜，创造红世界。"唱响了新社会新道德的颂歌。《红军第四军司令部布告》以老百姓熟知的对仗的修辞方式宣告了共产党的政治主张和革命的价值诉求：

红军宗旨，民权革命，赣西一军，声威远震。
此番计划，分兵前进，官佐兵夫，服从命令。
平买平卖，事实为证，乱烧乱杀，在所必禁。
全国各地，压迫太甚，工人农人，十分苦痛。
土豪劣绅，横行乡镇，重息重租，人人怨愤。
白军士兵，极寒交并，小资产者，税捐极重。
洋货越多，国货受困，帝国主义，哪个不恨。
国民匪党，完全反动，口是心非，不能过硬。
蒋桂冯阎，同床异梦，冲突已起，军阀倒运。
饭可充饥，药能医病，共党主张，极为公正。
地主田地，农民收种，债不要还，租不要送。
增加工钱，老板担任，八时工作，恰好相称。
军队待遇，亟须改订，发给田地，士兵有份。
敌方官兵，准其投顺，以前行为，可以不问。
累进税法，最为适用，苛税苛捐，扫除干净。
城市商人，积铢累寸，只要服从，馀皆不论。
对待外人，必须严峻，工厂银行，没收归并。
外资外债，概不承认，外兵外舰，不准入境。
打倒列强，人人高兴，打倒军阀，除恶务尽。
统一中华，举国称庆，满蒙回藏，章程自定。
国民政府，一群恶棍，合力铲除，肃清乱政。
全国工农，风发雷奋，夺取政权，为期日近。
革命成功，尽在民众，布告四方，大家起劲。[②]

① 井冈山市地方志办公室编：《井冈山诗词选》，南昌，江西人民出版社1990年版，第17页。

② 《毛泽东文集》第1卷，北京，人民出版社1993年版，第52~53页。

共产党人还运用形象生动的比喻去阐释道德的理论建设要点，突出了“为人民服务的”伦理主旨。张闻天借用《论语》倡导的“循循善诱”与“诲人不倦”的精神形象地说明共产党人做道德宣传工作的基本方法。为了加强道德自律性，毛泽东将儒家“自省”的合理内容发展成为批评和自我批评的道德教育方法，并生动地向全党和人民群众阐述批评和自我批评的重要性：“我们曾经说过，房子是应该经常打扫的，不打扫就会积满了灰尘；脸是应该经常洗的，不洗也就会灰尘满面。我们同志的思想，我们党的工作，也会沾染灰尘的，也应该打扫和洗涤。‘流水不腐，户枢不蠹’，是说它们在不停的运动中抵抗了微生物或其他生物的侵蚀。对于我们，经常地检讨工作，在检讨中推广民主作风，不惧怕批评和自我批评，实行‘知无不言，言无不尽’，‘言者无罪，闻者足戒’，‘有则改之，无则加勉’这些中国人民的有益的格言，正是抵抗各种政治灰尘和政治微生物侵蚀我们同志的思想和我们党的肌体的唯一有效的方法。”[①] 共产党人的道德重建把生长在中国思想之树的传统道德精华从封建的、落后的思想体系中剥离出来，实现了与马克思主义伦理思想的完美对接，不仅构建了道德重建民族化的语义场，也极大地丰富了马克思主义的伦理思想。

中国共产党人在道德重建的过程中对于传统的继承和借鉴有自己的度量，即这种继承和借鉴“决不可以变成替代自己的创造，这是决不能替代的。文学艺术中对于古人和外国人的毫无批判的硬搬和模仿，乃是最没有出息的最害人的文学教条主义和艺术教条主义”[②]。这恐怕也是对国民党以“礼义廉耻”为理论基础、以“生活艺术化、生活生产化、生活军事化”为行动指针的新生活运动无疾而终的最好说明。新运虽然标榜“新”生活，内容却是不折不扣的“旧”的儒家伦理思想，这也充分说明，只有体现了现代性的民族性，才可与日益精进的理论和不断发展的实践相协调。

五、层次性——依据不同人群的思想状况针对性开展道德宣传与教育

共产党人的道德重建是运用马克思主义的道德理论对群众的思想进行武装和改造，从而推动革命发展的历史演进过程。在这个过程中人民群众并非只是被动接受，党的道德理论建设、制度规约须经人民群众自身

① 《毛泽东选集》第3卷，北京，人民出版社1991年版，第1096页。

② 《毛泽东选集》第3卷，北京，人民出版社1991年版，第860页。

发生思想转变才能产生效用。马克思在《〈黑格尔法哲学批判〉导言》中也指出："理论只要说服人，就能掌握群众；而理论只要彻底，就能说服人。所谓彻底，就是抓住事物的根本。但是，人的根本就是人本身。"①现实生活中的人民群众因其所处经济地位不同，受教育程度不同，立场观点不同而存在着个体差异性，"无论哪一个国内，天造地设都有三等人，上等、中等、下等，详细分析则有五等，即大资产阶级、中产阶级、小资产阶级、半无产阶级、无产阶级。"②因此，关注不同人群和差异性思想状况并开展行之有效的层次性的道德宣传教育，贯穿于中国共产党人道德重建的整个历程。

宏观层面，依据不同人群确定道德宣传教育的内容。"中国革命亘三十年而成效甚少，并不是目的错，完全是策略错。所谓策略错，就是不能团结真正的朋友，以攻击真正的敌人。"③共产党人道德重建的旨归就在于以新的道德体系团结朋友、打击敌人，形成合力、救亡图存，根据人民群众在社会中的角色和担当的职责，从人的社会化过程定位自己的道德教育侧重点。

对于党员干部，道德教育以马克思主义道德理论为主。中国共产党是以马克思主义为指导的无产阶级政党，加强党员干部的马克思主义理论素养是党永葆无产阶级本色的重要途径。列宁说过："只有了解人类创造的一切财富以丰富自己的头脑，才能成为共产主义者。"④而中国革命的特殊性，使广大党员思想上准备不足、理论上修养不够成为一个不争的事实和一个"极大的弱点"。因此，"提倡党内的理论学习，就成为十分必要，中国党只要克服了这个弱点，就能有把握地引导中国革命到完全的胜利。"⑤"一个革命干部，必须能看能写，又有丰富的社会常识与自然常识，以为从事工作的基础与学习理论的基础，工作才有做好的希望，理论也才有学好的希望。"⑥在所有的理论学习中，"掌握思想教育，是团结全党进行伟大政治斗争的中心环节。如果这个任务不解决，党的一切政治任务

① 《马克思恩格斯选集》第1卷，北京，人民出版社1995年版，第9页。

② 竹内实监修，毛泽东文献资料研究会编集：《毛泽东集》第1卷，日本苍苍社1983年版，第143页。

③ 竹内实监修，毛泽东文献资料研究会编集：《毛泽东集》第1卷，日本苍苍社1983年版，第143页。

④ 《列宁选集》第4卷，北京，人民出版社1995年版，第285页。

⑤ 《刘少奇选集》上卷，北京，人民出版社1981年版，第220页。

⑥ 《毛泽东文集》第2卷，北京，人民出版社1993年版，第387页。

是不能完成的。”[①] 中国共产党号召党员干部要深入实际，深入群众，树立为人民服务的道德理想，积极改造世界观。“教育每一个同志热爱人民群众，细心地倾听群众的呼声；每到一地，就和那里的群众打成一片，不是高踞于群众之上，而是深入于群众之中；根据群众的觉悟程度，去启发和提高群众的觉悟，在群众出于内心自愿的原则之下，帮助群众逐步地组织起来，逐步地展开为当时当地内外环境所许可的一切必要的斗争。”[②] 共产党人以革命为人民、人民利益至上的道德理念教育党员干部树立正确的价值观。“我们革命不是为老婆，为吃饭，为出风头，而是为人民群众解放，一切为了群众，否则，革命就无意义。”[③] “人民的利益，即是党的利益，除了人民的利益之外，党再无自己的特殊利益。最广大人民群众的最大利益，即是真理的最高标准，即是我们党员一切行动的最高标准。”[④] 中国共产党对党员干部进行修养教育，以改造主观世界，树立正确人生观。共产党人以“随时准备坚持真理，又随时准备修正错误”的态度[⑤]，“故意地强制地省察自己的弱点”[⑥]。周恩来《我的修养要则》、张闻天《论待人接物问题》、陈云《怎样做一个共产党》、刘少奇《论共产党员的修养》、任弼时《为什么要作出增强党性的决定》、李维汉《举起自我批评的武器》等著述都从不同角度论说了共产党员加强修养教育的重要性和修养涵育的问题。“我们共产党员，是近代历史上最先进的革命者，是改造社会、改造世界的现代担当者和推动者”，要完成这个艰巨的任务，就必须“改造世界，同时改造自己”，“在这种斗争中求得自己的进步，提高自己革命的品质和能力。”[⑦] 党员干部是共产党进行道德教育的核心人群，也是进行道德理论教育的目标人群。

对于人民军队，道德教育侧重于道德制度层面。人民军队是革命任务的执行者和对敌战争的直接参与者，对广大官兵侧重道德的规范制度层面以加强使命教育和纪律教育。“军队的基础在士兵，没有进步的政治精

① 《毛泽东选集》第3卷，北京，人民出版社1991年版，第1094页。
② 《毛泽东选集》第3卷，北京，人民出版社1991年版，第1095页。
③ 《刘少奇选集》上卷，北京，人民出版社1981年版，第234页。
④ 中共中央文献研究室、中共中央党校编:《刘少奇论党的建设》，北京，中央文献出版社1991年版，第435页。
⑤ 中共中央文献研究室编:《毛泽东书信选集》，北京，中央文献出版社2003年版，第223页。
⑥ 中共中央文献研究室编:《毛泽东书信选集》，北京，中央文献出版社2003年版，第158页。
⑦ 《刘少奇选集》上卷，北京，人民出版社1981年版，第98~99页。

神贯注于军队之中，没有进步的政治工作去执行这种贯注，就不能达到真正的官长和士兵的一致，就不能激发官兵最大限度的抗战热忱，一切技术和战术就不能得着最好的基础去发挥它们应有的效力。”[①] 所以，人民军队首先要树立起来的规范意识就是克服单纯军事观点，将军事和政治联系起来，以忠诚党的事业作为官兵的最高政治信念。“红军的打仗，不是单纯地为了打仗而打仗，而是为了宣传群众、组织群众、武装群众，并帮助群众建设革命政权才去打仗的，离了对群众的宣传、组织、武装和建设革命政权等项目标，就是失去了打仗的意义，也就是失去了红军存在的意义。”[②] 党规定了人民军队政治工作原则，“第一是官兵一致，第二是军民一致，第三是瓦解敌军。”[③] 推进了人民军队“为人民而战”的道德信念；并通过制定具体的规范原则来加强军队日常的道德自律性教育：“第一，是在于提高官兵的政治自觉性，发扬他们爱国爱人民和改造自己的热情；第二，是在于团结本军和友军；第三，是在于团结军队与人民，提高人民保卫祖国和民主主义的政治觉悟，帮助人民的文化教育工作；第四，是在于从政治上心理上瓦解敌伪，使之丧失战斗力；第五，是巩固和提高军队本身的战斗力，保证命令之执行，深入政治、军事、文化、生产各方面的学习。”[④] 中国共产党以“三大纪律八项注意”作为人民军队的基本道德规范。“三大纪律八项注意”用朴素的话语，为革命军队立下了铁的纪律，从最高将领到普通士兵，严格恪守，始终坚持，既是革命队伍的行为准则，更成为人民心中的道德律例。共产党人以“三查”“三整”新式整军运动，开展广泛的道德规范教育，增强部队的凝聚力和战斗力。“三查”就是查阶级、查思想、查作风；“三整”即整顿组织、整顿思想、整顿作风。“由于诉苦（诉旧社会和反动派所给予劳动人民之苦）和三查（查阶级、查工作、查斗志）运动的正确进行，大大提高了全军指战员为解放被剥削的劳动大众，为全国的土地改革，为消灭人民公敌蒋介石匪帮而战的觉悟性；同时就大大加强了全体指战员在共产党领导之下的坚强的团结。在这个基础上，部队的纯洁性提高了，纪律整顿了，群众性的练兵运动开展了，完全有领导地有秩序地在部队中进行的政治、经济、军事三方面的

① 《毛泽东选集》第 2 卷，北京，人民出版社 1991 年版，第 511 页。
② 《毛泽东文集》第 1 卷，北京，人民出版社 1993 年版，第 79 页。
③ 《毛泽东选集》第 2 卷，北京，人民出版社 1991 年版，第 512 页。
④ 《朱德选集》，北京，人民出版社 1983 年版，第 170 页。

民主发扬了。这样就使部队万众一心，大家想办法，大家出力量，不怕牺牲，克服物质条件的困难，群威群胆，英勇杀敌。这样的军队，将是无敌于天下的。”[①] 新式整军运动使“全党全军团结得差不多像一个人一样，使全党全军和人民群众密切地结合起来，有效地执行着我党中央所规定的一切政策和策略，胜利地进行着人民的解放战争”[②]。

对于人民群众，道德教育侧重于道德践履，在实践中灌输党的道德理念和方针政策。人民群众是取得革命胜利的力量源泉，组织和发动人民群众参加革命是党的重要任务。大革命时期，在工人阶级中以组织工人争取自身权益的运动开展“从前做牛马，现在要做人”的无产阶级道德意识的启蒙；在农民中，以“一切权利归农会”，将“土豪劣绅，不法地主，……把几千年的封建地主的特权，打得个落花流水”[③]。促进了农村移风易俗，为新道德的生发扫除障碍。土地革命时期，党的革命重心转至农村，对农民的道德教化上升至重要的战略地位。“中国民主革命的主要力量是农民。忘记了农民，就没有中国的民主革命；没有中国的民主革命，也就没有中国的社会主义革命，也就没有一切革命。我们马克思主义的书读得很多，但是要注意，不要把‘农民’这两个字忘记了；这两个字忘记了，就是读一百万册马克思主义的书也是没有用处的，因为你没有力量。”[④] 广大党员干部深入群众，用墙报、戏剧和通俗易懂的话语给他们讲解土地革命的道理，讲解阶级斗争的基本知识。田间地头，屋里屋外，都成为党对广大人民群众进行思想教育的大讲堂。人民群众在共产党人的道德实践中逐渐认识了中国共产党及其领导的革命运动，明白了为人民谋利益是中国共产党进行土地革命的价值诉求，从而提高了他们的阶级觉悟和道德思想水平，激发了他们为革命的胜利而参军参战的积极性。抗日战争时期，围绕抗战救国这个主题，在根据地以大生产运动进行“愚公移山”的革命英雄主义教育，既解决了经济上的困难，又成就了精神上的完满。在此期间，各解放区还通过扫除工农群众文盲运动开展思想教育。“广泛发展社会教育，实行消灭文盲，以提高失学青年和成年的文化水平，建立真正有内容的识

① 《毛泽东选集》第 4 卷，北京，人民出版社 1991 年版，第 1294 页。
② 《毛泽东选集》第 4 卷，北京，人民出版社 1991 年版，第 1313 页。
③ 《毛泽东选集》第 1 卷，北京，人民出版社 1991 年版，第 14 页。
④ 《毛泽东文集》第 3 卷，北京，人民出版社 1996 年版，第 305 页。

字组、夜校、半日学校，向着每个人民能认一千字的方向做去。”[①]

各解放区利用冬季农闲时间对广大的劳动人民进行识字教育，开办识字班，使广大的劳动人民掌握文字工具，从而更好地理解党的政策，提高政治觉悟。解放战争时期，在农村以土地革命为载体，开展以“支援战争”为主题的加强农民群众阶级觉悟和战争观念的思想教育，动员群众支持解放战争，踊跃参军参战、拥军优属；在城市，抽调党员干部轮流到工厂工作，并积极协助工会开展工人教育工作，培养有高度阶级觉悟的工人阶级为革命胜利后参加政权机关与经济机关工作做准备。

微观层面，共产党人根据不同阶级的思想状况的差异性确定道德教育的策略和方法。毛泽东多次强调：“共产党员如果真想做宣传，就要看对象，就要想一想自己的文章、演说、谈话、写字是给什么人看、给什么人听的，否则就等于下决心不要人看，不要人听。”[②] 群众有经济地位高低之分、接受教育多寡之别，道德教育必定是层次进行的，不能眉毛胡子一把抓。

工人阶级，是新民主主义革命的领导阶级，是中国的先锋队。但是中国生产力发展不平衡的现实经济状况以及在双重压迫下柔弱绽放的民族工业，使得工人阶级的文化程度整体不高，思想上既具有决绝的革命性又带有因理论素养欠缺的盲目性。对此，党对工人阶级的道德教育策略是“依靠”。工人阶级是党进行无产阶级的道德思想宣传、教育的生力军，通过开办夜校、半日学校、补习学校，系统地对其进行道德理论的教化，鼓励他们担负起民主革命的重担，走在革命斗争的最前沿，将工人阶级锻造为最有担当、最有责任、最能战斗、最能奉献的无产阶级先锋队。

农民阶级是无产阶级革命的同盟军，是中国革命的主力军。他们因受帝国主义、封建主义的压迫，有极强的革命意愿，但由于中国封建宗法思想在农村历时之久影响至深，在农民身上还有很多封建主义的残余，平均主义、宗派主义思想都是存在的；农民阶级的文化水平也普遍较低，文盲、半文盲的比例很大，这对于共产党人发动农民从封建思想的羁绊中解放出来带来了一定的困难。中国共产党对农民阶级的道德教育策略也放在了“依靠”，这是因为中国革命的特殊性决定了工人阶级与农民阶级有天然的同盟，中国革命必须依靠工农相结合之路才可走向成功。在道德教育

---

① 西北五省区编纂领导小组、中央档案馆：《陕甘宁边区抗日民主根据地》（文献卷·下），北京，中共党史资料出版社 1990 年版，第 47 页。

② 《毛泽东选集》第 3 卷，北京，人民出版社 1991 年版，第 836 页。

方法上，采用群众喜闻乐见的板报墙报、漫画标语、诗词楹联、戏剧故事等艺术形式来进行道德教育，寓教于乐，把革命理论和道理深入到农民群众的心里，达到唤醒其阶级觉悟和斗争精神的目的。

小资产阶级是工人阶级基本的依靠力量，“他们一般地能够参加和拥护革命，是革命的很好的同盟者，故必须注意在他们中进行革命的宣传和组织工作。”[①] 对小资产阶级的道德教育策略是“团结”，重点是团结知识分子和青年学生，因为：“在这一人群中间，除去一部分接近帝国主义和大资产阶级并为其服务而反对民众的知识分子外，一般地是受帝国主义、封建主义和大资产阶级的压迫，遭受着失业和失学的威胁。因此，他们有很大的革命性。他们或多或少地有了资本主义的科学知识，富于政治敏感，他们在现阶段的中国革命中常常起着先锋的和桥梁的作用。……尤其是广大贫苦的知识分子，能够和工农一道，参加和拥护革命。马克思列宁主义思想在中国的广泛传播和接受，首先也是在知识分子和青年学生中。革命力量的组织和革命事业的建设，离开革命的知识分子的参加，是不能成功的。”[②] 由于小资产阶级大都具有一定的文化知识，主要以干部学校、训练班等教育教学机构开展道德教育。

民族资产阶级具有两重性，这“决定了他们在一定时期中和一定程度上能够参加反帝国主义和反官僚军阀政府的革命，他们可以成为革命的一种力量。而在另一时期，就有跟在买办大资产阶级后面，作为反革命的助手的危险”[③]。党对民族资产阶级的道德教育策略是“争取”，采取既斗争又团结的方式，积极教育他们认清革命形势，成为革命的朋友，而不是人民的敌人。

大资产阶级带有买办性，“在中国革命历史上，带买办性的大资产阶级历来不是中国革命的动力，而是中国革命的对象。”但是“在革命主要地是反对某一个帝国主义的时候，属于别的帝国主义系统之下的买办阶级也有可能在一定程度上和一定时间内参加当前的反帝国主义战线”[④]。所以，党对大资产阶级道德教育的策略是“瓦解”，对资产阶级反动理论进行批判和斗争，从而更好分化瓦解这个阵营。

中国共产党在层次性道德教育过程中，充分关注了参与对象的多样性

---

① 《毛泽东选集》第2卷，北京，人民出版社1991年版，第640页。
② 《毛泽东选集》第2卷，北京，人民出版社1991年版，第641页。
③ 《毛泽东选集》第2卷，北京，人民出版社1991年版，第640页。
④ 《毛泽东选集》第2卷，北京，人民出版社1991年版，第639页。

以及每一种对象的多属性，体现了党对于道德教育中的诸多条件、因素妥善而审慎的驾驭处理、协调能力。

第二节　道德重建的历史作用

新民主主义革命时期中国共产党的道德重建，将马克思主义的伦理思想与中国革命斗争的实践相结合，以其实践性、人民性、科学性、民族性、层次性的价值取向和理论特征与那些仅仅停留在少数知识分子头脑中的观念层面的伦理思潮严格区别开来。这种实践层面的现实道德，为新民主主义革命的发展构建了价值体系、话语体系，提供了道德支撑力。以毛泽东同志为主要代表的中国共产党人在近现代中国社会发生道德危机的背景下构建新的道德体系，使之成为团结一切可以团结的力量，并在新中国成立后内化为公民的伦理信仰和行为准则。

一、提高民族独立的凝聚力与向心力

清末京师大学堂译局总办严复在《孟德斯鸠法意·卷五按语》中说："中国自秦以来，无所谓天下也，无所谓国也，皆家而已，一姓之兴则亿兆为之臣妾，其兴也，此一家之兴也，其亡也，此一家之亡也。天子之一身兼宪法、国家、王者三大物，其家亡则一切与之俱亡。顾其所利害者，亦利害于一家而已，未尝为天下计也。"这段话深刻揭示了以血缘和姓氏为核心的封建王朝不能形成民众与其"万众一心"的原因。若统治者只是秉持"家天下"的理念，而没有"天下为公"的实践，仅仅只对家族、姓氏负责，不对国家、民族负责，是得不到人民的拥护支持的。所以，农民阶级虽有太平天国运动的道德批判，但因其本身与近代大机器工业生产相矛盾，更没有跳出"家天下"的樊篱，根本不可能形成凝聚民族精神的力量。资产阶级是民主革命的主体，资产阶级思想家也提出了"道德革命"的口号，他们本应顺理成章地推进社会和道德的转型，但是，中国革命的特殊性以及资产阶级自身的无法克服的先天缺陷，使其与这一历史使命最终擦肩而过。只有年轻的中国共产党，代表了生产力的发展方向，开启了政治革命需要伦理道德演进的觉悟，形成了从观念层面到实践层面道德转换的建构模式，将资产阶级无法彻底完成的政治革命连同道德革命的重任历史地承接过来。从鸦片战争一步步走来的古老中国，自新民主主义革命

开始走进一个政治革命与道德革命齐头并进的新时代。

近现代以来的信仰危机是在中国社会发生民族危难和社会基本矛盾严重冲突的社会背景中产生的，中国人一步一步探索救国之路，一步一步找寻意义的世界。辛亥革命终于推翻了腐朽至极的清政府，可中国并未走上正轨，“反而造成了公开的军阀割据，内战不已，人民的生命和权利连起码的保障也没有，现实走到原来理想的反面。”[①]旧有的价值体系已然危机深重，新的价值体系无从建立，普通百姓越发局促，社会精英一筹莫展。这一时期出现了各种主义和思潮，分别代表了不同阶级和阶层的价值取向，它们就“中国出路何在？”“如何才能救国救民？”展开了激烈的思想交锋。只有中国共产党把一盘散沙的中国人有效组织了起来，只有新中国才实现了中华民族伟大复兴的集体意志和集体判断。十月革命一声炮响给中国送来了马克思主义，以毛泽东同志为主要代表的中国共产党人运用马克思主义基本原理分析中国实际，正确解决了中国的出路问题，这就是中国革命必须分两步走：第一步，进行新民主主义革命，推翻三座大山，建立新民主主义社会；第二步，进行社会主义革命，建立一个社会主义社会，并在将来走上共产主义道路。中国共产党人通过革命道路的探索和正确选择，在斗争实践中逐渐形成了为人民服务的道德核心、集体主义的道德原则、情感相携的新型伦理关系和创新的道德治理思路，在中国历史上第一次为广大劳苦大众构建了新型的、人民的道德体系，广大劳动人民第一次拥有了属于自己的意义世界。中国共产党领导的军队与老百姓之间的鱼水关系，延安时期全国各地仁人志士争先恐后涌向革命圣地，无不体现了这一价值体系的人民性的价值情怀。尤其是在中华民族面临新的危难之际，共产党人创造性地提出了社会主义、无产阶级国际主义、爱国主义和集体主义“四位一体”的爱国主义价值观。它的确立不仅在党内统一了全党的思想，明确了奋斗目标，而且在党外被广大人民和国际友人广泛认同，成为凝聚中华民族思想的新的精神力量。在几十年的新民主主义革命历程中，这一全新的、马克思主义革命道德价值体系鼓舞了无数先烈不惜抛头颅、洒热血，前赴后继为建立新中国而奋斗，成为中华儿女携手并肩、共求生存、共谋发展的一面光辉旗帜。在中国社会革命转型期各种价值观的博弈和较量中，中国共产党人的马克思主义的价值体系能够成为中华民族最为广泛和普遍的信仰，这绝非偶然。“一种非常特殊的联系已逐渐在

① 李泽厚:《中国近代思想史论》，北京，人民出版社 1979 年版，第 307 页。

共产党人和农民之间建立起来，在国民党人和农民之间没有发生这种情况。”[①] 这就是共产党人没有飞机、没有大炮，却“打败国民党用美国装备武装起来的几百万现代化军队”[②] 的原因；这就是千百万的劳动人民，义无反顾“跟党走”的动力；这就是中华民族历经磨难而越发坚毅的源泉。

二、成为推动革命胜利的思想武器

中国人民面对的敌人异常强大，身处的革命环境异常复杂，革命若要取得胜利必须有强大的精神支柱支撑全党全军和各族人民，去战胜无数革命前夜的漫长等待。马克思在《〈黑格尔法哲学批判〉导言》中指出：“批判的武器当然不能代替武器的批判，物质力量只能用物质力量来摧毁；但是理论一经掌握群众，也会变成物质力量。”[③] 中国共产党的道德重建，紧紧地将道德理论与斗争实践相结合、与群众相结合，而这恰恰是“理论转化为物质力量”的前提条件。这一思想武器一经人民群众掌握，就会焕发出真理的光芒，转化为改造世界的强大物质力量。

“哲学把无产阶级当作自己的物质武器，同样，无产阶级也把哲学当作自己的精神武器。”[④] 我们可以重新审视一下，新民主主义革命时期，除了共产党人的革命道德建构，同时期还有国民党的新生活运动与乡村建设运动。新生活运动有国统区经济基础的支撑，乡村建设运动有梁漱溟深厚的传统文化打底，也有留洋海外晏阳初的西式理念，可为什么伦理道德的建构没有形成改变世界的思想武器呢？答案就在真实的历史中。

被蒋介石称为“散布胜利之‘因’的无形力量”[⑤] 的新生活运动从1934年至1949年，历时十五载，大致可划分为全面抗战爆发前、国共抗战时期和解放战争时期。全面抗战爆发前3年，新生活运动声势浩大，主要以“礼义廉耻”为主要内容，具体来讲：“‘礼’是规规矩矩的态度。‘义’是正正当当的行为。‘廉’是清清白白的辨别。‘耻’是切切实实的觉悟。”[⑥] 而这四方面又是一个相辅相成的有机整体，“知耻是行为之动

① ［美］费正清、费维恺著：《剑桥中华民国史（1912—1949年）》下卷，刘敬坤等译，北京，中国社会科学出版社1994年版，第328页。

② 《邓小平文选》第3卷，北京，人民出版社1993年版，第190页。

③ 《马克思恩格斯选集》第1卷，北京，人民出版社1995年版，第9页。

④ 《马克思恩格斯选集》第1卷，北京，人民出版社1995年版，第15页。

⑤ 中国国民党中央执行委员会训练委员会编：《新生活运动要义》，出版发行不详。

⑥ 蒋介石：《新生活运动纲要》，《新生活运动言论集》，南京，正中书局1938年版，第132~133页。

机，廉是行为之向导，义是行为之履践，礼是行为之变现。四者相连贯发于耻，明于廉，行于义，而行之于礼”[①]。衡量社会和民众是否实施和贯彻“礼义廉耻”的标准就是：整齐、清洁、简单、朴素、迅速、确实。在社会倡行“礼义廉耻”的最终目的是要实现“三化”，即生活艺术化、生活生产化、生活军事化。新生活运动理论上的目标是达至一个全面的社会风气的革新，实质上是通过“礼义廉耻”和“三化”，让老百姓规规矩矩做人，老老实实听话。这一时期，蒋介石凭借国家政权的力量，在推行新生活运动中，事无巨细地规定了烦琐的内容，甚至力图直接干涉物质和经济生活。[②]但最终的结果是，除了清洁意识的提高和城市环境的些许优化，新运的实效并不明显。造成这一局面的原因并不复杂，当时中国已然处于生死存亡的紧要关头，国民政府在新的价值体系的构建中回避这一重大问题，却纠结于如何洗脸、如何走路、如何扣纽扣，也难怪是“有退无进”了。

国共两党实现第二次合作，蒋介石的新生活运动也随之改弦易辙。蒋介石对新生活运动的中心内容“礼义廉耻”进行了重新阐释，“在国家民族利益之前，绝对的不惜牺牲，这就是礼义廉耻四字在战时生活上的解释。”[③]“礼义廉耻”的具体所指也从原来的“觉悟”“辨别”等不易把握的虚的描述变为了简单明了的实的规定：礼就是严整的纪律，义就是慷慨的牺牲，廉就是实在的节约，耻就是轰烈的奋斗。中心思想的转变也决定了新运工作计划的调整，“雪耻复仇”成为新运的首要任务，工作计划的制订也以抗战需要为重，围绕着如何增加生产、促进经济、服务士兵等方面开展工作。正因为此时的新生活运动与抗战相结合，以民族利益为大，开展的战地服务、伤病慰问和节约献金等活动才得到社会响应。这个阶段恐怕也是新生活运动中最值得一提的地方。抗战胜利后，国共两党随即转入内战，新生活运动彻底沦为反共、发动内战的工具。随着国民党在战场上的节节败退，蒋介石再也无力顾及新运，至1949年国民党败亡前夕，指示黄仁霖“暂停办理”，这个勉强维持的运动也就此画上了句号。

---

① 蒋介石：《新生活运动纲要》，《新生活运动言论集》，南京，正中书局1938年版，第133~134页。

② 蒋介石的在新生活运动须知中，对于新生活运动的礼、义、廉、耻、衣、食、住、行等诸方面作了详细、具体的规定。

③ 蒋介石：《新生活运动五周年纪念训词》，《革命文献》第68辑，第67~68页。

与新生活运动相比，以梁漱溟、晏阳初为代表人物的乡村建设运动[①]开始得早，结束得也更早。乡村建设运动旨在救济农村、移风易俗、创造新文化，从而实现民族自救，大致可分为三个时期。第一时期从民初至20年代末[②]，主要是乡村建设运动思想在理论和组织上的准备期。晏阳初于1923年成立中华平民教育促进会，简称平教会，开始在城市平民中开展识字教育活动，1929年，又在河北定县设立了试验区，着手在实践中推行农村平民教育。梁漱溟也通过成立“乡治讲习所”宣传乡村建设运动主张，并于1929年成立河南村治学院。一些高等院校也纷纷开设村治专科。初期的乡运主要以乡村教育为主要内容，以启发民智为主要目标，但尚未形成规模。

第二时期从20世纪30年代初至全面抗战爆发，这是乡村建设运动的全盛期，也是乡村建设运动主张理论和实践相结合的时期。其中最具代表性的就是梁漱溟的邹平乡村建设运动实践。梁漱溟对于中华传统文化有着强烈的认同感，在思想深处有极深的伦理本位[③]烙印，认为中国传统伦理关系的破坏，加之西方伦理精神的水土不服是乡村日益困乏的重要原因。为此，乡村建设运动，就是要重建业已遭到破坏的乡村传统伦理关系和伦理精神，唯有如此，方可形成新的社会组织和新的文化。有鉴于此，邹平试验县沿袭中国传统的“乡约”思想[④]，希望既不借助政府力量，也不依靠私人力量，而是凭借道德的规约力量实现一种自治。在这一思想的基础上，再通过乡学、村学等组织机构，采用导友制、共学处等形式，以《村学乡学须知》[⑤]为指导，通过学董的行政作用、学长的监督教育、教员

---

① 乡村建设运动是第二次国内革命战争时期一部分中国资产阶级知识分子发起的复兴农村的运动。见王章、惠中编《中国近现代社会思潮辞典》，南京，南京大学出版社1996年版。

② 梁漱溟曾谈到乡村建设运动的主张萌芽于民国十一年，大半决定于十五年冬，而成建于十七年。见《梁漱溟全集》第2卷，济南，山东人民出版社1989年版，第144页。

③ 出自梁漱溟《中国文化要义》。梁漱溟分近代社会为三种类型：一是个人本位的社会，以英美为代表；二是社会本位的社会，以苏联为代表；三是伦理本位的社会，中国就是最典型的伦理本位的国家。伦理本位的社会，在经济上不分财产，在政治上无边界对抗，所以，欧洲近代民主政治的道路和俄国革命的道路都不适合中国，唯一适合中国的道路就是“村治”之路。

④ 《乡约》（史称《吕氏乡约》）是由北宋人吕大钧创造的一种村民活动和互助的制度。它用通俗的语言规定了处理乡党、邻里之间关系的基本准则。内容涉及乡民修身、立业、齐家等应遵循的行为规范以及过往迎送、婚丧嫁娶等活动的礼仪俗规。

⑤ 《村学乡学须知》包括四个方面：学董须知、学长须知、教学辅导员须知、学众须知。学董是村中有办事能力的人，负责该区内外具体的公共事务；学长是由县政府礼聘，有才德并受该区民众推举的人，主要责任是主持教育；教员是乡村运动者，任务是以全村民众为教育对象，特别以推进社会工作为主；学众就是全体村民，是改造乡村社会和解决乡村问题的主要力量所在。《须知》并非法律条文，而是一些原则性的职责要求。

的推动设计和学员的学习仿效，形成新礼俗。“各种须知是礼，学众、学长、学董等各尽的职责即为礼，全盘组织即是礼，而行的时候，全靠礼貌、礼仪之礼。”[①] 由此便可形成乡村自治，推而广之，全社会范围内的自治亦可实现。一个理想的社会，一个没有倾轧、没有匪患的社会，一个人人向善的社会就会形成。晏阳初是留学海外的博士，与梁漱溟相比，他的思想更显现出西化的痕迹。他认为中国只有打好“人”的基础才能解决根本问题，而要打好“人”的基础只有在教育上下功夫。广大农村是国人聚集的地方，以平民教育为内容的乡村建设就是中国的首要问题。为此，晏阳初在河北定县实验县区实施了“四教三式”教育模式的探索，即文艺、生计、卫生、公民四大教育内容通过学校式、家庭式、社会式三大教育方式开展，从而改变中国社会“愚、穷、弱、私”的病症。此外，还有徐公桥乡村生活改进试验区和无锡民众教育实验区，也都进行了扫盲、改变陋习、昌明公德的努力，连同邹平和定县的试验区，形成了救济农村、改造农村的乡村建设运动高潮。

第三个时期是从全面抗战爆发至新中国成立前夕，这是乡村建设运动的衰落和失败期。七七事变后，随着华北的沦陷，乡村建设运动试验区的工作被迫停止或者撤至大后方。1940 年春，迁往四川的中华平民教育促进会与卢作孚领导下的重庆北碚实验区合作，成立了“私立乡村建设育才院”，继续努力开展乡村建设运动宣传，直至新中国成立前夕。但实际上，乡村建设运动作为在全国具有一定规模和影响力的社会运动在 1938 前后就基本结束。

这段历史充分说明，伦理道德的建构“想”是一回事，付诸实践又是另外一回事。新生活运动和乡村建设运动缘何失败？缘何没有为各自的政治主张进行加持呢？最根本的原因在于，“新运”也好、“乡运”也罢，都严重与中国社会实际相脱离，离开实践的理论，最终只能是尘归尘、土归土。首先，新生活运动和乡村建设运动的改良思想偏离了中国当时最大的现实问题。九一八事变以后，整个中华民族面临日益深重的灾难，如何抵御外侮、挽救民族危亡是当时的首要问题，但是新生活运动和乡村建设运动都未及时对此作出回应，从而失去感召力。其次，二者都倡导新风、革掉陋习，具有文化革新意识，但与广大劳动人民，尤其是农民的历史境遇完全不符。以农民为主的劳动人民的真实生活是怎样的呢？南京国民政府建立后，并

---

① 梁漱溟:《乡村建设理论》，上海，上海人民出版社 2006 年版，第 210 页。

没有真正结束各地军阀混战。战乱频发和自然灾害的交织，人民生活困苦、颠沛流离。人民大众亟待解决的是吃饱肚子的问题，而这一问题的直接指向又是土地问题。偏离了广大群众的切身利益，任何改良和运动都难以为继。最后，新生活运动与乡村建设运动都援引传统道德构建自己的价值体系，这种努力并非通往现代公民德行塑造的大路。传统道德在近代社会的现代转型中已经不代表新的发展方向，虽然仍有可汲取的精华所在，也并非新道德之本，新生活运动和乡村建设运动的价值错置也必然会被历史所淘汰。乡村建设运动的失败与新生活运动的无疾而终更是再次证明了源于人民、源于实践的道德重建，才能成为全民取得革命胜利的思想武器。

三、铸就党和革命队伍的先进性与革命性

中国共产党是中国工人阶级和中华民族的先锋队，党领导的军队是人民的军队，但是党和人民军队的先进性和革命性不是自然而然地形成的，它依赖于党和军队自身的建设，尤其在革命队伍大部分来自农民的情况下，更凸显党和军队建设的重要性。为此，中国共产党人高度重视思想建设："掌握思想教育，是团结全党进行伟大政治斗争的中心环节。如果这个任务不解决，党的一切政治任务是不能完成的。"[①] 在井冈山时期，共产党人看到"边界各县的党，几乎完全是农民成分的党"，深刻体会到："若不给以无产阶级的思想领导，其趋向是会要错误的。"[②] 有鉴于此，古田会议决议指出要提高党内的政治水平，肃清党内各种偏向，用无产阶级思想进行军队和党的建设，否则党就"不能健全并扩大红军，更不能负重大的斗争任务"[③]。道德建设是党和军队进行思想教育的重要内容，它对于抵制各种腐朽思想的侵袭，帮助人们树立正确的价值观和人生观，使党的价值观和无产阶级的道德观念内化为党和军队的善恶标准，固化为党和军队的行为规范，转化为党和军队的优良作风，塑造无产阶级和中华民族的先锋队及人民军队具有决定性的意义。土地革命时期，经过三湾改编和古田纠错，党员和革命队伍的先进性得到了提高。

全面抗战爆发后，为了适应形势的变化和斗争的需要，中国共产党采取了大量发展党员的方针，党员人数迅速增加。与此同时，一些党的暂时

① 《毛泽东选集》第3卷，北京，人民出版社1991年版，第1094页。

② 《毛泽东选集》第1卷，北京，人民出版社1991年版，第77页。

③ 中央档案馆编:《中共中央文件选集》第5册，北京，中共中央党校出版社1990年版，第816页。

同路人、异己分子、投机分子，甚至奸细都趁机入党，从而使革命队伍的先进性以及党的组织的巩固受到损害。1939 年 8 月 25 日《中央政治局关于巩固党的决定》指出："巩固党的中心一环，就是加强党内马克思列宁主义的教育，阶级教育与党的教育，……纠正各种'左'倾或右倾的不正确观点。各级党组织必须根据具体环境与党员政治文化程度，采取各种方式来进行有系统有计划的教育工作。"[①] 各个根据地普遍建立了党课制度，定期学习党的基本知识、方针政策，对新党员进行马克思列宁主义教育，加强无产阶级党性。1939 年刘少奇写就《论共产党员的修养》，要求广大党员干部以无产阶级的理想信念"在社会斗争中改造自己"，"提高自己革命的品质和能力。由一个幼稚的革命者，变成一个成熟的、老练的、能够'运用自如'地掌握革命规律的革命家"[②]。

在新民主主义革命中，党和军队通过道德建设使革命队伍成为培养共产主义战士的大学校和大熔炉。对于新党员"给他们以初步的马列主义与党的建设的教育，使他们了解共产主义与其他党派的理论思想的基本区别。"[③] 对于青年，共产党人倡导青年"要有坚定的高尚的理想"，要有"为实现自己的理想奋斗到底"的决心[④]，"要同群众在一起去实现自己的理想"，不做空头的革命家，"要到抗战的前线与后方的实际工作中去学习。"[⑤] 对于文艺工作者，要以无产阶级立场去认识"我们的文艺是为什么人的？"[⑥] 党号召文艺工作者"要在深入工农兵群众、深入实际斗争的过程中，在学习马克思主义和学习社会的过程中"，逐渐把立足点移过来，"移到工农兵这方面来，移到无产阶级这方面来。"[⑦] 只有这样，文艺才是工农兵的文艺，才是真正的无产阶级文艺。

有层次、有重点、有针对性的思想道德建设，使党和革命队伍的先进性和革命性得到了极大的提高，在革命队伍和根据地中建构起新型的伦理

---

① 中央档案馆编:《中共中央文件选集》第 12 册，北京，中共中央党校出版社 1991 年版，第 157 页。

② 《刘少奇选集》上卷，北京，人民出版社 1981 年版，第 98~99 页。

③ 中央档案馆编:《中共中央文件选集》第 11 册，北京，中共中央党校出版社 1991 年版，第 467 页。

④ 《张闻天文集（1935—1938）》第 2 卷，北京，中共党史出版社 2012 年版，第 268、第 269、第 275 页。

⑤ 《张闻天文集（1935—1938）》第 2 卷，北京，中共党史出版社 2012 年版，第 279 页。

⑥ 《毛泽东选集》第 3 卷，北京，人民出版社 1991 年版，第 854 页。

⑦ 《毛泽东选集》第 3 卷，北京，人民出版社 1991 年版，第 857 页。

关系，营造了良好的道德风貌。古田会议召开后，军队内的民主作为制度被巩固，“三大纪律八项注意”成为军队政治训练的必备课程，红军每到一处，宣传员都会进行例行检查：“门板上了没有？稻草是否捆好了送好了？地扫干净没有？老百姓有没有受到损失？菜盆碗筷是否少了？少了就赔钱。”[①] 从1943年开始，陕甘宁边区政府颁布了一系列公约、条例、办法和指示，开始了拥政爱民、拥军优属的“双拥”运动，后又被扩展至各个抗日根据地，“双拥”运动逐步制度化。经过这样天翻地覆的变化，军民团结不断巩固和加强。“巴河水，浪卷浪，巴河上下好风光。两岸红军助秋收，河边姑娘洗军装。军民一家多亲爱，鱼水相依歌声扬。巴河奔流千万里，怎比军民情谊长。”[②] 军民一心，共渡难关，根据地良好的道德风貌有力地保证了中国革命战争的胜利！

四、奠定中国特色社会主义道德建设的基础

中国共产党在新民主主义革命时期的道德重建与新民主主义革命的发展相联系，与中国新民主主义革命的实践相伴随，它的根本方向和最终目的是实现社会主义和共产主义的崇高理想。它的宗旨和核心是全心全意为人民服务，它的基本原则和价值导向是集体主义，它坚持爱国主义、社会主义、集体主义和无产阶级国际主义相结合，形成了中国共产党人特有的精神风范和情操品质，蕴含着追求真理、热爱人民、无私奉献、顽强拼搏、艰苦奋斗、勤俭节约等革命精神和道德规范。道德重建在长期的发展过程中，组成了内容丰富的层次结构，在新民主主义革命时期的社会生活和斗争实践的各个方面，发挥着不可替代的重要作用。时代发展至今天，经济全球化、政治多极化、社会信息化、价值多元化成为我们进行现代化转型不能回避的客观环境；拜金主义滋长、享乐主义流行、个人主义蔓延是我们改革开放中不能回避的道德桎梏。我们如何披荆斩棘，穿越社会转型期的道德迷雾？共产党人在新民主主义革命时期的道德建树，是否如有些人主张的那样应该被投进历史的故纸堆中呢？任何一个真诚的唯物主义者都会作出否定的回答。新民主主义革命时期的道德重建是中国特色社会主义道德建设的前提和基础，作为一种宝贵的精神财富，它永远都是中国特色社会主义道德建设重要的文化资源。

---

① 张志辉：《回忆中央苏区》，南昌，江西人民出版社1981年版，第211页。

② 中共通江县委党史研究室编：《川陕革命根据地革命历史歌谣集》，2005年内部刊印，第72页。

诚然，党在革命时期重建的道德与中国特色社会主义道德由于生成环境和面临的历史任务不同，其内涵与道德治理的路径当然也会不同。我们并非主张道德一以贯之的不变论，相反，“我们不相信有永恒不变的道德”[①]。因为，“人们自觉地或不自觉地，归根到底总是从他们阶级地位所依据的实际关系中——从他们进行生产和交换的经济关系中，获得自己的伦理观念。”[②]当代中国所有制结构是在公有制为主体的情况下，多种所有制共同发展，特别是允许个体私营经济的发展。经济基础的不同，必然会引发上层建筑中道德思想和道德观念的变化。一些具有与商品经济、市场经济发展相适应的“新道德”就会陆续显现[③]，而新道德是重建的道德内容中所欠缺的，但又是必须去建构的。比如《公民道德建设实施纲要》就重新阐发了为人民服务：为人民服务有高低不同的层次，无私奉献是为人民服务，做好本职工作也是为人民服务，守法经营、敬业开拓、服务上乘等经济谋利活动也是为人民服务。这样就将为人民服务的先进性要求与广泛性要求结合起来，尊重道德教育的客观规律，完成了道德的自我更新。

但是正如新民主主义与社会主义具有不可分割的关系一样，两种道德也具有内在的联系，同属于共产主义的道德体系，重建道德中的爱国主义、社会主义和集体主义的价值取向，全心全意为人民服务的宗旨，密切联系群众等道德准则和规范至今仍然有其存在的合理性和必然性。革命战争年代形成的长征精神、井冈山精神、延安精神等在今天仍然需要发扬光大。正如邓小平同志所述：“在长期革命战争中，我们在正确的政治方向指导下，从分析实际情况出发，发扬革命和拼命精神，严守纪律和自我牺牲精神，大公无私和先人后己精神，压倒一切敌人、压倒一切困难的精神，坚持革命乐观主义、排除万难去争取胜利的精神，取得了伟大的胜利。搞社会主义建设，实现四个现代化，同样要在党中央的正确领导下，大大发扬这些精神。如果一个共产党员没有这些精神，就决不能算是一个合格的共产党员。不但如此，我们还要大声疾呼和以身作则地把这些精神推广到全体人民、全体青少年中间去，使之成为中华人民共和国的精神文明的主要支柱，为世界上一切要求革命、要求进步的人们所向往，也为世

① 《列宁选集》第4卷，北京，人民出版社1995年版，第289页。

② 《马克思恩格斯选集》第3卷，北京，人民出版社1995年版，第434页。

③ “新道德”也被称为现代道德。“随着从计划经济体制向市场经济体制的过渡转型，以及一个现代社会的降临，以至于人们把正在发生的相应道德转称为现代道德。”见龚群《以德治国论》，沈阳，辽宁人民出版社2001年版，第282页。

界上许多精神空虚、思想苦闷的人们所羡慕。”[①]

在社会主义市场经济体制和现代化建设的历史条件下，中国特色社会主义道德建设不仅要与时俱进，对于新民主主义革命时期重建的道德还要坚持继承和发展的统一。这种继承和发展是将重建的道德视为前提和基础的丰富、深化和发展，是历史性和时代性的辩证统一。厘清新民主主义革命时期道德重建与中国特色社会主义道德建设的内在关系，我们的道德建设才会厚重而富于新意。

第三节　道德重建的当代价值

新民主主义革命时期堪称中国近现代史上的革命转型期，新旧的变迁、进退的迅忽、攻守的胶着充斥其中。在这样一个历史的转折关头，共产党人能够根据斗争形势的变化，围绕党中央的路线、方针和政策，始终及时准确地对军队和人民进行道德教育，在中华民族找寻意义世界的紧要关头，重建道德伦理秩序，这是党完成的一项伟大的历史使命。今日之中国亦处于社会转型期，中国式现代化进程中的道德建设也理应成为一个全社会关注的重大时代课题，时代呼唤我们对这一现实问题作出理论的回应和实践的探索。正如托克维尔在《旧制度与大革命》一书中所述：“我们离大革命已相当远，使我们只轻微地感受那种令革命参与者目眩的激情；同时，我们离大革命仍相当近，使我们能够深入到指引大革命的精神中去加以理解。”[②] 回首新民主主义革命时期中国共产党人的思想建树，选择道德视角审视社会整体系统的跃进性历史进程，对正在进行中的中国现代社会转型期建设无疑具有重要的启示性意义。

一、道德是社会转型不可或缺的支撑力

回望历史，每每在社会发展转型的进程中，社会的关注点都更多投注在经济、政治、军事、科技等层面，而对于文化尤其是道德的关注，总是在出现了一些问题之后才会有一些亡羊补牢的举措，缺乏未雨绸缪的战略。新民主主义革命时期的道德重建充分印证了这样一个道理：道德是社

① 《邓小平文选》第 2 卷，北京，人民出版社 1994 年版，第 367~368 页。

② ［法］托克维尔著:《旧制度与大革命》，冯棠译，北京，商务印书馆 2012 年版，第 45 页。

会转型不可或缺的支撑力。

中国共产党领导的新民主主义革命，具有双重意义，这场革命不仅仅是制度上的革命，与之同步的还有“以德易德”的道德革命。二者在新民主主义革命的征程中并肩前行，须臾相伴。道德建设推动政治斗争的发展，政治斗争促使道德理论的精进，如此循环往复，使中国共产党完成了新民主主义革命的重任。这一过程是共产党人以道德的力量不断向革命注入精神支撑力的过程，回眸历史，不难发现：每当革命进入关键的战略抉择期，中国共产党都会思想先行，以共产主义的理想信念在群众中做广泛的动员；革命任务进行时，会有随之的道德制度建设以加强道德的规范力；革命任务告一段落，还会以进一步的道德践履检验发展道德建设的得失。列宁曾感慨：“赶走沙皇并不困难，这总共用了几天工夫。赶走地主也不困难，这在几个月内就做到了；赶走资本家同样也不是很困难的事情。但是，要消灭阶级，建成共产主义就无比困难了。”[①] 这是因为“在工人阶级和资产阶级旧社会之间并没有一道万里长城。革命爆发的时候，情形并不像一个人死的时候那样，只要把死尸抬出去就完事了。旧社会灭亡的时候，它的死尸是不能装进棺材，埋入坟墓的。它在我们中间腐烂发臭并且毒害我们”[②]。中国共产党充分认识到道德在社会大变革中的重要作用，以新民主主义的道德重建的实践回应了列宁提出“思想毒害”的问题。新民主主义革命的历史充分说明了：道德是推动社会转型和发展的深层动力。

今日中国亦处于一场伟大的变革中，正经历着一场新的社会转型。这个转型与“先发”现代化国家从以农业为主的自然经济向市场经济过渡为标志性特征的社会转型有着根本的区别，是特指中国从社会主义计划经济向社会主义市场经济的过渡和转变。之所以“特指”，是因为自然经济和市场经济是生产力在不同发展阶段的生产方式，体现了生产力的高低之分，是一种自然而又流畅的发展脉络；而计划经济是与市场经济平行的现代经济模式，二者有本质的不同，却无高低的区别。也正因为如此，这种转型相对于自然经济向市场经济转型所带来的思想上的摩擦、冲撞就更加激烈。这两种体制的并存、过渡、转型，带来了我国社会结构和利益格局的深层次变革，带来了人们的生活方式和价值观念的深刻变化。体制的转型和道德的嬗变相互交织，使社会的道德生活和人民的道德选择变得复杂

① 《列宁选集》第4卷，北京，人民出版社1995年版，第290页。

② 《列宁全集》第27卷，北京，人民出版社1990年版，第40页。

而又多元，道德的滑坡、人文精神的颓废成为我们这个时代的病象。当代中国社会转型的实践也再次印证：社会转型期需要道德的导引，道德是社会转型不可或缺的支撑力。

过往的历史和当代的实践都将社会转型与道德紧密相连，这是不是中国特有的经验与审思呢？我们回望西方自文艺复兴和宗教改革以来长达几百年的社会转型，发现西方社会在实现社会转型的过程中也借力于道德的推动力量并最终实现了道德的重建。托克维尔曾以美国的民主为例指出道德在社会转型中的深层作用："只有美国人特有的民情，才是使全体美国人能够维护民主制度的独特因素。"[①]"我在这里使用的民情一词，其含义与拉丁文原义一样。它不仅指严格意义所说的心理习惯方面的东西，而且包括人们拥有的各种见解和社会上流行的不同观点，以及人们的生活习惯所遵循的全部思想。因此，我把这个词理解为一个民族整体的道德和智识风貌。"[②]托克维尔关注制度与道德、文化的互动，认为只有道德、文化这些内化性影响才可以最终消除转型的动荡，才可以支撑一个社会的稳定："没有疑问，美国的国民教育对维护民主是有大帮助的。而且我相信，在启迪人智的教育和匡正人心的教育不相分离的地方，情况更会如此。"[③]"现代的统治者们好像只想率领人民去干伟大的事业。我希望他们考虑一下多下点功夫去造就伟大的人物，少重视工作而多重视工作的人，永远记住一个国家当它的每个居民都是软弱的个人的时候，不会长久强大下去，而且绝不会找到能使由一群胆怯和萎靡不振的公民组成的国家变成精力充沛的国家的社会形式和政治组织。"[④]托克维尔以美国比对、思考法国大革命，认为热火朝天、激情澎湃的大革命与民主失之交臂，最终建立起了独立的统治，一切皆根植于法国的旧制度，根源于法国人民的"民情"。半个多世纪之后，马克斯·韦伯在他的《新教伦理与资本主义精神》中，把新教伦理看成资本主义企业的工作伦理，看作资本主义经济的护身符，"在清教徒的心目中，一切生活现象皆是由上帝设定的，而如果他赐予某个选民获利的机缘，那么他必定抱有某种目的，所以虔信的基督徒理应服从上帝的召唤，要尽可能地利用这天赐良机。要是上帝为你指明了一条路，沿循它你可以合法地谋取更多的利益（而不会损害你自己的灵魂或者他人），

① ［法］托克维尔著:《论美国的民主》，董果良译，北京，商务印书馆 1997 年版，第 358 页。

② ［法］托克维尔著:《论美国的民主》，董果良译，北京，商务印书馆 1997 年版，第 119 页。

③ ［法］托克维尔著:《论美国的民主》，董果良译，北京，商务印书馆 1997 年版，第 353 页。

④ ［法］托克维尔著:《论美国的民主》，董果良译，北京，商务印书馆 1997 年版，第 334~335 页。

而你却拒绝它并选择不那么容易获利的途径，那么你会背离从事职业的目的之一，也就是拒绝成为上帝的仆人，拒绝接受他的馈赠并遵照他的训令为他而使用它们。他的圣训是：你须为上帝而辛劳致富，但不可为肉体、罪孽而如此。"[①]这样，新教伦理就为商人阶层的谋利行为提供了合理的依据，为资本主义的竞争与获取最大利益提供了道德上的完美解释。西方社会转型的理论和实践也说明：社会的价值标准和道德观念是推动社会转型和经济发展的深层动力。

管子云："国有四维，一维绝则倾，二维绝则危，三维绝则覆，四维绝则灭。倾可正也，危可安也，覆可起也，灭不可复错也。何谓四维？一曰'礼'，二曰'义'，三曰'廉'，四曰'耻'"（《管子·牧民》）。四维之根在于人，在于人的道德。道德为社会转型提供了一种支撑力。这是一种规范的力量，道德建设以能动的方式认识世界、把握世界，依靠风俗习惯、社会舆论和人们的内心信念维护社会秩序，说服、劝导人们选择道德行为，引导、激励人们扬善抑恶，影响和锻造人们形成高尚、完善的道德人格，从而自觉履行社会的责任和义务。这是一种调节的力量，道德建设引导人们树立正确的世界观、人生观、价值观，正确认识和处理国家、集体、个人的利益关系，妥善化解社会转型中的利益纠葛。社会主义道德坚持尊重个人合法权益与承担社会责任相统一的价值理念，将尚和的智慧融入处理身心关系、人际关系、社会秩序的价值追求之中，倡导人们用和谐的思维认识世界，激励人们用和谐的态度化解矛盾、解决问题。这是一种凝聚的力量，道德建设以共产主义理想信念将现在与未来链接在一起，以爱国主义的纽带将56个民族团结在一起，以见义勇为、扶危济困的义举将人与社会联结在一起，以持续发展、尊重生命的价值理念使人与自然和谐共生，以助人为乐、诚实守信的道德操守将人与人温暖在一起。高尚的道德如磁石，将国家、社会、家庭凝聚于点滴细微之处、宏大叙事之间。这是一种创造的力量，道德建设与中华民族的传统美德相承接、与我国社会主义初级阶段的基本国情相适应，它融汇于民族精神之中，具有鲜明的时代性和针对性，是一种精神生产力。它激励人们为了国家的发展、民族的富强克服社会转型的一切艰难险阻，激发人的内在潜力，在责任与使命的推动下自主创新、高效能地投入工作和建设之中，为中国特色社会主义

① ［德］马克斯·韦伯著：《新教伦理与资本主义精神》，于晓、陈维纲等译，北京，生活·读书·新知三联书店1987年版，第59页。

事业发展提供不竭的动力之源。

二、理想信念是道德建设的灵魂

回望新民主主义革命跌宕起伏的历史，不禁会想：究竟是什么力量，支撑中国共产党历经大革命、土地革命、抗日战争和解放战争，一步一步从苦难走向辉煌。“对马克思主义的信仰，是中国革命胜利的一种精神动力”[①]，这是邓小平同志对历史的深刻总结。新民主主义革命最深层的内在动力就是中国共产党始终保持着崇高的理想信念和高昂的革命热情，马克思主义的理想信念是新民主主义道德建设的灵魂。

理想信念位于道德结构的上位，是道德的精神内核，为道德建设提供方向的导引和力量的秉持。自1840年鸦片战争以后，中国就拉开了上下求索、救亡图存的百年大幕，一次次抗争，又一次次失败。当中国人民踟蹰于前行的十字路口时，“十月革命的光芒照耀着我们。苦难的中国人民必须求得解放，并且他们坚信是能够求得解放的。一向孤立的中国革命斗争，自从十月革命胜利以后，就不再感觉孤立了。……国民党的全部反动统治将被中国人民所彻底地打碎。中国人民是勇敢的，中国共产党也是勇敢的，他们一定要解放全中国。”[②]马克思主义成为中国先进分子改造世界的武器，“我们共产党人从来不隐瞒自己的政治主张。我们的将来纲领或最高纲领，是要将中国推进到社会主义社会和共产主义社会去的，这是确定的和毫无疑义的。我们的党的名称和我们的马克思主义的宇宙观，明确地指明了这个将来的、无限光明的、无限美妙的最高理想。”[③]在共产党人心中“共产主义世界是最美丽幸福的世界，伟大的理想”[④]。尽管“革命决不象上海的大马路那样平坦好走，决不象吃饭睡觉那样容易简便”，“我们有时会被荆棘树枝所刺伤，有时会被毒蛇猛兽所咬伤，我们前面的伙伴有时会用尽了一切气力而倒毙，但是我们必须前进。”[⑤]不管潮涨潮落“必须前进”，正是这份理想信念，中国共产党人没有被大革命失败之后的白色恐怖所吓到，毅然走上了农村包围城市的道路；当人民对红旗能打多

① 《邓小平文选》第3卷，北京，人民出版社1993年版，第63页。

② 《毛泽东选集》第4卷，北京，人民出版社1991年版，第1359页。

③ 《毛泽东选集》第3卷，北京，人民出版社1991年版，第1099页。

④ 中共中央文献研究室、中共中央党校编：《刘少奇论党的建设》，北京，中央文献出版社1991年版，第69页。

⑤ 《张闻天文集》第2卷，北京，中共党史出版社2012年版，第271页。

久产生疑虑时，“星星之火，可以燎原”开启了土地革命的征程。正是这份理想信念，当红军被迫战略转移时，老区人民十送红军，盼望红军早回还。还是这份理想信念，让我们看到了一幅幅碧血丹心的历史画卷：红军战士高喊着“为了苏维埃”冲向敌人的枪林弹雨；狼牙山五壮士高呼“共产主义万岁”纵身跳下数十丈的悬崖；解放军战士高呼着“为了新中国，前进”舍身炸掉敌人的碉堡。在长期的奋斗历程中，理想信念就像灯塔，指引着党和人民前行的方向。党把马克思主义的理想信念作为道德建设的指针，形成了不同时期的精神或作风，如井冈山精神、长征精神、延安精神、西柏坡精神、红岩精神等，这些不同时期的精神充分彰显了中国共产党一贯的理想和信念追求。著名的“延安三问”很好地诠释了理想信念的感召力，“一问：清贫的延安为何令人神往？二问：艰难的岁月为什么斗志昂扬？三问：星罗棋布的根据地，为何无人割地称王？”[①] 历史是一面镜子，它告诉我们：什么时候真正坚持并信仰马克思主义，革命就胜利，社会就发展；什么时候动摇马克思主义的理想信念，革命就遭遇损失挫折，社会就会出现倒退。一代又一代中国共产党人为了理想和信念浴血奋战的精神力量，像茫茫夜空中的繁星，引领着我们在实现中华民族伟大复兴的道路上继续前行。

理想信念是一个人做什么和不做什么的根本准则和态度，是道德建设规范路径的精髓。道德依据社会舆论、风俗习惯和内心信念发力，是一种自律行为，内含着规约的精神。一个人有了理想和信念就有了生活和工作的原则。“我们是在中国做组织工作，一定要严格估计到中国政治、经济、文化、思想、民族习惯、道德的特点，正确认识这些特点，再来决定我们的斗争形式、组织形式、工作方法。”[②] 这个最大的特点就是：“我们这里所说的是这样的共产主义社会，它不是在它自身基础上已经发展了的，恰好相反，是刚刚从资本主义社会中产生出来的，因为它在各个方面，在经济、道德和精神方面都还带着它脱胎出来的那个旧社会的痕迹。”[③]“旧社会的思想习惯以及一切物质上的诱惑”[④]，对于党员和人民群众的理想信念秉持有着极大的消解力量，所以，要不断地进行理想信念教育，充分调动理想信念的规约力，从自我思想上切断问题的来源。土地革命时期的“三

① 周大江：《党史商鉴》，北京，人民出版社2006年版，第34~35页。

② 《张闻天选集》，北京，人民出版社1985年版，第225页。

③ 《马克思恩格斯文集》第3卷，北京，人民出版社2009年版，第434页。

④ 《张闻天文集》第2卷，北京，中共党史出版社2012年版，第271页。

大纪律八项注意”就是理想准则的最好体现，“不拿群众的一个红薯”不仅仅是纪律规定，它更蕴含着共产党人的道德理想，体现着无产阶级的价值情怀。“有了共同的理想，也就有了铁的纪律”[①]，共产党员才能“识大体照顾大局”[②],才能既有原则又有动力地去完成实际工作。马克思主义的理想信念不是空泛的说教和对概念的单纯阐释，“我们共产党员，要有最伟大的理想、最伟大的奋斗目标，同时，又要有实事求是的精神和最切实的实际工作。”[③]这才是一个好的共产党员的标准。“如果我们不是马克思主义者，没有对马克思主义的充分信仰，或者不是把马克思主义同中国自己的实际相结合，走自己的道路，中国革命就搞不成功”[④]，没有独立和统一。新中国成立后，尤其是改革开放以后，各种思潮粉墨登场、良莠不齐，冲击着马克思主义理想信念教育，如何应对？党提出：“一靠理想，二靠纪律。组织起来就有力量。没有理想，没有纪律，就会像旧中国那样一盘散沙，那我们的革命怎么能够成功？我们的建设怎么能够成功？”[⑤]新世纪新时期，中国共产党面对的世情、国情、社情、舆情、民情都发生了深刻的变化，党面临着执政、改革开放、市场经济、外部环境的“四大考验”，面临着精神懈怠、能力不足、脱离群众、消极腐败的“四种危险”。经受考验、化解危险，最根本的还是要增强党的马克思主义的理想信念，保持先进性和纯洁性。习近平总书记在十八届中央政治局第一次集体学习时形象地指出：理想信念是共产党人精神上的“钙”，共产党人理想信念不坚定，精神上就会“缺钙”，就会得“软骨病”。这一针见血地指出了一些党员精神上贪婪、道德上堕落、生活上腐化的思想根源。理想信念是共产党人安身立命的根本，是严守政治规矩的前提条件。

党的二十大报告也指出：“我国改革发展稳定面临不少深层次矛盾躲不开、绕不过，党的建设特别是党风廉政建设和反腐败斗争面临不少顽固性、多发性问题，来自外部的打压遏制随时可能升级。我国发展进入战略机遇和风险挑战并存、不确定难预料因素增多的时期，各种‘黑天鹅’、‘灰犀牛’事件随时可能发生。我们必须增强忧患意识，坚持底线思维，做到居安思危、未雨绸缪，准备经受风高浪急甚至惊涛骇浪的重大

① 《邓小平文选》第3卷，北京，人民出版社1993年版，第144页。

② 《刘少奇论党的建设》，北京，中央文献出版社1991年版，第301页。

③ 《刘少奇选集》上卷，北京，人民出版社1981年版，第128页。

④ 《邓小平文选》第3卷，北京，人民出版社1993年版，第63页。

⑤ 《邓小平文选》第3卷，北京，人民出版社1993年版，第111页。

考验。”[①]面对世所罕见、史所罕见的风险与挑战，习近平总书记多次引用“本根不摇，则枝叶茂荣”（《贞观政要》）的治国之道言明治国理政、党员干部“本根”指向的问题。“‘本根不摇，则枝叶茂荣。’我们共产党人的根本，就是对马克思主义的信仰，对共产主义和社会主义的信念，对党和人民的忠诚。”[②]立根固本，就是要坚定马克思主义信仰、坚定共产主义信念、坚定对党、对人民忠诚，党员干部只有在立根固本上下苦功夫、下真功夫、下硬功夫，才能锤炼求真务实、忠于职守、遵规守纪的工作作风，才能切实提高服务意识、担当意识、纪律意识，防止歪风邪气近身附体。理想明确才能攀高峰，信念端正才能走正路，理想信念是共产党人的立身之根本，亦是新时代新征程行稳致远的本根源头。

理想信念为中国共产党的革命和建设事业指引了方向、提供了力量、设定了规约，是党从弱小走向强大的力量源泉。政治规矩，是衡量党员、干部无产阶级党性的重要指针，有规矩、讲规矩，方可守住做人、处事、用权、交友的底线，违纪往往自破坏规矩始。而人一旦失去理想信念，思想就如脱缰的野马，一切规矩、纪律都变成了欲望脚下的尘土。审视当下，经济全球化、政治多极化、社会信息化、价值多元化，我们的改革攻坚之战异常艰巨，需要我们以共同的理想信念消弭分歧、凝聚共识；以共同的理想信念释疑解惑、引领思潮。“理想崇高，方有矜持不苟、舍己为公的朴素洁白；信念纯洁，方有‘只见公仆不见官’的为民情怀；信仰坚定，方有‘富贵不能淫，贫贱不能移，威武不能屈’的浩然正气。”[③]加强理想信念教育，引导全党牢记党的宗旨，解决好世界观、人生观、价值观这个总开关问题，自觉做共产主义远大理想和中国特色社会主义共同理想的坚定信仰者和忠实实践者，是党的百年奋斗历程，尤其是新民主主义道德重建的历史经验，更是现实的要求、未来的昭示。

三、人民群众的认同是衡量道德建设的标尺

什么是衡量道德建设得失成败的杠杆？是领导的首肯与批示，还是理

① 习近平：《高举中国特色社会主义伟大旗帜　为全面建设社会主义现代化国家而团结奋斗——在中国共产党第二十次全国代表大会上的报告》，北京，人民出版社2022年版，第26页。

② 中共中央文献研究室：《十八大以来重要文献选编》（中），北京，中央文献出版社2016年版，第676页。

③ 陈俊宏：《学习习近平同志关于坚定理想信念、坚守共产党人精神追求的重要论述》，《人民日报》2013年9月26日。

论家的论证与创新？新民主主义革命时期中国共产党人的回答："共产党人的一切言论行动，必须以合乎最广大人民群众的最大利益，为最广大人民群众所拥护为最高标准。"[①]是否符合群众的根本利益，是否得到群众的拥护和认可，这就是新民主主义革命时期中国共产党检验道德建设好坏优劣的最终标准。

以人民群众的接受与认可作为道德评价的标准是马克思主义唯物史观在道德建设中的体现。马克思恩格斯曾经对何为道德作过这样一个判断："凡是促进革命胜利的东西，都是合乎道德的。凡是阻碍革命胜利的东西，都是不道德的和罪恶的。"[②]那又是什么推动革命的胜利呢？"历史上的活动和思想都是'群众'的思想和活动"，"历史活动是群众的事业，随着历史活动的深入，必将是群众队伍的扩大"[③]。历史是人民群众创造的，革命是由人民群众推动的，有鉴于此，关注道德就要关注人民群众。马克思、恩格斯又进一步指出这种联系的具体表象："当人们还不能使自己的吃喝住穿在'质'和'量'方面得到充分保证的时候，人们就根本不能获得解放。'解放'是一种历史活动，而不是思想活动，'解放'是由历史的关系，是由工业状况、商业状况、农业状况、交往状况促成的"。[④]解放人民群众的前提是要解决吃喝住穿的基本需要，需要是人的生命活动的表现，而"对于个人、群体和人类的任何层次来说，利益都是需要的生存性展开。"[⑤]无产阶级要做的"不是在每个时代中寻找某种范畴，而是始终站在现实历史的基础上，不是从观念出发来解释实践，而是从物质实践出发来解释观念的形成"[⑥]，从物质实践解释道德观念，结论就是：道德要关注人民群众的利益。"利益是很有眼力的。以前肉眼看得见的东西它看不见，现在甚至只有在显微镜才看得清的东西它却看得见了。整个世界都是它的眼中钉，都是一个充满危险的世界，因为世界并不是一种利益的世界，而是许多利益的世界。"[⑦]无产阶级解放人民的运动就是"为绝大多数人谋利益的独立的运动"[⑧]。"无论何时何地，他都不应该受私欲驱使，而应该为

① 《毛泽东选集》第3卷，北京，人民出版社1991年版，第1096页。
② 《马克思恩格斯全集》第18卷，北京，人民出版社1964年版，第473页。
③ 《马克思恩格斯文集》第1卷，北京，人民出版社2009年版，第287页。
④ 《马克思恩格斯选集》第1卷，北京，人民出版社1995年版，第74~75页。
⑤ 高鹏程：《政治利益分析》，北京，社会科学文献出版社2009年版，第64页。
⑥ 《马克思恩格斯选集》第1卷，北京，人民出版社1995年版，第92页。
⑦ 《马克思恩格斯全集》第1卷，北京，人民出版社1995年版，第273页。
⑧ 《马克思恩格斯选集》第1卷，北京，人民出版社1995年版，第283页。

共同革命利益的要求所支配。”[1] 马克思恩格斯对于人民群众与道德的关系认知是在肯定人民群众利益主体这个层面进行的，人民群众是道德的利益主体，所以，道德的建设要以满足人民群众的利益为标准。在以后的共产主义运动中，马克思主义者们也都承继了这一观点。列宁指出“必须把国家经济的一切大部门建立在同个人利益的结合上面”[2],以尊重个人利益促进社会关系的良性发展。斯大林也强调了保障人民的利益，密切与人民的联系对于无产阶级政党的重要性：“当布尔什维克保持同广大人民群众的联系时，他们将是不可战胜的，——这可以认为是一个规律。相反地，布尔什维克只要一脱离群众和失去同群众的联系，只要一染上官僚主义的毛病，他们就会丧失任何力量，而变成空架子。”[3] 张闻天也告诫全党，若要群众接受党的主张必先关注群众利益：“我们必须了解，某一对象本身的性质，本身的利益，决定了他们所能接受我们的意见的限度。一种意见，如果于他有利，那他就会觉得‘动听’，表示接受……如果谁以为只要我们提出我们的一套主张，我们的对方就会肃然起敬，表示完全接受，那是最幼稚不过的幻想。”[4]

以人民群众的接受与认可作为道德评价的标准是中国共产党对马克思主义人民群众利益主体思想的一个发展和创新。中国共产党在斗争实践中总结出人民群众是真正的铜墙铁壁，“在我党的一切实际工作中，凡属正确的领导，必须是从群众中来，到群众中去。”[5] 因为“共产党员是一种特别的人，他们完全不谋私利，而只为民族与人民求福利”[6]，“我们是以占全人口百分之九十以上的最广大群众的目前利益和将来利益的统一为出发点的”[7]。“国民党就是只问老百姓要东西，而不给老百姓以任何一点什么东西”[8]，中国共产党却给人民群众看得见的物质利益，这说明党将人民群众利益主体的思想作为包括道德建设在内的一切工作的出发点。党的认识并没有止步于此，进一步提出：“动员群众的方式，不应该是官僚主义

① 《马克思恩格斯全集》第18卷，北京，人民出版社1964年版，第473页。

② 《列宁全集》（第42卷），北京，人民出版社1987年版，第191页。

③ 联共（布）中央特设委员会编：《联共（布）党史简明教程》，中共中央马克思恩格斯列宁斯大林著作编译局译，北京，人民出版社1975年版，第398~399页。

④ 《张闻天选集》第2卷，北京，人民出版社1985年版，第271页。

⑤ 《毛泽东选集》第3卷，北京，人民出版社1991年版，第899页。

⑥ 《毛泽东文集》第3卷，北京，人民出版社1996年版，第47页。

⑦ 《毛泽东选集》第3卷，北京，人民出版社1991年版，第864页。

⑧ 《毛泽东选集》第3卷，北京，人民出版社1991年版，第933页。

的。……要把官僚主义方式这个极坏的家伙抛到粪缸里去，因为没有一个同志喜欢它。每个同志喜欢的应该是群众化的方式，即是每一个工人、农民所喜欢接受的方式。”[①]“我们要的是努力宣传，说服群众，按照具体的环境、具体地表现出来的群众情绪”去做一切工作[②]。这已经蕴含了尊重人民群众评价主体地位的思想。1941年11月，毛泽东在《在陕甘宁边区参议会的演说》中指出：“共产党是为民族、为人民谋利益的政党，它本身决无私利可图。它应该受人民的监督，而决不应该违背人民的意旨。它的党员应该站在民众之中，而决不应该站在民众之上。”[③]群众评价主体思想呼之欲出。1945年4月，毛泽东在《论联合政府》中以“两个最大”，即“最广大人民群众的最大利益”“最广大人民群众所拥护”[④]，作为衡量党的一切言论行为的最高标准，以“人民群众的最大利益”即人民利益主体思想作为一切工作的出发点，以“最广大人民群众所拥护”即人民评价主体思想作为一切工作落脚点，实现了利益主体与评价主体的融合，保证了从民开始、以民结束的政策路线，从而保证一切为了群众、为广大人民谋利益可以真正落到实处。这才是真正的“向人民负责”，“每句话，每个行动，每项政策，都要适合人民的利益”，都要接受人民的评价，“如果有了错误，定要改正”[⑤]，“这就是他们的事业必然获得胜利的根据。”[⑥]

2009年，《人民论坛》通过网上问卷调查，“主流价值观边缘化”位列未来十年最严峻的挑战之一。这充分说明，随着党的政治地位的巩固，在我们的宣传和教育工作中的确存在着部分党员放松群众标准的现象，以自己的主观臆断制订计划和开展宣传教育工作，不关注群众的需求、群众的利益，在工作中又以自我评价代替群众评价，道德建设成了悬浮于空中的可望而不可即的瑶台。“一个革命的政党，就怕听不到群众声音，最可怕的就是鸦雀无声。”[⑦]群众的评价是党开展工作的尺子和镜子，只有通过群众评价，方知思想是否端正、思路是否准确；工作是否扎实、是否到位。2013年6月18日，在北京召开的党的群众路线教育实践活动工作会议上，习近平总书记强调教育实践活动的主要任务要聚焦到作风建设上，

① 《毛泽东选集》第1卷，北京，人民出版社1991年版，第124页。
② 《毛泽东选集》第1卷，北京，人民出版社1991年版，第125页。
③ 《毛泽东选集》第3卷，北京，人民出版社1991年版，第809页。
④ 《毛泽东选集》第3卷，北京，人民出版社1991年版，第1096页。
⑤ 《毛泽东选集》第4卷，北京，人民出版社1991年版，第1128页。
⑥ 《毛泽东文集》第3卷，北京，人民出版社1996年版，第47页。
⑦ 《邓小平文选》第2卷，北京，人民出版社1994年版，第144~145页。

集中解决形式主义、官僚主义、享乐主义和奢靡之风，要对党内的作风之弊、行为之垢来一次大排查、大检修、大扫除。“四风”问题是当前群众反映强烈的问题，也是影响党群干群关系的重要根源。共产党人不回避、不掩饰，深刻剖析问题、扎实推进问题的解决，充分显示了修正错误的决心和信心。在艰难困苦的革命岁月，党以群众标准赢得了人民的拥护、取得了辉煌的成就；在和平发展的今天，党唯有以群众标准自警自励，方能稳立潮头、岿然不动。

党的十八大以来，中国共产党“持之以恒正风肃纪，以钉钉子精神纠治‘四风’，反对特权思想和特权现象，坚决整治群众身边的不正之风和腐败问题，刹住了一些长期没有刹住的歪风，纠治了一些多年未除的顽瘴痼疾”，“开展了史无前例的反腐败斗争，以‘得罪千百人、不负十四亿’的使命担当祛疴治乱，不敢腐、不能腐、不想腐一体推进，‘打虎’、‘拍蝇’、‘猎狐’多管齐下，反腐败斗争取得压倒性胜利并全面巩固，消除了党、国家、军队内部存在的严重隐患，确保党和人民赋予的权力始终用来为人民谋幸福。”[①] 中国共产党始终保持着大党独有的清醒和坚定，坚持学思用贯通、知信行统一，以思想道德建设作为锤炼党性的有效途径，将道德建设的力量转化为坚定理想、指导实践、推动工作的强大精神合力、动力与定力。

四、实践层面的道德是道德建设的落脚点

新民主主义革命时期的道德重建更着重于实践层面的道德，这是整个道德重建的落脚点。实践层面的道德是相对于观念层面的道德而言的，它强调道德在实践中生发，以实践为尺度，且不主张道德主体对道德规范的被动持循，而是要求主体自觉、独立、能动地去进行道德判断和行为选择，以主体的实践活动涵育道德内容，通过道德的“实然”领悟道德的“应然”，实现生活实践与道德实践的统一。实践层面的道德建设是新民主主义革命时期中国共产党人道德重建的显著特点。共产党人注重理论的总结和提高，但这种理论必须是“根据实际创造出来的理论，从历史实际和革命实际中抽出来的总结论”[②]，“并且应用了它去深刻地、科学地分析中

① 习近平：《高举中国特色社会主义伟大旗帜　为全面建设社会主义现代化国家而团结奋斗——在中国共产党第二十次全国代表大会上的报告》，北京，人民出版社2022年版，第13~14页。

② 《毛泽东选集》第3卷，北京，人民出版社1991年版，第814页。

国的实际问题"[①]，否则这种理论就是没有生命力没有战斗力的理论。共产党人在道德教育活动中，反对权威主义和命令主义，"因为它超过群众的觉悟程度，违反了群众的自愿原则，害了急性病。我们的同志不要以为自己了解了的东西，广大群众也和自己一样都了解了。群众是否已经了解并且是否愿意行动起来，要到群众中去考察才会知道。"[②]共产党人对自己在道德教育活动中的定位是：宣传群众、动员群众、组织群众、领导群众，不包办代替更不能有"恩赐"的观点。强调激发人民群众的主观能动性，让群众在火热的斗争实践中自己解放自己。这种实践层面的道德建设，激发了人民群众的积极性、主动性和创造性，人民群众在土地革命中懂得了共产党"为人民服务"的价值旨归，在抗日民族统一战线中深刻体会了爱国主义、社会主义、集体主义、无产阶级国际主义相结合的新型爱国思想。几千年来，中国的统治阶级都以观念层面的传统道德，教化民众"应该怎么样""不应该怎么样"，而断然堵塞民众对"为什么这样"的追问，以期达到江山永固、社稷永存的目的。共产党人却鼓励人民群众"善于使用思想器官""善于思索""学会分析事物的方法，养成分析的习惯"[③]。给人民以道德主体的尊重与敬畏，这或许是在艰苦的斗争环境中人民与党不离不弃、生死相守的深层价值动因。

道德的产生依赖于人们在生产活动中所结成的社会关系以及人类自我意识的形成，而"全部社会生活在本质上是实践的"[④]，意识本身也是在人类实践活动中逐渐形成的，所以，实践是道德生成的基础。这是我们将实践层面道德作为道德建设的落脚点的根本原因。道德教育必须从实践出发，实践是道德教育最切近的本原和根基。实践不仅决定着道德的生成还推动着道德的演进，这是我们关注实践道德的重要原因。道德的历史演进由质的演进和量的演进两方面所构成，不同道德类型的新旧更替是质的演进；同一类型的道德由不成熟走向成熟、由不完善走向完善的过渡则为量的演进。近现代历史上，当中国人将救亡图存的希冀从器物、制度投注到观念阶段时，先进的中国人也只是更多地看到了道德质的演进，对道德量的演进却缺乏关注。道德的质变可以用经济关系，特别是所有制关系的变化加以说明，然而，当质变不足以发生，道德在同一经济制度下的量

① 《毛泽东选集》第3卷，北京，人民出版社1991年版，第814页。
② 《毛泽东选集》第3卷，北京，人民出版社1991年版，第1095页。
③ 《毛泽东选集》第3卷，北京，人民出版社1991年版，第948~949页。
④ 《马克思恩格斯选集》第1卷，北京，人民出版社1995年版，第56页。

变，就不能用经济关系的变化加以说明，而只能诉诸人们的社会实践。不关注生动、丰富和充满活力的实践，就找不到推动道德的力量。在这个意义上，资产阶级改良派和革命派对传统道德的批判和对资本主义道德的宣传，就属于对道德质的演进的论说，对道德的探求更多地停留在观念层面概念的推演和咀嚼，对道德的定性分析多，定量分析少；对道德结果的关注远远高于对过程的关注。而中国共产党之所以成功地完成了道德重建的历史命题，恰恰就在于对道德量变的足够重视，在实践中推动道德量的发展，最终促成了道德质变的产生。道德建设的落脚点要放在实践层面还有一个不能忽视的原因，就是道德教育是关涉人生活、人的意义和人的价值的活动，这个"人"不是"从口头说的、思考出来的、设想出来的、想象出来的人"，"不是某种处在幻想的与世隔绝、离群索居状态的人"，"而是处在一定条件下进行的、现实的、可以通过经验观察到的发展过程中的人。"①

"现实的个人"既是马克思主义唯物史观的前提和出发点，更是道德建设的出发点。"只有在现实的世界中并使用现实的手段才能实现真正的解放"②道德建设必须回到人们的现实生活实践中，与鲜活的生活、与人们情感和意志相融汇，才能将道德教育的内容内化为人的道德信念和道德品质。所以，"道德首先不是一个话语，而是一种实践。德性不是以一种话语的方式存在，而是以一种实践的人格方式存在的。"③脱离实践，不论道德的理念和说辞多么美妙动听，都只是空洞无物的花瓶。

"客观现实世界的变化运动永远没有完结，人们在实践中对于真理的认识也就永远没有完结。马克思列宁主义并没有结束真理，而是在实践中不断地开辟认识真理的道路。"④道德认知的教育固然重要，但是道德建设的旨归在于充满理性的"行"和"实践"，这一点是中国共产党新民主主义革命时期道德重建的经验，我们决不应该忘记。有鉴于此，我们今日的社会主义核心价值观的培育和践行更需要一种面对现实、深入生活、尊重实践的态度和方法。这种尊重实践的态度和方法，在当代还突出地表现为注重道德环境的营造、道德生态的涵养，推进道德载道体系的形成。这是因为党通过新民主主义革命完成了由革命党到执政党的转变，作为执政党

① 《马克思恩格斯选集》第1卷，北京，人民出版社1995年版，第73页。

② 《马克思恩格斯选集》第1卷，北京，人民出版社1995年版，第74页。

③ 许纪霖:《中国知识分子十论》，上海，复旦大学出版社2003年版，第25页。

④ 《毛泽东选集》第1卷，北京，人民出版社1991年版，第296页。

我们不仅要积极推进道德建设、引领社会风尚，还要以道德的力量加强睦邻友好和区域合作。人的发展，需要人格的力量；国家的富强，需要国格的力量；民族的繁荣，需要高尚的民族品格的支撑。这就需要我们把实践的视野放宽放大，由一国扩至世界，“就必须把握住、研究清楚它的一切方面、一切联系和‘中介’。”[①]

党的十八大以来，道德领域呈现出积极健康向上的良好态势。但我们也要看到我国发展进入战略机遇和风险挑战并存、不确定难预料因素增多的时期，受不良思想文化侵蚀和网络有害信息影响，道德领域依然存在不少问题，意识形态领域中网络认知战对于道德的销蚀尤为严重。传统的以文化濡化途径发力的家风家教道德受到来自文化场域的作用消解。场域理论由法国社会学者布尔迪厄提出，他认为，“社会是由无数个体所构成的‘场域’以及无数场域构筑的一种更大的‘场域综合性结构’。”场域并非一般性的空间结构形式所能比拟，在这里充满了争斗和较量，场域中行动者利用各种策略来争夺和维护有利于自己的位置和空间。他们在场域中不断展开斗争，这些斗争维持或变更着场域中各种力量的构型，甚至场域的确定和场域边界的确定，都充满着不同力量关系的对抗。文化场域的作用表现为场域内新旧文化的斗争和场域外本土和外来文化的博弈。文化的场域较量是一场没有硝烟的战争，其结果是你有可能被异质文化消融甚至取代，但也有可能为我所用、实现重生。“文化的碰撞本质上就是一种价值的碰撞”[②]，濡化的式微与场域的高歌猛进，要求我们在进行道德建设时一方面要巩固原有道德建设理路，突出道德的濡化作用，营造道德传承生态体系，环环相扣，形成自身“综合性道德场域”。要求我们在推进道德建设的过程中务必关注实践，将道德教育作为一个有机的整体去构建，理论上相互佐证，实践上相互印证，发挥各个学科、各个部门的载道作用以应对新时期的严峻的价值观挑战。因为年青的一代更愿意通过他们感受到的和看到的去坚定信仰和增强自律，而非来自社会、学校和家庭的说教。

2019年，党中央、国务院印发了《新时代公民道德建设实施纲要》，《纲要》指出要坚持提升道德认知与推动道德实践相结合。让我们回望新民主主义的道德重建，党的道德教育自然地融入一切斗争实践中，毛泽东没有专门著书论及道德，但他的每篇讲话、每一次思想动员都投射着共产

---

① 《列宁全集》第40卷，北京，人民出版社1986年版，第291页。

② ［美］乔治·麦克林著：《传统与超越》，干春松、杨凤岗译，北京，华夏出版社2000年版，第87页。

党人的价值情怀。人民火热的生活实践和斗争实践成就了新民主主义革命时期道德重建的伟大篇章。在当代，唯有深入人民，深入实践，才可对社会主义核心价值观的培育与践行作出符合时代精神的回答，构建起具有基础理论意义和长久实践效力的道德理念。

五、丰富人民的精神世界是道德建设的旨归

党的二十大报告指出，丰富人民的精神世界是中国式现代化的本质要求之一。道德建设在社会生活中的作用，充分体现在人际关系的和谐、精神生活的充实还有追求生命的意义，而这些恰恰是人类深层次的精神需求。

哲学家休谟晚年时，曾把学生召集到旷野，上最后一课。休谟问："怎样才能除掉这些杂草？"学生们没有想到一直在探讨人生和世界奥秘的哲学家，最后一课问的竟是如此简单的问题。他们有的说用铲子除，有的说用火烧，有的说在杂草中撒上石灰等。等学生们讲完，哲学家站了起来，微笑着说："课就上到这里了，你们回去后，按各自的方法除草。一年后，再来这里相聚。"一年后，当学生们再次来到这片旷野时，那里已不再杂草丛生，而是成了一片庄稼地。这时休谟已经去世了。休谟在书中留下了这样一句话："要想除掉旷野的杂草，方法只有一种，那就是在上面种上庄稼。同样，要想让灵魂无纷扰，唯一的方法就是用美德去占据它。"

中华民族自古就注重以伦理道德为核心进行理想人格的塑造和社会规约的浸润。也正因为如此，以儒家"三纲五常"为核心的价值观和道德规范体系，这一相对稳定的社会价值体系深入国人处理人我、群己关系的方方面面，构筑了中国古人的精神世界。在某种程度上，封建社会在中国的"超长待机"，也源于当时样态的精神世界构建与丰富。当然，中国共产党领导的道德建设，无论是新民主主义革命时期的道德重建、还是社会主义建设与改革开放时期的社会主义道德体系的建设，丰富人民精神世界都是建立在以人民为中心这一根本价值立场的内在要求上，并非唯君唯上，更不是一己一党之私利。

新民主主义革命时期的道德重建贯穿中国共产党战争年代的峥嵘岁月，是三大文化之一——革命文化的重要组成部分。道德重建的过程，就是革命文化形成发展的过程，道德重建的内容在某种程度上就是革命文化蕴含的优秀基因。在中国特色社会主义新时代，革命文化同中华优秀传统文化、社会主义先进文化，共同构成了中华民族独特的精神标识。革命

文化是“不忘初心、牢记使命”的重要体现；于国家，它是构筑中国精神、中国价值、中国力量的精神指引；是坚定文化自信、建设文化强国的精神支撑。于个体，它是我们永远的精神家园。

新民主主义革命时期的道德重建是革命文化的重要支点。道德重建中饱含着坚定的理想，这是革命文化的核心要义。“革命理想高于天”，一处处革命遗址、一件件红色文物、一位位革命英雄人物，一个个战役名称，一封封情真意切的家书，都折射出崇高理想、坚定信念。这种理想与信念，是我们党在艰难困苦的环境中愈挫愈勇的强大精神支柱和战胜一切困难的力量源泉。道德重建中饱含着为人民服务的宗旨，这也是革命文化的核心意识。“共产党人的一切言论行动，必须以合乎最广大人民群众的最大利益，为最广大人民群众所拥护为最高标准。”[①]是否符合群众的根本利益，是否得到群众的拥护和认可，这就是新民主主义革命时期中国共产党检验道德建设好坏优劣的最终标准。

道德重建中饱含着对党忠诚的意志，而这是革命文化的核心品质。最早的入党誓词中，最后一句话是“永不叛党”。在以后的风雨岁月中，多少优秀的中华儿女在困难面前不低头，在酷刑面前不屈服，甚至在死亡面前他们都不曾犹豫与退缩。新民主主义革命的历程，他们用自己的青春、用自己的热血生动并且深刻地诠释了这四个字。今天当我们对着党旗庄严宣誓时，最后四个字，仍旧是“永不叛党”，这是共产党员的底色，风雨如磐的战争岁月如是，国泰民安的和平年代亦如是。道德重建中还饱含着清正廉洁的作风，这也是革命文化的核心追求。中国共产党与国民党有着本质的区别：“国民党就是只问老百姓要东西，而不给老百姓以任何一点什么东西”[②]，所以，“要把官僚主义方式这个极坏的家伙抛到粪缸里去，因为没有一个同志喜欢它。”[③]这就是为什么中国共产党即便在最艰苦的斗争环境中，也会牢记“三大纪律八项注意”；这就是为什么革命胜利在即，中国共产党会有“甲申对”“窑洞对”“赶考对”，三次著名的对话，为什么会向全党提出牢记“两个务必”的要求。

正因为艰苦岁月中的这片精神世界的绿洲，有的人告别了父母亲人，有的人诀别了优越家庭，有的人斩断了儿女情长，有的人含笑面对死亡……然而所有的一切，都殊途同归，那是永远无法用物质衡量的伟大

① 《毛泽东选集》第3卷，北京，人民出版社1991年版，第1096页。
② 《毛泽东选集》第3卷，北京，人民出版社1991年版，第933页。
③ 《毛泽东选集》第1卷，北京，人民出版社1991年版，第124页。

精神的内生力量。青年毛泽东在1919年就说过这样一句话：“道德哲学在开放之时代尤要。”[①]今天，这句话听来仍旧振聋发聩。在某种程度上，转型期的中国比任何时候都需要人文精神、需要道德的支撑。人如果没有一个精神的广袤之野，在利益的角逐中将不再受到自制、理性、公正、博爱等精神的约束，只会赤裸裸地追逐金钱。一个有希望的民族不能没有英雄，一个有前途的国家不能没有先锋，而这铮铮铁骨是气节的风骨、是道德的护佑。也许革命年代已经走远，革命时期的道德已经过时，可是改革开放的纵深发展、意识形态领域的百舸争流，对于今日的中国来讲，哪个不是一场革命？发扬新民主主义革命时期的革命道德，才能深入了解中国社会和中国革命的历史，才能传承红色基因，自觉同各种歪曲历史、诋毁英雄的历史虚无主义思潮作斗争，才能真正在实现中国梦的伟大征程中创造无愧于时代、无愧于先辈的业绩。革命道德并未远去，它就在身旁，给我们以勇气，给我们以定力，给我们以初心！

① 中共中央文献研究室编：《毛泽东年谱（1893—1949）修订本》上卷，北京，中央文献出版社2013年版，第28页。

参考文献

一、经典著作与文献

[1]《马克思恩格斯选集》(1—4), 北京, 人民出版社 1995 年版。
[2]《马克思恩格斯全集》(第 1、2 卷), 北京, 人民出版社 1995~2005 年版。
[3]《马克思恩格斯文集》(第 1、2、3、4 卷), 北京, 人民出版社 2009 年版。
[4]《列宁选集》(1—4), 北京, 人民出版社 2012 年版。
[5]《列宁全集》, 北京, 人民出版社 1984~1990 年版。
[6]《毛泽东选集》(1—4), 北京, 人民出版社 1991 年版。
[7]《毛泽东文集》(1、2), 北京, 人民出版社 1993 年版。
[8]《毛泽东文集》(3、4、5), 北京, 人民出版社 1996 年版。
[9]《毛泽东文集》(6、7、8), 北京, 人民出版社 1999 年版。
[10] 中共中央文献研究室编:《毛泽东年谱(1893—1949)》(上卷、中卷、下卷), 北京, 中央文献出版社 2002 年版。
[11] 中共中央文献研究室编:《毛泽东著作专题摘编(上、下)》, 北京, 中央文献出版社 2003 年版。
[12] 中共中央文献研究室编:《毛泽东文艺论集》, 北京, 中央文献出版社 2002 年版。
[13] 中共中央文献研究室、中共湖南省委《毛泽东早期文稿》编辑室编:《毛泽东早期文稿》, 长沙, 湖南出版社 1990 年版。
[14] 中共中央文献研究室编:《毛泽东传》, 北京, 中央文献出版社 2003 年版。
[15] 中共中央文献研究室编:《毛泽东书信选集》, 北京, 中央文献出版社 2003 年版。
[16] 中共中央文献研究室编:《毛泽东诗词集》, 北京, 中央文献出版社 1996 年版。
[17]《周恩来早期文集》(上、下卷), 北京, 中央文献出版社 1996 年版。
[18]《周恩来选集》(上、下卷), 北京, 人民出版社 1980 年版。
[19] 中共中央文献研究室编:《周恩来年谱》, 北京, 中央文献出版社 1998 年版。
[20]《刘少奇选集》, 北京, 人民出版社 1981 年版。
[21] 中共中央文献研究室编:《刘少奇年谱: 1898—1969》, 北京, 中央文献出版社

1996 年版。
[22]《邓小平文选》(1—3)，北京，人民出版社 1993~1994 年版。
[23]《朱德选集》，北京，人民出版社 1983 年版。
[24]《陈毅军事文选》，北京，解放军出版社 1996 年版。
[25]《罗荣桓军事文选》，北京，解放军出版社 1997 年版。
[26]《董必武政治法律文集》，北京，法律出版社 1986 年版。
[27]《贺龙文选》，北京，军事科学出版社 1996 年版。
[28]《陈云文选》，北京，人民出版社 1995 年版。
[29]《陈云论党的建设》，北京，中央文献出版社 1995 年版。
[30]《李大钊文集》，北京，人民出版社 1984 年版。
[31]《李大钊全集(最新注释本)》，北京，人民出版社 2006 年版。
[32]《李大钊选集》，北京，人民出版社 1959 年版。
[33]《陈独秀文章选编》，北京，生活·读书·新知三联书店 1984 年版。
[34]《陈独秀著作选编》，上海，上海人民出版社 2006 年版。
[35] 陈独秀等:《新青年精粹》(1—4)，北京，中国画报出版社 2013 年版。
[36]《蔡和森文集》(上、下卷)，长沙，湖南人民出版社 1980 年版。
[37]《张闻天选集》，北京，人民出版社 1985 年版。
[38]《张闻天文集》，北京，中共党史出版社 2012 年版。
[39]《瞿秋白文集·政治理论编》(1—8 卷)，北京，人民出版社 1987~1998 年版。
[40]《谢觉哉日记》，北京，人民出版社 1984 年版。
[41]《谢觉哉文集》，北京，人民出版社 1989 年版。
[42]《张太雷文集》，北京，人民出版社 1981 年版。
[43]《恽代英文集》(上、下卷)，北京，人民出版社 1984 年版。
[44] 曾宪林、万云主编:《邓演达历史资料》，武汉，华中理工大学出版社 1988 年版。
[45]《任弼时选集》，北京，人民出版社 1987 年版。
[46] 中国韬奋基金会韬奋著作编辑部编:《韬奋全集》，上海，上海人民出版社 1995 年版。
[47]《罗荣桓军事文选》，北京，解放军出版社 1985 年版。
[48]《李公朴文集》，北京，群言出版社 2012 年版。
[49]《孙中山全集》，北京，中华书局 1985 年版。
[50]《孙中山选集》，北京，人民出版社 1956 年版。
[51]《蔡元培全集》，北京，中华书局 1984 年版。
[52] 蔡元培:《伦理学原理》，上海，商务印书馆 1912 年版。

[53] 杨昌济:《伦理学之根本问题》，北京，北京大学出版部 1918 年版。

[54]《杨昌济文集》，长沙，湖南教育出版社 1983 年版。

[55] 中共中央党史研究室著:《中国共产党历史》(第 1 卷)(上、下)，北京，中共党史出版社 2002 年版。

[56] 中国社会科学院近代史研究所近代史资料编辑组:《近代史资料》，北京，中华书局 1963 年版。

[57] 中共中央书记处编:《六大以前——党的历史材料》，北京，人民出版社 1980 年版。

[58] 中国社会科学院现代史研究室、中国革命博物馆党史研究室选编:《“一大”前后：中国共产党第一次全国代表大会前后资料选编（一)》，北京，人民出版社 1980 年版。

[59] 中共中央党校党史教研室选编:《中共党史参考资料》，北京，人民出版社 1979 年版。

[60] 中央档案馆编:《中国共产党第二次至第六次全国代表大会文件汇编》，北京，人民出版社 1981 年版。

[61] 中央档案馆编:《中共中央文件选集》，北京，中共中央党校出版社 1989~1991 年版。

[62] 井冈山革命根据地党史资料征集编研小组、井冈山革命博物馆编:《井冈山革命根据地》，北京，中共党史资料出版社 1987 年版。

[63] 中共中央统战部编:《民族问题文献汇编》，北京，中共中央党校出版社 1991 年版。

[64] 中共福建省委党校党史研究室编:《红四军入闽和古田会议文献资料》，福州，福建人民出版社 1979 年版。

[65] 江西省档案馆、中共江西省委党校党史研究室编:《中央革命根据地史料选编》，南昌，江西人民出版社 1982 年版。

[66] 李义彬编:《中国青年党》，北京，中国社会科学出版社 1982 年版。

[67] 中国共产主义青年团、中央委员会办公厅编:《中国青年运动历史资料》(2)，北京，1957 年石油部物探局制图厂印制，内部发行。

[68] 中共中央宣传部办公厅、中央档案馆编研部编:《中国共产党宣传工作文献选编（1915—1937)》，北京，学习出版社 1996 年版。

[69] 中共中央书记处编:《六大以来》，北京，人民出版社 1981 年版。

[70] 联共（布）中央特设委员会编:《联共（布）党史简明教程》，中共中央马克思恩格斯列宁斯大林著作编译局译，北京，人民出版社 1975 年版。

[71] 王章、惠中编:《中国近现代社会思潮辞典》，南京，南京大学出版社 1996

年版。

[72] 徐少锦、温克勤编:《伦理百科辞典》,北京,中国广播电视出版社 1999 年版。

[73] 盖军:《中国共产党 80 年历史简编》,北京,中共中央党校出版社 2001 年版。

[74] 魏源:《魏源集》,北京,中华书局 1976 年版。

[75] 严复:《严复集》(1—5),北京,中华书局 1986 年版。

[76] 康有为:《康有为政论集》,北京,中华书局 1981 年版。

[77] 康有为:《康有为全集》,上海,上海古籍出版社 1990 年版。

[78] 康有为:《大同书》,上海,上海古籍出版社 2009 年版。

[79] 康有为:《孟子微》,北京,中华书局 1987 年版。

[80] 康有为:《论语注》,北京,中华书局 1987 年版。

[81] 康有为:《中庸注》,北京,中华书局 1987 年版。

[82] 梁启超:《梁启超哲学思想文选》,北京,北京大学出版社 1984 年版。

[83] 梁启超:《饮冰室合集》,北京,中华书局 1989 年版。

[84] 欧阳哲生:《胡适文集》,北京,北京大学出版社 1998 年版。

[85] 章太炎:《章太炎政论选集》,北京,中华书局 1977 年版。

[86] 冯桂芬:《校邠庐抗议》,上海,上海书店出版社 2002 年版。

[87] 郑观应:《郑观应集》,上海,上海人民出版社 1982 年版。

[88] 苏舆:《翼教丛编》(卷 3),上海,上海书店出版社 2002 年版。

[89] 谭嗣同:《谭嗣同全集》,北京,中华书局 1981 年版。

[90] 张枬、王忍之编:《辛亥革命前十年间时论选集》,北京,生活·读书·新知三联书店 1960~1963 年版。

[91] 南京太平天国历史博物馆编:《太平天国印书》,南京,江苏人民出版社 1961 年版。

[92] 中国史学会主编:《中国近代史资料丛刊》,上海,上海人民出版社 1957 年版。

[93] 故宫博物院明清档案部编:《义和团档案史料》,北京,中华书局 1959 年版。

[94] 张勇、蔡乐苏:《中国思想史参考资料集·晚清至民国卷》,北京,清华大学出版社 2005 年版。

[95] 夏伟东主编:《中国共产党思想道德建设史略》,济南,山东人民出版社 2006 年版。

[96] 张君劢等著:《科学与人生观》,济南,山东人民出版社 1997 年版。

[97] 中国人民大学中共党史系、中国近现代政治思想史教研室编:《戴季陶主义资料选编》,北京,中国人民大学中共党史系 1982 年版。

[98] 容闳:《西学东渐记》,长沙,湖南人民出版社 1981 年版。

[99] 方汉奇:《中国近代报刊史》(上),太原,山西人民出版社 1981 年版。

二、中文专著

[1] 侯外庐:《近代中国思想学说史》，上海，生活书店 1947 年版。
[2] 侯外庐:《中国封建社会史论》，北京，人民出版社 1989 年版。
[3] 侯外庐:《中国近代启蒙思想史》，北京，人民出版社 1993 年版。
[4] 汪澍白、张慎恒:《毛泽东早期哲学思想探源》，北京，中国社会科学出版社 1983 年版。
[5] 汪澍白:《毛泽东思想与中国文化传统》，厦门，厦门大学出版社 1987 年版。
[6] 汪澍白:《传统下的毛泽东》，北京，中国青年出版社 1996 年版。
[7] 张静如:《中国共产党思想史》，青岛，青岛出版社 1991 年版。
[8] 陈旭麓:《近代中国社会的新陈代谢》，上海，上海人民出版社 1992 年版。
[9] 罗国杰:《中国革命道德》，北京，中国人民大学出版社 2013 年版。
[10] 罗国杰:《中国传统道德・理论卷》，北京，中国人民大学出版社 1995 年版。
[11] 罗国杰:《中国伦理思想史》，北京，中国人民大学出版社 2008 年版。
[12] 李捷:《国史静思录》，北京，中国社会科学出版社 2009 年版。
[13] 李捷:《李捷自选集》，北京，学习出版社 2009 年版。
[14] 李君如:《毛泽东与近代中国》，福州，福建人民出版社 1997 年版。
[15] 熊月之:《中国近代民主思想史》，上海，上海社会科学院出版社 2002 年版。
[16] 熊月之:《西学东渐与晚清社会》，北京，中国人民大学出版社 2011 年版。
[17] 丁伟志、陈崧:《中国近代文化思潮》，北京，社会科学文献出版社 2011 年版。
[18] 唐凯麟:《从旧道德到新道德》，武汉，湖北人民出版社 1987 年版。
[19] 唐凯麟、王泽应:《20 世纪中国伦理思潮》，北京，高等教育出版社 2003 年版。
[20] 张岂之、陈国庆:《近代伦理思想的变迁》，北京，中华书局 2000 年版。
[21] 张锡勤、饶良伦、杨忠文:《中国近现代伦理思想史》，哈尔滨，黑龙江人民出版社 1984 年版。
[22] 张锡勤:《梁启超思想评议》，北京，人民出版社 2013 年版。
[23] 万俊人:《伦理学新论》，北京，中国青年出版社 1994 年版。
[24] 万俊人:《道德之维》，广州，广东人民出版社 2000 年版。
[25] 夏伟东:《道德本质论》，北京，中国人民大学出版社 1991 年版。
[26] 宋希仁:《西方伦理学思想史》，长沙，湖南教育出版社 2006 年版。
[27] 傅小凡:《社会转型与道德重建——先秦诸子对“道德何以可能”问题的哲学思考》，北京，中华书局 2004 年版。
[28] 安启念:《马克思恩格斯伦理思想研究》，武汉，武汉大学出版社 2010 年版。
[29] 姚新中:《道德活动论》，北京，中国人民大学出版社 1990 年版。

［30］张岱年:《中国伦理思想研究》，北京，中国人民大学出版社 2011 年版。
［31］龚鹏程:《近代思潮与人物》，北京，中华书局 2007 年版。
［32］朱学勤:《道德理想国的覆灭》，上海，上海三联书店 1987 年版。
［33］洪峻峰:《思想启蒙与文化复兴——五四思想史论》，北京，人民出版社 2006 年版。
［34］朱义禄:《逝去的启蒙——明清之际启蒙学者的文化心态》，郑州，河南人民出版社 1995 年版。
［35］萧功秦:《儒家文化的困境中国近代士大夫与西方挑战》，成都，四川人民出版社 1986 年版。
［36］李德顺、孙伟平:《道德价值论》，昆明，云南人民出版社 2005 年版。
［37］昌切:《清末民初的思想主脉》，北京，东方出版社 1999 年版。
［38］朱义禄、张劲:《中国近现代政治思潮研究》，上海，上海社会科学院出版社 1998 年版。
［39］李茂民:《激进与保守之间梁启超五四时期的新文化思想》，北京，社会科学文献出版社 2006 年版。
［40］陈万雄:《五四新文化的源流》，北京，生活·读书·新知三联书店 1997 年版。
［41］李龙牧:《五四时期思想史论》，上海，上海大学出版社 1991 年版。
［42］吴熙钊:《中国近代道德启蒙》，长春，吉林文史出版社 1990 年版。
［43］李奇:《道德与社会生活》，上海，上海人民出版社 1984 年版。
［44］陈晏清:《当代中国社会转型论》，太原，山西教育出版社 1998 年版。
［45］高力克:《五四的思想世界》，上海，学林出版社 2003 年版。
［46］郑大华:《民国思想家论》，北京，中华书局 2006 年版。
［47］李泽厚:《中国近代思想史论》，天津，天津社会科学院出版社 2003 年版。
［48］李泽厚:《中国现代思想史论》，合肥，安徽文艺出版社 1999 年版。
［49］李连科:《中国哲学百年论争》，北京，商务印书馆 2004 年版。
［50］启良:《20 世纪中国思想史》，广州，花城出版社 2009 年版。
［51］黎永泰:《中西文化与毛泽东早期思想》，成都，四川大学出版社 1991 年版。
［52］陈国庆:《中国近代社会转型研究》，北京，社会科学文献出版社 2005 年版。
［53］冒君刚:《毛泽东的道德思想和伟大人格》，西安，陕西人民出版社 1993 年版。
［54］邱守娟:《毛泽东的思想历程》，北京，人民出版社 2003 年版。
［55］高菊村:《青年毛泽东》，北京，中共党史资料出版社 1990 年版。
［56］莫志斌:《青年毛泽东思想研究》，长沙，湖南师范大学出版社 2003 年版。
［57］范贤超等:《毛泽东思想发展的历史轨迹》，长沙，湖南出版社 1993 年版。
［58］萧三:《毛泽东同志的青少年时代和初期革命活动》，北京，中国青年出版社

1980年版。
[59] 李锐:《毛泽东的早期革命活动》，长沙，湖南人民出版社1980年版。
[60] 李锐:《三十岁以前的毛泽东》，广东，广东人民出版社2009年版。
[61] 金焕玲:《陈独秀伦理思想研究》，北京，中国社会出版社2009年版。
[62] 魏知信:《陈独秀思想研究》，南京，南京大学出版社1987年版。
[63] 贾立臣:《陈独秀思想发展的轨迹》，北京，中国档案出版社2003年版。
[64] 曾乐山:《五四时期陈独秀思想》，福州，福建人民出版社1983年版。
[65] 韩望喜:《理想人格的追求——毛泽东的伦理观》，西安，陕西师范大学出版总社1993年版。
[66] 丁晓强:《近世学风与毛泽东思想的起源》，贵阳，贵州人民出版社1992年版。
[67] 李佑新:《马克思主义中国化的典范——延安时期毛泽东思想研究》，长沙，湖南教育出版社2003年版。
[68] 王彩玲:《毛泽东早期伦理思想研究》，北京，中国社会科学出版社2006年版。
[69] 李文斌:《毛泽东早期伦理思想研究》，北京，中国文联出版社2002年版。
[70] 刘广东:《毛泽东伦理思想》，济南，山东人民出版社1993年版。
[71] 唐能赋:《毛泽东的伦理思想》，重庆，西南师范大学出版社1993年版。
[72] 杜振吉:《毛泽东伦理思想研究》，贵阳，贵州人民出版社1992年版。
[73] 陈晋:《毛泽东的文化性格》，北京，中国青年出版社1991年版。
[74] 马勇:《大变革时代》，北京，经济科学出版社2012年版。
[75] 马勇:《严复学术思想评传》，北京，北京图书馆出版社2001年版。
[76] 马勇:《近代中国文化诸问题》，上海，上海人民出版社1992年版。
[77] 马勇:《重新认识近代中国》，北京，社会科学文献出版社1992年版。
[78] 王绍光:《波兰尼〈大转型〉与中国的大转型》，北京，生活·读书·新知三联书店2012年版。
[79] 龚书铎:《中国近代文化探索》，北京，北京师范大学出版社1988年版。
[80] 樊浩:《中国伦理精神的历史建构》，南京，江苏人民出版社1992年版。
[81] 樊浩:《中国伦理精神的当代建构》，南京，江苏人民出版社1997年版。
[82] 胡成:《困窘的年代：近代中国的政治变革和道德重建》，上海，上海三联书店1997年版。
[83] 李斌雄:《中国共产党的价值观研究》，北京，中国社会科学出版社2004年版。
[84] 张晓东:《中国现代化进程中的道德重建》，贵州，贵州人民出版社2002年版。
[85] 王中江:《近代中国思维方式演变的趋势》，四川，四川人民出版社2008年版。
[86] 马忠:《变革时代的思想重建——孙中山国民心理变革论研究》，北京，人民出版社2010年版。

[87] 陈文:《近代社会变革中的伦理探索——从戊戌到五四》，北京，中央编译出版社 2011 年版。
[88] 刘泽华:《中国政治思想史（秦汉魏晋南北朝卷）》，杭州，浙江人民出版社 1996 年版。
[89] 龚郭清:《近代中国政治文明的构建：戊戌维新时期康有为政治改革思想研究》，北京，社会科学文献出版社 2007 年版。
[90] 段江波:《危机・重建・革命：梁启超论“过渡时代”的中国道德》，桂林，广西师范大学出版社 2008 年版。
[91] 清华大学国学研究院:《梁启超文存》，南京，江苏人民出版社 2012 年版。
[92] 龚书铎:《中国近代文化探索》，北京，北京师范大学出版社 1988 年版。
[93] 刘辉:《中国共产党人的文化自觉——新民主主义文化思想再研究》，北京，中共党史出版社 2008 年版。
[94] 辛文斌:《新民主主义论与中国文化现代化》，北京，中央编译出版社 2007 年版。
[95] 刘祖云:《从传统到现代——当代中国社会转型研究》，武汉，湖北人民出版社 2000 年版。
[96] 陈永发:《中国共产革命七十年》，台北，联经出版事业公司 1998 年版。
[97] 赵剑英:《哲学的力量——社会转型时期的中国哲学》，北京，中国社会科学出版社 1997 年版。
[98] 吴根友:《中国现代价值观的初生历程》，武汉，武汉大学出版社 2004 年版。
[99] 张广敏:《严复与中国近代文化》，福州，海风出版社 2003 年版。
[100] 董小燕:《严复思想研究》，杭州，浙江大学出版社 2006 年版。
[101] 闫玉刚:《改造国民性：走近鲁迅》，北京，中国社会出版社 2005 年版。
[102] 王晓朝:《传统道德向现代道德的转型》，哈尔滨，黑龙江人民出版社 2004 年版。
[103] 郑大华、邹小站:《传统思想的近代转换》，北京，社会科学文献出版社 2007 年版。
[104] 吴承明:《中国资本主义与国内市场》，北京，中国社会科学出版社 1985 年版。
[105] 马克锋:《中国近代文化思与辨》，北京，人民出版社 2014 年版。
[106] 王玉茹:《制度变迁与中国近代工业化》，西安，陕西人民出版社 2000 年版。
[107] 北京大学哲学系外国哲学史教研室编译:《十八世纪末—十九世纪初德国哲学》，北京，商务印书馆 1975 年版。
[108] 崔鸿林、郑怀盛:《军民鱼水情》，北京，解放军出版社 1986 年版。
[109] 魏英敏:《毛泽东伦理思想新论》，北京，北京大学出版社 1993 年版。
[110] 李寿葆、施如璋主编:《斯特朗在中国》，北京，生活・读书・新知三联书店

1985 年版。
[111] [美] 张灏:《幽暗意识与民主传统》,北京,新星出版社 2010 年版。

三、中文译著

[1] [美] 埃德加·斯诺著:《西行漫记》,董乐山译,北京,东方出版社 2005 年版。
[2] [美] 舒衡哲著:《中国启蒙运动:知识分子与五四遗产》,刘京建译,北京,新星出版社 2007 年版。
[3] [美] 塞缪尔·亨廷顿著:《现代化:理论与历史经验的再探讨》,张岱云等译,上海,上海译文出版社 1993 年版。
[4] [美] 塞缪尔·亨廷顿著:《文明的冲突与世界秩序的重建(修订版)》,周琪等译,北京,新华出版社 2010 年版。
[5] [美] 塞缪尔·亨廷顿、劳伦斯·哈里森主编:《文化的重要作用——价值观如何影响人类进步》,程克雄译,北京,新华出版社 2002 年版。
[6] [美] 阿里夫·德里克著:《革命与历史——中国马克思主义历史学的起源,1919—1937》,翁贺凯译,南京,江苏人民出版社 2005 年版。
[7] [美] 费正清著:《剑桥中华民国史(1912—1949 年)(上、下卷)》,杨品泉、刘敬坤等译,北京,中国社会科学出版社 1994 年版。
[8] [美] 费正清、刘广京编:《剑桥中国晚清史(1800—1911)》,中国社会科学院历史研究所编译室译,北京,中国社会科学出版社 1985 年版。
[9] [美] 周策纵:《五四运动史》,陈永明等译,长沙,岳麓书社 1999 年版。
[10] [美] 约翰·罗尔斯著:《正义论(修订版)》,何怀宏、何包钢、廖申白译,北京,中国社会科学出版社 2009 年版。
[11] [美] 威廉·H. 布兰察德著:《革命道德——关于革命者的精神分析》,戴长征译,北京,中央编译出版社 2004 年版。
[12] [美] 莫里斯·迈斯纳著:《李大钊和中国马克思主义的起源》,谢荫明、侯且岸、姚桓译,北京,中共党史资料出版社 1989 年版。
[13] [美] 魏斐德著:《历史与意志——毛泽东思想的哲学透视》,李君如等译,北京,中国人民大学出版社 2005 年版。
[14] [美] 张灏著:《梁启超与中国思想的过渡》,崔志海、葛夫平译,南京,江苏人民出版社 1995 年版。
[15] [美] 张灏著:《危机中的中国知识分子》,高力克、王跃译,毛小林校译,北京,新星出版社 2006 年版。
[16] [美] 林毓生著:《中国意识的危机:"五四"时期激烈的反传统主义》,穆善培译,贵阳,贵州人民出版社 1986 年版。

[17] [美] 小威廉·休厄尔著:《历史的逻辑——社会理论与社会转型》，朱联璧、费滢译，上海，上海人民出版社 2012 年版。

[18] [美] 戴维·斯沃茨著:《文化与权力——布尔迪厄的社会学》，陶东风译，上海，上海译文出版社 2012 年版。

[19] [美] 阿列克斯·英克尔斯著、戴维·H. 史密斯著:《从传统人到现代人》，顾昕译，北京，中国人民大学出版社 1992 年版。

[20] [美] 艾拉斯代尔·麦金太尔著:《伦理学简史》，龚群译，北京，商务印书馆 2010 年版。

[21] [美] 布兰特利·沃马克著:《毛泽东政治思想的基础》，霍伟岸、刘晨译，北京，中国人民大学出版社 2006 年版。

[22] [美] 费正清著:《伟大的中国革命（1800—1985）》，刘尊棋译，北京，世界知识出版社 2000 年版。

[23] [美] 费正清著:《美国与中国》，张理京译，北京，世界知识出版社 2008 年版。

[24] [美] 马克·塞尔登著:《革命中的中国：延安道路》，魏晓明、冯崇义译，北京，社会科学文献出版社 2002 年版。

[25] [美] 徐中约著:《中国近代史：1600—2000，中国的奋斗》，许秋枫、朱庆葆译，北京，世界图书出版社 2008 年版。

[26] [美] 勒文森著:《梁启超与近代中国思想》，刘伟译，成都，四川人民出版社 1986 年版。

[27] [苏] 拉狄克著:《中国革命运动史》，克仁译，上海，新宇宙书店 1929 年版。

[28] [苏] C.A. 达林著:《中国回忆录：1921—1927》，侯均初、潘荣、张亦工、梁澄宇、刘敬忠译，李玉贞校，北京，中国社会科学出版社 1981 年版。

[29] [英] 休谟著:《道德原则研究》，曾小平译，北京，商务印书馆 2006 年版。

[30] [英] 休谟著:《人性论》，关文运译，北京，商务印书馆 2004 年版。

[31] [英] 迪克·威尔逊著:《毛泽东传》，中共中央文献研究室《国外研究毛泽东思想资料选辑》编辑组译，北京，国际文化出版公司 2011 年版。

[32] [英] 迪克·威尔逊著:《周恩来传》，封长虹译，北京，国际文化出版公司 2011 年版。

[33] [英] 呤唎:《太平天国革命亲历记》，王维周、王元华译，上海，上海人民出版社 1997 年版。

[34] [日] 田中仁著:《20 世纪 30 年代的中国政治史——中国共产党的危机与再生》，赵永东等校译，天津，天津社会科学院出版社 2007 年版。

[35] [日] 三石善吉著:《传统中国的内发性发展》，余项科译，北京，中央编译出版社 1999 年版。

[36] [日] 沟口雄三著:《中国前近代思想的演变》，索介然、龚颖译，北京，中华书局 1997 年版。

[37] [日] 村濑裕也著:《戴震的哲学——唯物主义和道德价值》，王守华、卞崇道等译，济南，山东人民出版社 1996 年版。

[38] [日] 福泽谕吉:《文明论概略》，北京编译社译，北京，商务印书馆 1982 年版。

[39] [日] 竹内实著:《竹内实文集・毛泽东传记三种》，韩凤琴、张会才译，北京，中国文联出版社 2002 年版。

[40] [日] 近藤邦康著:《救亡与传统——五四思想形成之内在逻辑》，丁晓强、单冠初、姜庆明译，太原，山西人民出版社 1988 年版。

[41] [以] S.N. 艾森斯塔德著:《现代化：抗拒与变迁》，张旅平等译，北京，中国人民大学出版社 1988 年版。

[42] [以] S.N. 艾森斯坦德著:《大革命与现代文明》，刘升中译，上海，上海世纪出版集团 2012 年版。

[43] [德] 马克斯・韦伯著:《新教伦理与资本主义精神》，于晓、陈维纲等译，北京，生活・读书・新知三联书店 1992 年版。

[44] [德] 罗梅君著:《政治与科学之间的历史编纂——30 和 40 年代中国马克思主义历史学的形成》，孙立新译，济南，山东教育出版社 1997 年版。

[45] [法] 托克维尔著:《旧制度与大革命》，冯棠译，北京，商务印书馆 2012 年版。

[46] [法] 托克维尔著:《论美国的民主》，董果良译，北京，商务印书馆 1997 年版。

四、英文论著

[1] Vera Schwarcz. *The Chinese Enlightenment: Intellectuals and the Legacy of the May Forth Movement of 1919*, Berkeley: University of California Press, 1986.

[2] John Rawls. *Lectures on the History of Political Philosophy*, edited by Samuel Freeman, Cambridge, Mass: Belknap Press of Harvard University Press, 2007.

[3] Chesneaux, Jean. *The Chinese Labor Movement, 1919—1927*. Stanford, Calif: Stanford University Press, 1986.

[4] Chou, Tse-tsung. *The May Fourth Movement: Intellectual Revolution in Modern China. Cambridge*, Mass: Harvard University Press, 1960.

[5] Nick Knight. *Marxist philosophy in China :from Qu Qiubai to Mao Zedong, 1923—1945*, Dordrecht: Springer, 2005.

[6] Cheek, Timothy. *Propaganda and culture in Mao's china——Deng tuo and the intelligentsia*, New York : Oxford University Press, 1997.

[7] Pye, Lucian. *The Dynamics of Chinese Politics*, Oelgeschlager, Gunnand Hain, Publish, Inc, 1981.

[8] Stevn M Caln, Peter Markie. *Ethics: History, Theory, and Contemporary Issues*. Oxford University Press New York Oxford, 1998.

[9] John K. Roth. *International Encyclopedia of Ethics*. Printed by Braun–Brumfield Inc U. C, 1995.

[10] Eric Voegelin. *Order and History*, Baton Rouge: Louisiana University Press, 1974.

[11] Balazs, Etienne. *Chinese civilization and bureaucracy: variatious on a theme*, trans. by H. M. Wright. New Haven and London: Yale University Press,1964.

[12] Chan, Gilbert F. and Etzold, Thomas H, eds. *China in the 1920's:mationalism and revolution*. New York and London: New Viewpoints, 1977.

[13] Cohen, Paul A. *Between tradition an modernity: Wang T'ao and reform in late Ch'ing China*. Cambridge, Mass: Harvard University Press,1974.

[14] Eastman, Lloyd E. *The abortive revolution: China under Nationalist rule 1927—1937*. Cambridge, Mass. :Harvard University Press, 1974.

[15] The Council On East Asian Studies. *The Secret Speeches of Chairman Mao: From the Hundred Flowers to the Great Leap Forward*. Cambridge, Mass: Harvard University Press, 1989.

五、中文期刊论文

[1] 王晓明:《中国传统社会向现代社会转型研究的新进展》,《教学与研究》1988年第4期。

[2] 郭德宏:《中国现代社会转型研究评述》,《安徽史学》2003年第1期。

[3] 杨芳:《从〈《伦理学原理》批语〉看毛泽东早期伦理思想》,《党史文苑》2005年第22期。

[4] 赵丽华:《毛泽东伦理思想与中国传统文化》,《齐鲁学刊》1999年第6期。

[5] 王凤贤:《试论毛泽东的道德哲学及其文化渊源》,《道德与文明》1992年第6期。

[6] 李森:《简论毛泽东对中国传统美德的继承和超越》,《高校理论战线》1994年第6期。

[7] 刘兴均:《毛泽东的思想与儒家精神的契合》,《毛泽东思想研究》1994 年第 3 期。

[8] 李剑华:《毛泽东伦理思想与儒家文化》,《学习论坛》1994 年第 7 期。

[9] 邓以新:《毛泽东早期伦理思想的集中展现》,《伦理学研究》2003 年第 6 期。

[10] 蔡志敏:《试论“为人民服务”在毛泽东伦理思想中的核心地位》,《东北师大学报（哲学社会科学版）》1993 年第 3 期。

[11] 王广林:《毛泽东的功利观及其新发展》,《湘潭大学学报（哲学社会科学版）》2004 年第 2 期。

[12] 董德福:《从崇拜到否定：毛泽东对陈独秀评价的变化轨迹》,《江苏大学学报》2004 年第 3 期。

[13] 郭华清:《毛泽东与陈独秀关系述论》,《广州大学学报》2002 年第 3 期。

[14] 李佑新:《青年毛泽东与杨昌济的思想关系及其湘学渊源》,《船山学刊》2001 年第 1 期。

[15] 张金荣:《中西文化与毛泽东早期思想研究综述》,《社会科学论坛》2006 年第 12 期。

[16] 申永华:《论毛泽东早期哲学思想发展的轨迹》,《南阳师范学院学报》2004 年第 5 期。

[17] 王东维、沙小亮:《延安时期中国共产党思想道德建设的历史经验》,《中国井冈山干部学院学报》2010 年第 9 期。

[18] 高兆明:《简论“道德失范”范畴》,《道德与文明》1999 年第 6 期。

[19] 胡发贵:《社会转型时期道德作用的变迁》,《社会道德建设》2003 年第 3 期。

[20] 李建华、刘仁贵:《伦理与道德关系再认识》,《江苏行政学院学报》2012 年第 6 期。

索 引

K

L

M

Q

S

W

后 记

书稿交付之时，亦是疫情肆虐之际。当我在国家社科基金系统中点下“提交”按钮时，内心五味杂陈，竟然找不出一个合适的词汇去准确地形容当时的心境。这或许是因为此书承载了许多回忆与期许，也经历了太多艰辛与汗水。

此书在博士学位论文基础上进行了再思考和再完善。从博士毕业到国家社科基金的申请与完成，不管是申报书还是最终书稿的呈现，每一字每一句都承载着我对清华园的怀念与眷恋。这不是矫情，而是真情。四年的博士学习，从荷塘到工字厅，从善斋到紫荆操场，从教三到凯风文图，我在生活和学术中都收获了难得的生命体验和人生成长，我的人生因此而丰满，我遇到了那个更好的自己。书稿是对那段岁月的回望，也是对当年那个不断向前向上的自己的感谢！

攻读博士期间，有幸师从李捷教授。博士论文从选题、构思、行文、斧正，皆凝结着老师的心血。论文答辩时，老师亦曾说过，毕业不是博士论文的终点。研究要继续深入，这个选题是值得今后十年、二十年的持续研究和持续延展的。老师的叮嘱和教导，弟子谨记在心。对论文的再思考也成为我繁重的教学科研以及忙碌的家庭生活中的不竭动力与心灵慰藉。而每每遇到疑难困惑，老师都会耐心引导、启发，以深刻而又精准的点拨，鼓励我勇敢地进行学术探索。他严谨求实的治学态度和儒雅淡然的学术品质，让我受益终身！书稿付梓之际，请允许弟子深深道一声：感谢恩师！

在项目研究和书稿推进的过程中，也经历了很多意想不到的困难。一是突如其来的疫情，阻断了资料与文本的查阅，搁浅了调研与咨询的进行，甚至一度使书稿的写作处于停滞状态。二是书稿在完成过程中，身体屡遭疾病侵袭，甚至两次手术，至今还需要定期复检，身心受到了很大的影响。庆幸的是，最终还是咬紧牙关坚持了下来。在那段煎熬的岁月中，书稿是我心灵的支撑，让我笃定每一份等待，期待每一个日出。这大概就是精神的力量吧，而这也正契合了我的研究课题。

家人的无私支持和厚爱是我不断前行的力量。感谢我的爱人给予我成长的空间和自由，让我可以“成为我”！他在自己的科研和教学任务下，承担了更多家务和教育孩子的责任，使我可以安心读书与写作。在我患病期间，他辗转北京、保定两地，求医问药；当我心情低落烦闷时，他以自己读博做实验的经历劝慰和鼓励我。我们相互扶持，并肩成长。我也很感谢我的儿子，从求学清华到博士毕业，从国家课题到一流课程，十几年的光阴，我的陪伴相较于其他母亲远远不够，而他褪去了稚气与娇气，在学习和生活上，更加自立、更有担当，今年高三的他，已俨然成为一名男子汉，现实的缺席并未造成精神的疏离。

感恩我的父母和亲人，让我可以“一直做我”！他们因为时代的原因，没有机会读更多的书，但却执着地用勤劳的双手为我铺就了一条通往知识殿堂的大路。不管我走到哪里，他们都是我坚强的后盾和温暖的港湾。读博和写作期间，每每问安，总是报喜不报忧，唯恐担心。看着父母鬓白的发丝和已不再矫健的步伐，唯愿日后承欢膝下给予更多的补偿和报答。我的哥哥更多地承担了照顾父母和安顿家庭的重任，使我可以静心笔耕。他为我的成长而负重前行、为我的绽放而鼓掌喝彩！

书稿自提交以来，历经省社科规划办、国家社科规划办和出版社的审定，衷心感谢各位专家的肯定、支持与指导，感谢工作人员的周到服务与妥帖安排。也感谢所有关心和帮助我的老师与朋友，你们的亲切教诲和温暖关怀，让我如沐春风若临秋水。当然，也正是因为书稿从最初撰写到提交再到最终审定，经历了一个严谨的过程和略显漫长的时间。但党的创新理论是不断发展的，尤其是党的二十大提出了一系列重大思想、重大观点，党的二十大以来在阐述党的二十大精神过程中又提出了一些新观点，都需要“深入”的跟进研究和“身入”的融合推敲。恩师当年教诲：毕业不是博士学位论文的终点。同样，出版亦不是书稿的终点。这是一个阶段的总结，更是另一个阶段的开始。写完这篇后记，新的一天和新的探索都已开始！

感恩读博和写作的人生经历，让我懂得怎样看待这个世界、怎样看待一段历史；让我学会读书、学会思考；让我更能感知爱与被爱，让我无论遇到什么艰难险阻，都对未来充满热爱与期待！

2023年8月于北京